女性主義經典選讀

經典選讀

——重要著作選譯與評介51編——

獻給台灣和華文世界的性別讀本

顧燕翎——主編

目　次

第六章　女性主義新世界

出版緣起

顧燕翎

　　本書與貓頭鷹出版社 2020 年再版的《女性主義理論與流變》都是專門為華文讀者編寫的女性主義基本讀物。《理論與流變》介紹女性主義的歷史淵源、理論架構和論述演變；《經典》則重在重現兩百年來重要代表性著作，為理論的枝幹添加繁花茂葉，讓讀者得以透過閱讀經典，一窺女性主義脈絡究竟。

　　本書舊版曾於 1999 年出版，獲得當年度聯合報十大好書獎，與《女性主義理論與流變》的前身《女性主義理論與流派》在女書店並稱鎮店之寶。本次改版保留了近半經典之作，同時也增補了過去的遺珠和近二十年的重要論著，並更正舊版的諸多翻譯失誤。

　　在各章主題下，文章按照最初發表時間的先後次序排列（第 3 篇除外），方便讀者在深入論述之餘，也得以體察女性主義思想和婦運發展的歷史脈絡，乃至部分作者思路的轉折。每篇文章都附注出處，以便讀者進一步尋得全文或全書，深入探究；各篇作者的介紹也比舊版更為完整詳細；書後附有名詞索引，方便讀者查索比對；文中亦加注頁碼，方便書中前後篇參照。種種努力不外乎期望幫助讀者更親近女性主義，獲得更深刻的感動，慢讀細讀。

　　本書時空橫亙兩百年，寫作格式極具差異，同一作者的相關作品在時間上可能跨越數十年，且因涉及眾多作者和出版社，版權複雜，本書的文章有的直接翻譯原典，有些以摘譯、改寫、

評介的方式呈現；也有的央請作者親自濃縮改寫長篇論文。感謝許多作者、譯者、出版社不計代價，鼎力相助，尤其是澳洲的 Spinifex 出版社；感謝《女性人》（台北和北京）、《婦女新知》（台北）、《婦女研究論叢》（北京）介紹西方經典；也感謝貓頭鷹出版社再接再厲，努力出版好書。

希望所有的成果與讀者們共享。

「新自由主義女性主義」的剖析。整體而言，本書涵蓋了女性主義對父權和資本主義社會的分析、批判，婦運的軌跡、自省，也包括前瞻性的另類思考和方案。

一、女性意識覺醒

　　女性意識的覺醒是婦女運動的必要條件，必先有思想上的啟蒙，才可能觸發日後波瀾壯闊的行動。當大多數女人尚在貧窮困厄中渾噩度日時，少數男女知識份子以其洞察力及人道情懷首先敲響警鐘。今天重讀十八世紀英國女權先驅吳爾史東考夫特（Mary Wollstonecraft）的《女權辯護》（*A Vindication of the Rights of Woman*, 1792），和思想家約翰・米爾（John S. Mill）及其妻泰勒（Harriet Taylor）的《女性之臣屬》（*The Subjection of Women*, 1868），可能會難以忍受原文冗長複雜的文句和拉丁文式的反覆辯說，但仍不免震懾於其犀利的辭鋒和先知洞見。

　　兩位女性主義先驅對父權體制的敏銳感觸實不下於二十世紀後期的激進女性主義者。吳氏很早便指出，在不平等的兩性關係中婚姻有如性交易，女性淪為性玩物；婦女應該得到充分的自由，接受與男性相同的教育，鍛鍊強健體魄，培養獨立自主的能力，才能發揮所長，參與社會活動，不仰賴男性為生。米爾反對父權文化中個別女人臣屬於個別男人的社會機制；主張夫妻之間地位平等相互協商，**有自由才有尊嚴**，才可能感受到人的價值；在自由平等的社會裡，個人的社會地位可以憑藉自身的努力來改善，不由出身（包括膚色、性別）決定。由於米爾的思想深受其妻泰勒影響，本章加選了一小段泰勒文章〈女性解放〉（The Enfranchisement of Women, 1851）的摘譯，讓讀者品香其女性立場和激進意識。泰勒主張與婚姻相關的法律皆應廢除，**子女屬於**

母親、生計由母親承擔，這樣不單在分手時少了財務爭執，女方也會謹慎決定生育次數，不致於以「增加子女人數為手段，來強化她和餵養她的男人之間的連結」。家務不足以滿足個人的成就感，所有公職和職業皆應全面對婦女開放，讓她們的所長直接貢獻社會；女性的生命力需要更大出路，不應限縮於家庭。

1929 年吳爾芙（Virginia Woolf）以文學的筆觸刻劃女性受壓抑的苦悶，寫下了《自己的屋子》（*A Room of One's Own*），1973 年知名散文家兼翻譯家張秀亞譯為中文，由林海音主持的純文學出版社出版。在其中〈莎士比亞的妹妹〉（Shakespeare's Sister）一文，吳爾芙創造了虛擬的莎翁妹妹，同樣才高八斗，同樣對文學滿懷熱忱，同樣隻身來到十六世紀的倫敦，卻很快成為性暴力的受害者而命喪異鄉，與莎士比亞成就的舉世文名成為鮮活對比。天壤之別的性別處境，在三個世紀之後吳爾芙的自身經驗中，仍沒有明顯改善。

1963 年，美國二戰後經濟鼎盛年代的末期，傅瑞丹（Betty Friedan）出版的《女性迷思》，卻反映出受高等教育、白人、已婚女性受困於家中的苦惱，她接續自由主義女性主義傳統，呼籲女同胞規劃人生、實現自我，政府也應補助主婦進修，協助重返職場。此書道出了多數女性心聲，暢銷多國，也開啟了全球第二波婦女運動。

傅瑞丹代表的婦運追求體制內變革和男女平等，通稱婦／女權運動。同時期興起於美國、由年輕女性主導的婦女解放運動（婦解）則採取體制外抗爭路線，目標不在男女平等，而在根本改造社會。米列（Kate Millette）是其中一位既開創理論、又極富行動力的靈魂人物，《性政治》是她 1970 年的博士論文，其中理論部分以當時嶄新的女性主義視角分析和運用諸多概念和名

理分析師，曾深受傅瑞丹啟發而參與婦運，1976 出版《女性新心理學》（*Toward a New Psychology of Women*），反駁佛洛依德的立論：女人是發展不全的男人。密勒發現，**女人其實比男人更有能力發展人際關係**，也更富於生命的韌性。人際關係在個人成長中攸關重要，孤立會對個人造成傷害。所謂女人的問題，不在女人，而在於社會對她們的看法。本章摘取的關於支配（或譯為宰制）和附庸（dominance and subordination）的分析，不僅適用於性別，也適用於所有的不平等關係，經常受到引用。此書曾被批評以白人中產女性經驗為核心，忽略了其他族群，但今日仍有許多年輕讀者對於其中的女性經驗感同身受，也因而更認同和肯定自己的女性身分。

芮曲（Adrienne Rich）是妻子、母親，也是女同志，善用詩和散文來抒發心境。《女人所生》（*Of Woman Born*, 1976）是最早問世的從女性主義角度抒發母親心聲的散文集，也是第二波婦運反省母職和母性的經典之作。芮曲將社會用來控制女人生育與性慾的種種制度與女人做為母親愉悅有力的身心經驗並列互映，她發現，父權體系所建構的母職是男人掌控的社會規範，對女人的束縛並不亞於強暴或娼妓制度。她以日記和散文的形式剖析自身感受，為母親們發言，既憤怒又溫柔，動人心弦，歷久不衰。

丁思坦（Dorothy Dinnerstein）的《人面魚身及牛面人身：性階排置與人類病態》（*The Mermaid and the Minotaur—Sexual Arrangements and Human Malaise*, 1976）從心理學角度指出，由女性單一性別撫育嬰兒的文化會養成男性的依賴心和控制欲，像**長不大的嬰兒**，對女性既愛且恨，造成既渴求自由又盲從權威的自我毀滅心態。丁思坦主張應由男女共同育兒，迫使男人及早面對照顧自己以及保存自然的責任，以免日後任性壓榨女性、掠奪

自然，而衍生毀滅性的災難。

　　秋多若（Nancy Chodorow）在《母性的複製：心理分析與性別社會學》（*The Reproduction of Mothering: Psychoanalysis and the Sociology of Gender*, 1978）中認為母性有雙重結構：兒童期經驗和親屬社會結構。嬰幼兒期的孩子若由母親撫育，孩子自然會認同母親和愛母親。男孩在成長過程中，因種種原因必須壓抑對母親的愛，轉而認同父親，成為獨立的自我個體，日後需要在異性身上重尋強烈的情感以為彌補，所以依附性強；女孩卻不須排除母親，可以持續保持親密關係，（並另與父親建立關係，）因此比較缺乏個體的獨立自主性，但對異性情感的依附需求也不若男性強烈，卻願意發展多重的人際關係（包括養育小孩），因而母性會代代複製。她和丁思坦同樣主張父母共同育兒，唯有男女一起教養子女，**孩子從小和雙親保持平衡的關係，才能根本破解不平衡的兩性關係**，避免母性的複製。

　　吉力根（Carol Gilligan）受到 1970 年代婦運衝擊，有感於當時心理學研究以男性為常模，忽視女性經驗，而寫下《不同的話音》（*In a Different Voice*, 1982），提出男女從小教養方式不同，女人世界裡人與人互相連接，而男人世界則互相分離，以致女人看重現實生活的責任和關懷照顧，男人關注抽象的權利與公平正義。她正面說出了一向不受重視的女性經驗，一時洛陽紙貴，此書成為經典教科書，啟發了更多婦女研究，也促成了美國《性別平等教育法》（*Gender Equity in Education Act*, 1993）的通過。但也因資料出自少量訪談，無法以科學方法驗證，而受到質疑；此外，其他女性主義者也指出，關懷倫理（ethics of care）和正義倫理（ethics of justice）分屬不同的思考模式，未必男女有別。

費爾史東（Shulamith Firestone）是美國婦女解放運動的主要成員，發起組織、出版刊物和策劃抗議行動，活動力強、充滿激情，目標不只要消除男性特權，而且根本消除性別差異（sex distinction），被圈內人稱為「火把」、「火球」，可惜英年早逝，好友傅里曼（Jo Freeman）將她比喻為一顆閃亮的流星。《性的辯證》（*The Dialectic of Sex*, 1970）為其最為人知的代表作，書中預期的新社會：人工體外生殖、集體生活取代個別家庭、受虐兒童立即移出施暴家庭等，至今已有部分實現。〈異性戀愛情〉（Love）是書中一章，分析西方父權文化中異性戀愛情的兩性權力關係、女性不自覺的內在殖民化，提供異女抗暴的理論基礎，也為異性戀愛情中受傷的女人提供一面自我療癒的明鏡。

　　羅德（Audre Lorde）永遠滿懷鬥志，自稱終生與種族歧視、性別歧視、階級歧視和恐同戰鬥。她最常被引用的名言是：「用主人的工具拆除不了主人的房子。」羅德說，他們可能暫時讓步，卻絕不會幫你促成改變，但這種事只能讓那些處處仰人鼻息的女人心生恐懼。在《情慾之為用：情慾的力量》（*The Uses of the Erotic: The Erotic as Power*, 1978）中，她建議**邊緣人善用自己的差異性**，將之轉換為奮鬥的力量。羅德從女性主義角度闡述情慾的用處，賦予其性慾望以外豐富而多元的生命動能、感染性和創造力，大異於陽具中心充滿占有欲的情慾觀，以此激勵處於邊緣的女性勇於挑戰、敢於享受生命。此文在 1990 年代本地的婦運中深受喜愛，一再被引用。

　　〈強制異性戀與女同志存在〉（Compulsory Heterosexuality and Lesbian Existence, 1980）為芮曲代表作之一。她分享身為女同志的體驗，指女人原初的性慾傾向應是同性的，父權社會強制的異性戀機制迫使女同性戀經驗隱入地下，形同「失常」。芮曲

批評異性戀的強制性，並提出「女同志連續體」概念，主張同女、異女實為連續體，只要女人認同女人，合作破除異性戀霸權，所有女人都可稱為女同志。此定義因過於寬鬆模糊，且政治立場不夠明確，受到同女陣營批評。而她反色情的立場則被指妨礙女同志另類情慾的實踐。

維蒂格（Monique Wittig）是法國女同志運動和女性主義運動核心人物之一，1976 年移民美國，同時以英、法文寫作，主張男女之分只存在於異性戀系統，在此系統中，女性常模由男性認定，為男性服務。她一再闡述，女同性戀社群的存在，以及「同女被認為不是真正的女人」，都證明了性別的劃分並非天然，而是人為的政治區分，是異性戀社會將女人「性化」，好為男人所用的一種手段。許維真在本章中綜合維蒂格 1980 年出版的《異性戀思維及其他文章》（*The Straight Mind and Other Essays*）中兩篇文章〈女人不是天生的〉（One Is not Born a Woman）及〈性／別〉（The Category of Sex），得出兩個重點：

一、唯有廢除性別分類，個人認同和性慾解放才得以完成。

二、女同志運動的目標在消滅異性戀體制，女同志**不接受男性規範，所以不是女人**。維蒂格自己便曾公開宣稱：「我不是女人，我是女同性戀。」

魯冰（Gayle Rubin）1976 年讀大學期間協同創立激進同女（Radicalesbians）社團，積極參與同運。〈論性：情慾政治的激進理論筆記〉（Thinking Sex: Notes for a Radical Theory of Sexual Politics, 1984）發表於美國女性主義陣營性論戰期間，她站在「擁性」（pro-sex）陣營，對抗激進女性主義「反色情」（anti-pornography）陣營的「保守的性道德」，並為 S/M（玩虐／扮虐）辯護，奠定了性及酷兒研究的基礎。她主張**人的性慾有差異，但**

無高下之別，性別與性慾屬於不同的理論範疇，應分開討論。**女性主義是性別壓迫的理論，不必然是性壓迫的理論**。2011 年她發表〈反思論性〉（Rethinking Sex），認為有關兒童和性慾的問題，需要更深入研討，釐清處罰和保護的界線。

五、婦運初心

　　婦女運動有別於其他社會運動，在於其源遠流長、綿延不斷的生命史，以及跨時空、跨文化的共同經驗、共同價值觀和全球性格。在人類歷史上，度過漫漫長夜的渾沌時期，女性意識方始萌芽，再經由無數前人的努力，才形成組織性的集體力量。到了二十世紀，婦女運動終能發揮改變人類社會的巨大影響力。這是一段艱辛、沒有止境的跋涉，但也一路姐妹相扶、柳暗花明。在過程中，女性主義者需時時迎戰來自內外的去除女性／女性主義的逆流，也在實踐中不斷自我檢討、修正理論。她們經常受到質疑：什麼是平等？男女相同所以平等？男女平等所以相同？男女角色應相同或互補？誰來為名詞定義？誰有發言權？甚至，我們還需要婦運嗎？本章所選各時期、不同地域、不同性質的宣言，為讀者揭示婦運的義意和目標，感受女性主義的理性、溫度和多元性。

　　1848 年在紐約北部召開的塞加福女權會議（Seneca Falls Convention），是美國首次全國性的女權大會，會後由發起人之一史坦頓（Elizabeth Cady Stanton）主筆，發表字字血淚的《傷心宣言》（Declaration of Sentiments），控訴人類歷史是一部男性對女性不斷傷害與掠奪的歷史，目的在建立男統治女的絕對暴政，宣言中一一列舉女性遭到貶抑、受到傷害的事證。與會女性根據憲法，要求享有與男性平等的公民權，雖在當世受到許多抵

制，卻正式揭開了美國的婦女運動。

　　特魯斯（Sojourner Truth）直譯為真理旅人，特魯斯生為黑奴，受到聖召成為布道家，也是反奴和婦女運動者，到全美各地演說，廣受歡迎，是黑人和婦女解放運動的代表人物，今天美國許多州和國會山莊都為她設立雕像。特魯斯沒有機會讀書識字，個人的生命故事經人代寫成《真理旅人的敘事》（*The Narrative of Sojourner Truth*）。本書選錄她的兩場流傳後世的演講，最著名的〈我不是女人嗎？〉（Ain't I a woman? 1851），以及〈動起來了，就別停下吧！〉（Keeping the thing going while things are stirring!, 1867）簡短風趣、鏗鏘有力地點出當時美國社會的種族、階級和性別盲點，是婦女研究課堂上的必讀。

　　傅瑞丹和其他女性主義者於 1966 年組成「全國婦女組織」（簡稱全婦組；National Organization for Women, NOW），重申百年前塞加福女權會議男女相同權利、相同責任的主張，目標設定在「與男性以完全平等的夥伴關係行使所有權利和責任」，是美國第一個公然挑戰性別歧視的全國性團體，也是當前美國最大的婦權團體。1967 年通過、次年發表「權利法案」（Bill of Rights），主張男女平等、政府支助家庭及育兒、消除貧窮女性化、尊重女性生育權等。法案重點放在個人權利和實質平等，招致組織中保守派、激進派和女同志不滿。**保守派反對避孕和墮胎合法化，激進派認為遺漏了家暴、性騷擾等重大議題，女同志不滿未提及性愛自主權**。數十年來，不斷自我挑戰和修正，全婦組變得更為多元包容，2015 年改寫組織目標為「以交叉的草根性行動提倡女性主義理想，帶動社會改變，消除歧視，爭取和保護所有年齡女性在社會、政治、經濟生活上的平等權利」。

　　激進同女（Radicalesbians）是 1970 ～ 1971 年間在紐約極為

活躍的同女團體，主要成員在脫離以男性為主的同運後，自組同女團體，原名紫禍（Lavender Menace），嘲諷婦運對同女的排斥，（傅瑞丹在全婦組成立初期，為避免女同性戀的形象汙名化婦運，曾刻意與同女組織保持距離，稱之為紫禍，紫色為婦運代表色。）但後來全婦組採取多元包容策略，激進同女也選擇和婦運攜手，受到接納。為實踐平等主張，激進同女採取去層級化的組織結構和共識決的決策模式，並堅守分離主義立場，拒絕和男性及認同男性的異女合作，疏離了太多潛在的結盟對象，而難以持久維持組織，只存在短短一年，但仍在北美婦運中發揮了相當影響力。

1970 年由激進同女集體完成的宣言《認同女人的女人》（The Woman-Identified Woman）被公認為同女運動的歷史經典。她們在半個多世紀前提出的性別分析，例如，為什麼**「做女人」和「做完整的人」有衝突**；為什麼女人自我嫌惡，也嫌惡別的女人；為什麼女人需要學習把自我放在中心、需要全新的自我意識⋯⋯不僅針針見血，至今仍足以發人深醒。

聯合國自 1975 至 1995 年連續在歐、美、非、亞各洲舉辦四屆世界婦女大會，規模一次比一次龐大。第四屆大會 1995 年在北京舉行，四萬人參加，包括 6,000 名各國政府代表。會中通過《北京宣言》及其《行動綱領》，以「為全世界各地的所有婦女促進平等、發展與和平」為目標，通過「性別主流化」（gender mainstreaming）的手段，課責所有會員國政府由上往下落實性別平等。《北京宣言》成為以後數十年聯合國婦女地位委員會領導全球婦運的重要指引。不過，基於以下原因，成效不若預期：

一、聯合國會員國眾多，為容納各種歧見，必須高度妥協，
　　以致性別主流化的定義模糊，各自有不同解讀。

二、執行過程和結果受到各國既定的體制和政治、社會條件的限制。

三、因為執行者為各國政府，技術官僚化手段產生的文件、報表受到的重視甚於經濟、文化的實質改變，以致改革力道有限。

台灣在聯合國雖沒有官方代表，政府仍極為重視國際參與，自 2003 年起大力在體制內推動性別主流化，成為婦運新的權力中心，但也弔詭地發揮了去除女性、置換性別的作用。

非洲女性主義論壇（African Feminist Forum）是一個獨立的平台，由來自非洲，或在非洲工作／生活的女性主義者組成，反對父權以及與之相輔相成的壓迫及剝削體系。首次聚會 2006 年在迦納舉行，與會者超過百人，通過《非洲女性主義憲章》（Charter of Feminist Principles for African Feminists），決定共同的價值觀、促進改變的手段、運動中個人與集體的責任、彼此之間的責任等；並且承諾，要廢除非洲各種形式的父權，提醒彼此無條件保衛並尊重全體婦女的權利，以及維護女性主義先驅的遺澤。有了前人數不清的犧牲，後人才能夠更廣泛地行使自主權。憲章共分五章，其中**個人倫理和機構倫理占了兩章**，強調公開、透明、負責、效率、女性領導、不以公眾之名謀求私利、願意接受批評等等，非洲女性主義者的自省自律值得台灣婦運效法。

六、女性主義新世界

在盤點二十一世紀全球各國婦運成果時，有研究者發現，從政治、社會、經濟三個面向來分析，提升女性政治權的成果最為顯著，其次是社會權，經濟權則殿後。理由不難理解：政府用立法或修法的方式授予婦女政治權，例如婦女投票權或保障名額，

在社會上遭受的抗拒相對較小。所以二十一世紀後期，許多亞非國家女性民意代表短期內大幅增加，從不到5％上升到30％以上。社會權涉及消除性別歧視、普遍給予女性與男性相同的機會等，雖也可以採取立法手段，但改變人們日常的態度和行為耗日廢時，在執行階段不易像保障名額般立竿見影。經濟權則因為直接關係男性個人和集體的經濟利益與資源分配，改變的阻力最大，效果最不顯著，也是最不易突破之處。

女性主義的長遠目標，並不自限於加入男性權力集團分取權力和利益，而是**謀求價值觀、決策模式、資源分配的根本改變**，締造有別於現狀的、平等共享的新的生活型態，這個宏大的目標勢必同時牽動文化、政治、經濟的變革和社會制度的重建。從十九世紀末，社會主義女性主義即開始繪製藍圖，也在社會主義國家做過局部的實施。其後生態女性主義者和女性主義經濟學家陸續帶入更具包容精神、同時觀照公平正義與個體需求的新視野，為女性主義者創造新的想像和目標。

紀爾曼（Charlotte P. Gilman）是十九世紀末美國社會主義女性主義代表人物，她相信社會應共生互助，**以集體主義取代個人主義**。她最早提出家務勞動的經濟價值的分析，認為家務有給制對女性不利、不可行也不公平。女性應從家庭傭工的位置解放，家庭界線應消除，不為追求個人經濟利益，而是為了更根本的社會變革。家務必須變成男女共同分擔的社會勞動，不由女性單方承擔，女人才能享有工作和經濟自由，天賦才能得到充分發展。具體地說，她主張集體共居、集體育兒、社會勞動、男女自小接受相同教育、在服裝和行動上沒有區別。《女性與經濟》（*Women and Economics*, 1898）是紀爾曼的代表作，直陳育兒和家務由女性獨力承擔的不公不義，震撼了二十世紀初剛踏入男性

職場的美國女性，助長了全球第一波婦女運動。

　　柯崙泰（Alexandra Milkhailovna Kollontai）早年參加俄國共產黨，1917 年革命成功後，成為新政府中唯一、也是世界第一位女性政務官。她從事革命時極具煽動性的演說翻譯成多國語言，包括日文和中文，吸收了大量年輕共產黨員。她主張唯有在全體勞動者都獲得解放、廢除私有財產和以個別家庭為中心的生活方式之後，男女平等才有可能實現。在共產社會，性愛自由、家務公共化，政府廣設公共餐廳、咖啡館、洗衣、托兒所等，女性完全參與社會生產勞動。她說，**廚房使女人變成奴隸**，家務勞動不具生產性，應予消滅。女性有責任為集體社會生育健康的、新的勞動者；社會有義務保護母性，讓母愛擴展到所有無產階級子女。母親對子女的權利和義務僅止於哺餵母乳，其他都是集體責任，兒童則需要自幼過集體生活，培養公共化精神。

　　在共產黨統治蘇聯時期，柯崙泰幸而逃過黨內鬥爭，她的理想卻受到男性領導冷落，無人聞問。直到 1970 年代全球第二波婦運興起，才受到西方女性主義者重視，重新出版她的著作，本書所摘選的《新婦女論》最具有代表性。

　　米斯（Maria Mies）在〈經濟全球化與婦女在可持續社會中的工作〉（Globalization of the Economy and Women's Work in a Sustainable Society, 1998）中，重申生態女性主義的重要論點：地球資源有限，禁不起揮霍，為拯救自然與婦女，我們必須拒絕資本主義無限制的經濟發展模式與商品邏輯，整合生產與消費，完成去工業化與去商品化的目標。

　　米斯觀察跨國企業利用印度婦女在家中從事加工業，雖為家庭增加收入，也為國家爭取外匯，酬勞卻被壓低，付出的勞力也未列入生產資本。跨國公司利用剝削第三世界婦女的勞務來累積

全球資本，也透過勞動力的彈性化延伸到男性工人，最終**男女勞工都被「家庭主婦化」**，亦即低薪化了。追求經濟永續成長的全球化雖為少數人累積了大量財富，卻使更多人深陷貧窮。她主張**以區域經濟取代全球化和自由貿易**，人們為需求而生產，非為資本積累而生產，擺脫對工業先進國在經濟和文化上的依賴，為自身福祉更有效地利用自己的資源，邁向自力更生。

　　1970 年代興起的婦女研究引領了學術理論、知識論、方法論上的改變，風潮始於文學，爾後及於社會科學，1990 年代才衍生出女性主義經濟學。研究重心由女性個人獨立自主的理性選擇開始，移轉到人類和地球的整體生存策略。女性主義經濟學者發現，個人除了自由和獨立，也有情感及歸屬的需要，**忽視人類對歸屬和情感需要的文化可能是導致經濟分配不平等，以及社會和環境遭到破壞**的重要原因。她們關注**個人的生命照顧需求**，也對純粹、「客觀」、過於簡化的數學模式，以及忽略家庭、歸屬與情感需求的經濟發展模式，提出批判。崔紹忠 2011 年發表的〈女性主義經濟學研究的新進展 ── 全球化與照護勞動、以自由和歸屬看待發展以及氣候變化〉綜整當代女性主義經濟學家在全球化、照顧勞動、經濟發展和氣候變化等議題上的論述，主張經濟學應進行跨學科的研究和討論，正視世代之間、人與萬物之間的分配正義，以及精準看到真實世界的豐富性和複雜性，設法解決當下人類共同面對的生存問題。

　　出生於第二波婦運初期的梅琳達・蓋茲（Melinda F. Gates）受惠於女性主義創造的社會改變，自幼得到完整的養成教育，進入電腦科技新領域，在女主管提攜下，有機會發揮潛能。她和創業家比爾蓋茲曾盡力維持平等的婚姻關係，共同創辦基金會，將貧窮地區的女性置於發展中心。她個人曾深入非洲、印度最貧窮

的地區，體驗當地婦女的日常生活，公開為家庭計畫代言、組織女農自助團體、協助她們改變性別分工、建立平等人際關係等，身體力行女性主義價值。梅琳達相信我們**需要給女人更多力量，她們有能力改變世界。**

七、女性主義理論檢驗和重構

半世紀以來女性主義理論不斷更新，源自內外兩股力量，內部動力得自其內在的批判、反省精神，包括：

一、不同理念、階級、文化、地域、性傾向的女人陸續公開分享各自差異的性別經驗，以及對既有的論述提出質疑和批判。

二、婦運組織內部的自我檢討和反省。

三、實踐過程中對理論產生的反思和修正。

如同其他政治、社會運動，婦運一旦有成，必招致外部各方勢力的反撲或收編，例如：

一、強調階級、族群等差異來淡化、模糊性別認同，將婦運收編入男性主控的政治、社會鬥爭。

二、女性主義進入學院後，被男性學術理論和學術政治吞噬，激進女性主義甚至一度被宣稱已經死亡。

三、新自由主義吸納女性主義語言和生產力，為其所用，加大貧富落差。外在各方壓力迫使女性主義者（特別是激進派）對反女性主義論述做出回應，重申言說權，闡述去除本質論之後，女人由社會建構的性別身分和社會處境仍有其共同性，不容忽視，對女性的壓迫也需要**集眾人之力**反抗才可能成功。社會主義女性主義者則以人類整體的平等共生為念，對新自由主義的資本主義本質特

別心存戒心。激進和社會主義女性主義者都相信，性別研究一旦脫離婦運、去女性或去女性主義化，將權力還原為個人的事，便失去了「個人的即政治的」集體奮戰的動能。

受到母親影響，傅里曼（Jo Freeman）自幼支持黑白平權，和保守的白人家族對立，她 1960 年代參與黑人民權運動，組織婦運團體，開啟以激進女性主義為基底的婦女解放婦運，至今七十多歲仍十分活躍。〈無架構式專權〉（The Tyranny of Structurelessness, 1970）分析她早年參與創造的婦解團體，為了落實民主參與的政治理想，建構人人平等、去層級化、尋求全員共識的非架構組織，結果並未能真正破除權力落差，只不過**隱藏了權力的配置**，落得由少數人掌控，反而更不公平、更不民主，而且沒有效能。她主張民主的組織應有清晰的架構、透明的分工，並對全體成員負責，才能網羅人才，有效運作，避免少數同質性強的個人壟斷決策，形成寡頭專制。此文流傳甚廣，影響不限婦運，已是社會運動經典。

哈特曼（Heidi Hartmann）是美國經濟學家，曾任教耶魯大學，1987 年在華府創設婦女政策與研究所（Institute for Women's Policy and Research），從事政策研究。她發現勞動市場的性別歧視導致女性薪資偏低，因而無力負擔托育支出，只好選擇離職回家照顧幼兒，結果造成就業市場更歧視女性。她主張在政策設計上應使男女都能兼顧家務，並且**解決家庭內有關生產和重分配的衝突**。所謂生產指的是家務如何分配、家務的水準以及誰出外賺錢；重分配指的是錢如何使用以及由誰決定。此外，她倡導同職同酬、每一行業就業人口的性別比都男女相當、重視女性就業且考量女性生育過程和經濟生產之間的關聯。〈馬克思主義和女

性主義不快樂的婚姻〉（The Unhappy Marriage of Marxism and Feminism）發表於 1979 年，馬克思主義中包含有父權成分，無法對女性主義平等相待，男性也不會輕易放棄他們的性別特權，所以兩種主義注定無法圓滿結合。女性主義社會主義不僅需要站在社會主義立場**對抗資本主義**，也需要**解構父權體制**。

東華大學賴淑娟教授特別為本書撰寫〈從西方凝視『之下』到『之內』〉，介紹後殖民女性主義者莫漢蒂（Chandra Talpade Mohanty）被廣泛討論的〈西方凝視之下：女性主義學術與殖民論述〉（Under Western Eyes: Feminist Scholarship and Colonial Discourses, 1984），以及她近 20 年後再寫的〈再訪「西方凝視之下」：透過反資本主義的奮鬥建立女性主義連結〉（"Under Western Eyes" Revisited: Feminist Solidarity through Anticapitalist Struggles, 2003），兩篇重要的理論文章。

莫漢蒂表示，任何關於第三世界女性主義知識或政治建構的討論，必須同時大破大立：一方面批判西方女性主義霸權；同時形塑以歷史及文化脈絡為基礎的自主性、區域性的女性主義論述。這兩篇論文，前一篇批判西方女性主義在論述第三世界女性時，知識霸權的盲點，忽略了女性群體所處社經位置的差異性；後一篇討論如何連結女性主義學術理論與社會實踐，以及透過看見地球南北女性之間的差異處境，更精準勾勒出同時存在的**女性之間的共同性和相關性**，女性主義者才能跨越地域、認同、階級、行業、信仰等等的差別，手牽手進行反帝國主義、反資本主義及反全球化經濟發展的政治鬥爭。

巴瑞（Kathleen Barry）曾獲柏克萊加州大學社會學與教育學博士，現為賓州州立大學榮譽教授，著有受國際重視的《女性性奴隸》（*Female Sexual Slavery*, 1979），翻成多國語言，

包括中文和韓文。她出生於紐約州工人家庭，關心社會底層的女性，積極奔走，救援被迫從事性工作的女人，也與性解放論者奮戰。〈解構解構主義（或，女性主義研究怎麼了？）〉（Deconstructing Deconstructionism [or, Whatever Happened to Feminist Studies?], 1991）探討在美國學術界的婦女研究去除女性主義、強調差異和分裂女性的過程，結果造成性重新被自然化，她憂心年輕女性同時面對來自性解放和基本教義保守勢力的性注定論時，會喪失自主性，但也相信年輕世代仍會發現問題和尋求答案，這也是女性主義的起點。

1980 年代後現代大師拉康、傅柯、德希達等人的理論被引入女性主義論述，在男女同志理論（lesbianandgay theory）社群中受到歡迎，卻遮蔽了女同志理論的女性視角。性別變成無視於女性所受的壓迫，既好玩又前衛的表演，與女性主義最關切的性暴力、經濟壓迫、非法墮胎等議題脫鉤。戴菲一向反對性別本質論，也不同意美國人發明的「法國女性主義」一詞，〈法國女性主義：帝國主義的發明〉（French Feminism: An Imperialist Invention, 1996）這篇文章指出，美國後現代主義稱三位法國非女性主義者的言說為法國女性主義，將其本質論扭轉為非本質論，利用美國人感到陌生的異國「女性主義」做為稻草人，來質疑美國的女性主義，為反女性主義者在論辯中取得一席之地，再引入其背後的男性「大師」，占據女性主義的鎂光燈，其主要動機在推銷本質論，並宣稱女性主義已成過去式。

巴特勒（Judith Butler）影響酷兒理論至鉅，1990 及 1993 年她在《性別麻煩》（*Gender Trouble*）和《至關重要的身體》（*Bodies that Matter*）中用「性別操演（或譯為「性別的述行性」）」（gender performativity）來闡述個人性別如何形成，說

明性別經由重複性的表演，隨時更新、修改、鞏固，在過程中受到社會規範制約，逐漸內化，以致表面看似天生自然。她主張的性別非本質化和性慾的流動性質成為酷兒理論的基礎。2004 年她再出版《消解性別》（*Undoing Gender*），重點放在跨性別、變性、雙性人的社會處境，以個人在社會生活中對承認的渴求為論述核心。在書中她不再堅持顛覆社會規範，而是如何與之共處，並指出**人需要生活在與他人的互動和關係中**，渴望得到承認。而個人應一方面務實考慮社會規範，為自己做理性選擇，同時也對規範保持批判，消解「正常」的刻板觀念，給予差異者生存空間。2015 年她在受訪時主張，人人應自由定義和追求自己的人生，不應被疾病化、去真實化、騷擾、暴力威脅、暴力對待或犯罪化，但不再主張性別是流動的和可以改變的，她說**自己的性別就確定從未改變過**。本章所選〈承認與消解：朱迪斯.巴特勒的《消解性別》〉對巴特勒的三部重要作品有深入的比較分析，作者郭劼撰寫此文時（2010）在美國南卡羅來那大學擔任助理教授。

　　第二波婦運 1960 年代興起於美國，影響深遠，但正逢美蘇冷戰，以蘇聯為首的共產國家因婦女勞參率高、有更多女性專業人士、科學家、政治領袖，在聯合國婦女地位委員會和第一、二屆世界婦女大會（1975、1980）占有優勢，批評西方婦運訴求男女平權格局太小，應從根本上消除資本主義和帝國主義，讓世界不再有剝削和壓迫，美國政府冷淡以應。1985 年以後，雷根政府改變態度，以金錢支持美國婦運團體爭取第三、四屆世婦會主導權，1989 年東歐集團解體後，美國復以經濟援助為手段，在其國內扶植親美團體，性別議題遂成全球婦運主流。

　　1980 年代後期，英、美等國為減輕財務負擔、提升施政效

能，開始削減集體制的社會福利，並轉向企業型政府發展：以績效為導向、服務外包、公營事業私有化、放鬆對民營企業、金融等的干預，被稱為新自由主義。影響所及，在政府產生了**市場女性主義**（market feminism），與婦女／性平相關的業務轉包出去，由專業化、擅長資料分析、製作報表的性別專家以及以募款、管理能力見長的非政府組織承攬。在民間則是：

一、利潤導向的企業樂於大量進用女性，降低工資；增加管理階層女性，開發多元決策角度，擴充市場和人才庫；從商業觀點做性別分析，提升產值和創新、增加銷量。

二、婦女的非政府組織興起，憑藉競爭和生產力爭取政府補助和企業支持。相形之下，採取對抗立場的激進婦運團體失去生存空間。

三、個別女性憑藉才能和工作績效獲得發展機會，得以晉級高位，分享權力和資源。

在新自由主義助長下，已開發國家挾其經濟優勢，強化全球統治，加深貧富差距，掠奪自然，破壞生態。部分女性主義者（特別是社會主義女性主義者）緬懷婦運初期的理想與熱情，反省為何到了本世紀初失去了大規模的集結和改變世界的決心，她們將矛頭指向自由主義女性主義，認為：

一、自由主義女性主義維護個人權利，與資本主義的核心價值和先決條件不謀而合。

二、全球婦運在美國引導下強化了西方文化的優越性，幫助跨國公司拆解傳統社會的凝聚力，更有效殖民第三世界。

因懷疑自由主義女性主義和資本主義有所勾連，乃塑造出具批判意涵的「新自由主義女性主義」一詞，但沒有個人或團體認

同此分類，自稱新自由主義女性主義者。

自身的能力和特點屬於個人所有是自由主義的基本理念，每個人擁有自身資產的信念曾用來對抗階級和父權宰制，也觸動女性主義者改革婚姻法、爭取身體自主權、推動婦運。自由主義女性主義採用自由主義的語言（如自由、平等機會、相同權利、消除歧視），用來在體制內爭取漸進的變革，不能說沒有成效。固然這些論述也可以為資本主義用來收編女性、擴充市場，但女性主義建立在「性別身體」之上的社會分析和挑戰男性絕對權力（以及任何絕對權力）的基本立場，其物質基礎與自由主義大相逕庭，遑論資本主義化的新自由主義，所以「新自由主義女性主義」是一矛盾的概念，並無實質意義。

感謝北京中華女子學院女性學系教授魏開瓊為本書撰寫〈女性主義對新自由主義的批判與反省〉，從社會主義女性主義角度提出對新自由主義的分析與批判，並呼籲當代女性莫輕易受惑於「女性崛起的幻象」，莫被新自由主義收編。

八、策略選擇與行動

女性主義和婦女運動為女性的人生開啟了前所未有的選項，是機會，也是考驗。站在歷史的轉捩點，面對選擇和挑戰的時候，不同的女性主義者，各自以不同的位置、不同的生命階段、不同的問題分析，找到戰鬥和抵抗的緣由與奮戰的方向，也為女性主義留下寶貴的資產。

胡克斯（bell hooks）從小因身為黑人而受盡欺凌，但也因而培養出敏銳的洞察力。她進入史丹佛大學等名校，完成博士學位，成為教授，也出版了三十多本書及許多影音出版品，交織呈現黑女人的種族、階級、性別處境。她力主女人和男人平等對

話，挑戰男性霸權；也鼓勵受壓迫者出聲，講自己的故事。她的第一本書取名《我不是女人嗎？》（*Ain't I a Woman?*），表達對十九世紀特魯斯的崇敬。〈選擇邊緣作為激進開放的空間〉（Choosing the Margin as a Space of Radical Openness, 1990）告訴讀者如何不背離自己的出身，集結集體的力量，打破沉默，從邊地發聲，將邊緣轉化為抵抗和創新的所在。

〈女性主義的男性研究〉（Feminist focus on men: a comment）則選自《回嘴》（*Talking Back: Thinking Feminist, Thinking Black*, 1989），具體描寫黑人家庭中的男女互動，以及女人如何挑戰和改變男女的主客關係。

史坦能（Gloria Steinem）早年從事新聞工作，是 1970 年代美國婦運的「明星」和領導人物。她從小貧困坎坷，很早便從生病的單親母親的人生體會到性別不平等。從事新聞工作後，親見更多女性受困於環境，她四處宣揚女性主義，與朋友創辦 *Ms* 雜誌和多個有影響力的婦運組織，如女性媒體中心（Women's Media Center）。《內在革命》（*Revolution from Within: A Book of Self-Esteem*, 1992）是她眾多暢銷作品中銷售時間最長久的，回溯個人的生命經驗，揭露當年表面光鮮亮麗、充滿戰力的自己心中如何軟弱和缺乏自信。從自己和別的女人的故事中，她讓讀者看到個人的也是政治的，探討如何破除內心的和外在的障礙，並且分享她在步入老年之際，如何從大自然、其他女人身上和自己的早年去尋求力量和自信。

巴瑞除了著書立說，也積極行動，奔走全球，於 1988 年成立國際組織「反對販賣女性聯盟」（Coalition Against Trafficking in Women），拒絕區分自願和被迫賣淫，遊說各國政府立法，處罰嫖客、仲介、妓院、人口販子，但不處罰性工作者，頗有成

效，被稱為瑞典模式或北歐模式。在〈色情媒介和全球性婦女性剝削〉（Pornography and the Global Sexual Exploitation of Women, 1996）中，她主張侵犯個人的基本人權時，**不能以被壓迫者的「同意」為藉口**，因為被壓迫者並沒有被賦予不同意權。她極力反對以美國為首的政經集團利用言論自由和資本主義市場販售色情和女體，因為性暴力和性剝削使女性淪為物品，也是男女不平等的根源。

十九世紀中葉英國婦運人士曾為了女性在公共場所出入的自由和安全，爭取獨立於男廁的女性專用公廁。過了一百多年，在男女平等的前提下，女性是否應保有自己專屬的空間再成為一個新的課題，牽涉到女校應否收男生、公共交通工具應否有女性專屬車廂、公廁和學校的體育課應否去性別化？美國部分州規定學生有權根據個人的性別認同選擇使用廁所和更衣室、選擇上男生或女生的體育課，點燃了新的有關性別的爭議。近年來行政院也在性別主流化的旗幟下，跟著推出不分性別的性別友善公廁，成為新的公共政策。

曾任教於墨爾本大學的傑芙瑞（Sheila Jeffreys）從激進女性主義立場反對將公廁去性別化，在〈女廁政治：女性主義者對去性別化女性空間的回應〉（The Politics of the toilet: A feminist response to the campaign to 'degender' a women's space, 2014）中，她堅稱現今的女性仍需要數量足夠的、安全、符合需要的女性專用廁所。至於不分性別的公廁應另外按照跨性別者的需求規劃，與女廁有所區隔。

吳芷儀是台灣性別不明關懷協會創辦人，她曾另文指出，跨性別者不想挑戰性別界限，只是希望扮演好自己選擇的「性別角色」，藉由學習與互動，受到社會接納。她們守護社會制訂的

「性別框架」，不希望被打破。她鼓勵跨女與社會對話，增加彼此了解。在〈從女廁來談跨性別運動〉（2016）中，她從跨女角度主張保留女廁，認為為跨女設置不分性別的廁所只會將跨女邊緣化。

附錄三篇摘錄與女性主義討論家庭、私有財產、親子關係相關的文章，恩格斯的〈家庭、私有財產與國家的起源〉和佛洛依德的〈性體系發展階段〉在本書中都多次被不同作者引用。王友琴則以中國孝道對比佛氏的伊底帕斯情結，說明中西文化處理戀母情節的文化差異，皆可供讀者參考。

女性主義十九世紀以後方才出世，從女性的視角歸納出新的概念（如「女人不是天生的」）、創造新的名詞（如性政治），也對舊名詞賦予新意義（如父權、情慾）。若讀者初次細讀女性主義，對某些名詞／概念感到不確定，可使用本書後面的「重要名詞索引」，參考其他章節對此名詞的闡釋或不同觀點，將有助於全方位的理解。本書內不同章節之間可對照或參考的段落也以頁碼注明，以便讀者查閱、比對。希望此書為讀者送上一支鑰匙，得以登入女性主義堂奧，享受閱讀和思考的樂趣。

第一章

女性意識覺醒

1.

女權辯護

A Vindication of the Rights of Woman, 1792

瑪麗·吳爾史東考夫特（Mary Wollstonecraft, 1759~1797）

　　吳爾史東考夫特生於倫敦中產階級家庭，因父親不善理財而落入貧困和家暴，她羨慕哥哥得到祖父資助可以繼續求學，自己卻必須輟學謀生，靠著做貴婦的私人祕書、家教，賺取微薄薪資，還得照顧生病的母親和婚後受到家暴的妹妹。她後來獲得女性少有的機會，進入出版社做編輯助理，才得到發展，開始思考自己的人生、反省女性的處境。1792 年發表《女權辯護》，主張不僅應當改革壓迫女性的政治、社會結構，也應當改善她們日常的生活處境。當時被視為離經叛道而未受重視。20 世紀後期，第二波婦女運動興起，此書才被譽為女性主義經典，廣泛傳閱。

　　本書的基本論點是女男生而平等，女性的個體身分優先於性別身分。男女本質上沒有差異，女人也能夠像男人一樣理性思考，所以應當享有平等的人權。女性屈居劣勢，是因為社會化過程封閉了她的心智，要求她一心服侍男人，放棄自我。不論男女，每個人都具備理性與感性的能力，卻被切割成兩部分：公領域裡的世界大事由理性主導，是男人的天地；女人生活在私領

域，只容得下微不足道的小確幸。女人是因為得不到相同的發展機會才失去了平等，補救之道在於給男女相同的教育和發展機會。女性應得到充分的自由，鍛鍊強健體魄、培養獨立自主的謀生能力和獨立思辨的能力，才不致不思自身利害變成男人的性玩物。

即使女性選擇持家育幼，不進入職場，仍應以獨立個體的身分與丈夫為伴，享有平等財產權，理性教養子女，並且在婚姻中夫妻互負貞操義務。不幸吳氏難產早逝，只活到 38 歲，但她率先提出的獨立、自主、理性思辨，已成為自由主義女性主義的核心價值。（顧燕翎◎撰文）

或許可責備我過於剛愎，但我必須宣稱，從盧梭的《愛彌兒》到葛雷哥利博士的《父親給女兒的金言》，這些討論女性教育與儀節的作者們，我可以確定地說，都在使女性變得更人工化、更矯揉造作與柔弱，他們盡力使女性成為社會組群中的無用份子。我是以比較低的姿態來說這些話，擔心它被誤認為是一種情緒性的呼籲，而不能傳達那些真正基於經驗與反省所獲致的清晰信念。我不贊成這些書的論點，而我認為他們有意貶低女性的地位，讓女人樂於為陳規習套、美德懿行而鞠躬盡瘁。

從盧梭的理論來說，如果男人到達心靈的完美境界，而生理也已成熟之際，便是與女人結合為一的適當時刻。而女性「她」應該完全依賴著「他」的了解，如同菟絲附女蘿，青藤攀巨橡，這種力與美的結合，才是圓滿完整。但是，事實上何其可歎！丈夫通常像是一個大號的小男孩，瞎子牽瞎子，後果不問可知。盧

梭又宣稱，一個女子永遠也不能自認自己可以獨立，她應當被恐懼、害怕、膽小所控制，表現出可愛乖巧的一面，無論何時男子想要輕鬆休閒的時刻，她要風情萬種地作出賣弄的姿態，成為富於誘惑力的尤物，才是男子的良伴。而男性則致力於高談闊論，彷彿其說是擷取自宇宙萬物而直指世界的智慧與真理，探索未知與道德的基礎，而這些需經過嚴格的教化涵養才行。至於女性性格，服從是她偉大崇高的課題，也值得且必須透過嚴格冷酷的陶養以加深其效用。

這種說法不但荒謬之至，簡直是胡說八道了。何以這樣一個偉大人物，竟會在此種主題上，散發充滿男性自大與肉慾的思想！就算女性天生比男性弱小，但在道德的要求上應與男人平等，如果不是指這種天性的層次，或者視道德是一種相互平等的概念，男女當然應接受同種原理原則的道德指引，並且應具有相同的人生目標。

女性當其為人女、為人妻、為人母的時候，她的美德便是循規蹈矩地完成這種單一的責任。至於生命最大的目標──展露個人才華與個人尊嚴，則與女人無關。她們也許願意選擇一條平坦的順途，但是不要忘記，所謂上天賜予的幸運，並不足以滿足不朽的心靈的需求。我並非要在概念上取消性別，我也不泯滅女性生命中的愛情和責任，這正是生命賴以綿延的媒介。但我仍然力主男女平等，造物的美妙在男女彼此真誠的關懷中，這樣的共行共處才有生命的光輝和滿足。讓我再進一步質問，那些宣稱擁有人性自然知識的人們，他們是否想像過，婚姻能毀掉生命的元氣？那些只被教以取悅他人的女性，婚後很快地發現，她們的容顏與可愛幾乎很快就像午後斜陽，對丈夫的心將沒有多大的影響，尤其當多情的仲夏（婚姻的蜜月期）遠離消失以後，她是

否能從自身尋求自足的能力，以復甦那久已冬眠沉寂的天賦？當她的丈夫不再是她的情人時（這是無可避免的，而且必然會降臨），她那取悅他人的渴望，將會隨丈夫的冷淡而逐漸槁木死灰，甚而成為痛苦的來源，而愛情──在所有情慾中最易凋落的一種──將被猜忌與空虛所取代。

我再說明得更透澈些，那些受制於教條與偏見的婦女，雖然她們會被曾經熱烈嚮往的愛情的醜陋真相嚇壞，但她們仍期望被禮教與輿論所敬重，即或事實上她們已受到丈夫無情的忽略，然而這些婦女還是日夜沉湎在夢想心靈契合的喜悅中，直到她們健康不良或精神虛耗。從這種情形來看，「取悅」他人的「偉大」藝術，怎能說是女性必要的課題呢？有人強調，一個貞節的妻子，威嚴的母親，應當把敦品勵行看得跟取悅丈夫一樣重要，她對丈夫的感情，不過在使她日常工作較為輕鬆，使她能夠因此而生活愉快。總之，女人不論被摯愛，或者被忽視，她的人生目標便是使自己成為「可愛」或「可敬」，而很少關心她個人真正的快樂。

......

合宜適當的女性教育，更精確地說，應是教育健全豐富的心靈，使女性能獨立自主地度過一生。我並不贊同一般所謂的高級格調，如果生活上的高級格調不能使人在天災不測中能獨立堅強的話，所謂高級格調，對我們不會有什麼益處！溫文柔雅，恆久忍耐，可說是上帝的美質，但當這些變成支持弱點的理由時，情況完全改觀，要女性因為需要保護而默默承受痛苦？在鞭笞下微笑而不可呼號哭泣？......要求女性溫柔順服，甚至搖尾乞憐，使女人充其量只是男人的玩物。她們唯一的野心，令男人覺得十分可愛的，那便是引起激情而非啟發自尊，這種卑微的渴望就像在

絕對專制的體制下的屈賤奴隸，容易摧毀自身人格所具有的力量。我要說，自由才是道德之母！女人如果不能呼吸自由爽朗的空氣，生命力必然會迅速凋落。

女人應被視為具有理性動物的行為能力，不應將她們視為依賴他人而存在的畜類，教養她們應該涵養她們的心智，給予崇高的原則和訓練，使其經由自覺而依賴本身的人性尊嚴，教育她們如同男子一般，接受挑戰而非滿足需要，使她們成為更好的一性。我愛男人如同我的同儕，但是他的權威（不管是真的還是強詞奪理）將不會侵犯到我，除非基於個別的理由我會服從效忠，但這服從效忠是對事不對人，因為任何一個存在物，其運作原理，都受其內在原則所指導。

但是男人們又宣稱，保有美麗，是女人無上的榮耀，然而種種對肢體與天賦才能的束縛，遠比中國的裹腳布還來得嚴重。當男孩們在開展的世界中自由歡鬧，放鬆肌肉與神經，女孩們卻受命過一種靜止不動的生活。盧梭不但如此主張，他還說明女孩一生下來，便自然地不需要教育，她們天生喜歡玩偶、打扮和七嘴八舌，她們如此孩子氣而不值得一哂。我或許是身為女人，比盧梭有更多觀察女孩童年的機會，我敢大膽地斷言，一個女孩，如果她的精神不是因不活動而挫折下來，或是因被錯誤的教導而汙染的話，她一定是個小鬼靈精和小頑皮蛋，除非她在兩者中別無選擇，洋娃娃將不會引起她的重視，如果不是大人諄諄訓誨男女有別，女孩與男孩常會玩在一起，而且玩得很好。在我觀察的圈子裡的多數女性，都具有理性行為，常顯示出卓犖不羈的聰明智慧。

啊！為什麼我們女人要貪求那些男人們的讚美！他們對待我們的原理原則完全跟對待他們自己不同！當我們的美貌正值顛峰

之時，他們捧寵我們宛如皇后，如果我們接受這種待遇，就像囚籠中的金絲雀一樣，除了帶著可笑的虛榮，從一個棲木再走到另一個棲木，雖不須勤力勞作，卻付出了健康、自由、人格的代價。我是多麼感慨啊！女人竟墮入男人系統化的阿諛之中，這些阿諛不過是男人在強調他們的男子氣概！因為對弱者是不須禮敬的，只須給點瑣碎的阿諛之詞。女人如果未能充分工作來寧靜心靈的話，就易為瑣事操心打轉，毫無意義地浪費消耗自己的精力，最後便逐漸變成只有感官知覺的客體。而目前的女子教育，竟趨向這種空洞無物的宗旨，不讓女性朝向理性人格邁進，使其隨著年光流轉而更具良善的品德。

　　我有一個狂野不羈的想法，或許會被人認為幼稚而被嘲笑，但我仍要提出來公布，我希望見到社會上男女區別逐漸消失。除了生兒育女不同外，男女共同遵守生命相同的原理原則，不論男女，成就都是因勇敢、勤勉而獲致。對於人類的美德，我倒在許多貧苦而努力工作的婦女身上看到，她們汗流浹背地護持其家庭，其家庭經常冒著被父親的罪惡所破壞的危險。由於看到這些受教育很少，卻具有如此美德的貧苦婦女，加深了我的一個想法──一些接受女子教育的婦女們，由於本身具備淑女身分，反而因怠惰與瑣屑無聊而變成毫無美德。她們被文明美化，其實是弱化。男人占有她們的肉體，而任其心靈腐朽──最後我不禁想問：悲慘的女奴在重獲自由之後，要經過多少個世代，她們的後代才能培育出足夠的活力，用以發揮她們的聰明睿智？

摘譯：李清慧。

原譯文刊於《婦女新知雜誌》1982 年第 8 期。

2.

女性之臣屬

The Subjection of Women, 1868

約翰・米爾（John Stuart Mill, 1806~1873）、
海莉・泰勒（Harriet Taylor, 1807~1858）

　　米爾是十九世紀英國哲學家、經濟學家和國會議員，20 歲時遇到已婚的泰勒（Harriet Taylor），展開了 21 年的戀情和對話。米爾說泰勒對他往後所有的著作都影響深刻，甚至貢獻比自己還大。泰勒的丈夫去世兩年後，兩人終結連理，共同生活 7 年至泰勒去世。

　　《女性之臣屬》由米爾完成於泰勒身後，以她生前發表的多篇文章為基礎，闡述夫妻平等的理念。男女任何一方受壓抑都阻礙人類進步，違反效益自由主義（utilitarian liberalism）追求最大多數人最大幸福的原則。書中主張生而為人 —— 不分男女黑白 —— 除了衣食之外，最大的需求是自由，有自由才有尊嚴、才能感受到生而為人的價值、才得以發揮才能，追求個人最大的幸福。

　　米爾深信，個人的發展不應受出生的限制，文明社會的人際關係已經從以力服人的特權關係演進到互相協商的平等關係，個人的地位不再由出生決定，而是可以憑藉自己的努力改善，人人

努力向上的結果為社會創造了最佳成效。可惜女人沒有自由，這是性別不平等，也是社會整體的損失。因為在道德上和經濟上依賴男性，女人在家庭中受到壓迫；而男人從小感受性別優越，養成不正義的態度、自私自利的習慣，習慣壓榨女人。

本書主張婚姻是法律上兩個獨立個人的自願結合，不應變成一人獨裁。女性應有權從事任何行業，並享有財產權。社會上人人公平競爭，結果自然是優勝劣敗。有能力的女性可以享受成功，貢獻社會，也可以從事公職，提升人民福祉。（顧燕翎◎撰文）

廢奴與婦女解放

人類早期，男性「大部分」是奴隸，女性卻「都是」奴隸。在思想家膽敢為男奴或女奴的正義及絕對的社會需求張聲之前，許多世紀就這樣過去了，雖然其中不乏許多高度文明的世紀。漸漸地，上述的思想家產生了，因此，藉著社會援助的過程，至少在歐洲基督教國家，男奴制度逐漸全面廢止，而女奴制度卻漸漸演化成較溫和的形式——倚賴。目前存在的倚賴性不是原有的形式，而是考慮到社會正義和便利之後，有了嶄新的風貌，雖經過不斷的緩和及修正，倚賴本身並未失去原有的野蠻本義。

......

至於男人駕馭女人的權力，不只限定在某一個階層，而是普遍地發生在所有男性身上。先不談占有權力有什麼驕傲和滿足，或者運用權力對個人有什麼利益。對支持者而言，這種權力之所以引起人的欲望，是因為這種權力不是理論上的東西，也不像政治權力，經常引起黨派的爭奪，除了領導者之外，對他人而言，

沒有一點私人的好處。然而駕馭女人的權力卻可以降臨到每個男性為家長的家庭中，每個期盼權力者都可以擁有。莊稼漢可以和貴族一樣，運用他分內的權力。這種主從關係還有一種特色：想掌權的人所駕馭的便是他身邊的人，和他一起生活的人，他最關心的人，這樣他便可以依照他個人的意願獨立行使權力。如果君主專政和奴隸制度中的權力是建立在暴力之上，掌權者便不容易得到別人的支持，時常會有太多困難要去克服，但是在男人駕馭女人的關係上，男人的權柄之基礎比前者要穩固多了。

男人駕馭女人的情形是，每個附屬者都在主人的掌握中生活── 她們與主人的關係，比任何其他附屬者的同伴關係都要密切。她們無法聯合起來反抗主人，也沒有任何一部分權力可以超越他，因此，她們便有很強烈的動機要獲得他的寵愛，避免得罪他。我們都知道，在政治進化的奮戰過程中，那些鬥士如何受到賄賂和恐嚇，但是比起女人所經歷的，這些鬥士的遭遇簡直不算什麼── 每個女人都長期受到賄賂和恐嚇。人類歷史上，強迫他人屬於附屬地位，把桎梏緊緊地套在受壓迫者脖子上之諸種制度中，最深刻的一種莫過於「女性附屬於男性」的制度。

可是，有人會說，男人駕馭女人的權力和其他形式的權力不同，因為這種權力沒有強迫的味道：女人是自願接受的，女人沒有怨言，女人首肯了擁有這個權力的男性團體。然而早已有許多女性表示過不同意了，自從女人有能力將感覺訴諸作品之後（這是社會唯一允許她們使用的宣傳方式），抗議她們所處的社會狀況的人愈來愈多了。最近就有數千名女性，在最傑出的女性領導帶領下，為了議會選舉權向議會陳情，同時要求和男人一樣受教育，學習相同的知識，而從事以往排斥她們的職業。誰也不知道還有多少女性懷有同樣的抱負；如果我們的社會沒有用盡各種辦

法，告訴女性這類的抱負和她們的性別本質相違背，那麼必定會有更多跡象顯示，女性懷有同樣抱負的人數，是難以計算和忽視的。

然而所有的社會因素和自然因素，合力使得女人集體反抗男人權力這回事，看起來好像沒有真實性。女性目前的地位和其他附屬者的階級不同，主人對她們要求不僅僅是實際上的服務——男人除了要女人的服從外，還要她們的感情。男人都希望女人的心和他們連在一起，他要的是自願的奴隸，不是強迫而來的，要她們不僅成為奴隸，還要成為寵物。其他奴隸的主人，以恐懼來維持奴隸的服從，女人的主人要的不僅是單純的服從，因此他們以教育的功效來達成目的。所有的女人一生下來，就在這樣的信念下教養長大：女人理想的性格和男人正好相反，女人不該有自由意願，不該由自我控制支配，應該順從、屈服於男人定下的規範。所有的道德規範及時代感情都告訴她們說，女人的天性、職責，就是為別人而活，她們的本性就是徹底的自我犧牲，不能有自我的生活，她們只被允許擁有丈夫或者孩子（孩子在她們和男人之間形成更緊密的結）。我們把下列三件事視為一體：第一，異性自然相吸；第二，妻子完全倚賴丈夫；第三，人類所追求的目標——他人的尊重，以及野心的實現，女人只有藉由丈夫，才能追尋或獲得。男人有了影響女人心靈的有效手段之後，自私的本能便促使他們把這手段發揮到極處，把這個手段拿來當作奴役女人的工具，那就是告訴女人說，溫馴、順從，將自由意志轉讓到男人手中，是女人最迷人的基本特色。

只要還有人專心一志、聚精會神地遵循上述的法則，那麼人類自以為已廢除的奴隸桎梏，一定仍有殘跡存在於今天的世界上：如果每個年輕的平民，其生活目標，就是求取貴族眼中的恩

寵，每個奴隸的生活目標，就是去求取地主眼中的恩寵，如果溫馴及放棄私人的情感，被標榜為人人都該追尋的美德，那麼最有天賦、最有抱負的人，都會去追尋這種誘人的美德。所以今天男人和女人的區別，不是正和以往農奴、地主以及平民、貴族的區別一樣明顯嗎？甚至大部分的思想家都相信，這種區別是人類與生俱來、無法改變的。

男人從未真正了解女人

　　兩性有什麼不同的本質？站在常識及人類心態形成的立場，如果只觀察目前的兩性從屬關係，誰也無法知道兩性真正的本質。除非在沒有女人的社會裡，或者沒有男人的社會裡，或者女人不受男人控制的社會裡，兩性與生俱來的本質及其心智、道德上的差異，才能確切地被了解。現在所謂的女人本質，顯然是人為的東西——是經過某些方面強制壓抑，及另一些方面違反自然的刺激造成的。我們可以毫不遲疑地說，女人，這些附屬者的性格，受她們和主人間關係的影響，其自然成分已被徹底扭曲了。甚至從其他被征服的民族來看，雖然某些方面會受到強制的壓抑，但是他們的內在本質並未遭到徹底踐踏，只要有發展機會，他們的本質便按照自己的律法發展了。可是女人不同，主人由於自己的利益和快樂，對女人本性中的種種能力，加以實施鐵血般的改造，女性的生命力由於長期受到這樣的冰雪覆蓋，早已發育不良，甚至有些已被消滅了，男人檢視自己製造出來的成品，就此相信男女有先天的差異。

　　什麼是兩性本質的差異？這個問題在目前的社會狀況下，無法獲得正確而完整的答案。如果從心理學最重要的一門，也就是環境影響性格的各種法則，誰要是得知性格形成法則中最深奧的

知識，那個人就有權肯定兩性之間的差異是些什麼？目前所能做的，只有臆測，也許女人知道答案，但是如果大部分的女人，只肯發偽誓，不肯做見證，那麼想得知最後的答案，就更困難了。

……

婚姻法對女人來說，幾世紀以來，都是一個有強制力的法規，女人只有依其生活，否則就不要生活。常言道，家庭的理想模式，該是一個關心、諒解、互愛的組合，然而夫權的使用不當，使妻兒的幸福常因為他個人的樂趣而被忽略和斷送，社會體制又賦予男人無邊的家庭權力，使他經常向妻兒發威，這樣便容易激起男人心靈深處的私心，使得每位男人因握有此種權力而顯得齷齪不堪。婚姻中勞役的規定，嚴重違反現代世界裡的許多尊重個人的原則，同時無視於女人所受的長期緩慢的痛苦經驗，婚姻在法律與習俗之下，對女人不止是個實際的約束，而是使女人成為合法的奴隸。

……

如何解除扣在女人心頭的枷鎖？我認為首先要讓女人自己出來說話，到目前為止，還是罕有女人願意為自己發言，社會也不太允許她們在大眾面前為自己發言。就在目前較進步的國家中，女性的無能，竟仍是法律和社會制度，唯一以出生性別來作判斷的標準，女人僅因為出生性別不同，就被劃為無能者，規定她們不准為某些特定的事物與男子競爭。甚至有人主張，女人不該讀書識字，女人讀書識字沒有什麼好處，會寫文章更易使社會動盪紛亂，她們只要能齊家報國就好了。然而如果我們是一群有良心的男人，我們制訂理想社會的目標，不止是讓男性的生命力，在各種方面自由萌芽，如雨後春筍，在溫暖活潑的氣氛灌溉下，達到男性自我發展的極限，我們同時也該同理可證，讓與我們同根

萌發出來的女性生命的幼芽，依自己的方式，得到機會成長。不該讓一半的生命受到溫室愛護，讓另一半的生命在雪地裡永遠打滾。

摘譯：臨淵。
原譯文刊於《婦女新知雜誌》1982 年第 3 期。

3.

女性解放

"The Enfranchisement of Women", 1851

海莉·泰勒（Harriet Taylor, 1807~1858）

　　與米爾相較，泰勒的婚姻觀更為激進，主張也更具體：所有
與婚姻相關的法律皆應廢除，子女屬於母親、生計由母親承擔，
這樣不單在分手時少了財務爭執，女方也會謹慎決定生育次數，
不致於以「增加子女人數為手段來強化她和餵養她的男人之間的
連結」。家務不足以滿足個人的成就感，女性的生命力需要更大
出路，所有公職和職業應全面對女性開放。

　　"enfranchisement" 有釋放、獲得自由和應有權利之意。（顧
燕翎◎撰文）

　　我們不相信任何一部分人有權利替另外一部分人、或者任何
個人替另外一個人決定他們合適做什麼。個人能力的最大、最高
極限之內都是他適合發揮的領域。如果沒有全然自由的選擇權，
就沒法確定這極限在那裡。

......

　女性能否勝任政治？這點已是*毋庸置疑*，不過爭議可能轉個方向，變成政治究竟是否適合女性。那些聲稱女性不該在高階政治部門活動的理由，去掉浮誇的辭藻之後，似乎可以簡化為三點：一是太多社會活動會妨礙母職和家務；二是有人說會造成性格冷酷無情；三是男人競爭專業或高收入工作已經極不容易，女人再加入競爭就太不應該了。

　第一個關於母親身分的論點最常聽到，儘管（不言自明）這種理由要成立的話，只能用在為人母的女性身上。認定女性只能當母親否則什麼都不是，或者女性一旦做了母親，餘生就什麼都不是，兩種想法都沒有必要，也不公平。無論女男都不需要法律來限制他們進入某項行業，只因為他們不可能同時兼顧另外一項工作。沒人提議男性不能進入國會做議員，只因為他是現職的士兵或水手、或是投入全副時間、精力做生意的商人。即使男性的工作十之八九不容他們同時投入公職，其效力幾無異於立法禁止，卻仍然沒有必要制定一條法律來排除這十分之九，更別說剩下的十分之一了。同樣的理由也可以用於女性，沒必要立法規定女性不可以一方面照料家務或孩童教育，同時也外出工作或是進入國會。沒錯，魚與熊掌難以兼得，但人自然會尋得出路：把難以兼顧當作藉口，用來排除那些並未遇到這種狀況的人，卻是嚴重不公。如果可以自由選擇，這群人將會占很大比例。女人必須從事母職的論點得不到單身女性的支持，這個族群的人數已日益增大，也將大大有助於提升整體社會的繁榮，不過值得一提的是，沒有必要執著於數量上的過度競爭。沒有理由要求所有女人必須自願選擇奉獻一生在單一的生物功能及其後果上。很多女性成為妻子和母親只是因為別無出路，沒有適當的工作對她們開

放。每一分用在女性教育改進、能力增長、職業技能提升的努力都只會讓為數更多女性因為沒有生命選擇權而感受傷害與壓迫。若說女性因為母職而失去積極參與社會生活的條件，不如說是社會禁止她們從事任何行業，只為她們留下母職一途。

摘譯：顧燕翎（本書主編）。

莎士比亞的妹妹

"Shakespeare's Sister", *A Room of One's Own*, 1929

維吉尼亞・吳爾芙（Virginia Woolf, 1882~1941）

吳爾芙是英國二十世紀初影響深遠的女性主義小說家及評論家，首創意識流寫作技巧，撰有小說《達洛維夫人》（*Mrs. Dalloway*）、《歐蘭朵》（*Orlando*）、《航向燈塔》（*To the Light House*），以及以散文體裁探討女性與小說的《自己的屋子》，深受女性主義者喜愛，本文即取自書中的一章。

吳爾芙此文以虛擬的莎翁妹妹對比莎士比亞的遭遇，突顯性別處境的天差地別，三個世紀之後，吳爾芙同樣才高八斗，可惜她的性別經驗，仍沒有多大改善。（顧燕翎◎撰文）

假使說莎士比亞有一個天才洋溢的妹妹，我們就叫她珠底斯吧，那麼，會怎麼樣呢？莎士比亞或者——自他的母親承繼了一些財產——他自己進了個學校可能學了拉丁文——讀了歐維德、魏吉爾和霍瑞斯——初步的文法和理則學。如眾所周知他是個不

馴的孩子，他偷抓兔子，甚或偷射人家養的鹿，不到結婚的年齡就和鄰居的女子結婚了，她在正當產期之前，生下了他的小孩。那種放蕩的行為使他在故鄉待不下去了，遂到倫敦去碰運氣。他似乎是對戲臺有興趣；他開始在戲院門邊替人看馬。很快地他得到了戲院裡的差事，成為一個成功的伶人，他生活在當時世界中心的大都會裡，和各種人都有交往，和各種人都認識，在臺上表演他的藝術，在街頭磨練他的機智，甚至於混得能進入女皇的宮闕了。而同時，他那才華不凡的妹妹，我們想像她仍留在家中。她像她的老兄一樣的富於冒險精神，富於想像力，一樣的想到外面去闖闖。她沒有機會學文法同理則學，更不消說讀霍瑞斯和魏吉爾了。她偶然間會撿到一本書，也許是她哥哥的書，就讀了幾頁。但是這時她的爹媽進來了，要她補襪子、看鍋裡煮的東西，不要對著書本同紙筆恍恍惚惚的。他們可能會對她的口氣很嚴又很和藹，因為他們是很實在的人，他們了解女人的生活條件，他們更深愛著這個女兒 —— 實在，她很可能是她父親的掌上珠。或者，她在堆放蘋果的閣樓上暗中寫幾頁，但總只小心地藏放好，要不就是放在火裡燒了。然而，她剛剛十幾歲，她就由家人主張著訂與鄰居賣羊毛的那家的兒子為妻了。她哭喊著說她最恨結婚，就為了這個挨了她父親一頓痛打。隨後他不再申斥她了，卻向她說好話，要她不要在她婚事上使父親失了體面，丟了臉。他說，他會給她一串珠鍊或者一件漂亮的襯衣，他說話的時候，淚水滿眶。她如何能反抗他呢？她如何能傷他的心呢？她自己的天才鼓勵著她出走。她把自己的東西打了一個小包，一個夏夜，她用繩子將自己縋下，就跑到倫敦去了。那時她還不到十七歲。籬邊的鳥兒不見得唱得比她更美妙。她有敏捷的想像力，在字的音律方面，和她哥哥同樣的有才分，她也對戲院感興趣。她站在戲

院門口；她說，她要演戲。男人們當著她的面取笑她。那個經理 —— 一個肥胖、碎嘴的人 —— 哈哈大笑。他叫嚷著，捲毛小狗舞蹈就好像女子演戲 —— 他說，沒有女人可能做個好伶人。他暗示 —— 你可以想像得到，他暗示些什麼。她在技藝方面得不到受訓練的機會。她能夠在小酒館中吃飯，或午夜在街上閒蕩嗎？然而她的才分是在編造小說方面，亟願在男女的生活中以及研究他們的行為方式中得到大量的養料。最後 —— 因為她很年輕，面部像極了她那位詩人哥哥莎士比亞，有同樣的灰睛和極彎的蛾眉 —— 最後，那個尼克格林 —— 伶人更兼經理的那個人，可憐上她；她發現她由那位紳士懷了孕，而於是 —— 誰能丈量出來 —— 當一個詩人的心，被拘囿，且千頭萬緒的紛亂忐忑在一個女性的體內時，是何等的焦灼，激憤？她在一個冬夜自殺了，就被埋在十字街頭，就在「象與堡」酒店外面的公共汽車站那裡。

我想，如果在莎士比亞時代，一個女人有莎士比亞的天才，她的事蹟多少就這樣。

……

然而，一種天才是會存在於婦女之中的，一如天才會存在於勞動者當中。不時會有一個愛米麗・勃朗特或者一個羅勃・勃恩斯，發著光輝，證明天才確實存在於那些人當中。但是不幸的是，好多個這樣天才卻無機緣寫作。然而有時當我們在書中讀到一個女巫被扔到波心，一個女子附了魔，或是一個聰明的女子兜售草藥，或者一個偉人有一位賢母，我不禁想到，我們模糊尋到了一位失去的小說家，一個未得發展機會的詩人，一些未能吐發心聲，被埋沒的擷茵・奧斯婷，還有一些愛米麗・勃朗特，她那明敏的頭腦觸碰到荒瘠的土地上而歿，或者在大路上亂徘徊著，她的天才使她痛苦至於瘋狂。實在，我敢猜說，那些寫了很多詩

而不具姓名的作者往往是一個女人。我想，愛德華‧費加羅曾說，一些民歌、民謠的作者是女人，她哼給自己的孩子聽，哄著他們入睡，在紡織的時候唱來自娛或度過長長的冬夜。

……

　　任何一位生在十六世紀的有天才的婦女一定會變瘋、自殺，或自居於村外的小木屋中，被人認為半是女巫、半是妖怪，人們對她是有點懼怕，但又大加嘲笑。因為，懂得點心理學就會知道，一個天才很高的女孩子如曾想發揮她的天才於寫詩上面，她定會受到別人的阻撓與制止，同時她自己的內在的矛盾也會使她痛苦欲裂，結果她定然會失去健康，精神失常。沒有女孩子能夠走到倫敦，站在戲院門邊，努力想辦法去見伶人經理，而不遭到橫暴，受到痛苦；那雖然可能是不合理的 —— 因為貞操可能是由一些社團，為了不可知的理由而造出來一種「崇拜物」—— 但卻是無可避免的。貞操在以往、在現在，於婦女的一生中占有宗教的重要性，於是就被神經、本能層層地包裹了起來，欲將之打開，出現於日光之下，真需要不經見的最大勇氣了。在十六世紀，想在倫敦過一種自由放任的生活，對於是詩人以及劇作家的女子來說，那會是一種神經的重壓，一種艱窘的事，那會使她死掉。即使她僥倖活下來，她所寫的會是扭曲的、變態的，因為那完全出於她過度緊張，陷於病態的想像力。我一面望著書架 ——那架子上並沒有一本女作家寫的戲劇 —— 我一面在想，她的作品也許並未署名就推出了。她定然會尋找這樣一種藏身處 —— 隱蔽起來以策安全。貞操觀念的遺風，使得直至晚近十九世紀的女作家都隱姓埋名。庫瑞‧白爾、喬治‧艾略特、喬治‧桑，她們都是內心的苦鬥的犧牲者，在這一點上，她們的作品信而有徵，她們想用個男性化的筆名將自己遮覆起來，但是並沒有多大的功

效。如此，她們可以說是已向傳統低頭，這種歷代相沿的傳統，如果不能說是由男性扶植樹立起來的，但他們卻有倡導之力。波瑞克利斯是一個受人談論最多的男子，他都說女子最大的光榮就是從不被人談論到，男人們以為婦女們出風頭有名氣是最惹人厭煩的事。她們的本性中就有隱姓埋名的傾向。將自己密裏深藏的願望，仍盤據她們的內心。一直到現在她們還是不像男子那樣的熱中於名氣，大體說來，她們會恬然的走過一座墓碑或一塊廣告牌，不會有一種不可遏制的願望，要將名字刻在上面。

翻譯：張秀亞（1919～2001）著名作家，散文、詩、小說、翻譯皆成果豐碩，著名散文集有《牧羊女》、《曼陀羅》、《書房一角》等。

5.

無名的問題

"The Problem That Has No Name",
The Feminine Mystique, 1963

貝蒂・傅瑞丹（Betty Friedan, 1921~2006）

　　無論稱之為女性形象或婦道，東西方婦運都始於性別角色的
反思。傅瑞丹調查美國中產階級家庭主婦，於 1963 年出版的《女
性迷思》，反映出當時美國受高等教育白人已婚女性受困於家庭
的苦惱。傅瑞丹抨擊二次大戰後由男性主導的婦女雜誌誤導女性
嚮往主婦角色，與 1930 年代所看重的獨立、自信大相逕庭。傅瑞
丹延續泰勒（頁 57~59）、吳爾史東考夫特（頁 44~49）、史坦
頓（頁 268~271）等前輩自由主義女性主義者，呼籲女性規劃人
生、實現自我，政府也應補助主婦進修，像協助退伍軍人一樣，
協助她們重返職場。此書道出了多數女性心聲，銷售超過三百萬
本，並譯成多國語言，也開啟了美國 60 年代以降的婦權運動。

　　然而，《女性迷思》道出了中產主婦的不滿，企圖將她們推
進職場以改變人生，卻未要求男性分擔家務，也未為早已在職場
拼搏、備受壓榨的底層女人發聲，因此受到批判。黑人女性主義
者胡克斯（bell hooks）（頁 414~430）指她完全忽略了沒有男人

的女人、沒有小孩的女人、沒有家的女人、白人以外的女人、貧窮的女人的生活、經驗和需要。後來，傅瑞丹自己也發現，即使中產女性也很難同時兼顧社會對妻、母和職業婦女的要求。職場女超人兼主婦的日子一點也沒有比 1960 年代的全職主婦好過。1981 年她出版《第二階段》（*The Second Stage*），要求男性調整角色，向傳統的女性特質傾斜，主張男女都培養雙性化人格特質，攜手改變社會價值、領導風格、組織結構，謀求事業和家庭的平衡，不論男女、不分公私領域，人人都能自在生活。本文改寫自《女性迷思》第一章。（顧燕翎◎撰文）

　　從十九世紀中葉開始，歷經七、八十年，在 1920 年為美國婦女贏得投票權的第一波婦女運動，不僅為婦女爭取到參與民主政治的權利，更為婦女打開了家庭私領域之外的空間，有愈來愈多的婦女走出家庭，或進到大學，接受高等教育；或進入工作職場，一展長才抱負。這個情況在第二次世界大戰前後達到高峰。隨著大戰的結束、前線士兵的返國，為了讓許多已經被女性「霸占」的工作崗位空出來，美國社會重新興起一股號召女性回歸家庭、扮演賢妻良母、發揮女性特質（femininity）的呼聲。而眾多的美國婦女，特別是中產階級婦女，也真的被這樣的「女人夢」吸引，紛紛從校園輟學、離開職場，去尋找她們的白馬王子（Mr. Right），然後生育子女，搬遷到郊區舒適美麗的獨棟住宅，使用各式便捷的家電用品，全心打造一個女人應該歸屬的、溫暖甜蜜、快樂幸福的家。

　　這樣的社會趨勢從一些統計數字中明顯可見，在 1950 年代

末期，美國婦女的平均結婚年齡下降到二十歲以下，而女性上大學的比率，卻從 1920 年的 47％滑落到 1958 年的 35％。五〇年代中期，有 60％的女大學生為了結婚休學。更驚人的是，五〇年代末期，美國的生育率已超過印度，許多婦女不再只是生兩個小孩，而是四、五個，甚至六個。過去女性曾為了走出家庭參與社會而艱苦奮鬥的歷史，已經被年輕一代的女性拋諸腦後，社會上更有成千上百的專家在歌頌她們的決定，稱讚她們的美德，更讓她們確定自己做了一個十分正確的人生選擇。

將自己安頓在家庭堡壘、全心奉獻給丈夫子女的這些婦女，果真從此過著如童話般、幸福快樂的生活了嗎？

十多年過去了，有一個問題深埋在美國婦女心中，卻沒有人將它說出來。它是心底一種奇怪的攪動，一種不滿足的感覺，一種因為痛苦而生的渴望。它，無以名之，卻是每個住在郊區、理應幸福快樂的美國婦女的共同經驗。日復一日，在一天將盡時，當她忙完丈夫子女家務之後，這個問題就會浮現──「這，就是全部了嗎？」但她卻只能單獨與它搏鬥，因為看起來其他的女人都對這樣的生活很滿意，所以她心想問題一定是出在自己身上。

貝蒂·傅瑞丹是少數嚴肅面對這個問題的人。為了幫雜誌撰稿，她有許多機會採訪各式各樣的婦女，她卻從她們的神情和談話中不斷看到這個警訊，但更重要的是，她自己也是「郊區家庭主婦」的一員。在那段期間，她也在紐約的石岩城養育三個孩子。她說，「早在我理解這個問題所牽涉更廣的社會學及心理學的意涵之前，身為女性的我，一開始就明白了。」

正是這樣立基於個人經驗、發自內心的問號，驅使畢業於史密斯大學新聞系的傅瑞丹對此一探究竟。她設計出開放式、深入

核心的問卷，發放給兩百位大學同學，探詢她們內心中隱密的痛楚。問卷回函超乎她想像的熱烈迅速，從許多婦女迫不及待地訴說與分享中，她逐步發現並確定美國婦女生活真實的一面，和那些由社會所構築而成而女性也極力迎合的意象（也就是後來她所稱的「女性迷思」）之間，存在著嚴重的斷裂。為了更深入明白這種斷裂的意義，傅瑞丹發揮新聞工作者的追蹤本事，一方面實地深入採訪更多的婦女，另方面也從各種角度，對當時宰制的主流論述，進行激烈的批判和解構的工作。

在採訪過程中，一個又一個婦女用絕望的語調，萬念俱灰的眼神，訴說她們深切感受卻無以名狀的「那個問題」。一個十九歲就結婚，生養四個孩子的婦女的談話可做為代表：

> 女人該做的我都試過了——休閒嗜好、種花蒔木、醃漬食物、自製罐頭、和鄰居打交道、參加聚會、幫忙家長會張羅茶會。我什麼都能做，也滿樂在其中，但做這些事卻不會留下什麼可以供我回味思考的東西——絲毫沒有為我帶來可以明白「你是誰」的感覺。我從來都沒有事業野心，一心只想結婚，生養四個孩子。我愛我的孩子、鮑伯和我的家。一般能想得到的問題我都沒有。但我就是絕望透了。我開始認為自己毫無個性。我只不過是個煮飯、洗衣、鋪床的人，一個任人隨叫隨到的人。可是，我到底是誰呢？

儘管求救訊號已這麼明顯，媒體也爭相報導這個現象，但社會一般的反應卻令人匪夷所思，甚或哭笑不得。有些媒體直接否認這是個問題，譬如《時代》周刊就頗不以為然地評論道：美國

家庭主婦的「日子過得太好……無法讓人相信她們會不快樂」。有些則編造一些淺薄的理由，試圖淡化問題的嚴重性，譬如主張縮小學區，好讓主婦們不須來回奔波接送小孩。有些則怪罪太多的教育教會了女性理性的思考，產生不甘心被束縛的感覺，因而強調女子教育的目的應該訓練女性成為更賢良的主婦。還有一些男性作家語帶諷刺故作幽默地說：只要剝奪掉婦女的投票權，回到從前，問題就能迎刃而解，因為婦女的心力只適合做家庭主婦，太多的重擔讓她們吃不消。整體而言，最普遍的想法是覺得美國婦女太不知足，身在福中不知福。

少數同情婦女遭遇的專家們，譬如被無數婦女上門求救的心理醫師雖見證也承認了問題存在，卻也提不出什麼有效根本的解答。所有這些治標不治本的藥方、充滿同情的忠告、嚴峻或樂觀的措詞，從某個程度而言，都只會淹沒問題的真實性，只更把婦女推回到家庭的框框裡去。美國婦女最後得到的結論，都是要求她們調適自己以適應主婦的角色。沒有什麼人把這個騷動不安當成是美國婦女想要走向自我實現的人生目標的求救訊號。對個別女人來說，她或是只好繼續為這個問題所苦，或是裝作沒這回事，甚或以服用鎮靜劑來逃避現實。

無法被這些充斥在各式主流媒體、各行專家口中的說法說服的傅瑞丹，相信婦女的痛苦一定是有原因的。本著追求真理的衝勁，她從各方線索，特別是家庭主婦每天例行的家務瑣事中，去尋找有關婦女切身經驗的真相和證據，她仔細研究這些證據，發現它們與婦女被要求達成的諸多美德標準格格不入。她想，問題或許是出在這些標準，而非婦女不該有真實的感覺。傅瑞丹從而提出她的看法，她相信「這些把婦女心靈牢牢綑綁的鎖鏈，不容易被察覺，更不容易被掙脫。」只要「婦女選擇傾聽自己內心的

呼喊，把專家放到一邊去，一定能朝真理摸索前進。」

　　也因為這樣的認知和決心，經過幾年的採訪與研究之後，傅瑞丹在 1963 年終於為當時婦女的無名困境命名，並把她的發現用通俗文體闡述出來，寫成了《女性迷思》。許多人相信，這本書在掀起六〇年代歐美的婦女運動和激發日後女性主義研究的蓬勃發展上，扮演了關鍵的角色。

　　　　　　　　　　改寫：蘇芊玲（台灣性別平等教育協會監事，
　　　　　　　　　　銘傳大學副教授退休）。

6.

性政治

Sexual Politics, 1970

凱特·米列（Kate Millett, 1934~2017）

米列活躍於 1960、1970 年代美國婦女運動，曾參加全國婦女組織（NOW）、紐約激進女性（New York Radical Women）及激進同女（Radicalesbians）等團體，也熱中於和平及（黑人）民權運動，初期婦運的諸多理念和分析方法便是受到民運的啟發。曾於 1979 年至伊朗加入婦運示威活動，受到拘禁。本書是她1970 年哥倫比亞大學博士論文的主要內容，其中在理論部分討論的諸多概念和名詞，如性政治、父權、社會性別、內在殖民、女人附屬性的階級位置等，以及父權不只是男凌女的機制，也是男人之間強凌弱的機制，帶動了激進女性主義論述，也成為第二波婦運的重要理念。

在本書中米列花了很大篇幅討論父權家長的權威，她也直指父權的主要機制是家庭。三十年後，此書再出版時，米列在序言中說，經歷了數十年的婦運，她察覺家庭的組成和功能表現出很大彈性，例如社會已經轉變到可以接納同性戀家庭，但是父權更根深柢固的基礎：男人掌控女人的性（sexuality）以及男性

暴力無所不在仍難以消除，需要更深入分析。麥金儂（Catherine MacKinnon）說，這是一本歷久彌新的討論平等與自由的書，女性必須先取得平等，免於性的階層化，才可能有自由；而非先取得性自由，才能獲得平等。（顧燕翎◎撰文）

　　本書對「政治」的定義，不是狹義的只包括會議、主席，而是指一群人用來支配另一群人的權力結構關係和設計……雖然理想的政治應以和諧及理性安排人類生活，徹底消除以權力凌駕他人，但我們必須承認，目前的政治狀況並非如此……

　　在美國種族關係實質上是政治關係，是一個群體對另一個群體的全面控制。這兩個群體的身分都由他們的出身界定。固然憑藉天賦權利進行統治的群體正在迅速消失，但盛行於性別領域的古老而普遍的統治體制仍然存在。從種族主義（racism）的研究我們看到，種族問題上濃厚的政治色彩，導致了壓迫事件綿延不絕。被支配群體無法從現存政治體制中得到合適的補償，從而無法組織起來進行常規的政治鬥爭和反抗。

　　同樣地，對兩性關係體制進行公正的調查後，我們發現，從古至今，兩性之間正是韋伯（Max Weber）稱為支配與從屬的關係。男人藉以統治女人的天賦權利，在我們的社會秩序中，大致上未受檢驗，甚至常常不被承認（卻早已制度化）。一種最巧妙的「內部殖民」透過這種體制實現，且比任何形式的種族隔離更為堅固，比階級的壁壘更為嚴酷、更為普遍，當然也更為持久。無論性支配在目前顯得多麼沉寂，它或許仍是我們文化中最普遍的思想意識，同時也是最根本的權力概念。

這是因為我們的社會，像歷史上所有其他文明一樣，是父權社會。只要我們回想下述事實便一切瞭然：我們的軍隊、工業、技術、大學、科學、政治機構、財政，總而言之，我們這個社會一切通往權力（包括警察這一強制性權力）的途徑，都完全掌握在男人手裡。此一認識至關重要，因為政治的本質便是權力。就像英國詩人艾略特（T. S. Eliot）所言：所有文明都是男性製造的。甚至那超自然的權力——神權，或「上帝」的權力，連同倫理觀和價值觀，以及我們文化中的哲學和藝術。

　　如果我們把父權政府看作是由占半數人口的男人支配另一半的女人之制度，那麼父權原則便似乎具有雙重性：男人有權支配女人，年長男人有權支配年少男人。然而，與人類的任何制度一樣，現實與理想之間往往有著差距，父權制中確實存在著矛盾和例外之處。父權制是一個根深柢固的社會常數，普遍存在於其他各種政治、社會、經濟制度——無論是等級或階級制度，封建主義或官僚主義制度，也充斥在所有主要的宗教中。另外，在不同歷史時期以及不同的地域，父權制也表現出多樣性。例如，在民主國家，女性通常不擔任公職，即使擔任公職（如現在），其數量也很小，甚至連象徵性的代表數都不足。另一方面，在貴族政體下，由於強調血統的神奇與王朝特性，女性有時會被允許掌權，因此男性長者統治的原則被打破倒是常事。

　　鄂蘭（Hannah Arendt）認為，維持統治靠的是經由同意所支持的權力，或者透過暴力所強加的權力。接受到意識型態的控制則與前者相似。性政治透過「社會化」使得性別認同、氣質、角色、地位等基本父權政治。說到地位，社會普遍存在的男優女劣的偏見形成了男尊女卑。第一個因素——氣質——是性別刻板印象劃定的性格，由占據統治地位的群體依其需求和價值觀決定，

將社會珍視的長處劃為己有，從屬者則需配合和服從。因此男性具備的是積極進取、智慧、力量和效能，女子的性格則是順從、無知、軟弱、聽話和無能。第二個因素——性角色——對氣質做了補充。性角色對男女兩性各自的行為、舉止和態度作了繁複的規定。性角色將料理家務、照管嬰兒之事劃歸女性，其他的人類成就、興趣和抱負則為男性之責。女性的有限角色往往使她停留在生物性經驗這個層面上。因此，幾乎一切可以明確稱為人類行為而不是動物行為（動物也同樣會生育，照顧幼仔）的活動，都屬於男性。當然，這種分工又會引出第三個因素——地位問題。如果我們分析一下這三個因素，我們也許會認為地位屬於政治範疇，角色屬於社會範疇，氣質屬於心理範疇。但毋庸置疑的是，它們相互依存，形成鏈結。具有較高地位的人往往取得統治者的角色，這主要是因為他們從一開始就受到鼓勵，而養成一種統治氣質。

父權的主要機制是家庭。家庭既是反映社會的一面鏡子，也是人們與社會聯繫的紐帶。家庭是父權社會中的一個單元。家庭調節個人與社會，在政治和其他權威不足以完全控制和要求個人絕對順從之處發揮作用。作為父權社會的基本工具和基本單位，家庭及其扮演的各種角色具有原型性。家庭作為社會的代理人，不僅鼓勵其成員適應和順從社會，同時也發揮父權政府中一個單位之作用，國家透過家長對其公民施行統治。在父權社會裡，婦女即使擁有合法的公民身分，對她們實施統治的往往也只是家庭，她們與國家之間幾乎不存在任何正式的關係。

家庭和社會之間的合作十分重要，否則兩者都將瓦解；父權的三個機制——家庭、社會和國家——的命運是相互關聯的。在大多數父權形式中，這種相互關聯性普遍獲得了宗教的支持。世

俗政府也確認了這一點，例如在人口普查中指定男性為家戶、納稅、護照等等之首。女性家戶長通常被認為是不可欲的，是貧窮和不幸的徵兆。儒家視君臣關係如同父子關係，這一觀點道出了父權家庭的根本的封建特徵（反之，亦說明了封建制的家庭特徵），即使在現代民主國家裡亦如是。

傳統上，父權授予父親對妻子和子女幾近完整的所有權，包括身體虐待的權力、甚至殺害和販售的權力。舊時，在視親屬為財產的社會制度中，一家之主的父親既是生育者又是所有者。但是，在嚴格的父權下，唯有透過與男性血統發生關聯才可被視為親屬。宗族關係排除了女性血統之後代擁有財產權，且甚至經常不被承認。

在父權社會裡，家庭的主要貢獻是在社會化過程中使年輕一代承襲父權意識型態對於性別角色、氣質和地位之態度（主要是通過他們的父母親之榜樣和告誡）。雖然父母對文化價值的理解有細微差異，但是仍然相當一致，且透過同儕、學校教育、媒體和其他正式或非正式的學習資源，而得到進一步的增強。儘管我們或許會為家庭成員間的權力平衡問題爭吵不休，但我們必須記住，整個文化支持了所有生活領域中的男性權威，而且在家庭之外，也不給予女性以任何權威。

為了確保年輕一代的繁殖和社會化這些重要的功能只發生在其限定的範圍內，父權家庭堅持其正統性。馬林諾斯基（Bronislaw Malinowski）稱其為「正統性原則」：「任何一個孩子來到世上，都必須由一個人——而且是男人——擔當起社會學上的父親角色。」根據這普遍的禁令，父權社會規定兒童和母親的地位主要或完全依賴男性。由於男性的後裔普遍所倚靠的不僅是他的社會地位，甚至還有他的經濟實力，因此男性在家庭內

與在家庭外一樣，其物質和精神地位是十分牢固的。

　　雖然在生物學上找不到理由說明何以家庭的兩個核心功能（社會化和繁殖）是不可分離的，或甚至是必須發生在家庭內的，但是為消除家庭的這兩種功能所從事的革命性和烏托邦式的努力，因困難重重而遭到嚴重挫折，以致迄今為止所進行的許多實驗又逐漸回復到傳統。這種現象強烈地表明，父權是所有社會中一種最根本的形式，其對家庭成員的影響非常普遍。這或許也告誡我們，如果對於欲改變的社會政治結構缺乏透徹的了解，任何改革都不可能取得實質性結果。

　　父權社會男性優越感可以公開展現到何種程度取決於各階級或族群的習俗。在這個問題上，人們所面對的似乎是一種自相矛盾的情形：儘管在下層社會裡，男性較可能單憑其性階層的力量來宣稱自己的權威，但實際上他經常不得不與他所處的階級中具有經濟生產力的婦女分享權力；然而在中上層階級中，往往無須直言父權的支配權，因為享有這種地位男性在任何情況下都擁有更大的權力。

　　在父權社會，階級的主要作用之一是引起兩個女人相互敵視，過去是妓女和妻子間的強烈敵對情緒，現在則是職業婦女和家庭主婦間的極端仇視。一個妒忌另一個的「安全」和特權，而被妒忌者除了體面之外，還冀望得到她認為妒忌者所擁有的自由、冒險經歷，和與外面世界的聯繫。憑藉雙重標準的多重優勢，男性利用其優越的社會和經濟資源所獲得的權力介入到這兩個世界中，挑動疏離的兩個女人相互為敵。我們也許還可以看到女性之間存在著次要的地位類別：不單單德行可以分出等級，美貌和年齡也同樣有等級之分……

　　總之，女人往往能夠超越父權社會中通常的那種階級分層，

因為無論女性的出身和教育程度如何，她所擁有的恆常階級關聯比男性要少。經濟上的依附性使她與任何一個階級的聯繫都是邊緣的、間接的與暫時的。亞里斯多德曾說，一個平民可提出所有權要求的唯一奴隸是他的妻子；而無須付工錢的家事服務，尚為工人階級男性提供了一個抵擋階級制度之打擊的「緩衝墊」，這個「緩衝墊」順帶也為他們提供了有閒階級的某些心理享受。很少女性能夠依靠自己的資源，在個人聲望和經濟力量上超過工人階級。作為一個群體，女性享受不到任何一個階級為其男性成員所提供的許多利益和好處。因此女性比男性較少捲入階級制度。但重要的是，我們必須了解到，和任何一個寄生於其統治者的群體一樣，女性是一個靠剩餘物生活的附屬階級。卑微的生活使她們變得保守，因為與所有處在她們那種處境的人（奴隸是個典型例子）一樣，她們將自己的生存與其供養者的興盛視為一體。對她們之中的大多數人來說，尋求激進的解放途徑之希望似乎太渺茫，以致連想都不敢想，而且在她們的解放意識覺醒之前將始終如此……

從歷史上看，大多數父權社會皆透過其法律體系使強權制度化。例如，伊斯蘭社會嚴禁婚外生育和性自主，違反者將被處以極刑。在阿富汗和沙烏地阿拉伯，女人婚外性行為的處罰仍是用石塊將其砸死，且由高僧主持行刑。除了在近代和某些特殊情況下，男性與人私通一般不被視為通姦，只被當作對另一名男性之財產利益的侵犯。日本德川幕府時代，在跨階級通姦案例中，與雇主的妻子發生性關係的下層階級男性將和她一道被砍頭，因為他違反了階級和財產的禁忌。當然，如我們所熟悉的西方社會之情況一樣，上層階級的男性有權誘姦下層階級的女性。

甚至在現今的美國還通行著一種間接的「死刑」。父權的法

律剝奪了女性對自己身體的控制權，而迫使她們進行非法墮胎。據估計，每年約有 2,000 至 5,000 名女性因此喪生。

父權強制力特別倚賴的性暴力在強姦中表現得最徹底（頁 181~185）。公開的強暴案件統計數字僅是實際發生的一小部分，因為這種事情帶來的「羞辱」，往往使女性打消了提出民事訴訟接受公開審理之念頭。傳統上，強暴被視為一個男人對另一個男人的侵犯，是對「他的女人」的傷害……

父權歷史呈現出形形色色的殘酷和野蠻行為：印度的殉夫自焚，中國的女子裹足，伊斯蘭國家女性的終生蒙面紗，以及廣泛流行的將女子與男子隔離的深閨制度等。女性割禮（切除陰蒂）在非洲仍然盛行，打著各種幌子販賣和奴役女性以及強迫婚姻和童養媳現象在近東和遠東普遍存在，而納妾和賣淫則是普遍現象。男性以威權統御女人卻美其名曰「兩性戰爭」，其理由與交戰國為血腥手段的辯解類似：敵人是劣等種族或者根本不算是人。為證明女人低劣，父權意識編造了整套理由。這些傳統觀念仍然深刻地侵襲著我們的意識，影響著我們的思維，以致鮮少人願意承認它們的存在。

翻譯：宋文偉、張慧芝。刪修：顧燕翎（本書主編）。

7.

我們的朋友與我們自己——
各種偽女性主義的潛在基礎

"Our Friends and Ourselves: the Hidden Foundations of
Various Anti-feminist Account", *Close to Home*, 1984

克麗斯汀‧戴菲（Christine Delphy, 1941~ ）

　　戴菲是法國代表性的女性主義者，唯物女性主義理論先鋒，
曾與西蒙‧德‧波娃共同發起婦運、創辦刊物。以戴菲為對象的
紀錄片《我不是女性主義者，但……》（*Je ne suis pas féministe,
mais...*），此片台版誤譯為《非典型女性主義》）詳述了她成為
女性主義者的心路歷程、她對女性勞動的研究和她在學術界因身
為女性主義者和女同志雙重身分所受的屈辱和打壓。

　　戴菲比維蒂格（頁 254~258）更早指出，社會性別是父權意
識型態的產物，先有社會性別的概念，才會區分生理性別。個人
的生理差異原本不具備社會意涵，是先有了男女的階層化區隔，
生理差異才被轉化為男女截然不同的社會實踐（social practice）。

　　本文於 1977 年以法文發表，1978 年普來思（Linnie Price）
譯為英文，分析男性偽女性主義者如何錯誤地分化女人為女性主
義者和反女性主義者，以及資產階級和非資產階級。台灣婦運亦

曾長時期被斥為中產階級婦運而削弱了代表性。此文最早以油印版本在女性主義者之間傳閱，後收錄於戴菲的名作《近看家庭》（*Close to Home*），在書中戴菲從唯物主義觀點仔細剖析家庭內的權力配置、女人的階級屬性及婦運策略。（顧燕翎◎撰文）

男性的女性主義（masculine feminism）

有的男人是我們的好朋友。我們躲他們像避瘟疫一樣，而他們則試圖對我們的利益強做解釋。這其中真實友誼的痕跡，誰能不察！

我們的男性朋友們對婦運的了解大約是：因為婦運只對女性開放，所以他們會說：「被壓迫者當然應該解放自己」；這時，他們從絕大多數的男性中凸顯了自身的優越，並且甚具道德地與他們畫清界線。他們便是這樣擺出「開明」的姿態的。他們想來了解婦運是因為他們是頂尖的政治頭腦，是那種會比所有人都先知道風往何處吹的類型。但做為頂尖的政治頭腦，製造頂尖的政治分析正是他們的責任，這使他們無可避免地要指出女人所忽略的這點那點（而別忘了，女人仍然是她們自己的解放運動的主要行動者）。對這些頂尖的政治頭腦來說，既已看出這些盲點，若不能指出我們忽略之處，那不僅是不誠實，亦是不友善。於是，他們指出這些盲點，義不容辭地。

不過他們宣稱為我們的盟友是不會太久的。他們很快就丟掉獎勵的紅蘿蔔，換上懲罰用的棍棒：「小心，」他們說，「不要疏遠了相當傾向你們的男性。」但為何我們必須小心不去疏遠男人？他們不也同意說婦女解放要靠女人嗎？他們的警告顯示出：

我們的朋友；這些宣稱相信我們是解放的主要行動者的男人，只不過是虛張聲勢地說些我們的話，當作一種戰略罷了。他們不相信其中任何一字。他們認為少數男性的「支持」，對婦運來說，竟比喚起多數女性的自覺還要重要。

有一些我們的朋友，會認為男人參與婦運的唯一障礙就是男人的威權，而他們宣稱，男人的好意可以消除這個問題。他們認為我們可以在兩性的個人互動中避免壓迫、在異性戀關係中避免壓迫；同時為了佐證，他們也會宣稱他們在人際關係裡就已經做到了避免壓迫。

然而，與我們的朋友竭力要我們相信的剛好相反，一個男人和一個女人的人際關係絕非一座孤島。即使夫妻或情侶不一起工作，但他們在勞力市場裡各自的處境、在勞力市場裡受到的不同待遇，也是他們整體處境的一部分──因此也是他們關係的一部分，雖然後者看來與勞力市場沒什麼關係。在職業領域裡，一個男人因團體而來的非自願得利，並不會在愛、互相關聯的領域裡消失，不管你如何稱呼它。它們是他實際資源的一部分，不管他想不想這樣，他就是如影隨形地帶著。而女性的不得利也是她實際帶進他們關係中的東西。個別的男人連一隻手指頭都不必動，就可以在勞力市場中占得相對於女性的優勢；但男性既不能避免此優勢，也無法放棄它。同樣地，他也許並未積極使用他在婚姻中所享有的特權。但他仍然擁有。

即使我承認一個男人並不見得會試圖占盡各種優勢，也不見得會試圖占盡他面前的女人的各種便宜；他也可能試圖使人際關係盡可能的平權。但這意味著什麼？他頂多只是不會自願地追求利益，也就是說，他不會自願地使用他**原有的優勢**來追求**其他的優勢**。但他無法拒絕他原有的利益，因為他不可能個人式地去壓

抑。他無法破壞那不出於他的創造的東西。同樣地,他也無法壓制「他的」女人在結構上的弱勢。

分化女人之一:女性主義者 VS. 反女性主義者

我們的朋友們一次又一次地聲稱支持**婦女**運動,但他們卻不支持**所有**女人,並進而試圖分化女人,造成對立。比如說,他們認為:對立不在男人與女人之間,而在女性主義者與反女性主義者之間。這一方面意味著男人可以在婦運裡扮演著和女人一樣的角色,另一方面也是在說,女性主義者應該把反女性主義的女人當作敵人。

可是這完全錯了。男性對女性主義的反對,與他們的具體利益相合,這沒什麼好說的。然而女人反對女性主義,卻與男性的大大不同;那絕對違反她們的利益。壓迫者的種族歧視就是被壓迫者的自我憎恨。女人變成反女性主義者很正常:她們變成女性主義者才令人吃驚。自覺、變成「女性主義者」並非聖靈突然降臨。女性主義意識不是一次獲得,而是一個漫長、永不停止的過程 —— 而且有點痛苦。我們必須不停地與「不證自明的事」鬥爭:反抗世界的觀點而視之為各種意識型態,以及反抗我們自己。反抗自我憎恨,永不停止。在女性主義者與反女性主義者之間並無突然的斷裂,而是同一處境下觀點的連續體;因為無論她們的「意見」為何,女人**就是**被壓迫。反女性主義乃是 1. 阻礙女性,使她不能發現自己的具體利益,同時也 2. 反映出我們的主體所受的壓迫,所以反女性主義正是這種壓迫得以維持的方法。

男性的反女性主義來自他們**施與**的那種壓迫,而女性的反女性主義卻是來自我們所**承受**的那種壓迫。女性主義者不可能對待反女性主義的男性和女性一樣,更不會把後者當作她們的敵人,

反女性主義的女性並非因具體利益與我們不同而與我們分離，而是由於假意識之故。更進一步說，假意識也未真正使我們分離，因為我們也都有假意識，我們至少都還有一點。假意識是我們共同的敵人。當我們與她們的「意見」鬥爭時，我們並非與反女性主義的女性鬥爭，而是與這共同的敵人鬥爭──所以是**為她們**而鬥爭，也為了我們自己。

分化女人之二：「資產階級（Bourgeoisie）女性」的威脅

這問題與女性的罪惡感有關而與事實無關，因為實際上沒有人知道「資產階級女性」到底是在說誰。「資產階級女性的威脅」純然是男性性別歧視的反映。它的結果是把對壓迫者──資本家──的恨，轉移到他的僕人身上去。「資產階級女性」是男性「革命家」最愛的靶子。她比真正的壓迫者──資產階級男性──還更被憎恨。這符合三個不同但不互相矛盾的過程。

1. 這正是壓迫者真正的權力所在，資產階級男性使自己**不易被攻擊**，或至少使這次攻擊必須冒很大的風險。透過他的財產來攻擊他是較容易且較易獲得成果的；也就是攻擊那些參與資產階級權力的女人。一方面來說，這些女性使這權力變得清楚，因此攻擊她們，效果最好；另一方面，她們並不真的擁有權力，所以攻擊者受到報復的風險可降至最低。

   愛爾巨·克里佛（Eldridge Cleaver）以強暴白種女人的方式來表達他對白種男人權力優勢的憎恨*。白種女人在種

---

*譯注：克里佛承認，他為了有效地強暴白種女人，曾經用強暴黑種女人作為練習。這可以說明他所憎恨的，主要是女人而不是白人；他的黑人意識也是男性的黑人意識。

族壓迫中的優勢只不過是從白種男人的餐桌上得到一些麵包屑而已，此外主要就是**能得到他們的保護**。雖然被報復的風險較小，去攻擊那些權力的虛位代表仍是弔詭的，因為權力顯然在別處，而她們也非權力的主要擁有者。但這卻正是攻擊之所以能奏效的原因，因為——

2. 當某種權力（不論多麼小）被認為是**不正當**的時候，擁有這種權力只會更惹人討厭。在這個意義下，白種男人的女人或資產階級男人的妻子所握有的權力碎片，不會被視為她們的權力，也不會對她們有好處，而變成一種缺點。資產階級男性的妻子透過間接的管道而取得權力的碎片，但這不但不能保護她們免於受攻擊，反而恰好使得被壓迫的人們加倍討厭她們。資產階級妻子能使用的那些權威，包括使喚計程車司機與管家等等，**正因為是間接擁有**，所以被認為沒有正當性。

3. 這種看法顯示了兩點：
   (1) 這種權威被認為不合她們應有的地位：它使她們免於**應得的對待**，而所謂應得的對待**就是被當作女人**。這也就是暗示說，女人的地位與任何權威都不相襯；
   (2) 這權威之所以被認為不具正當性，是因為它**不是來自階級的權威，而且還與階級權威背道而馳**。所謂階級的權威，就是經濟的控制權，是為大眾所認可的；而資產階級妻子的權威卻來自：她們是資產階級男人的財產。

綁架他們的女人可以使資產階級男人知道，他們想壟斷世界的貨品是行不通的，而且這綁架本身就是重新分配的開始。即使一百年前馬克思就已否認過，對女人的接觸權的平等仍是一般

（男性）共產主義者情感上隱微存在的要求，而馬克思卻辯稱只有資產階級男性才這麼想。這種觀念至今仍很流行，它顯示女性仍被看成**貨品**、東西。

對一個男人來說，把手放在一個「資產階級」女人或任何其他女人的屁股上，其意義既不是性快感也不是強迫。那是提醒她以及他自己：誰才是老大。男人認為性別**應該**重於階級。所以如果一個女人僅藉著嫁給一個資產階級男人，就可以對某些男人發號施令的話，男人就會很憤怒（雖然這「如果」根本沒發生過）。所以對「資產階級女性」的敵意，實出於一種認為她們不安分的感覺，認為她們僭越了權力。

攻擊（資產階級）女人，偽裝成對勞動階級的愛

誰是「資產階級女人」？她們都做些什麼事？她們又在何處呢？根據某些左派的描述，「資產階級女人」的丈夫不只有工作，而且從工作中領取薪資，依馬克斯主義的觀點，資產階級應該是擁有生產工具且坐收剩餘價值，所以她們的丈夫應被定義為**勞工**。奇怪的是，她們卻被定義為**資產階級女性**。這裡的論述無非是要說明**勤勞**的丈夫和**懶惰**的妻子，而前者**以眉毛上的汗珠來養活後者**。

我們可以發現這正是最流行的說法：「居家」的女人「懶惰」的倚靠丈夫的支持，她們並不自己賺取自己的生活所需；簡單的說，她們配不上她們的生活。女性主義者對此已做了有利的反擊。我們已經說明，家事也是一種工作，而女人所得到的根本稱不上是什麼恩賜，而是比工資還差的一種報償形式 ── 不是量的多寡，而是形式的問題。我們若能看出女性的經濟依賴是出於男性的剝削，那這個說法也就不值一哂了。

從性別歧視的眼光來看，某些女人若能逃脫或似乎能逃脫於她們共同的命運之外，即使只是部分逃脫，也是不可允許的。這其實是一些男人受不了他們的性別特權（特別是對所有女性的性取得權），因為女人擁有了階級特權（更精確的說，其實是階級**給予的保護**）而失效。這並不是呼籲終止對女性的壓迫的呼聲。相反地，就像大多數的男人一樣，這是要求對所有女人都有充分的使用權，希望被壓迫者的命運沒有區分、例外或折扣。這是性的「分享者」的觀點，他們只是希望終止女性的不平均分配。

　　對資產階級女性的憎恨顯然不是出自對女性的愛或對女性解放的要求。甚至於，其憎恨對象並不僅限於某些女人。那是對所有女性的憎恨。它並非專門針對「資產階級」女人，頂多只是因為她們現在似乎能逃脫於壓迫之外，或逃脫於某些壓迫之外，或逃脫於某些男人的壓迫之外。

　　女人若想避免引起敵意，那只有一種方法，就是全然的受壓迫。在壓迫的歷史裡，這種反應簡直是典型，這在南美的研究裡已經有充分的探索。白人對「安分守己」的黑人所表現出來的仁慈專制，在黑人不再「安分守己」之後，立刻轉為瘋狂的憤怒。美國婦運也分析過男人對「女強人」（高傲的、有知識的女人）的反彈。「資產階級」女性和這些「高傲的」女人不同，她們並非透過競爭而取得其地位。她們的男人在男性之中有優勢，她們所屬的男人能壓迫別的男女，故能保護她們免於受別的男人的壓迫，所以她們是以屈居於男人之下來換取這些保護。但在其他的男人看來，這卻變成對理想規則的一種僭越，因為理應是所有女人臣屬於所有男人才對呀！

自我憎恨：「左派女性主義」的基礎

許多女人（和許多男人一樣）認為階級重於性別。其實她們通常對自己的階級屬性有錯誤的歸類，不是認同爸爸就是認同丈夫（如果以她們自己的狀況來做階級歸類的話，她們會發現她們之中幾乎沒有資產階級），她們也相信她們的「階級屬性」使她們居於優勢或「完全不遜於某些男人」。

這種罪惡感特別在「左派」意識型態裡有系統地表現出來，左派女性則複製了左派小資產階級男性對「大眾」（即普羅）的罪惡感。左派男性感到罪惡的是，他們有舒適的生活型態，但卻假裝是勞工階級。但左派女人的罪惡感卻只是複製、只是模仿，因為唯有認同她們的男人，她們才會感到自己有充分的「優勢」，並因而有「罪惡感」。

左派女性與她們的男人一樣，因為擁有階級特權而感到罪惡；但做為女人，她們又為這罪惡感加上了一層：女人獲得這些特權是不適當的。也就是說，她們覺得階級壓迫（她們以為她們是其中的壓迫者）**把正常的性別階層給顛倒過來了**。因為此顛倒而起的罪惡感有兩個面向：第一，她們覺得不應有**任何因素**使她們能壓迫任何男人；第二，她們覺得她們跟她們的男人不一樣，她們對勞動階級所行使的「壓迫」，與她們的男人所行使的也不一樣——她們似乎**更不具正當性**。諷刺的是，這兩種感覺剛好是矛盾的。第一種罪惡感是因**身為**資產階級而起的；第二種罪惡感卻是因為她**不是資產階級**、但卻擁有資產階級的特權。

因此，左派女性對「資產階級女性」的憎恨，是三種壓迫機制的結果：

1. 它主要是自我憎恨，即使這些女人定義自己為資產階級。

甚至很有可能，她們之所以這樣定義自己，是為了找一個

「客觀」的基礎來支持她們與所有女人共享的自我憎恨。

2. 它是女性假意識的產物：她們誤以為她們和「同階級」的男人握有同樣的特權。

3. 它源自她們的罪惡感。無論她們擁有何等特權，她們都覺得是僭越了什麼。她們覺得她們居於資產階級的地位是不適當的，因為她們認為那應是保留給男人的 —— 這與她們所說的正巧相反，但她們的罪惡感適足以證明她們真正的想法。

沒有價值的女人：
左派如何解釋對勞動階級女性所受的壓迫

覺得自己**特別沒資格壓迫別人**還不夠，左派女性還覺得自己**根本沒有資格被壓迫**。因此，左派女性接受了男性的理論來解釋女人在家庭中所受的壓迫。有一個理論就說，女人在家庭中所受的壓迫是來自資本對服從性人格的需求：因為孩子必須被教成溫順的勞工。據說便因為這樣，每個人 —— 包括女人 —— 都必須是性壓抑的，以便所有原初的精力都能導向工作。另一個理論則說，女人被她們的丈夫壓迫，因為她們的丈夫被他們的老闆壓迫。為使男性勞工仍然保有一種優越感以防叛變或把怒氣指向老闆，男人被允許去壓迫其他人：如，男人被允許壓迫他們的妻子和小孩。

這種理論驚人之處在於：**竟連對女人的壓迫都不是針對她們的**。他們要不是把家庭的角色化約為意識型態工具（家庭是為了形成某種人格），不然就是把人格的形塑當作剝削勞動階級的一種手法，或者當作階級壓迫的一種產品。那麼女性在物質上具體所受的壓迫，便只不過是個副產品，而它真正的目的是去剝削勞

工。

在這種理論裡，女性被雙重隔離於壓迫的目的之外。換句話說，他們根本就認為女人**沒有資格被剝削**。理論不把女人看作主體，反映出社會也不把女人當作自己生命的主人。這種「理論」的深層意涵乃是，若非男人受壓迫，女人也不會受壓迫。

拼命想要把性別壓迫「連結」到階級壓迫，只是回到將性別壓迫附屬於階級壓迫之下的狀況，在這種「連結」裡，連平衡的影子都沒有（就沒有人想把階級鬥爭連到婦女解放）。更糟的是，急著把性別壓迫整合進資本主義壓迫、而根本不知前者為何，卻常是出自好意而非惡意。可見對許多男人和女人來說，只有男人所受的壓迫有自足的意義，而如果女性所受的壓迫沒有與一個自我證成的壓迫連結的話，就是無聊的妄想。

女性階級位置的顛倒

在階級過程中將資產階級男人和「資產階級女人」區分開來的原因，也就是使「資產階級女人」和「勞動女人」團結在一起的原因，因為她們都被依她們丈夫的階級歸類。這樣的分類是基於所有女人的共同點 —— 她們只是「某人的女兒，並且現在是或將來會成為某人的妻子／女人」。

對「資產階級女性」的敵意乃是基於一正確的認識，即女人並不真正屬於資產階級。這種敵意顯示出性別（即一個人的父權階級）重於「階級」，而且更進一步說，這「重於」被認為是正確的。

共同的性別壓迫有不同的運作方式，也許植基於相同的基礎，但展現出不同的壓迫形式，這些都有待發現與定義。但這類研究不能再沿用現今流行的概念，依傳統階級觀念來區分女性。

因為這樣的區分其實並非基於女人的相異點，而是我們**共有的相同點**。這種錯誤的區分之所以存在，不只因為女性物質上的依賴，也來自我們的罪惡感──很多女性都是這樣。既有的概念根本不是分析，更談不上什麼「革命性」的分析，而是一則壓迫宣言，它本身就是壓迫存在的證據。所以，這種研究必須**來自別處**，出自不同的分析與策略，來自完全不同的問題意識，必須認知到女性的命運共同體、並且不是出自罪惡感（亦即：出自**女性主義**的問題意識），才能完成。那將是一個解放的研究。

　　　　　摘譯：張娟芬（作家，廢除死刑推動聯盟理事長）。

第二章

性別角色反思

8.

性別與氣質

Sex and Temperament, 1935

瑪格麗特·米德（Margaret Mead, 1901~1978）

　　米德是美國重要人類學家，新幾內亞三個部落的研究《性別與氣質》闡述不同社會兩性間的個性差異。人類學家海倫·費雪（Helen Fisher）在紀念米德百歲的版本中指出，本書出版是美國知識界思想史的重要事件，時逢希特勒掌權，種族歧視、性別歧視、優生學運動、社會達爾文主義甚囂塵上，米德以仍處邊緣的跨文化研究視角提出文化差異影響，其性別觀察破除依據生物性合理化女性劣勢地位，強調文化在改變性格和社會地位的作用，為婦女和少數民族帶來希望；開啟先天決定與後天環境影響的辯論，也是當代教育學重要依據。書中「變異／背叛」一章保留生理差異影響，除了先天、環境外，腦或心智可以超越生理和環境，與當代個人有決定改變可能的思潮呼應。本篇節譯 17 章〈性別氣質標準化〉、18 章〈偏差〉及〈結論〉。（范情◎撰文）

性別特質標準化

　　三個原始民族中，亞拉帕許族（以下簡稱亞族）無論男女都展現與人合作，無侵略性，回應他人需求等有限歷史認知的母性及女性特質，性對男人或女人都不是重要的驅力。鮮明對比的莫頓戈墨族（簡稱莫族），男女都是殘酷的，侵略性強，性積極的，幾乎不珍惜母性，好似我們文化中的男性特質。……第三個部落淺布里族（簡稱淺族）明顯逆轉我們文化的性別觀念，女性主導、不個人傾向、負責管理，男人責任較小，是情感上的依賴者。這三個部落明確顯示，沒有任何基礎認為性格特質與傳統認定的生理性別相關。尤其淺族，儘管還是父系制度，卻翻轉兩性的主導優勢位置。

　　就像社會在特定時期規定男性或女性的衣服、舉止和頭飾……種族、飲食或選擇都無從解釋，只有整體文化在孩子成長中的影響，才能形成性格特質對比類型。人類天性有難以置信的可塑性，能對不同文化條件準確有力反應。性別人格的標準化差異也是依據文化創造，每一代男女都依循。但是，造成社會標準化差異的起源仍是問題……

　　若人格特質是可塑的，不同文化如何指示各自成員標準化人格特質，或文化中異性成員有不同的人格特質？何以新生兒可以同樣容易地成為一個溫和的亞拉帕許人（亞人）或好勇鬥狠的莫頓戈墨人（莫人）？如果兩性的身體條件不是淺族決定男性、女性不同性格的線索（對淺布里及我們的社會都必須拒絕這樣的假設），那麼建立淺布里、亞拉帕許、莫頓戈墨人的線索在哪裡？文化是人為建造的，以人類素材為本，人在其文化中獲得完整的特質，他們在什麼基礎上產生差異？

　　我們發現，當一個同質文化傾全力促使成員培養合作或競爭

特性，有些人完美服從，大部分人很容易接受，而只有一些異常者無法達到文化要求，這些表現有何依據？是否所有人類都有這些氣質潛能，透過不同類型的社會條件發展，如果沒有必要的條件，氣質潛能就不會出現？

……

好比近觀三個部落，以柔和的黃色代表亞拉帕許個性，深紅色代表莫頓戈墨人特質，深橙色代表淺布里的女性個性，淡綠色代表淺布里男性。發現每種單一顏色都呈現輪廓清晰細膩單調的光譜，顯示各特質中的個別差異，為此，必須為文化刺激和文化形成的源頭尋找解釋。即使暴力者在亞拉帕許不被接受，在莫頓戈墨中卻是領導者，但兩個社會顯示個人差異的光譜分布大致相同。如果人類天性是基因完整相同的原始材料，沒有特定的動力，且沒有重大體質差異，在強調不同特質的社會，都會出現有人表現與社會要求背道而馳的人格特質。若將此歸因為遺傳過程中的意外，在教育方式強烈對比的不同文化中，這種意外不會以相似頻率出現。

由於各個不同文化都出現這種個別差異分布，似乎有必要提出假設，解釋在何種基礎上人類史上男女的特質如此經常地標準化。這是來自露絲·潘乃德（Ruth Benedict）*文化模式的假設。假設人與人之間有一定的氣質差異，如果非全是遺傳，至少是出生後不久以遺傳為基礎建立的（除此之外，我們目前無法縮小問題的範圍）。這些在成人性格結構最終呈現的差異，是文化運作的線索，各個文化根據需要選擇一種或結合相關特質，絲縷

＊編注：露絲·潘乃德（1887～1948）：美國人類學家，代表作有《文化模式》、《菊與刀》。

般織入如幼兒照顧，兒童遊戲，人們唱的歌曲，政治組織的結構，宗教儀式，藝術和哲學方面等網絡中。

　　某些原始社會有充足時間和活力，動員所有機制確保每一代大多數人都表現所強調的極端特質。其他社會則比較不明確強制，認可的人格特質不那麼明顯，並且包含不一致類型，就如許多人類的表現。某機構可能強調高傲，另機構可能適合隨意謙和，與高傲或反高傲無關。這樣的社會採用了較一般、定義不那麼明確的類型作模型，也常常顯現較不定型的結構。如同房子的裝飾，所有擺設沒有嚴格限定，不拘泥單一風格，不特意強調尊嚴不凡，不刻意追求自在或美觀，而是每一種格調都沾一點邊。

　　有的文化選取幾種特質，但並非全部攪拌或絞碎致無從辨識，而是有系統地將每種特質設定為某群體如年齡、性別、階級、職業的社會人格特質。拼成如馬賽克般多彩，不同群體展現不同的性格特徵。這些專屬的色彩基於不同的智力、藝術能力、情感特質。所以如薩摩亞人要求所有年輕人溫和，處罰表現侵略性的小孩，侵略性只適合中年男人。以階級為基礎的社會，允許甚至強迫貴族表現高傲，且認為這些特質不適合平民。一些職業或宗教團體也一樣，特別挑選某些特質，有制度地教導新成員。因此，醫生學習的臨床儀態，可能是某些特質的自然行為，卻是醫療專業的標準行為規範；而貴格教徒學得外表行為及冥想的要領，這些未必是許多貴格教友生來就有的內在特質。

　　兩性的社會性格也是如此。某性別成員被指定展現的特質，禁止另一性別發生。社會定義性別差異的歷史充滿了像學術與藝術領域專斷的安排，由於假定生理性別和情感能力相應，我們不太能夠意識到情感表現也是類似專斷的選擇。我們假設母親理所當然希望照顧自己的孩子，女性因此在進化過程中被賦予母性的

特質。我們假設男性要狩獵，需要冒險、勇敢和主動，這些有用的態度就特別成為性別特質的一部分。即使社會並無清楚界定勇敢特質屬男性或女性，不同職責分派則明顯暗示。當社會進一步界定男性勇敢，女人謹小慎微，男人不允許表現怯懦，女人可以毫無顧忌地表現害怕，就更明確清晰了。……原本只是兩種相異的人類氣質：憎惡膽怯或表現膽怯，被社會轉化為兩種性別不能逆轉改變的人格特質。每一個小孩被教育成順應既定的性別人格。

　　亞族和莫族都沒有為特定性別指定特質，全力創造單一的人類型態，不論階級、年齡或性別。除了莫族只認可出生時臍帶繞頸的人才有藝術能力，不允許一般孩子快樂地運用藝術能力；亞族認定感染足癬的男孩為心懷不滿、反社會的人。除了這兩種例外，不會因出生或意外對個人施加情感角色壓力，沒有階級高低，也沒有性別差異。淺族指出了性別差異。他們以明顯的性別事實做為配置社會人格的依據，即使似乎翻轉了我們習以為常的圖像。儘管並不是每個女人都天生有主導性、組織性、行政氣質，在性關係方面主動積極，有占有欲、明確、健壯、務實和不講人情，但大多數淺布里女孩長大仍展現這些特徵。儘管有證據顯示，不是所有淺布里男人都是天生演員，為了女性精心扮演，但大多數淺族男孩大多數時候仍表現出風騷嬌媚的扮演性格。由於其性別形式與我們習以為常的預設衝突，我們可以清楚地看到淺布里文化專斷將某些人類特質賦予女性，將其他某些特質賦予男性。

　　如果我們接受這些與我們主流人類歷史隔絕的簡單社會的證據，我們可以得出什麼結論？這些結果與社會思維有什麼關聯？在我們考慮這個問題之前，有必要更詳細地討論脫軌者的地位，

即其先天與他的年齡、性別或階層的社會性格格格不入，無法穿戴他的社會為他塑造的個性服裝的人。

偏差的異類及結論

此處「異類」包括天生內在氣質或養育意外，或因不同文化處境影響，而被剝奪文化權利的任何人，對他們而言，社會的要求是愚蠢、不真實，站不住腳或是徹底的錯誤。一般人關注內在，找到與世界相應，經細緻的教育過程成為社會一員，但某些天賦特質被社會視為無用，甚至無法容忍的人則不然。歷史可鑑，上世紀榮耀的特質，這個世紀鄙斥，中世紀的聖人在現代英美可能沒有位置。原始社會的極端情況說明得更清楚，偏離社會標準的成員（僅因出生而成為其成員）依程度受譴責，情況好一點的，感到困惑，最糟的可能發瘋。

社會將這些無法接受文化規範的人統稱神經病，包括轉入幻想獲得安慰或啟發，躲進某種哲學、藝術、激進政治，性倒錯行為，或只是一些特別行為如素食主義者、奇裝異服。他們被認為是不成熟，不能理解社會現實及社會讚許的行為。

這個籠統的定義混淆兩種截然不同的概念。有些人是生理機能不足，弱智或腺體缺陷，幾乎無法完成社會大部分工作。這種特別生理狀況也發生在異性身上。……但有另一類屬背離文化價值的偏離者，當代心理思想傾向歸因於童年創傷心理，但此簡單解釋無法說明原始社會的例子，而每個社會中，也總是有那些表現出與文化重點對立氣質的人。如偏離莫族特質的人與不適合亞族特質人的不同，或繁華的美國與未開發的南太平洋金鐘群島（Admiralty Islands），都有遊民。顯示有另一種無法適應的人不是因為個人的弱點或失敗，或意外或疾病，而是他內在特質與

社會標準基本上的差異。

　　米德書中在意的是不只偏離社會性格，且正好是屬於異性性別特質的人。強迫孩子表現屬於自己性別的特質是這種社會教育孩子適應社會最強調的部分。在性別區分不嚴格的地方，對表現異常的孩子只會說：「不要那樣做。」「人家不會那樣做。」「如果你這樣做，大家就會不喜歡你。」「如果那樣做，就永遠不會結婚。」等等。考量的只是偏離社會界定的行為，而不是性別行為。……亞族或莫族不會給這樣的孩子加上一句「你的行為根本不像男孩，像個女孩」，不挑戰個體的性別位置。小孩也不會有被稱為男人婆或娘娘腔的困擾。

　　反之，在我們的文化中，兒童會被要求「不要像個女孩」或「小女孩不會這樣」，以不要違反性別特質來強制執行例行的繁瑣細節，如坐姿、情緒表達、喜好等社會定義性別差異的項目，且不停告誡如「女孩不會這樣做」、「難道你不想像你爸爸一樣成為一個真正的男子漢嗎？」讓孩子焦慮即使只是做出一點點另一性別特質的事，將無法被社會接受，害怕自己不屬於自己的性別，即使生理上沒問題。

　　……

　　這種社會壓力第一剝奪表現不屬於他生理性別特質者的性別歸屬，第二由於將某些性別特質與職業及活動連結，而讓對認定屬另一性別特質工作或活動有興趣的人卻步，殊不知有些身體、智力或藝術潛力可能正好表現在非個人性別特質的活動中或是某些特殊工作。第三是社會性別二分與性別交叉認同問題。即使因幼年經驗導致兒童尋找成人典範多以親職中重要角色者，如男孩認同異性的母親，被視為是日後不符正常「男性化」行為的原因。但我們必須想為何有這樣的認同，為何不是這小男孩本來就

有這樣的女性氣質。在我們社會中最明顯的類別區分是兩性，透過服裝、職業、語言讓兒童學習認同與自己相同性別的雙親。然而，有些孩子無視這些壓力，選擇了異性的父母，不是因為最愛，而是與他們的動機和目標最能一致的人，他們認為自己可以做出自己的選擇長大。

……

在沒有嚴格性別二分的社會，不會發生認同的問題。亞族的孩子如果比較像矜持寡言的父親，而不是善於表達的母親，只會被說比較像爸爸而不是媽媽，並不會被說「像個男人」或不「像女人」。

……

社會要求不僅符合社會某一時期的一員，還要符合某一性別而非另一性別特質，制約孩子的發展，也製造許多在社會中沒有位置適應不良的個人。許多人將他們歸屬於潛在同性戀傾向，但這是對結果的診斷，而非對原因的診斷，是來自二分標準性別社會的評價，這個評斷適用無數更多偏離社會性別標準的個體。

……

解決方法並不在接受既定區分而付出個人快樂與適應的代價，或去除性別差異只要求單一特質而犧牲了社會多樣的豐富性價值。

歷史上打破性別限制的方式如創造新分類，進入某階層以獲得不同特質，但這是遵循歸類及害怕，個體未能自由，也無法促進社會發展。另種方式較不嚴格區分性別，取代的是個人天賦特質，建立一個以真正的差異取代隨機選擇特質。這樣的文明才不會犧牲千年以來人類社會已建立的多樣性。我們有男女行為標準，也有依據個人天賦，有種族和社會象徵，也有各種天賦特質

創造的生活。

　　我們的文化依賴許多人為區別，創造豐富而不同的價值，其中最顯著的是性別。若僅僅取消這些區別不足以讓個人的天賦找到合適的位置，避免被迫陷入不適的模子。要落實更豐富的文化，展現多元差異，我們必須全面認識人類的潛能，而非隨意指定人格特質。唯有用多種彩線編織成絢麗繽紛的社會圖像，不同天賦的個人才能夠各自適得其所。

　　　　　　　　　　譯寫：范情（媒體素養／婦女與性別教育工作者、淡水社區大學副主任、台灣女性影像學會顧問）。

9.

第二性

Le Deuxième Sexe, 1949

西蒙·德·波娃（Simone de Beauvoir, 1908~1986）

　　西蒙·波娃是法國存在主義哲學家、文學家、婦女運動者。其劃時代巨著《第二性》提出「女人不是天生命定的，而是後天塑造出來的」（One is not born, but rather becomes, a woman.）破除女性本質論，並以「他者」分析女性「第二性」的處境，拒絕被「給定」，鼓勵自由意識，成就自主之人。出版引起極大關注，以及撻伐、爭議，約 20 年後，波娃認知以社會主義解決婦女問題無法達成，投入法國婦女運動，並以女性主義者自稱。本書促使女性主義理論發展躍進，影響第二波婦女運動，啟發對母職、家務、女性化、女性成長，甚至近代酷兒研究性別「可塑性」的思考。本文作者詳述本書時空背景、兩大卷精要及批評。（范情◎撰文）

〈自《第二性》以後，女人，你的名字是自由〉

邱瑞鑾◎評介

　　波娃在三十九歲那年選定女性議題著述，並不是出於女性主義的立場，決意掀起一波女權運動，而是她當時有心想寫一本類似法國作家萊利斯《成人的年紀》這樣一本赤裸裸剖析自己的書；在她和沙特談起這個「書寫自己」的計畫時，身為哲學家的她表示，她第一個想問自己的問題是：「對我來說，當個女人意味著什麼？」波娃本來以為這個提問一點不難找到答案，因為她從來不因身為女人而內心起衝突，也從來沒有人對向來表現優異的她說：「因為你是女人，所以才會這樣想。」沒想到沙特卻回答她：「到底你成長受教的背景還是跟男孩不同。這個問題值得進一步深究。」波娃自此才驚覺這個世界是男人建構起來的，她從小就浸淫在男人打造的種種迷思中，如果自己生下來是男孩，行事作風一定不相同。於是，她就從這一點出發，將對自我的審視放大為思索全體女性的處境。

　　《第二性》的出版年代——1949年，也就是民國三十八年——正是第二次大戰戰後不久，法國因戰爭造成的人員、經濟、社會等方面的損傷，在此時才獲得休養生息，是亟需新的勞動人力，以厚植國力的時刻，因此要婦女多多生產是國家、社會的共識（所以後來也就形成了一波戰後嬰兒潮），但波娃此時在書中的主張卻甘冒天下之大不韙，不僅不認為做個母親是女人的「天職」，她更於「母者的迷思」著力，從深處挖掘黏附在我們心中的對母親角色之想像與認知。波娃在《第二性》一開始處理這個問題，即以女性生理構造入手，認為女人生育後代是受役於物種，她反對一般所謂的女人既然有子宮，天生就該擔負孕育子女

的責任，也反對女人的生命力只能耗費在照顧、撫養後代上，再者，將全部精力投注於家庭勞務並不是女人天生就該承擔的；在波娃看來，受役於生育的女人她的自我個體性盡皆受到剝奪，所有父權的箝制力量便是從這裡產生。

因而，我們可以想像波娃當時勢必受到多方社會人士的抨擊，保守的時論不僅斥責她這種論調違反自然、違反社會、違反道德倫常，甚而對她做嚴重的人身攻訐，輕鄙那時四十歲選擇不婚、也不生育的她。不過，我們於今慶幸的是，靠著波娃這個將出於個人意志的自由選擇權交還給女人的主張，女人這時才能由自己決定是不是要當母親。而且，我們都知道，歷史是站在波娃這一方，因為繼承波娃的議題之後，在後繼的婦運人士努力下，避孕節育、墮胎已經合法化，女人因而有自主權決定是不是要懷孕、生育（法國於 1975 年將墮胎除罪，台灣則遲至 1985 年才有條件讓墮胎合法）。只是，這個「母性天職」的議題即使到現在都還有努力改變陳腐思想的空間，因為就算女人這時有選擇生育與否的權力，還是有不少人認為沒當過母親的女人，她的人生即不完整，這樣的想法等於是否定女人的自我個體性，不以她怎麼成就自己的人生來看待女人。

除了母性天職的議題，使得波娃大受攻訐外，「迷思」、「性啟蒙」、「女同性戀」等這幾個部分在當年更特別激起了固陋的守舊人士的反撲，引燃轟轟砲火；但於今回顧這些論戰，只能說在時間的證明下，誰有理、誰理虧，立見分明；男人之於女人的迷思、女性情慾自主之論，早為開明思想所釐清，並得到了認同。

閱讀《第二性》，尤其在讀到第二卷談及女人在各階段的成長歷程時，儘管波娃所論述的是受制於低下處境的女人所具有的

負面質性，但有不少人往往不明白，這本書既然立意為女人有權利做為一個完整的人找到根基，為什麼沒有多從如何具體超越自己受拘囚的處境來談，卻耗費了許多篇幅描繪女人處於「第二性」的負向面貌，諸如：性格上的「性格矛盾、謹小慎微、器小量狹，沒有求真求實的觀念，也沒有求精求確的概念，缺乏道德意識，是卑鄙的功利主義者，愛撒謊，愛裝模作樣、自私自利」，還有在心理上常有受虐之傾向，和未婚少女在性心理上的心理紊亂、性冷淡的女人在精神上常會有隱疾，還有身為母親總是嫉妒女兒、總想把兒子推上高峰，將兒子的成就看做是自己的等等之類，將歷來形形色色的女人不分青紅皂白的一舉劃歸為「沉溺在閉縮的存在內向性中」。尤其散布在全書各處可見波娃以輕鄙的口吻談及「（那些）美國女人」，這乍看讓人不解的指稱，其實參照波娃的經歷便可見其緣由：在《第二性》執筆前，波娃第一次到美國，這次居留讓她有機會接觸到這個在各方面觀念和歐洲極為不同的國度，特別是顯得比法國女人更獨立的美國女人，但波娃對美國女人的觀感是，雖然她們較有女性意識，較早擁有選舉權，並且個人的職業生涯更有成就，但她認為美國女人最愛抱持「女人不只是女人」的論調，以身為女人而自大，也就是說她們喜歡向男人挑戰，和男人對立，態度十足挑釁；只是在波娃眼中，她們這種獨立只是「假獨立」，只一意強出頭，一味的無事忙，而沒有具體的願景（參見波娃於 1947 年寫給沙特的信，以及她於 1948 年出版的《美國紀行》）；因此在《第二性》中有多處描寫美國女人只求有事做，而不關心工作內容，所追求的並不是基於主體對真實自我的「內在需求」，而只是以另一種讓自己不得閒的方式來逃避自我、棄絕自我；這樣的批評遍及美國各階層的女人，甚至是自認已經得解放的婦女。

就上述這幾點來看，波娃從負面描述女人的切入角度確實值得商榷，全盤將女人的人生推諉於處境、推諉於男人、推諉於假獨立、沒有具體願景，認為女人只能在這樣的處境下顯出負向的一面，這多少是抹煞了女人具有清明的意識能意會到自己受到處境所囚，也抹煞了女人擁有自由意志，否定了她在不利的處境下仍能堅持發揮慷慨大度、成為真實自我、追求超越向上等等波娃所看重的人性優點。為什麼波娃只零星寫到歷史上幾名出色的女性，而沒能多多從真實生活中提出正面的典範，讓我們得以效法，對這個屢受質疑的切入角度，波娃在七、八〇年代幾次接受訪談時，便以她的成長、寫作背景做回應，她表示：從小圍繞在她周圍的中產階級女人多是全心為家庭奉獻、依附於男人、不具個性的傳統女人，少有和她一樣一心追求自我實現，從小就渴望獨立自主、志於智識思考；在決定寫作這個女性議題時，她便以日常所見的這些女人做為參照；在她記錄自己成長歷程的《事物的力量》（1963）一書中也描繪了她這一層的觀察。至於《第二性》和美國女人之間的關係，也許可以從另一個時間點來觀察其變化：這本書的英譯本於 1953 年出版後，對美國六、七〇年代的女權運動者影響極為深遠，像美國極為重要的女權人士貝蒂‧傅瑞丹（Betty Friedan）的重要著作《女性迷思》便不能說沒有受到波娃的影響；另外一位女性主義者凱特‧米列也表示，她在牛津大學求學時讀了這本書，從此改變了她的一生。而且，歷史弔詭的是，《第二性》之所以成為正典，實際上應該歸功於七〇年代的美國女性主義者，因著她們對波娃提出的種種議題之思考、質疑、開拓、落實，而加倍擴散了《第二性》的影響力量。

　　不過，上述這個從負面談女人的問題也許還是可以試著從理論性的觀點來解釋：《第二性》這本書一開始即設定以哲學的角

度來思考「女人之所以為次等人類」的問題，因而在書裡處處可見黑格爾哲學中「主人與奴隸」，以及馬克思「階級對立」這類二分法的辯證，波娃以這樣的二分法來激發女人明確意識到自己受到拘囚的處境，所以她承此畫分為：男人在歷史上是屬於主宰階層、具有自由意志，永遠是「向上提升的存在超越性」，而受制於處境的女人則是各自孤立在使自己變得卑下的「閉縮的存在內向性」裡，無法形成一個「對反的世界」與男人抗衡，只能領受男人願意零星讓渡給她的一丁點權利。然而，男女之間這種高下地位的劃分，是怎麼發生的？也就是說女人為什麼從來都是依附於男人？從來居於次等？對於這個發生論的問題，波娃在〈引言〉中提到了，這並不是某一項歷史事件導致的結果，也不是逐漸演變而成的——她這種歷史哲學取向的思考，一來告訴了我們別在歷史經驗上找解答，也不必浪費精神在歷史現實上找到一個男女平等的社會以做為典範，再者她的用意更在於要女人靠自己創造未來的歷史。在第二卷裡，波娃便又承黑格爾正反合的辯證提出了，女人是有可能找到力量，邁向獨立自主之路，創造自己未來的，其方法就是她在〈女人的處境與特徵〉一章最後簡要點明的：所有婦女必須集體解放。她認為女人在意識到自己的困局後必須靠集體的力量尋求突破，應不分職業、階層、社會地位高低團結一氣，一起為全體女人尋求出路，這也就是七〇年代後起的女性主義者承此更明確提出的「姐妹情誼」之論述；而且，波娃也認為女性革命應該與階級革命一起進行，才有可能畢其功於一役——這一點則和她在四、五〇年代之初信仰馬克思主義有關。但是，女人的解放如果沒有男人的覺醒來配合，只能說路程走了一半，所以她在全書最後更進一步點出男人與女人應該切切實實攜手建立「友愛情誼」，讓兩個性別不同的自由意識彼此認

可、接納，互相支援，讓人類的存在不是以對立、衝突為導向，而是建立在彼此合作的團結、友誼之上的一種「共存」（波娃在此借用了德國哲學家海德格 mitsein 之概念），以求兩性關係更為平等、和諧。

　　……

　　談女人之為「第二性」，波娃論述的主旨是以兩個要點貫串起來，其一是大家所熟知的這句話：「女人不是天生命定的，而是後天塑造出來的。」她認為女人身上並沒有所謂不變的本質，沒有所謂的「女性之質」，更沒有所謂「永恆的女性」這種男人心目中理想化的女人形象；而女人之所以在各方面不如男人是由文化、社會造成的，也就是說由這些男性建制造成的，讓主宰各方資源的男人制約了女人成了「第二性」，再加上傳統的女人不願意承擔自己是個自由意識，不願意背負身為自由意識必然要面對的存在焦慮，而選擇了與男人結為同盟這條較為輕省的道路，為女人邁向自由獨立之路設下更多障礙；另外一個重要原因也在於，女人沒有具體的辦法可以砍斷鍊在自己身上的枷鎖（譬如，教育資源之不平等、經濟上無法獨立等原因）。波娃論述主旨的另一個要點便是承此而來的：在這樣的歷史錯誤下，產生了對女人的定位是「他者」──絕對的「他者」。「他者」這個概念，歷來多有哲學家如黑格爾、沙特等提出自己的論見，而波娃則將之運用於女人問題上，對此的析論是：「『他異性』是人類思維中的一個基本範疇。任何群體在界定自身為『我者』之時，一定會同時設立『他者』與他面對面。」並且，任何意識不管是不是出於意願，都必須承認自己和「他者」之間的關係是以同等的方式互相看待的對等關係，任何意識都可能因情況的轉變而從「主體」、「我者」翻轉為「客體」、「他者」，譬如美國黑人便成

功翻轉了自己注定當奴隸的命運；而波娃質疑的是，為什麼只有在兩性之間在歷史上從來沒有起過這種翻轉，為什麼男人一直是絕對的主體、我者、本質者，女人一直是絕對的客體、他者、非本質者。

對於女人該如何靠自己的力量跳脫這樣的景況，波娃依然本於哲學的思考，就存在主義的道德判準提出了，人存在於這世界上，面臨種種處境時，所有的主體都應該具體的將自己設立為「向上提升的存在超越性」，堅持身為主體就應該以「自由」做為存在之核心，本於真實自我，勇敢面對存在之焦慮，依據自由意識在處境中做出抉擇，以超越「給定」，在行動與創造中，對未來有所構思，而這也是「為己存有」的表現；若是放棄這種自由的抉擇權便會陷入「自我欺罔的不真誠態度」，因而想要有所超越，並成為一個「完整的人」的女人必須採取的立身態度是：自行構想其存在的目的，勇於承擔起自由獨立要冒的種種風險，不讓自己成為他人意志追捕的獵物；這一點波娃在書中一開頭便清楚論列。波娃將存在主義哲學，以及現象學的精義徹底發揮在剖析女人的問題上，也由此可見一斑。

評介：邱瑞鑾（法文翻譯名家）。
本文節錄自她為《第二性》所作的譯者序。

10.

美杜莎的笑聲

"The Laugh of the Medusa", 1975

海倫・西蘇（Hélène Cixous, 1937~）

　　西蘇是法國陰性書寫的代表人物，本文為第二波婦運期間振撼人心的作品。美杜莎的故事在希臘羅馬神話中有多個不同版本，但都是代表令（男）人生畏的既邪惡又恐怖的力量，而且面貌醜陋。但那是男人的書寫，他們不理解而且害怕女人的力量。在西蘇筆下，美杜莎卻是美麗、令人愉悅、擁有無限生命力和無窮創意的。西蘇提倡「陰性書寫」，主張女人書寫自己，讓自己的身體被聽見，讓豐沛的潛意識資源湧現。莊子秀在論述此文時，指其精湛體現了陰性書寫，遠離陽性語法邏輯，散發身體脈動的奔騰活力。朱崇儀認為，陰性書寫的顛覆策略在於其由邊緣異質出發，自由遊走於門牆之間，開創女性遨遊飛翔的空間，構築書寫新世界。（顧燕翎◎撰文）

我要講婦女寫作，談談它的作用。婦女必須參加寫作，必須寫自己，必須寫婦女。就如同被驅離她們自己的身體那樣，婦女一直被暴虐地驅逐出寫作領域，這是由於同樣的原因，依據同樣的法律，出於同樣致命的目的。婦女必須把自己寫進文本——就像通過自己的奮鬥嵌入世界和歷史一樣。

　　……

　　這是一個破舊立新的時代，更確切地說，是新的衝破舊的，女性特質衝破過去的故事。由於沒有基礎建立新的話語，卻只有一片千年的荒土要打破，因此我所說的至少分兩個方面，有兩個目的：擊破、摧毀；預見與規劃。

　　作為一個女人，我向婦女寫這些。在目前還不存在婦女獨立的整體，不存在典型婦女。我將要談的是她們的共同點。然而真正打動我的是她們無限豐富的個人素質：就像你無法談論一種潛意識與另一種潛意識相類似一樣，你無法整齊劃一、按規則編碼、分等分類地來談論女子性特徵。婦女的想像力是取之不盡，用之不竭的。就像音樂、繪畫、寫作一樣，她們湧流不息的幻想令人驚嘆。

　　我曾不止一次地驚嘆一位婦女向我描述的一個完全屬於她自己的世界，從童年時代起她就暗暗地被這世界所縈繞。一個尋覓的世界，一個對某種知識苦心探索的世界。它以對身體功能的系統體驗為基礎，以對她自己的色情之熱烈而精確的質問為基礎。這種極豐富並有獨創性的活動，尤其是有關手淫方面的，發展延伸了，或者伴隨著各種形式的產生，一種真正的美學活動，每個令人狂喜的階段記載著幻境，是一部作品，美極了。美將不再遭禁止。

　　我曾希望這位婦女能描寫並公開讚揚這一獨特的王國，以便

使其他婦女，其他未予承認的國君們也能大聲呼喊：我也激情洋溢，我的欲望創造了新的願望，我的身體懂得前所未聞的歌。我也曾一次又一次地感到自己充溢著富於啟迪的激流以致要爆發，爆發的形式遠比那些鑲在框架裡賣臭錢發財的形式要美麗得多。可我還是什麼也沒說，什麼也沒表露；我沒有開口，沒有再去描繪我的那一半世界。我感到羞恥。我感到害怕。但我強嚥下了這些恥辱和恐懼。我對自己說：你瘋了！這些波瀾，這些洪流，這些激情的爆發的意義何在？那位熱情奔放、自由自在的婦女在何處？她和以往一樣沉溺在自己的天真質樸中，禁錮在她周圍的一片黑暗中，被父母婚姻的男性中心主義的鐵臂帶進自我羞辱中，她就沒有為自己的力量感到羞恥嗎？在對自己的奇異騷動感到吃驚和恐怖的同時（因為她被迫相信，一個行為端正的正常女人，具有一種……神聖的沉靜），有誰沒有譴責過她自己是個魔鬼呢？在感到自己的慾望奇異地激盪（想唱，想寫，想大膽地說，一句話，想表露一種新的東西）時，有誰不以為她自己是病了呢？好麼，她這丟人的毛病就是她抗拒死亡，她惹麻煩。

那你為什麼不寫呢？寫吧！寫作是屬於你的，你是屬於你的，你的身體是屬於你的，接受它吧。我知道你為什麼沒有寫（也知道我為什麼在 27 歲之前沒有寫）。因為寫作對於你來說一下子太高深、太偉大了，這種事是留給那些偉大人物的，也就是留給「偉大的男人」的。還有就是幹這種事太「傻」。再說，你還是寫了一點，不過是偷偷寫的。寫得也不好，因為是偷偷寫的，還因為你為寫作而懲罰了自己，因為你並沒有一直寫下去，或者是因為你無法抑制寫作的願望，就像我們會偷偷摸摸手淫一樣。並不是為了幹下去，而是為了減弱一點緊張感，剛夠收斂那渴望。於是我們剛一接近，就馬上走開並且自覺負罪 —— 以便得

到寬恕，或者能夠忘卻，將它埋葬起來，直到下一次。

寫吧，不要讓任何人、任何事阻止你，不要讓男人、讓愚笨的資本主義機器阻止你，它的出版機構是些狡詐的、趨炎附勢的戒律的傳聲筒，而那些戒律則是由與我們作對並欺壓我們的經濟制度所宣布的。也不要讓你自己阻止自己。自鳴得意的讀者、愛管閒事的編輯和大老闆也不喜歡真的替婦女伸張正義的文章——富於女性特徵的文本。這類文章會嚇壞他們。

我寫婦女：婦女必須寫婦女。男人則寫男人。從前這裡只能看到男人們偏頗的考慮，他們的男性和女性意識何在，都由他說了算。只有當男人們睜開眼睛看清了他們自己的時候，才會聯繫到我們。

現在婦女從遠處，從常規中回來了：從「外面」回來了，從女巫還活著的荒野中回來了；從潛層，從「文化」的彼岸回來了；從男人拼命讓她們忘記並宣告其「永遠安息」的童年回來了。小姑娘們和她們「沒有規矩」的身體被幽禁、被妥善保存著，完整如初地冷藏於她們自己的鏡中。但是在底層她們仍然在沸騰！性稽察永無終止地奔忙，要費多大勁去阻止她們可怕的返回啊！這是一種何等的雙方力量的較量呵，這場鬥爭幾世紀以來竟在顫抖著的均衡僵局中一直停滯不動。

……

只有通過寫作，通過出自婦女並且面向婦女的寫作，通過接受一直由陽具統治的言論的挑戰，婦女才能確立自己的地位。這不是那種保留在象徵符號裡並由象徵符號來保留的地位，也就是說，不是沉默的地位。婦女應該衝出沉默的羅網。她們不應該受騙上當去接受一塊其實只是邊緣地帶或閨房後宮的活動領域。

聽聽婦女在公共集會上的講話吧（如果她還沒有痛苦地洩氣

的話）。她不是在「講話」，她將自己顫抖的身體拋向前去；她毫不約束自己；她在飛翔；她的一切都滙入她的聲音，她是在用自己的血肉之軀拼命地支持著她的演說中的「邏輯」。她的肉體在講真話，她在表白自己的內心。事實上，她通過身體將自己的想法物質化了；她用自己的肉體表達自己的思想。從某種意義上說，她在銘刻自己所說的話，因為她不否認自己的內驅力在講話中難以駕馭並充滿激情的作用。即使是在講「理論性」或「政治性」內容的時候，她的演說也從來不是簡單的，或直線的，或客觀化的、籠統的：她將自己的經歷寫進歷史。

……

就像在婦女的寫作中一樣，在她們的講話中有一種轟鳴不止的成分。它一旦穿透我們，深沉而不知不覺地打動我們，就能保持感動我們的力量──這成分就是歌，活在每一位婦女心中出自愛的第一聲鳴響的第一首樂曲。為什麼與聲音有這種特殊關係呢？因為沒有一位婦女儲備像男人那樣多的反抗內驅力的防禦力量。你從不在自己周圍築牆，你從不像他那樣「明智地」棄絕歡樂。即使男性所崇拜的神祕性普遍地破壞了良好的關係，婦女卻從未真正脫離「母親」的身分（我指的是在角色的作用之外：不是作為稱呼而是作為品格和才能之源的「母親」）。在她的內心至少總有一點那善良母親的乳汁。她是用白色的墨汁寫作的。

婦女為婦女。在婦女身上一直保留著那種產生別人同時產自別人的力量（尤其是別的婦女）。在她身上，有母體和撫育者；她自己既像母親又像孩子一樣，是給予者；她是她自己的姊妹加女兒。你可能反駁：「那麼，壞女人生下的歇斯底里女孩呢？」一旦婦女將婦女給予其他婦女，一切都會改變的。在婦女身上一直隱藏隨時都會湧出的源泉；那個為了他人的所在。母親也是一

個隱喻。她把自己的精華由別的婦女給予婦女，這使她能夠愛自己並用愛來回報那「生」於她的身體，而這對於她是必要的也是足夠的了。

　　……

　　要給女性的寫作實踐下定義是不可能的，而且永遠不可能。因為這種實踐永遠不可能被理論化、被封閉起來、被規範化——而這並不意味著它不存在。然而它將總會勝過那種控制調節陽具中心體系的話語。它正在而且將還在那些從屬於哲學理論統治之外的領域中產生。它將只能由潛意識行為的破壞者來構思，由任何權威都無法制服的邊緣人來構思。

　　因此有必要肯定這種寫作的繁榮發展，有必要賦予其運動以形式，賦予其遠遠近近的冷門僻徑以形式。首先要記住，1. 一直為男人的利益服務以至把寫作也貶為男人的法律的兩性對立，只是一種歷史與文化的局限。一種產生出無法貶低的女性影響的文學作品，正在並將愈來愈迅速地傳播普及。2. 大部分男女讀者、批評家和作家是出於無知而不願承認或者公然否認女性與男性寫作之間具有區別的可能性或相關性。以下說法常常會被使用來消除兩性的差別：或者一切寫作就其物質化的程度而言都是女性的；或者反之——不過結果相同——寫作這一行為等同於男性手淫（因此婦女寫作就是為自己剪裁一個紙的陰莖）；再或者說寫作是雙性的，因而是中性的，這種說法還是排除了差別。

　　我在說「無性的、因而是中性的」時，指的是傳統概念的雙性。它在閹割恐懼象徵的輾壓之下，帶著一種「完整」的存在的幻想（儘管這存在是由兩半組成的），會消除差別的。這種差別使人感受到招致失落的作用和可怕的切割印記。

　　與這種自我抹煞和吞併類型的雙性相對，我提出另一種雙

性。前者是要念咒驅除閹割（當情形有利即非此也非彼時，就有作者打出招牌：「這兒寫著雙性呢，快來看吧！」）。我提出的是另一種雙性，在這種雙性同體上，一切未被禁錮在陽具中心主義再現論的虛假戲劇中的主體都建立了他和她的性愛世界。雙性即：每個人在自身中找到兩性的存在，這種存在依據男女個人，其明顯與堅決的程度是多種多樣的，既不排除差別也不排除其中一性。而且，從這個「自我批准」而倍增的慾望印記遍布我和別人的全身。

正巧，目前由於歷史和文化的原因，恰恰是婦女在向著這預知的雙性開放，並且從中受益。這種雙性並不消滅差別，而是鼓動差別，追求差別，並增大其數量。從某種意義上說，「婦女是雙性的」；男人——人人皆知——則泰然自若地保持著榮耀的男性崇拜的單性的觀點。憑藉著確認和利用男性生殖器崇拜的權威地位，陽具意識已經使不止一名婦女受害。作為一名婦女，我就曾經被那王權寶杖的巨大陰影籠罩過，並被告知：崇拜這偶像吧，你是無法舉著它揮舞的。但在同時，男人又繼承了那荒唐怪誕、簡直不值得羨慕的命運（想像一下吧），即被淪為一尊泥丸偶像的命運。而且，就像佛洛依德及其信徒們指出的，他因為懼怕變成女人而筋疲力竭！

……

教士們顫抖吧，我們將讓他們看看我們的祈禱式！

如果他們一發現婦女不是男人，或者一發現母親沒有男人，他們就土崩瓦解，那就太糟糕了。不過這種恐懼對於他們難道不是很便當的嗎？如果婦女不受閹割，而只需不再聽海妖的歌（因為海妖即男人）就能讓歷史改變意義，那難道不是最糟的嗎？其實並不是。你要想見到美杜莎，只須直視她。而她並不是致人死

命的。她是美麗的，她在笑。

　　幾乎一切關於女性的東西還有待於婦女來寫：關於她們的性特徵，即它無盡的變動著的錯綜複雜性，關於她們的性愛，她們身體中某一微小而又巨大區域的突然騷動。不是關於命運，而是關於某種內驅力的奇遇，關於旅行、跋涉，關於突然的和逐漸的覺醒，關於對一個曾經是畏怯的繼而將是率直坦白的領域的發現。婦女的身體帶著一千零一個通向激情的門檻，一旦她通過粉碎枷鎖、擺脫監視而讓它明確表達出四通八達貫穿全身的豐富含義時，就將讓陳舊的、一成不變的母語以多種語言發出回響。

　　用身體，這點甚於男人。男人們受引誘去追求世俗功名，婦女們則只有身體，因而更多的寫作。長期以來，婦女們都是用身體來回答迫害、親姻組織的馴化和一次次閹割她們的企圖的。那些過去曾搖舌一萬次又七次而沒有開口講話的人們比其他任何人都熟悉她們自己的口舌。現在，我們要炸毀這條法律，要開口說話。爆炸從此將成為可能，而且是不可避免的。讓爆炸成功吧，在此刻，用語言來完成它。

　　飛翔是婦女的姿勢——用語言飛翔也讓語言飛翔。我們都已學會了飛翔的藝術及其眾多的技巧。幾百年來，我們只有靠飛翔才能獲得任何東西。我們一直在飛行中生活，悄然離去，或者在需要時尋找狹窄的通道和隱蔽的岔道。Voler 一詞具有雙重意思而且它是雙關的，所以意義就失去作用，這絕不是巧合。這不是巧合：婦女好像鳥和搶劫者，正如搶劫者很像婦女和鳥一樣。她們逃脫。她們喜歡攪亂空間秩序從而迷失方向，喜歡反覆變更家具擺設，打亂事物和價值標準並砸碎它們，喜歡架空結構、顛倒性質。她們以此為樂。

　　婦女什麼沒飛過／偷過？誰沒有感受過、夢想過、表現過那

些擾亂社會風俗的姿態？誰沒有碾碎過、嘲笑過那隔離的柵欄？誰沒有用她的身體刻劃過那差異、戳穿過那成雙成對而又相互對立的制度？誰沒有通過某種越軌行為推倒連續性、關係和圍牆？

女性的文本必將具有極大的破壞性。它像火山般暴烈，一旦寫成它就引起舊性質外殼的大動盪，那外殼就是男性投資的載體。別無他路可走。假如她不是一個他，就沒有她的位置。假如她是她的她，那就是為了粉碎一切，為了擊碎慣例的框架，為了炸碎法律，為了用笑聲打破那「真理」。

……

如果存在「婦女的正當行為」這回事，那麼它就是她無私地對身體解除戒律的能力，永無止境，不帶附屬物，也沒有首要的「部分」。這似乎是自相矛盾的。如果她是個整體，那就是一個由各自同時也是整體的各部分組成的整體。那不僅是簡單的不完整物體，而是一個運動著的、無窮變化著的集合體，一個愛神不知疲倦地橫貫其中的宇宙，一個巨大的星際空間，其結構並不是以任何一個比其他星體更成其為星體的太陽為中心。

這並不是說她是一塊無差別變化的渾沌物，而是說她不對自己的身體或慾望稱王霸道。雖然男子的性特徵以陰莖為中心，由此而產生那集中化的身體（用政治的反義詞），身體受其各部分的專制統治。婦女並沒有同樣的區域劃分，具體劃分有助於頭和生殖器在界限之內組成的對應。婦女的性本能是宇宙性的，就像她的潛意識是世界範圍的一樣。她的寫作持續不斷，從不記下或者辨別外圍輪廓。寫作敢於旋風般地跨越一切，短暫而熱情地在他、她和他們中間逗留。寫作在他們之中徘徊直到他們醒來。她從離他們的潛意識最近之點觀察他們，從離他們的內驅力量最近之點熱愛他們。隨後她周身充滿這短暫而同一的擁抱。她離去

了，消失於無垠宇宙之中。只有她敢於並且盼望從內部來了解。在那裡，她這個被遺棄者從未停止傾聽那預知語言的回響。她讓別的語言先講——那帶有一千種腔調的既不懂包容也不懂消亡的語言。對於生活，她什麼也不拒絕。她的語言不是囊括，而是連載；不是克制，而是實現。當本我（id）模稜兩可地表露出來時（成了好幾個，真是奇蹟），她並不保護自己、抵禦那些她驚奇地發現變成了自己的陌生女人。相反，她卻從這變化的饋贈中得到快樂。我無拘無束，吟頌情慾，沒人知道在那上面嫁接著哪一個我。或多或少是人性的，只是因為變革我才有活力。

摘譯：黃曉紅。

11.

支配與附庸

"Dominance and Subordination",
Toward a New Psychology of Women, 1976

珍・貝克・密勒（Jean Baker Miller, 1927~2006）

　　密勒是 1960 年代極為少數身為女性的心理分析師。她讀了 1963 年傅瑞丹出版的《女性迷思》（頁 65）後，深受啟發，開始參與婦女解放運動的小團體討論，也立志發展女性心理學，讓世人了解，女人不是像佛洛依德等人所認定的，發展不全的男人。根據臨床研究，女人更有能力發展人際關係，也更有生命的韌性。人際關係在個人成長中極關重要，孤立會對個人造成傷害。所謂女人的問題，不在女人本身的缺陷，而在於社會對她們既存的成見，限制了她們的發展。此書改變了世界對個人和社會發展的理解，曾翻譯成 20 種語言。

　　1990 年代此書在美國被批評以白人中產女性的經驗為核心，但今日許多年輕女性讀者讀到此書，仍感同身受。她們經由理解自己身為附庸者的處境和行為，而更為認同和肯定女性，不再奢求「以主人的工具拆解主人的屋子」。（頁 245）（顧燕翎◎撰文）

支配者

一旦某群體被認為是次等的，居優勢的一方就習於以各種方式來貶抑他們，譬如說黑人心智不如白人，女人喜歡感情用事。支配者以言行舉動傷害附庸者，雖然本身也身受其害，但比較不明顯。

支配者通常指定附庸者擔任「合適」的角色，包括自己不願擔當的勞力服務，如清除支配者的廢棄物。另一方面，支配者自己喜歡的角色則不容附庸者插足。舉凡任何文化背景中，評價甚高的活動一向是支配者的禁臠，不受青睞的角色一律由附庸者擔當。

附庸者常被說成無能承擔重要工作，並被歸咎於天生缺陷，因此不可救藥，也不可能改變。支配者難以想像附庸者其實是有能力的，甚至連附庸者也不相信。這種神話只有在驟然發生嚴重事件、原有秩序中斷時，才可能受到質疑。通常，這些事件發生於原有關係之外。像二次世界大戰期間，美國緊急動員，「無能」的女人轉眼間取代了男性的工作，以優良的技術接管了工廠作業。

附庸者常被描繪成具備支配者欣賞的心理特質，而且應發展這些特質 —— 服從、百依百順、被動、溫馴、依賴、缺乏主動精神、無能履行決定。這些字眼所內涵的本質，與其用於成人，毋寧更適用於兒童。如果附庸者具備了這些特質，就會被視為社會適應良好。

然而，附庸者如可能、或已發展出其他的特質 —— 如聰明才智、主動進取、自我肯定等，反而會被認為不正常。在支配者的認知架構內，很難承認附庸者這些能力。受社會結構所限，附庸者也沒有直接發揮的餘地。

支配者往往阻撓附庸者的發展和言行自由。在支配者的圈子裡，他們也不容許同儕表現較多的理性與人性。因此，不久前，同情黑人的白人被謔稱為「黑鬼愛人」；男人只要「讓他的女人」逾越常軌，也會遭到冷嘲熱諷。

支配者主導整體文化 —— 包括哲學、道德、社會理論，甚至科學，使得不平等的關係合法化，並混淆真相，例如以種族或性別的先天優劣來解釋不平等。儘管反證確鑿，女人天生柔順、溫馴，屬於第二性的說法仍然存在。從這種前提為出發，常使得臨床診斷及心理學預設答案。

支配者成為「正常人際關係」楷模，迫害貶損他人、設詞掩飾自己行為的真相，甚至反對平等運動，只要我們與支配集團認同，自然就會依循這一套行為模式。儘管大多數人不喜歡把自己想成支配者（或其信徒），但一旦身在支配集團中，就很難反其道而行。你只要「照規矩去做」，就自然行使出支配性行為。

因此，支配者不願承認不平等關係存在。他們善於運用其他術語來解釋不平等關係，而且渾然不覺。他們甚至相信，自己與附庸者利益一致、經驗相通，如「女人天生屬於家庭」，或「我們知道什麼對女人最好」。

支配者喜歡避免衝突 —— 公開衝突可能會使現況受到挑戰，而令其不安。支配集團中也有人境遇不佳，他們反而更致力避免衝突，而使狀況更形惡化，令人痛心。例如美國的白人勞工認同白人支配集團（其實勞工並不具支配者身分），為的是獲得他亟需的物質及心理酬勞，雖然他也自知掌握的權力有限，時感焦慮。支配集團成員通常看不出，不平等關係的存在其實也剝削了他們自己，尤其是剝奪了他們心理的安定。

不平等已經造成衝突，只是支配者一直壓抑衝突，任何對

「正常」情況的質疑，他們都會當成挑釁，而且害怕附庸者挑釁。支配者相信現狀是合理、美好的，對他們好，尤其對附庸者好。這種觀點為道德所肯定，也受社會結構支持。

支配集團通常掌握一切公開權力及權威，並決定運用權力的方式。

附庸者

在不平等關係中，附庸者到底扮演什麼角色？由於文化中各種「正常標準」皆由支配者決定，就更不易被了解。附庸者一旦表示不滿並付諸行動，就會令支配者驚訝不已，認為他們不正常。支配者自以為最了解：女人所要的無非是個男人，以及以男人為中心來安排共同生活。所以他們對最早表示沮喪與憤怒的女性大感不解。

附庸者的特質更為複雜。他們必須努力求存，所以對迫害不能作直接、誠實的反應。為了自我利益而採取公開、自發行動更在避免之列，免得陷自己於絕境。女性直接反抗，會導致經濟拮据、被社會排斥，和心理隔離，甚至被診斷成人格分裂。不論後果為何，都很悽慘。

難怪附庸者多半採取偽裝、迂迴的反擊策略，以適應、取悅支配者，其中往往暗藏反抗或嘲諷。民間傳說、黑人笑話及女性故事就是例證，如狡點的農民以智巧勝了富有的地主，女人機巧地騙過自己的丈夫等。這類故事的重點在說明支配者遭到愚弄，卻渾然不知。

附庸者間接反抗，其結果是使支配者喪失體認對方反應，進而了解自我，謀求改進的機會。附庸者不吐露實情，支配者自然無從了解附庸者。尤其反諷的是，聲稱對附庸者有研究的社會專

家通常屬於支配集團。

相對地，附庸者了解支配者。附庸者需要善體支配者的心意，預測其反應。我認為，這就是所謂女性本能與女性陰險的由來。所謂神祕的稟賦，其實是後天的技能，附庸者長期揣摩支配者散發的各種微妙訊息而逐漸琢磨出來。

另外，附庸者對自己的了解反而不如對支配者的了解。如果你的命運要靠適應及取悅對方來決定，你自會全神貫注。因此，附庸者不覺得了解自我有用，其他的限制更加強了這種傾向。人只有經由行動及互動，才能了解自己。附庸者自己行動及與別人互動的範圍均極有限，以致無法實際評估自己的能力及問題。不幸的是，了解自我的難處還不止於此。

附庸者會相信支配者製造的謊言，對自己的認識因此更形混淆。許多黑人覺得自己不如白人，或女人相信自己不如男人。在缺乏其他觀念對照之下，支配者的那一套更易深植人心。但另一方面，附庸者仍然具有某種反映真實、洞察不公的經驗與認知。他們所體認的事實勢必與支配者傳授的神話對立。兩套觀念對立，自然會造成內心的衝突緊張。

從歷史來看，儘管有各種障礙，附庸者仍會追求更多言行自由，只是每次歷程不同。不同的時代，總有奴隸起而抗暴，也總有女性追求更高層次的發展，決定自己的命運。這類行動的紀錄多半不見容於支配者，使附庸者很難找到支持自己的歷史傳統。

任何附庸群體中，總有些成員模仿支配者，方式各有不同。有些人模仿支配者，迫害跟自己並處附庸的同類；有的發展受支配者重視的特質，博取其好感。通常，他們不會被完全接納。僅為了被有限度的接納，他們也得完全放棄與附庸者認同。某些職業婦女的情況就是如此，她們博得讚美，典型的說辭是：「她能

像男性一樣思考。」

附庸者爭取自由時，會揭批不平等的關係，詰問這種關係的立足點，將原有的衝突表面化。這時，就必須身受被視為「搞亂份子」的風險及重擔，與他們的慣常處境完全相反，因此附庸者——尤其是女人——倍感吃力。

了解支配者與附庸者的特質後，我們發現：不平等的雙方不可能發展互蒙其利的互動關係，衝突勢所難免。這時，重要的問題便成為：誰來闡釋衝突的定義？誰來決定協議的條件？何時衝突已表面化，或何時衝突仍為暗流？衝突的事件是什麼？會分出輸贏嗎？

衝突一定不好嗎？如果不是，什麼可使衝突有建設性，而什麼可使衝突有破壞性？這些問題弄清楚，支配者和附庸者的不平等關係，才可能改善。

翻譯：葉安安。
改寫：劉毓秀（台大外文系兼任教授。曾任台灣女性學學會理事長）、顧燕翎（本書主編）。

12.

憤怒與溫柔

Anger and Tenderness, *Of Woman Born*, 1976

安菊・芮曲（Adrienne Rich, 1929~2012）

　　芮曲是二十世紀後半美國極富盛名的詩人、作家、女性主義者，善於用詩和散文來抒發女人和女同志的心境，獲獎無數。她24歲為脫離原生家庭而結婚，育有三子。47歲另組同志家庭，並完成《女人所生》。在書中她寫到：自青春期即受壓抑的女同志終得展翅。此書是第二波婦女運動中討論母職的經典作品。芮曲將父權社會用來控制女人生育與性慾的母職（社會建制），與女人做母親愉悅有力的身心經驗加以對照，探索女性生理蘊含的力量，如何縫合（西方文明）身心二元論所造成的心智和身體的分離。母親只是女人在人生過程中的一種身分，不是唯一的身分。本文取自本書第一章。（顧燕翎◎撰文）

1960 年 11 月，我日記中的一段——

我的孩子帶給我迄今所知最強烈的，一種矛盾不堪的痛苦：一方面怨懟、憎恨、脾氣暴躁，另一方面感到幸福、滿足、溫柔，兩者要命地來回交替。有時候，我對這些無辜的小東西的想法，讓我覺得自己是個自私無情的怪物。他們的聲音刺激我的神經，他們永遠需要照顧、尤其是需要人用簡單而耐心的態度來對待，令我絕望於自己的失敗，也絕望於我注定要扮演一個無法勝任的角色。有時候隱忍的憤怒令我衰弱。有些時候，我覺得只有死亡才能讓我們擺脫彼此，有些時候我嫉妒那些不孕的女人，她們的遺憾簡直是種奢侈品，因為她們保有自由和隱私。

然而有些時候，我融化在他們無助、迷人而無法抗拒的美感裡——他們對人的愛與信任——他們的可靠、正直、不自私。我愛他們。但也正是由於這巨大而無可避免的愛，才造成了痛苦。

1961 年 4 月

我不時沉浸在一種對我孩子的愛當中，幾乎感到幸福——我在這些變化中的小東西身上得到的審美樂趣，被愛的感覺，不管那是一種多麼依賴的愛，也覺得我並不是一個那麼不自然、不善良的母親——但我的確是的！

1965 年 5 月

身為母親，從利己的角度、在情緒上伴隨，因為相對於一個孩子受苦，有時感到無助，有時以為是不經一事、不長一智——但不論何時、不論何處，不管身體或心靈上，都和那個孩子在一起——因為他是自己的一部分。

受困在愛與恨的浪潮之間，甚至對孩子的身為孩子感到嫉

妒；期待又害怕他長大；渴望脫離責任束縛，卻被生活緊緊綑綁。

那種奇怪的原始的護犢之心，在任何人攻擊或批評他的時候，像一隻母獸保衛牠的幼子——然而沒有人比我對他更嚴厲了！

1965 年 9 月

憤怒的貶抑。對一個孩子感到憤怒。我要怎麼學會收起暴怒，只表現出關心？憤怒的竭盡，意志的勝利，但付出的代價高昂——太高昂了！

1966 年 3 月

也許我是個怪物——反女人之道而行——走投無路，享受不到正常而美好的慰藉：愛，母職，從別人身上得來的快樂⋯⋯

未假思索的認定：首先，一個「天生」的母親是一個沒有其他身分的人，很可以滿足於整天和小孩相處、依他們的步調而活；其次，母子在家中與世隔絕的狀態是理所當然的；母愛是、而且應該是，名副其實的無私無我；母子分別是造成彼此受苦的「原因」。我擺脫不掉那種「無條件」付出愛心的母親典型，擺脫不掉所見所讀到的身分單一、目標單一的母親形象。如果我明知道自己有些部分永遠也不會符合這些形象，那麼這些部分豈不是不正常、怪異的嗎？我現年二十一歲的長子讀到以上的那些段落時曾說：「那時候你好像覺得你應該每分每秒都愛我們。但是人與人之間沒有一種關係是你無時無刻不愛對方的。」話是沒錯，我試著向他解釋，但人們認為女人的——尤其作為母親的

── 愛就必須是那樣。

我記得在五〇年代和六〇年代初，常常發生的一種情況是這樣的：我拿起一本書，或者開始寫封信，甚或在和別人講電話時沒有掩藏聲音中的熱絡和關切；這時候孩子（們）可能正忙著在自己的世界裡漫遊。但是一旦他感覺到我進入了一個不包括他在內的世界，他就會過來扯我的手、要我幫忙，或者亂按打字機的字鍵。在這種時候，我會覺得他的要求都是假的，是要剝奪我即使十五分鐘也好的屬於自己的時間。我會火冒三丈，會覺得自己完全束手無策，覺得不公平：我的需求總是和孩子的相牴觸，而且輸的總是我。我告訴自己，只要我能有一刻鐘的自私、安寧、不受小孩干擾，之後我會更有愛心得多。只要幾分鐘！但是當我移出 ── 人甚至沒動，只是在精神上 ── 我們共存的狹小空間時，就好像我們中間有一根線拉緊然後斷了，小孩會強烈感到被拋棄，彷彿是我的胎盤不再供給他氧氣。我像很多女人一樣，急著等他們父親下班回來，至少那時候家裡就會有另外一個大人在，於是至少一兩個小時之內那個把母子畫在裡面的圓圈會拉大一點，我們之間的張力會比較鬆弛。

當時我不了解，這個圓圈；這個我們在其中生活的磁場，並不是一種自然的現象。

在理智上，我一定是知道的。但是在當時，我被安排扮演的母親這個角色，似乎是一種必然牽扯沉重感情因素和傳統包袱的形式。而由於在這種形式底下，我和我的孩子們組成一個私密的感情小群體，有時候（天氣不佳或有人生病時）會一連幾天見不到他們父親以外的任何成人，因之，當我沒有全神貫注在我孩子身上時，他那些編出來引我注意的理由底下的確有著真實的需要。他要確認在我身上仍能得到持續而穩固的溫暖和溫柔。在這

個世界上我是特別的、獨一無二的，因為我身為他的母親——另一個比較不明顯的因素可能是身為女人——他對我的需索超出任何人所能滿足，除非持續地去愛，無條件地愛，從早到晚，而且常常還要到三更半夜。

　　……

　　我非常清楚地記得我婚後的第一天：我在掃地。很可能那地板根本不需要掃；很可能我只是不知道該幹什麼才好。但是我邊掃邊想：「現在我是個女人。這是一個行之有年的動作，這就是女人向來所做的。」我覺得我是在屈服於某種古老的形式，古老得沒人能質問。這就是女人向來所做的。

　　當別人可以明顯看出我懷孕了的時候，是我從青少年時期起一直到長大成人以來，第一次沒有罪惡感。周圍的人——感覺上，甚至包括不相識的路人——都對我充滿了讚許的態度，讓我像是處在某種氛圍裡，所有的懷疑、恐懼、不安都一筆勾消。這就是女人向來所做的。

　　……

　　在第三個孩子出生前，我便決定不再生了，要結紮（這種手術並不切除女人身上的任何東西；排卵和月經照樣繼續。然而結紮一詞卻暗示了將她身為女人的基礎削減、去掉，就像傳統說一個女人不孕、無子，暗示著她的空虛和有所欠缺）。我丈夫雖然支持我的決定，卻問我是否確定手術之後不會覺得「比較沒有女人味」。為了結紮，我必須呈上一封信給批准這種手術的醫師委員會，由我丈夫簽名保證，說明我已經生了三個兒子以及不再生的理由是什麼。由於我有數年的風溼性關節炎病史，對那些評斷我這個案例的男性委員們而言這是一個可接受的理由；至於我自己的想法是不算數的。我第三個兒子出生後二十四小時，當我自

手術後醒來，一個年輕的護士看了我的病歷表，冷冷地說：「把卵巢割掉了是吧？」

第一個大力提倡避孕的先鋒，瑪格麗特・山額（Margaret Sanger）提到，在二十世紀早期寫信給她、求取避孕知識的成千上百個女人，所持的理由統統是要有更健康的身體，才會更有能力照顧她們已有的孩子們；或者是希望能跟丈夫享受肌膚之親，而不用害怕懷孕。沒有人是從根本上拒絕母職，或者是想偷懶。這些女人 —— 大部分是窮人，很多還不到二十歲，都已有好幾個小孩 —— 只是怕她們會沒辦法對家人「盡職」，而這些家人是她們要繼續服侍、撫養的。然而從前一直到現在，只要一談到女人應該對我們自己的身體有最後決定權，就會引起深刻的疑懼。彷彿母親的受苦、母親作為女人的第一天職，之於人類社會是如此必要的感情基石，所以對任何要緩解、要移除這種受苦的行為都必須抵抗到底，甚至不允許任何質疑。

……

1965 年 4 月

憤怒，疲倦，氣餒。突如其來的哭泣。一種不足的感覺，此刻和永遠……。

我動彈不得，因為感到在我對他（我大兒子）的排斥和憤怒、我的感官生活、和平主義、性（我指的是最廣義的，不僅限於肉體慾望）之間，有著糾纏不清的關係 —— 這當中有一種相互關聯性，如果我能看到它、確認它，我就會重新找回我自己，就能有清明的神智和澎湃的熱情 —— 然而我在這些黑暗的網之間來回摸索……

我哭了又哭，這無力感像是癌症一樣擴散布滿我的存在。

1965 年 8 月，凌晨三點半

　　需要對我的生活有更不動搖的紀律。

　　認清盲目的憤怒是無用的。

　　減少社交活動。

　　妥善運用孩子們上學的時間，用以工作或獨處。

　　拒絕被拉離自己的生活型態。

　　少浪費。

　　對詩愈來愈嚴苛。

　　以前不時有人會問我，「你詩裡從來不寫你的孩子們嗎？」我這一代的男詩人的確以他們的孩子入詩 —— 尤其是女兒。對我而言，在詩裡我誰的母親也不是，只做我自己。

　　對我而言，好的時刻和壞的時刻是密不可分的。我記得，有時當我在給孩子餵奶，看見他的眼睛直視著我，從而意識到我們是緊緊和對方相連的，不只經由嘴巴和乳房，更透過我們的相對凝視：在他那深藍色，如成人般專注的眼睛裡，有著深度、平靜、熱情。我記得我滿滿的乳房被吸吮時那種身體上的快感，當時我在這個世界上僅有的身體的樂趣，是充滿了罪惡感的暴飲暴食。我記得從早期便開始的衝突感，覺得處在一個我們誰也沒有選擇的戰場上，不管願不願意，都既是旁觀者又是當局者，進行沒完沒了的意志角力。這就是有三個不到七歲小孩的我的生活。但我也記得每一個孩子的身體，他的苗條、結實、柔軟、優雅、身為小男孩的美感，因為他們還沒被教導說男人的身體應該是僵硬的。我記得某些時候、為了某些原因，我得以在浴室中獨處的寧靜時刻。我記得被從已經夠淺少的睡眠中挖起來，安慰被噩夢驚醒的孩子、替他們蓋被子、熱奶瓶、帶著半睡半醒的小孩去上

廁所。我記得完全清醒地回到床上，又氣又恨，知道睡不好的我第二天會很慘，知道他們還會做噩夢，還會需要安撫，因為疲倦不堪的我會無緣無故地對孩子發脾氣。我記得我那時認為我再也不會做夢了（年輕母親的無意識──當她經年累月睡不到好覺、做不到夢的時候，它要把訊息捎到哪裡去？）。

有很長一段時間我避免去回想我有小孩的前十年。那段時期所照的相片裡的我，是一個微笑的年輕女人，身穿孕婦裝，或者俯身照顧半裸的嬰兒；逐漸地她不笑了，臉上有一種遙遠、憂鬱的表情，彷彿她在等著聽到什麼東西。我的兒子們及時長大了，我開始改變我的生活，我們開始像同輩一樣交談。我們一起度過了我的走出婚姻，度過了他們父親的自殺。我們成了生還者，四個很不相同的人，緊密地團結在一起。因為我向來盡力對他們誠實，因為他們多獨立一點就代表我多自由了一點，因為我們信任彼此、即使我們各有所求，因此，他們從很小的時候開始，就事事靠自己，也不怕面對陌生的事物。我想，如果他們在經歷了我的憤怒和自責之後，仍然能信任我的愛和彼此的愛，那麼他們是堅強的。他們的人生從來沒輕鬆過，以後也不會輕鬆；但他們的存在對我來說像是一份禮物，他們的活力、幽默、才智、溫和，他們熱愛生命，他們的人生各有自己的流向、又不時地和我的人生匯聚。我不知道我們怎麼熬過他們坎坷的童年和我坎坷的母職歷程，而達到如今對彼此、對自己的尊重的。也許這種相互尊重一直都是存在的，從母親和懷中的孩子頭一次凝視對方起就存在，只是被社會和傳統環境所掩蓋。但有很長的一段時間，我的確相信我根本不該生小孩；由於我尖銳地察覺到自己的需求，而且表達的方式常常很猛烈，我就像是喀里、像是米蒂亞、像是噬食仔豬的母豬，是一個逃避女人身分的不像女人的女人，是尼采

口中的怪物。時至今日，每當讀到過去的日記、回憶起過去的事，我仍然感到悲傷和憤怒；但對象已經不再是我自己和我的孩子了。我悲傷，因為那些年浪費了自己，我憤怒，因為母子之間的關係本是愛的體現和最初源頭，卻遭到殘害和操縱。

1970 年代初春的一天，我在街上碰見一個年輕的女性朋友。她胸前掛著色彩鮮豔的棉質背帶，裡面的小娃娃臉貼著她的襯衫，小手緊緊抓著衣襟不放。「她多大了？」我問。「才兩個星期而已。」作母親的告訴我。我訝異地發現，自己心中有股熱切的渴望，想再一次擁有這樣一個小小的新生命緊靠著我的身體。這個小娃娃掛在她母親的胸前沉睡，就像她之前蜷縮在子宮裡一樣地自然。那個年輕的母親——已經有了一個三歲的孩子——談到我們是多麼快就遺忘了擁有這一個新生命的欣喜，純潔無瑕。我和她道別時充滿了懷念和羨妒之心，但我也知道，她的生活絕不輕鬆。她是一個數學家，現在有了兩個四歲以下的小孩；她現在就已經是照著別人生活的步調而生活——不只是嬰兒的哭聲，還有她三歲孩子的需要、她丈夫的問題。在我住的那棟樓裡，女人仍然獨力撫養孩子，日復一日生活在各自的家庭單位裡，洗洗衣服，陪小孩騎三輪車到公園，等著先生下班回家。臨時保母不乏來源，也有給小孩的遊戲室，年輕的父親週末會推推嬰兒車，但照顧小孩仍然是每一個女人個人的責任。我羨慕的是胸前蜷縮著兩星期大嬰兒的感覺；我不羨慕擠滿小孩的電梯、洗衣店裡嬰兒的哭嚎，或是冬天裡只有自己一個大人和七、八歲大的孩子悶在一間公寓，安慰他們的挫折、給他們鼓勵、作他們生活的基石。

⋯⋯

但是，人們會說，這就是人間，苦樂參半、有挫折有滿足。

要是在十幾年前，我或許也會這樣告訴自己。但父權體系所建構的母職並不比強暴、娼妓，或是奴隸制度更「人間」到哪裡去（成天談到人間的那些人，常常自己是不食性別壓迫、種族歧視，或階級剝削的人間煙火的）。

母職——在寫著征伐和農奴制度、戰爭和條款、探險和帝國主義的歷史中不被提及——有它的歷史、有它的意識型態，比部落主義或國族主義都要根本。我個人身為母親的、看似私人的痛苦，在我四周和之前的、各種族各階級的母親們看似私人的痛苦，在所有極權制度下、所有社會主義革命裡被男人規範的女人的生育力，被男人在法律和科技上掌控的避孕、生殖、墮胎、產科、婦科、子宮外生育實驗——這一切，和因為不生孩子而被賦予負面或可疑地位的女人一樣，都是父權系的重點。

長久以來在父權的神話學、夢境的象徵意義、神學和語言中，有兩個概念齊頭並進：其一，女體是不潔的、腐化的，是排泄和流血的場域，對男性造成危險，是道德敗壞、健康惡化的來源，是「魔鬼之門」；另一方面，身為母親的女人卻是善良、聖潔、純粹的，與性無關，付出關愛養子女。而由於女人的身體——就是那個會流血的、神祕的身體——具有成為母親的潛能，這就是她人生中唯一的目標和功用。這兩個概念已經深深內化在女人心中，即使是我們當中最獨立、看來過著最自由生活的，也不例外。

……

從一開始，照顧小孩的母親就置身於一種隨時在改變的互動關係中，典型的例子包括孩子一哭，她就感到乳汁沖進她的乳房；當孩子第一次開始吸奶，她的子宮就開始收縮、回復到原來的大小；以及之後，當小嘴撫觸乳頭，在孩子曾經躺過的子宮裡

就會出現一陣陣的感官的波動；或者是即使在睡夢中聞到乳房的味道，孩子就會開始摸索尋找乳頭。

孩子從母親手勢和表情的回應中，首次察覺自己的存在。彷彿是在母親的眼睛、微笑、拍撫裡，孩子首次讀到了一個訊息：你在那裡！而作為母親的也在重新發現自己的存在。她和這另一個生命被塵世間一股無形的力量銜接，這種銜接的方式除了在遙遠的過去、嬰孩時期的她和自己的母親之間出現過以外，是獨一無二的。同時，她也需要從緊密的一對一關係之中走出，對她自己的新生命有所了悟、加以肯定。

餵孩子吃奶，就像性行為一樣，可能會是緊繃的，造成身體上的痛苦，心裡充滿做壞事的罪惡感；但就像性行為一樣，也可能是打從心底撫慰人的一種經驗，充滿甜美和溫柔的快悅。然而，如同情侶在性愛後仍須一分為二，回到獨立的個體，作母親的也必須讓自己和孩子斷奶。在育幼心理學中，強調母親需要「放手」是為了孩子好。但放手同時也是、更是為了母親自己好。

作為和一個或幾個孩子之間緊密的、雙向的關係，母職是女人生命的一部分，而非永久的身分。一個四十來歲的家庭主婦可能會開玩笑地說：「我覺得像個失業的人。」但是在社會的眼中，一旦身為人母，我們除了是母親之外還能是什麼？「放手」的過程——雖然如果不放，我們就會遭到責怪——是一種反抗父權文化脈絡的行動。但光是放手讓我們的孩子走是不夠的；我們需要可供我們回歸的自我。

孕育、生下一個孩子，符合了父權結合生理學所定義的女性特質。但它也可以是一種強而有力的身體和感情的經驗。我們不僅經歷了肉體上的改變，更感到個性上的變化。通常是透過了痛

苦的自律和自我麻痺，我們學會了那些據說是「與生俱來」的特質：耐心、自我犧牲、願意沒完沒了地重複一些雞毛蒜皮的瑣事，達到使小孩社會化的目的。我們也常常驚異地發現到，自己充滿了前所未有的，深厚、激烈的愛意和暴戾（一個也身為母親的有名的和平主義者，不久前在台上說：「如果有人碰我的孩子，我會殺了他。」）

　　類似這樣的經驗不容忽視。難怪，儘管養兒育女的重擔逼著女人咬緊牙關，當孩子翅膀長硬了的時候她們還是很難接受；她們還是覺得必須待在家裡、殷勤守候，隨時準備應付突發狀況和各種需求。孩子成長的過程並非呈現平順的上升圓弧曲線，而是顛簸不平的，他們的需求像天氣一樣多變。我們因之時刻察覺到，早在青春期的迷惘之前，人類的存在就絕非線性發展的；因為六歲的小孩依然是一個人。

　　在部落文化甚或封建文化裡，一個六歲孩子會有很嚴肅的責任；我們的孩子則否。但同時，人們也不認為一個在家照顧小孩的女人是在嚴肅地工作；她只是在依母性的本能行動，負擔男人絕不碰的家務雜事，對她所做的事有何意義並不加思索。因此孩子和母親都不被重視，因為只有從事有償勞動的男性和女性成人才算是「有生產力」。

　　母子之間的權力關係通常只是父權社會中權力關係的反映。「你必須做這個，因為我知道這是為你好。」和「你必須做這個，因為我可以逼你做。」其實沒什麼太大的差別。居於弱勢的女人常常用母職作為 —— 狹窄但深入的 —— 管道，滿足她們人性中的權力欲，並藉此對這個世界加諸在她們身上的待遇以牙還牙。一個被跩著胳臂拖過房間去洗澡的小孩，一個被哄、被威脅、被利誘「再吃一口」討厭吃的東西的小孩，所代表的並不只

是一個必須在「善盡母責」文化傳統下被教養的小孩。她／他是現實世界的一部分，可容人在上施展身手、甚至可以被修改，而除此之外女人所能做的便只有打掃清潔、燒飯煮菜了。

……

回想起那個二十六歲、懷第一胎的年輕女人，我意識到當時我逃避懷孕的生理事實、也逃避我的智力和理想，因為我被母職的制度——而非母職本身——隔離在自己的身體和心之外。這種制度——是我們所知的人類社會的基礎——只允許我有某些看法、某些期待，它們具體呈現在我婦產科醫生候診室裡放的小冊子、我讀過的小說、我婆婆的讚許、我對我母親的記憶、西斯汀教堂裡的聖母像或是米開蘭基羅的〈聖母慟子圖〉以及人們普遍認定的：女人懷了孕就心滿意足、平靜祥和、一意等待。女人向來被看作是等待的：等待被問、等待著怕月經來或不來、等待男人從戰場或辦公室回到家、等待孩子長大、等待新生兒呱呱墜地，或者等待更年期。

懷孕期間，我應付這種等待、這種女人的宿命的方法是，否認自己每一項活躍、有力特質。我和我直接的、現下的、身體的經驗疏離，也和我的閱讀、思考、寫作行為疏離。我就像是機場裡一個班機誤了好幾個小時的旅人，翻閱著她平時從來不會看的雜誌、逛著她毫不感興趣的店，外表寧靜，內心則無聊到極點。如果無聊是掩藏不安的面具，那麼身為女人，我得學會寧可無聊得要命、也不要去檢視我那聖母式的安詳之下有什麼不安。我的身體終究是誠實的，最後對我做出了反應：我對懷孕過敏。

這本書會清楚地說明我的信念：女人的生理——散發自陰蒂、乳房、子宮、陰道、月經週期、生命在女人體內的孕育及滋長——所具備的激進意義，遠比我們所了解到的還大。父權思想

用女人生理自身的特殊性來限制它；也因此，女性主義的觀點一直避開女人的生理。然而我相信，我們會發現我們的體質特性是一項資源，而非一種宿命。要成為一個完整的人，我們不僅要能控制自己的身體（雖然控制權是先決條件），更必須觸及我們體質特性的協調性與影響力、我們與自然規律之間的聯繫、我們心智的肉體基礎。

自古以來，男性對女性生育力的欽羨、驚異以及恐懼，一再地展現於對女性其他方面創造力的恨意。人們不僅告訴我們女人要乖乖作個母親，更告訴我們說，我們的才智和藝術成就不對、不重要，或者不像話，是想要變得「像男人」，是逃避成年女人的「真正」任務：結婚生子。對於試著逃出身體禁錮的女人而言，「像男人一樣的思考」既是恭維又是打壓。難怪有許多具備聰明才智和創造力的女人都不談她們的體質特性、減低和其他女人之間的關聯，強調她們首先是「人」，至於女人則是附加的身分。對女人而言，身體造成了太多的問題，所以脫去皮囊，像個沒有身體的精靈似乎是比較容易的做法。

但這種非難身體的反應已經面臨了新的探索，探索女性生理蘊含的力量，不管她們選擇怎麼運用它，而且運用的方式絕對不止母性功能一種。

貫穿本書的我自己的故事，只是故事中的一個。我所堅持的是一股決心 —— 在一個女人的能力範圍之內、並盡可能地和其他女人協力 —— 要彌合心智和身體之間的分離，再也不讓自己的身心迷失其間。慢慢地，我領會到了「我的」母職經驗的弔詭性：我的經驗雖然和許多女人不同，但並不是獨一無二的；只有除去自認獨特的幻象，我才有可能，身為一個女人，有真實的生命。

摘譯：嚴韻。

13.

人面魚身及牛面人身：
性階排序與人類病態

The Mermaid and the Minotaur—
Sexual Arrangements and Human Malaise, 1976

桃樂思・丁思坦（Dorothy Dinnersein, 1923~1992）

　　丁思坦原為實證社會心理學家，為喚起人們對父權社會病態的重視，本書揚棄統計資料，訴諸人性經驗，以精闢的語言來分析，由單一性別撫育嬰兒如何養成日後成年男性依賴心和控制欲，以及對女性愛恨交織的心理，造成人類既渴求自由又盲從權威的自我毀滅心態。丁思坦主張人（特別是男人）不可耽溺於既自由又受保護的幻想，做個長不大的嬰兒。應及早被迫認真面對照顧自己以及保存自然世界的責任，以免恣意壓榨女性、掠奪自然資源，而衍生毀滅性的後果。她提出的解方是男女共同育兒，迫使個人（男人）及早面對現實，放棄依賴，做個對自己和世界認真負責的人。

　　本書影響深遠，有七種語言譯本，在英國以《推動搖籃和統治世界》（*The Rocking of the Cradle and the Ruling of the World*）

為書名出版。丁思坦後來投身環保運動，也是生態女性主義者，69 歲時不幸因車禍去世。（顧燕翎◎撰文）

〈如何挽救人類的病態〉　　　　顧燕翎◎評介

本書取名自希臘神話中的兩種怪獸：人面魚身（mermaid）及牛面人身（minotaur），象徵人性的矛盾，以及有史以來人類對其自身半人半獸狀態的自知。丁思坦認為，人類過去對這種狀態缺乏懷疑或改變的能力，得過且過；今日科技快速成長，對生活產生衝擊，傳統的兩性共生狀態也受到前所未有的挑戰而逐漸崩解，只是在過程中仍遭遇頑強抵抗。本書的目的即在探索當前的人類為什麼仍然接受傳統的兩性關係，丁思坦認為，這種守舊的態度既非源自生理結構，亦非全由社會因素促成。

置身於婦運蓬勃的七〇年代，丁思坦並不低估社會結構，但她認為，改變制度所遭遇之困阻有心理原因，不容忽視。性（sexuality）是人類生趣的重心，卻受傳統性別角色制約而被分割得支離破碎，以致無論男女的人格都未能完整發展。分裂的、病態的人格雖曾帶給人類深度的性快感，丁思坦卻認為，由於人性具有自覺性和可塑性，兩性人格其實可以發展得更健全，而且不必犧牲性快感。

嬰兒期特長的人類

丁思坦的理論奠基於佛洛依德：我們每個人心裡仍存有一個餘怒未消的嬰兒。她進一步推論：在現存的性別結構中，嬰兒期

的憤怒有現成的投射對象：母親（女性），這個心理現象鞏固了男性的主宰地位。

嬰兒期所有需求的滿足和不滿都與母親（或其他任母職的女性）息息相關，對嬰兒而言，母親代表了一切外在的資源與權力，也是嬰兒愛戀與憤怒的唯一對象，而早期的親子關係塑造了人的性格，嬰兒期的苦與樂也是日後一切情感的原型。與其他動物相較，人的嬰兒期特長，漫長的嬰兒期對成年後的性感覺產生了深遠影響，長期依賴一方面強化了性感覺的深度，另一方面也阻遏了性感覺的直接表達。早期親情聯繫全賴感官接觸，深刻的印象為青春期以後復甦的肉體快感預留伏筆。然而並非所有人在所有時候都能夠充分享受性快感：早期由母親（女性）單獨撫育的經驗也造成了人們對感官世界的摒斥，以致喪失了開懷享受性樂趣的能力。

性行為的雙重標準

由於一切快感源自與母親的肉體接觸，嬰兒產生了獨占母親的慾望，成年以後，這願望對男女有不同意義，男性在異性戀伴侶身上找到同樣的滿足，若他的伴侶把同樣的快感也給予其他男性，會令他憶起早年的處境：母親並不完全屬於他。女性則不同，情敵固然可能引起她的挫折感，然因她自身擁有與母親相似的身體資源，失落感便不如男性強烈。換言之，她比男性更感到自給自足，也更願意感受被需要，因此不少女人並不介意與其他女人分享她的男人，只有當男人完全不需要她的時候，她的自信心才會被擊潰。

幼兒在三至五歲間發展出伊底帕斯情結，對男孩而言，意味著單純的與父親爭取母親的情愛；對女孩來說，則一面接受來自

父親的男性挑逗，一面仍然戀母。在異性戀社會，從女孩成長為女人包含了放棄自己的初戀。當女性受情敵威脅時，她一方面固然感到痛苦，另一方面也間接透過情人對另一個女人的愛戀，而重溫自己早年對母親的肉體之愛，享受到雙性戀的快感；男性則因與父親接觸較晚，印象較抽象，且男同性戀更受社會排斥，因此即使他對情敵有任何間接的愛意，也盡量壓抑，以致愛意轉變為強烈的憤怒。

父親比母親較晚進入孩子生活，他的意義也較為抽象，但是父親代表的是外界的、權力的、成就的世界，與母親代表的情感世界截然不同。在面臨對父親與母親的選擇時，早期對母親的憤怒被男孩用來認同父親，學習對女性、對情感的控制；女孩則利用這種憤怒來擺脫同性認同，轉而崇拜、依賴父親。可是若女性無法認同同性，來平衡對男性的情感依賴，則永遠無法脫離情愛關係中被動地位。

從社會現實面看，壓抑女性性衝動可以加強對女性的社會控制，而就女性本身的心理狀況而言，她也會害怕她自己的性快感。男女在嬰兒期都被照顧周全，需求立即獲得滿足，以致他們自以為萬能，但母親的照料總有未盡如意之處，嬰兒漸漸感到母親畢竟是一分離的、有個別意志的個體，自己其實並未能全盤控制環境，而感到孤獨憂傷。這是我們初始的憂傷，在以後的歲月中，我們也盡可能從各種活動中獲取快樂來加以彌補。在性愛中，男女雙方固然盡量授受肉體之樂，但男性可自由享受女體，重溫嬰兒期快感，女性若縱情，則可能破壞和諧，因為女性展現自主會令男性憶起無法控制母體的憂傷，而女性本身也會透過男性憶起同樣的憂傷。

強勢的母親是嬰兒早期愛戀的對象，在異性戀關係中，男性

因而比女性脆弱，如果男性不設防，女性可能完全動搖他成年後養成的權力和控制力，而變成一個無助的嬰兒。因此男人常以結社等方式來隔離女人，維護自己的尊嚴。在異性戀關係中，他或者以不投注真情，或者以靈肉分離方式來自我防衛。女性則少有這種權力被剝落的恐懼，因此她們可以接受靈肉高度親密的關係。不過，丁思坦也認為，無法分開靈與肉也正是女性的弱點，可惜許多女性非但無法認清此事實，反而以此為道德的優越。

男性對異性的愛戀既然包含矛盾的情愫，他們處理這種感情的方式有多種：一是把溫柔的愛與粗暴的慾分離，把它們給不同女人，或不同時候給同一女人。一是把其中一種深埋心底，只表現另一種。或者是壓下他所有對人的溫柔感情，在此情況下，女人即使是性愛對象，在他生活中也顯得微不足道，他把所有的熱情投注於工作，對女人和性生活冷淡而草率，他的妻子感到他娶的其實是他的事業，她的熱情得不到回報，或者她整個人被封存。過去人們總以為女人在外無從發揮，才渴求情愛；換個角度來看，男性因困阻於情愛的表達，才拼命往外發展。由於男性無法靈肉合一，女性無法靈肉分離，以致在其共生中，男性顯得無情冷漠，女性則嘮叨埋怨不已。

雙重性標準對男女兩性都造成傷害，對女性尤烈，不僅阻止女性主動追求性快樂，以及從嘗試中了解自身的性需求，並且由於被迫暗中否定自己的生理本能而降低了個人的尊嚴和自我價值感，使得個人更易於屈從於社會權威。

性別角色的學習

丁思坦在論及性角色時，有異於同時的其他心理學家，她認為兩性的成長過程都經歷過模仿父或母，然後擺脫依賴，發展成

獨立自主的個人。由於孩子與母親的接觸較早，對母親的早期印象都始於語言前期，不受語言期以後的經驗左右，而根深柢固。對兩性而言，母親都擁有至高無上的權威和力量，女孩如何模仿都無法企及；而父親因為較後進入孩子的生活，他所代表的世界較易理解，男孩較易達到理想的標準。男孩成年後亟欲證明自己強壯到足以對抗想像中成年女性所具備的力量；而女性則力圖感覺到自己真如男性所想像的強韌。因此成長為女人比成長為男人要來得艱難，但也因此男人在女人面前比女人在男人面前更感到無助。女人一方面感到自己的力量，看男人在自己面前幼稚地時而賣弄，時而畏縮；一方面自覺渺小無能，遠不及母親的神力，而這種感覺正是社會所鼓勵的，使她甘心居於附屬、邊緣地位，不去主流事務中攪和。

……

對大自然和女性的敵意

丁思坦主張，母親身兼善（滿足我們的一切欲望）惡（總有使我們無法立刻感到滿足的時刻）之源的角色導致人類的病態：嬰兒時期形成的習性使我們無論對大自然或對女性，都一方面欲占有、控制和榨取，另一方面則渴求和解與補償。固然男人與孩童也有被當作自然資源榨取的，但他們畢竟不是女人，他們是人，會因被榨取而感到憤怒。女人則因為認同母親（兼具非人與超人的屬性），而接受此命運，也因此嬰兒期心態才可能延續，而形成社會上貪婪、掠奪之風，否則嬰兒勢必被迫長大、修正其行為。

在成長過程中，人們漸漸認清母親只是凡人，而女性比男性更能接受其「人性」，也更認同此人，而懷有還債的心情，這是

女人之間姐妹情誼的基礎，也說明為什麼女性不若男性般熱中於掠奪、破壞自然，若男性也參與育兒，人類就不會如此自外於自然，對自然的摧殘也不至於如此之烈。

個體在渾沌期全然仰賴母親的結果，使得人們隨時需要她來肯定自己的價值、權力和意志，若女人做不到，就會被認為不正常或無用；但同時人們又抱怨她管太多，限制自己的成長。其實女性的自我一向受到更多限制，然而一旦她使別人感覺自我受威脅時，卻會引發對方嬰兒期的原始恐懼，於是人類依賴現存的性別結構壓低婦女地位，以便抑制這種可能性。

如果我們調整性別分工，女性不再專控嬰兒，男性就不必害怕被女性吞沒，也不會這樣「需要」女性；女性則不必既做男性的母親，又唯恐傷了他的自主性，同時也不必透過男性才能間接體會到自主性。唯有當男女都同時具有母性與人性時，人類才能夠坦然面對人性的多重面貌，才不急於去征服、去戕喪他人和自然。

女體的雙重意義

丁思坦認為人對肉體同時具有喜悅和憎厭的情緒，二者若保持分化則具有傷害，若加以調和，則能豐富生命，然而愛恨二極正是早期個人對母體的自然反應，調和不易。

傳統的兩性角色劃分更有助於男性成為自我意識清晰、人性的代表，女性則成為愛恨情緒投射對象──肉體──的化身。在男女情愛關係中，雙方藉著男對女身的索求重溫舊日對母體的愛戀，也經由男對女身的輕鄙和粗暴而重習舊日挫折，發洩憤怒。丁思坦主張揚棄傳統性別角色，否則愛恨二極情緒因有現成投射對象，人們便不會感到在自身中求取愛恨情緒調和的迫切性。

人對肉體的複雜感覺不只單純愛憎，還包含愛受到壓抑，而轉換成對其他事物狂熱的控制欲。人雖然憎厭身體，仍難掩對身體的渴欲，以致原本單純的快意被扭曲成變態的興趣。丁思坦認為，人類的事業心從正面來說是創造力的發揮，成就感的滿足，它的負面作用則是一種補償，補償自己原本有能力享有卻不幸失去的初始的、重要的快樂。

丁思坦肯定事業心帶給我們與世合一的滿足感以及中樞神經系統高度運作的快感，卻無法取代肉體激情的滿足。況且，即使強加壓制，也未必能降低人對肉體的渴求，卻只會養成對之既欲又怕的病態。而人竟然能夠學會主動拒斥和否定自己初始的、身體的快樂，導因於女性角色的存在，女性角色接納了人們對身之輕視，使得這種態度得以輕易維續，而不必深刻反省和尋求更合理的安排。

若男性也參與早期育兒，人們會更早發現男體的奧祕，它像女體一樣，同為生命之源，對它也會懷有更多語言前期的原始感情，相形之下，女性既不比男性不潔，也不比男性神聖；男性則不比女性更權威。在這個基礎上產生的二性相吸將是更平衡、而且互相尊重的關係。

以暴易暴的男性統治

然而，現代人雖已理解傳統性別結構不合理，科技發展也使得性別分工失去其必然性，若非女性同意，男性霸權可能一推即倒，可是男性統治權實際仍屹立不搖，丁思坦認為有心理上的重要原因：在現存的性別結構下，母親生死予奪的無限權力是絕對權力的最初始原型，因男女都害怕回到嬰兒期的無助狀態，於是都同意削減女性的權柄，而把世界的統治權交給男性。然而一旦

進入父權世界，竟然發現這個世界並不如想像中的條理井然，我們非但無力左右它，我們的意志也仍舊受制於人。於是內心深處對母親的憎恨以及無助感再現心頭，在新統治者保護下，男性得以正當地把這種情緒宣洩在女性身上，並藉由臣服女性來維持自己的優越感；女性雖然受制於男性，但也因為體認到男性在自己面前其實仍是軟弱害怕的（嬰兒），而感到自慰。兩性關係乃以殘缺互補的方式保持平衡。

個人自我意識形成過程中，一直受到母親限制、引導和塑造。幼兒的意志不僅最早受挫於母親的意志，也因母親為一切快樂與舒適之源，為確保這份資源，幼兒學會揣摩，把她的意志變成自己的。幼兒固然因此獲得母親認可，結合了母親的力量，可是這些力量畢竟來自母親，並非其自身所有，為了成就其自身的獨立意志，終必與母親對抗。不過由於幼兒全然在母親監護下，母親目睹了幼兒的一切成敗，她的意志並滋養了幼兒的意志，以致當幼兒在反抗母親時，困難重重，母親可以輕而易舉地挑出他的弱點，粉碎其尊嚴，或者完全撤退，不予理會。因此人自幼兒期即幻想，不僅有朝一日要臣服女性意志，而且要為己所用。男性的幻想因征服異性而得到滿足，女性則藉由與其他女性敵對，以及透過男性的滿足感而間接感到滿足。

為了肯定自我，我們帶著報復的快意把怒氣發洩在母親身上，而在目前的性階排序之下，我們不必 —— 也因而從沒有 —— 因為成長而放棄這種孩子氣的敵意。丁思坦主張，就是這種對母親權威的反抗把人推入父權的陷阱。

既已逃脫母親的專制，為何又將自己置於父權宰制之下？父相對於母處於較外圍的位置，不若母之統治無所不在，因此不若母親般引起深度厭懼；同時，父代表了家以外的世界，自然而然

提供了逃離母親權威後的避難所。此外，丁思坦認為人自嬰兒期即養成了依賴心，需要保護和指點，脫離了一個保護者，自然會投向另一個保護者，向他所代表的社會權威認同。新保護者不同的性別和其代表的外在秩序，使人自以為做了較好的選擇，這種自欺（逃避自由和責任）以及對權威的認同，使得人類社會無法脫離暴力統治，而一代代循環下去，年輕世代男性推翻暴君，自己也很快成為新的暴君。從表面上看來，男性統治的產生是為了解決人類因嬰兒期過長的情緒問題，卻只提供了暫時的逃避，問題仍然存在，而且愈演愈烈，婦運的誕生便是到了不得不謀求解決的時候。

無論男女都有追求獨立同時接受保護的欲望。人之所以會讓一個統治者替代另一個，卻又自以為得勝，乃是因為新統治者具有不同的性別，如果不是有另一個與嬰兒距離較遠的性別存在，可以使幼兒寄託幻想，那麼人就會被迫成長，認真面對自我照顧的責任。

成長與生存

從表面上看，目前的兩性關係使得嬰兒期遺留的情緒得以紓解，而維持暫時穩定，但這種穩定的內在張力已經使得改變的需求迫在眉睫，以致婦運應運而生。在另一方面，近數十年來的幾次世界性危機也使得人們逐漸體認到，認同權威以及逃避個體責任已經使得社會組織發展得過分龐大而失控，因此引發了新的反省以及如新左之類的社會運動。丁思坦特別指出，人類的危機與傳統兩性關係的困境關聯深刻，若僅從制度著手，而不從心理上改變對女性和自然的依賴和剝削，以及對肉體的厭憎，便無法消除男權社會的霸權心態，和以暴易暴的權力爭奪。要剷除根深柢

固的依賴心和征服欲，需要從嬰兒期做起：讓父母共同育兒，使得嬰兒期情緒不再有現成的投射對象，而迫使人在成長之後面對、處理，而變得更負責，更獨立。人一旦擺脫糾結的情緒，跳出父權陷阱，不再盲目認同社會權威，或能更理性思考自己的處境，更合理設計人類的未來，終於避免自我毀滅的命運。

評介：顧燕翎（本書主編）。

14.

母性的複製

The Reproduction of Mothering:
Psychoanalysis and the Sociology of Gender, 1978

南西‧秋多若（Nancy Chodorow, 1944~）

　　秋多若自認是心理分析社會學家和女性主義者，不過社會學家批評她不夠實證，心理分析學家卻認為她太仰賴實證和社會決定論。她主張母性有雙重結構，一是兒童期經驗，一是親屬社會結構。在父權社會中，由於女人和孩子密切接觸，孩子自然認同母親，根據佛洛依德的理論，男孩在成長過程中，因種種原因壓抑對母親原始的愛，認同父親，成為自我個體，日後在異性身上重尋強烈的情感；女孩卻不必排除母親，長大後可以保持親密關係，並另建與父親的關係，因此比較缺乏自主性，對異性情感的需求也不若男性強烈，卻願意發展多重人際關係而樂意養育小孩，因而母性代代相傳下去。秋多若主張由男女共同教養子女，自小培養男女孩子都樂意建立多重人際關係，男女都同時具備母性，才能破解母親獨自育兒的不斷複製。（顧燕翎◎撰文）

男女不平等表現在許多方面，而以養育子女的分工最顯著。一對夫婦，只要有了小孩，女的就自然負起較大的責任；即使不是自己帶，請來照顧小孩的，也一定是女的。「為什麼都是女人帶小孩？」「為什麼女人寧為母親的心理代代相傳？」秋多若認為只有心理分析能提供較完整的答案。

對於女人帶小孩，一般來說，有兩種解釋（生物的、社會的），秋氏認為都不充分。生物的解釋認為，帶小孩是女人的天職，只有女人有生育、哺育的能力，而小孩和生母之間的生物關聯很難割斷。這一說法，秋氏指出並無科學根據。懷孕、生產、哺乳的能力，在帶養小孩上，並不是必要的；男女生物上的特徵並沒有讓女人成為比較好的養育者。女人較男人稱職的原因，不是生物上的特徵，而是心理上的特徵 —— 女人較善於關照他人的需要、提供情感支持。

第二種解釋把這些特徵歸諸於社會制約、角色學習的結果。秋氏指出許多行為是可以制約的，例如不違反法律規定、遵守禮儀等等，但養育小孩（日夜照顧小孩的需要、視小孩的利益為自己的利益），卻一點也強迫不來，除非是滿心樂意，否則很難做得稱職。

秋氏認為女人善於帶小孩不是天生俱來，也不完全是從社會學習來的，而是女人心理（不自覺）發展的結果。秋氏採取精神分析的客體關係理論（object relations theory），強調個人心理與外在社會環境、周圍人們的互動。所以解釋女人心理特質，並不能獨立於現存的男權基礎：男權社會決定了男主外、女主內的分工形式，這種外在的分工形式和人內在心理發展的結果，產生了女人對關係的一種特別需要（三角關係）。例如，結婚後想要小孩，在夫妻關係之外，另建一種親密關係。社會和心理諸因素互

動，也使得男人在情感上，對其伴侶極端依賴，並且排斥小孩介入夫妻的親密關係中，視小孩為闖入者。男女由於內心世界不同的需要，對小孩的態度也不同；不只態度不同，本身具有的建立親子關係的心理能力也不同。在結婚前，這些不同僅是個人的不同，但結婚生子後，女人帶小孩的結果，又在男、女孩身上產生了截然不同的心理需要、能力。因而使得女人帶小孩的事實代代重現，更加穩定了這種分工形式，也更加深了男女間的不平等。母性的代代複製，歸因於母親－女兒、母親－兒子雙向發展的延續。母親－女兒的關係產生了女兒長大後當母親的需要，也增強了女兒為人母的能力；而母親－兒子的關係產生兒子長大後獨占夫妻間親密的心理，削弱他養育孩子、親近孩子的能力。

解釋女人的心理發展，為什麼要把重點放在和母親的關係上？為什麼要追溯到童年？這些問題觸到心理分析最核心的命題，那就是，人格發展最決定性的階段，在於童年。至於是在童年的哪一段，主要的說法有兩派：一是原始的佛洛依德派，主張戀母（戀父）情境（三到五歲）是人格形成最關鍵的時刻；二是克來恩（Melanie Klein），強調初生嬰兒（一、兩歲）已經對外界產生了一個根本的自我姿態，一直延續下來，決定人的性格。

在此兩種說法中，秋氏的立場屬佛洛依德派，所以她對女人內在世界發展的解釋扣緊伊底帕斯情節的出現與消解。心理分析並不是要解釋人格所有的偏向（例如，好靜、好動、內向、外向……），但對於其中兩個面向卻很有關係：一、性 —— 性別認同、情感的需要、親密對象的選擇（同性、異性）、與人親密的形態（排他、相容……）；二、自我 —— 潛在的自我評價（自尊、自貶）、對待他人的傾向（挑剔厭惡、寬容和善……）。第一個面向涉及親密關係，第二個面向含括一般的人我關係。一個

是情愛，一個是倫理。普通人並不難從自己的童年經驗中印證自己在性、自我兩方面的偏向。例如許多女人從小就玩扮家家，想像自己像母親一般照顧小孩，許多小孩從小就有很強的自尊，到大也不隨便放棄自己的堅持。在心理病患者身上，我們能看得更明顯：早期的性壓迫導致精神官能症（obsessional neurosis），早期的自我傷害引發自戀性人格異常（narcissistic personality disorder）。這些臨床證據，使得心理分析學者堅信童年是人格發展最決定性的階段。

在男權社會中，由於女人負責帶小孩，母親－孩子的關係幾乎是童年的全部，也成為秋氏解釋男、女不同的焦點。在伊底帕斯情境出現之前，男、女孩並沒有性別自覺。他們和母親親密的關係，使他們無法分別自己和母親的差異，都認同母親的性別，也可以說都是女的。這種早期和母親認同的經驗，是非常愉快的，按理說可以幫助小孩（不管男、女）以後撫育自己的兒女。但事實不然——只有女孩在成長過程中，還保留這種與母親初始認同的聯繫，而男孩則失掉聯繫。

男孩是在伊底帕斯情境中，「被逼」切斷與母親這種沒界線、至親的關係。因為在這時期，他已意識到與母親在生理上的差異，而感受到以原來的方式來愛母親的種種緊張、危險，尤其是對父親恐懼，擔心受到處罰，而將父親的影像投射於心中，採取父親的姿態，認同父親的性別，來壯大自己，解除焦慮。但意識到自己和母親生理上不同，為什麼會幻想出這麼真實、逼切的危險？秋氏認為，父母親的態度有一大半責任：母親有意無意讓小男孩感覺到彼此不一樣，小男孩將來是要出去和爸爸一樣做偉大事業的，而父親則是對小男孩本來就有敵對的傾向。大人的態度促使小男孩想像出最可怕、極端的危險，以致使他壓抑對母親

原始的愛，而形成日後在異性身上尋求唯一、排他的情愛，但與母親初始的認同早已消失殆盡。

以上所述有關男孩的發展，和佛洛依德的理論在結構上沒什麼不一樣，但有一點可看出秋氏的客體關係理論比佛氏原始的生物決定論要有道理。佛氏認為伊底帕斯情節始於男孩發現自己的陽具，終止於去勢恐懼的解消，其中父母的態度並無多大影響。好似陽具的發現及維護它的強烈欲望，就可以說明何以男孩斷然地割斷和母親初始一體的關係。佛氏一點也沒說明陽具有什麼特別的好處，為什麼讓男孩有如此強烈的維護感，以至於幻想被去勢的危險？佛氏這一說法，用來說明女人的發展更是荒唐：女孩和男孩在伊底帕斯期前，都不覺彼此有什麼差別，到了伊底帕斯期，突然發覺自己缺了陽具，所以怪母親沒給自己生一個陽具，因而轉向父親，以補此缺憾；長大後想要有個孩子的欲望，也是同樣道理。這陽具崇拜的假設，實在是沒有什麼證據，它用來說明男孩的性別認同已顯牽強，用來說明女孩的發展，幾乎是一點都沾不上邊。

秋氏理論的原創性，即在其對女孩伊底帕斯情結的解釋。當男孩「被逼」切斷與母親初始的情感關聯，同歲的女孩卻仍和母親保持初始的關係。主要的原因是，母親對男孩、女孩的態度不同：母親促使兒子意識到自己的角色不同，卻由於同性，和女兒一直保持沒有距離的關係。因此，女孩在童年時並沒有經驗任何情感上的緊張、突然的斷絕。直到青春期之前，女孩都還是在情感平穩、與母親合一的前伊底帕斯期，和母親分離自成一體因此變成女孩邁向成年的一大問題。而男孩與母親的分離，早在三歲到五歲間，就以激烈、絕然的方式形成了，自我個體的肯定，對男人一點都不是問題。女兒因為要肯定自我、要與母親分離，所

以轉向父親尋找足以區別自己與母親的特性。在這過程中，父親的長處被誇大了，而母親的好處卻被淡化了。這些心理的現象都在幫助女兒從和母親不分的狀態中，慢慢找到自我。所以女兒戀父，只是要與母親分離而產生的一種心理傾向，和兒子戀母的情況有以下兩點不同：

1. 兒子戀母是一個迫切的問題，是一項危險，需要解消，至少在男孩的內心世界是如此。但女兒戀父，卻不是問題，當然也沒有需要被解消。

2. 兒子戀母的強度和女兒戀父的強度不同。不管兒子或女兒戀母，因為都是最初始的聯繫，所以都是最強的，而女兒從來未曾真正切斷過此一聯繫。女兒戀父只是在成長中，需要區別自己與母親，所添加的另一項平行的關係。

由此可見，男、女伊底帕斯情結的發展是不對稱的：男性在兒時斷離和母親間一切親密的聯繫，壓抑自己對母親自然的情感；而女性則能不急不迫，在與母親的親密關係之上，另建與父親的關係。因此，女性的內在世界是一個三角關係（自己－母親－父親），在情感上，對異性並沒有十分強烈的投注。但男性則因為早年絕然割斷母子間情感的聯繫，就強烈地想在異性身上重建母子合一、沒有中介的親密關係。男性在異性身上，要求滿足自己心中最逼切的慾望——重現初始合一的親密；相反地，女性並沒有這種逼切的慾望，她們和異性的關係，只是諸多關係網中的一層。簡言之，男人在情感上需要女人的程度，遠高於女人需要男人的程度。

由於和母親關係不同，男、女內在世界、對異性的感情需要、性格偏向都很不同。但最能解釋為什麼女人需要小孩，則是男女對異性感情不同的需要。女人內在感情世界的模型是一個三

角關係（或者說是多面投資），加上男人關愛的能力有限，女人很難滿足於夫妻兩人的關係。建立夫妻之外的關係——生小孩——成為女人自然的選擇。而由於男人缺乏與小孩親密的能力，帶小孩也就成為女人自然的專職。如此，母親帶大的女兒，結婚之後，又心甘情願地獨自挑起照顧兒女之職。母性，就如此代代相傳下去。

　　雖然女人在帶小孩上較稱職，但此事實並不能支持女人繼續獨擔養育子女之職。因為女人帶小孩不只穩定了男權社會下不平等的分工方式，本身也帶來了許多可慮的問題。例如，女人會有在兒女身上過分投資的傾向，這對母親與小孩都不好：母親缺乏真正有意義的自我實現，小孩也會有與母親分離的困難，不能成為真正的、自主的個體。問題的癥結雖然出在母親帶小孩上，但這些問題絕不是母親個人引起的，而是整個社會結構的問題。改變性別分工才是最根本的方法，只有男女共同教養子女，小孩可以同時有兩個親和的對象，不管是女兒或兒子，長大後才能具備教養他們下一代的能力。母性的代代複製，男女間的不平等，也才能因此破解。

翻譯：謝敏（曾任新竹清華大學哲學所教授）。
刪修：顧燕翎（本書主編）。
原譯文刊於《女性人》第五期，1991 年 9 月。

15.

不同的話音

In a Different Voice, 1982

———————

卡洛・吉力根（Carol Gilligan, 1936~）

　　1970 年代吉力根是哈佛大學教育學院的助理教授，同時從事社會運動、有機種植並且照顧三個小孩。她受到婦運衝擊，有感於當時的心理學研究以男性為常模，完全忽視女性經驗，乃坐在廚房工作台旁，寫下此書，指出由於養成教育不同，女人看重現實的責任和關懷照顧，男人則更關注抽象的權利與公平正義。在女人的世界中，人與人是互相關聯的，而男人世界則互相分離。

　　因為她說出了被忽視的女性經驗，並賦予正面價值，《不同的話音》成為經典教科書，翻譯成十六種語言，銷售超過七十萬冊，啟發了更多人投入婦女研究，也促成了美國《性別平等教育法》（*Gender Equity in Education Act*, 1993）的通過。1996 年她被《時代》雜誌選為美國最有影響力的二十五人之一。在享受盛譽的同時，此書也備受批評，因其推論建立在極為少量的訪談上，不夠嚴謹，也無法以科學方法驗證，學術價值受到質疑；此外，將關懷倫理（ethics of care）和正義倫理（ethics of justice）

這兩種不同的思考模式解釋為男女有別的性別特質,也受到其他女性主義者挑戰,而指其過於本質論。(顧燕翎◎撰文)

艾梅和傑克都是十一歲的六年級生,都非常聰明,口才很好。艾梅希望將來做科學家,傑克卻喜歡文學甚於數理,在這個年齡,他們都已經可以不落入男女應該怎樣的傳統模式裡。然而在心理學家柯柏格(Kohlberg)對青少年道德概念發展的測驗裡,他們倆卻表現得異常不同。

> 海滋的妻子病重,沒有足夠的錢買藥,藥劑師又不肯減低藥價,在這種情形下,海滋應不應該把藥偷來,救活他的妻子?

柯柏格設計了這個左右為難的道德難題,分別去問艾梅和傑克。

傑克一開始就清楚認為海滋應該偷藥:因為生命比錢有價值,如果藥劑師少賺一千元,他可以活下去,但如果海滋不偷藥,他妻子便會死亡。

「為什麼生命比錢重要?」
傑克:因為藥劑師以後還可以從生病的有錢人處賺回一千元,而海滋的妻子一旦逝世,他便永遠失去這個妻子。傑克不但肯定海滋應該偷藥,他還進一步認為,若是海滋被捉到了,法官也會同意海

滋的行為，不會判他有罪？

「但是偷東西不是違法的嗎？」

傑克：法律也有疏忽的時候。沒有一個人可以為每件可
　　　能想像到的事件寫出一條法律來。

　　傑克雖然比較喜愛文學，但卻重視邏輯，他把這道德難題的
解決方法，當作數學一樣來處理。先設立前提（生命比錢重要）
然後一步步推理。因為他把難題當數學來推理，所以他以為每個
人的結論都相同，法官也會同他一樣，認為海滋偷藥，在這情形
下，是對的。

　　相反地，當艾梅被問到海滋應不應該偷藥時，她的回答看來
顯得很不肯定。

艾梅：我想他不該偷藥。我想除了偷外，也許會有其他
　　　辦法。譬如他可以去向朋友借錢，或到銀行貸
　　　款，或者其他什麼的。總之他不該偷藥，但他妻
　　　子也不該病死。

「為什麼海滋不該偷藥？」

艾梅：如果他偷了藥，他可能救活妻子，但他也許會被
　　　捉去坐牢，那他妻子的病會變得更重，而他卻無
　　　法再弄藥給她，這樣的後果並不好。所以他實在
　　　應該和藥劑師好好商量，或者想想其他弄錢的辦
　　　法。

　　艾梅雖然對科學比文學有興趣，希望將來做個科學家，但在
這道德難題上，卻沒有像傑克那樣，把它看作是一個有邏輯可循

的數理問題。相反地，艾梅把它看成在時間上延續的人際關係：想到海滋妻子需要海滋繼續照顧，而海滋也想繼續照顧妻子。艾梅在這難題看到的，不是財產和法律的問題，她所考慮的，是偷竊這行為對日後海滋和他妻子關係的影響。因此海滋應該好好去和藥劑師商量，尋找繼續維持夫妻互相關懷的解決辦法，而不該去採取切斷關懷的行動。

艾梅看到的世界，是個人際關係組成的世界，而不是每個人單獨存在的世界。維持這世界秩序的，是人際關係而不是法律，因此她認為難題的癥結在於藥劑師對這件事情的反應上；她認為如果讓藥劑師更深一層了解到，如果他不減藥價，海滋的妻子便會病死，藥劑師一定會把藥給海滋而讓他以後來想辦法還錢。

......

這兩個孩子在柯柏格這個難題所看到的，其實是兩個不同的問題。傑克把難題當作一個可以用邏輯推理來解決的生命與財產的衝突，艾梅卻看來是該用人際關係來解決的人際問題。

傑克相信法官一定同意海滋的偷藥行為，艾梅相信如果海滋和藥劑師好好商量，他們一定會找出共同協議；傑克考慮到法律會有疏忽，艾梅覺得這整個事件是個疏忽的錯誤，世人如果知道互相分享、互相分擔的好處，便用不著去偷去搶。兩人都認為社會需要有共同協議，但對達成共同協議的看法卻不同：傑克認為該訴諸法律與邏輯，艾梅卻認為經由人際關係和溝通。

道德是個人對是非對錯的態度和看法。有些心理學家認為，個人的道德概念是從幼年開始，慢慢發展出來的。

柯柏格把道德概念的成長分成六個階段：從小孩子的服從以免受到處罰的對錯態度，到認識到正義是人與人之間要彼此公平對待的邏輯必然。

傑克在海滋難題所表現的判斷能力，在柯柏格的六階段裡，已經達到第三和第四階段，而他能夠應用推理和邏輯來看道德難題，來區分道德和法律，使他幾乎已經達到對正義原則性的了解，也就是柯柏格認為的道德概念成熟階段。艾梅比傑克慢了一兩個階段。她表現得不夠成熟，不會應用邏輯，沒有能力獨立思考，不敢向權威挑戰，分辨不清法律和道德的差異。

　　可是同時，當測驗員要艾梅作自我描述時，艾梅所表現的，卻又是充滿自信，覺得自己有許多能力去做對人類有貢獻的事。她覺得十一歲的她，已經是在長大和改變，對事物有許多和以前不同的看法，對自己有更深的了解，對世界也更明瞭。

　　她所更明瞭的世界，與柯柏格設構的海滋難題的世界不盡相同。她的世界是個人際關係的世界，在這世界裡，當人們了解到人與人因互相關聯而存在，便會產生責任感，從而看清楚應互相關心，互相幫助。

　　艾梅這來自對人際關係而生的道德觀念，相信溝通是解決衝突的方法，而在海滋難題裡所肯定的，不是海滋應不應該採取行動，而是海滋應該採取什麼行動，這想法，遠非柯柏格測驗裡所指的幼稚和不成熟。

　　艾梅在海滋難題所表現的判斷，實在包蘊著對倫理道德的洞察力。正如傑克的判斷反射出對公平的邏輯認識，艾梅把難題裡的人物，不看作是權利爭奪裡的對手，而是人際關係網絡裡的成員，因此她把難題解決方法放在溝通，使人際關係網絡發生作用上。

　　……

　　因此，我們可以看到，這兩個聰明的小孩，看到的世界卻是個極端不同的結構。由於世界觀不同，他們對道德的了解也隨著

不同，對道德衝突和選擇方法也因而迥異。傑克依賴行竊來避免衝突，轉向法律來解決爭執，把權利層次置換為價值層次，把一個可能發生的個人間的具體衝突，化為一個對財務所有權的抽象衝突，而套用「公平」的邏輯原則去推斷誰贏誰輸。這也正是柯柏格設計這難題所根據的結構模式。若把這難題套進艾梅所設想的人際關係網絡的結構模式裡，傑克（或柯柏格）所構想的價值高低層次，輸贏，和可能引起的損害和衝突，都既不存在，又不會發生。

那麼，這兩種思維結構不同的意義在那裡？而這兩種模式又如何在我們生活裡相接相連？

這個問題，我們也許可以從兩個小孩的道德觀和對自我描述的關係裡得到說明。

「你認為你自己是怎樣的人，請你作個自我描述。」
傑克：我十一歲，我的名字叫〔姓氏〕傑克，大概我還要加上我住在〔城鎮名〕，因為那是我的一大部分，還有，我父親是個醫生，因為我想這也改變我之為我的一點。我不認為犯罪是對的，除非你的名字叫海滋。我覺得學校很煩很沒趣，我要提這事，因為我想這也改變了一點我的性格。我不知道怎樣描述我自己，因為我實在不知道怎樣解釋我的性格。我喜歡開些無足輕重的玩笑，我不喜歡認真做功課，但學校的功課我都會做就是了。課堂上的問題我也都可以解答，除了一些需要某種知識的，在那種情形下，我就找點書來看看，然後也就做出來了。但有時我不想把時間浪

費在太容易的功課上。我非常喜歡運動。不像有些人，我認為這個世界是有希望的。大半我認識的人，我都很喜歡他們。我的生活很好。和同年齡的人比起來，我算是長得高大的。

艾梅：我喜歡學校和學習研究，這也是我人生裡想要的東西。我要做科學家，我想做幫助別人的事，我想我就是這種人，或者說，我要做點能夠幫助別人的事。

「為什麼呢？」

艾梅：因為我想這世界有許多問題和困難，我認為每個人都應該找辦法去幫助別人，我選擇用科學這樣做。

從男孩傑克的話裡，我們看到一個熟悉的自我描述方式：他自己，他的名字，他的住處，他的特長，他的信仰，他的身高。他用這種種因素來界定他在世上的地位，同時也把他自己從世界裡劃分出來。

在女孩艾梅的話裡，雖然也同樣列舉她的愛好，她想要做的事情，她的信仰，但和傑克相反地，她卻把自己和世界聯繫起來，用幫助他人，做對人類有幫助的事來和他人相連，來界定她在世上的地位。

傑克抽象地設立一個客觀完美的理想形象，把他自己和這理想比較，來衡量他的價值；艾梅卻設立一個「關懷他人」的理想形象，來衡量她的價值。艾梅要學科學來幫助世人，傑克卻用世界來和他相比。

由於他們兩人用來衡量自己的準繩不同，當討論到責任概念

時，他們的回答就更顯差異。

「當你對自己和對別人的責任發生衝突時，你怎樣選
擇？」

傑克：我選四分之一為別人，四分之三為自己。最重要
　　　的因素是你自己，你不能讓別人來指使你，但你
　　　也應該考慮到他們。譬如你想用原子彈來炸掉你
　　　自己，你應該只用手榴彈，因為你應該想到如果
　　　用原子彈，你的鄰居也會被炸死。

艾梅：看情形而定。如果你對別人有責任，你至少應該
　　　去做到某個程度，但如果因而傷害到自己，那你
　　　應該先考慮自己，但如果那人是你很親的，你就
　　　要想想到底誰比較重要，是你自己還是那個你對
　　　之有責任的人，看你是那種人，和你對那人的感
　　　情而定。我不認為你的工作比你真正愛的人更重
　　　要，如你的丈夫，你的父母，或你最要好的朋
　　　友；但如果工作和一個相交很淺的人發生衝突，
　　　那麼你就應該先為自己著想，但如果是一個你深
　　　愛的人，那你就要決定到底你最愛的，是那人、
　　　那事，或自己。

「什麼是責任？」

傑克：責任是當你在做一件事時，同時也應想到的對別
　　　人的影響。例如我想丟一塊石頭，我不向窗子投
　　　去，因為我想到另一個人要花錢去修。我們活在
　　　社會裡，我們要和別人相處，如果你做了傷害他
　　　人的事，是不應該的。

艾梅：責任是當別人全靠你去為他們做的事。

「有沒有其他種責任？」

艾梅：有的，對你自己的責任。例如有一件很好玩的
　　　事，你的朋友在旁邊都慫恿你去做，但如果做了
　　　會傷害到自己，你就不該去做，這是你對自己的
　　　責任。

　　又一次傑克把責任難題看作數學和邏輯，設計出四分之一為
別人，四分之三為自己的方程式來解決，先假定對自己的責任，
然後才想到對別人的責任。責任對他來說，是行動的範圍限制，
侵犯行為的約束，因為如果他干涉別人，別人也可以反過來干涉
到他，為了安全相處，並保護個人獨立，所以要想到別人。艾梅
的看法，與傑克顯著不同。她的回答，不是抽象範疇性的，而是
含有內容的，她一再說「看情形而定」。

　　在艾梅對責任的思考過程裡，她先假定「與人聯繫」的關係
（如果你對別人有責任，你就該去盡這責任），然後才設想情
況，研究分別自己和別人的標準。對艾梅來說，責任是對別人的
關懷，是行為的伸展，不是行為的限制；責任是包括關懷別人的
行動，而不是約束侵犯別人的行動；責任的指針在「如何使每個
人都快樂」，而不是傑克所認為的，「不要讓你自己完全受別人
指使」。

　　很清楚地，這兩個男女孩子對責任的看法正好相反，艾梅肯
定「與人聯繫」，從而探討「與人分隔」的準繩；傑克以「與人
分隔」為前提，從而推想「與人聯繫」的尺度。因為「人際聯
繫」與「人際分隔」是兩個性質不同的前提，引申出來的自我形
象和人際關係觀就異常差異了。

差異中最顯著的，是在傑克的世界觀裡，人際關係充滿紛擾和衝突；在艾梅的世界觀裡，卻充滿關懷和庇護。

　　因為道德觀念是反射個人對社會的了解，對人際關係的不同意象產生對道德責任的不同看法。對傑克來說，責任意味著因考慮到別人而限制自己，不去為所欲為；對艾梅來說，責任是要做別人依賴於你的事。兩個孩子都想到避免傷害，但對傷害的看法，卻異常不同 —— 他把傷害看作導源於侵犯行為，她卻覺得傷害是不對他人關心所致。

　　……

　　傳統的發展心理學，只用男性的從依附到獨立成長過程為模式，把這模式用來測驗女性時，女性不是在成長上顯得不如男性成熟，就是所設的理論無法解釋女性的成長經驗。

　　男性的高低有別意象描繪出來的人際關係，是對立的、暴亂的。女性的平面網絡意象導引出來的人際關係，是關懷的、安全的。因為對人際關係看法不同，男性和女性的道德觀和自我觀也就迥然有異。用任何一個模式來詮釋另一個模式，都會產生困難和問題。因為在一個模式裡認為是安全的，從另一個模式的觀點來看，就變成是危險的。譬如在男性的經驗裡，在階層組織的最上層，被認為是最安全的，換作女性的經驗，在平面網絡的最外端，卻是最孤單、最危險的。相反地，女性覺得最安全的網絡中心，在男性的經驗裡，卻被認為充滿衝突和危險。因此在男性的世界裡，他們努力要達到獨立，要爬到頂峰，而盡量防止和他人接近；在女性的世界裡，她們努力要進入與人聯繫的網絡中心，而盡量避免被單獨置遠。

　　這兩種不同的顧慮繪出兩種對成功很不相同的定義，從而造成不同的行為範式和選擇方法。

但是高低層次觀念和互相聯繫的網絡觀念，在我們生活裡引起這麼強烈的感覺和反應，意味著這兩種動力，在人類生命裡有著不可否認的存在和作用。

　　如果我們用艾梅和傑克對道德的看法畫出兩條道德概念發展的過程，我們可以看到兩條不同，卻又互相呼應的路線。對傑克，道德概念的成長應是慢慢意識到別人和自己在世上是價值相等，從而發現平等提供一條安全的與人聯繫之路；對艾梅來說，道德成長將是把自己完全包含在一個伸展的人際網絡後，發現與人隔離也可能是種庇護，而不一定就是孤立。

　　僅僅當我們生活在與人聯繫的情形下，我們才能意識到我們的與人隔離；而當我們把自己分辨於他人時，我們才真正能體會到人際的聯繫。

譯寫：鍾淑兒。
本文原刊於《女性人》1989 年創刊號。

第三章

父權管轄的女體

16.

交易女人：
性的「政治經濟學」筆記

"The Traffic in Women:
Notes on the 'Political Economy' of Sex", 1975

蓋兒・魯冰（Gayle Rubin, 1949~）

　　魯冰任教於美國密西根大學人類學系，1970 年代初參與婦運，1976 年在密大就學期間曾協同創立激進同女社團（Radicalesbians）。此文完成於 1975 年，探討社會性別及異性戀體制的歷史及社會因素，如何經由經濟機制、社會功能到心理因素不斷複製。她認為女人在父權社會成為男人之間互相交換的禮品與貨物是女性受壓迫和被性別化（engendered）的主要原因。資本主義社會中勞動力的再生產仰賴女性無償的家務勞動，沒有女人的後勤支援，資本體系便不能生產剩餘價值。她理想中的社會，男女雖有生理性別之異，卻不應有社會性別之分和上下之別。

　　魯冰首創「交易女人」（traffic in women）一詞，近二十年來一再被用來描述經濟劣勢的女人，特別是第三世界婦女身

體被販賣的現象。本文原載於《女人、文化與社會》（*Women, Culture and Society*, 1974）。（顧燕翎◎撰文）

　　關於女人的文獻——包括女性主義與反女性主義的——一直都在思索，究竟性別壓迫的本質與起源為何？對性別壓迫起源的分析，將成為一切評估的基礎，使我們看清：我們應該做些什麼樣的改變，才能夠創造出一個沒性別階級的社會。

　　那麼，一個擁有雌性身體的人（female），是在什麼樣的關係作用下，才變成一個受壓迫的「女人」（woman）呢？要鬆動這層關係的話，關鍵就在李維史陀和佛洛依德的研究交集處。讀他們的作品，我們就會了解，其實是社會機器（social apparatus）系統性的以雌性身體的人為原料，加工後製成馴化（domesticated）的「女人」。佛洛依德和李維史陀都不是從這個角度看自己的作品，當然也沒有以批判的眼光檢視自己所描述的過程。然而我們閱讀他們的分析與描述時，應該跟馬克思閱讀先前的古典象徵經濟學者一樣。某個意義上，佛洛依德和李維史陀跟李嘉圖（Ricardo）、史密斯（Smith）一樣，看不出自己的話有何意涵，也看不出：在女性主義的眼光下，他們作品可能會引起哪些批評。不過他們卻提供了概念工具，有助於我們對社會生活的某一部分詳加描述，而那個部分正是女人、性少數和某些人格之所以被壓迫的核心。因為沒有更好的辭彙，所以我將社會生活的這個部分稱為「身體性別／社會性別系統」（sex/gender system）。我為它下的初步定義是：社會為了將生物的性事轉化為人為的活動，所需的一組社會安排。

馬克思

　　許多研究都試圖將馬克思主義應用到女性議題。包括主張：女人是資本主義的勞動預備軍，女人普遍的低薪使得資本家賺得更多的剩餘，女人是家庭消費的管理者，因此成為消費主義的目標族群。

　　然而有許多研究的野心更大——他們指出，「家事」與「勞動力的再生產」是密切相關的，因此，女人所受的壓迫應置於資本主義的核心。資本從勞動中抽取剩餘價值，而這樣的主張就直接將女人放在這個集聚資本的過程裡。

　　但是，說資本主義利用女人是一回事，把這種利用當作女人被壓迫的起源，則是另一回事。女人在那些跟資本主義一點也沾不上邊的社會裡面，也是被壓迫的。男女的不平等比資本主義早了好幾個世紀，資本主義只是接收並重新架設這種不平等。資本主義下的勞動力再生產，並不能解釋纏足或貞操帶的習俗，更不能解釋為什麼總是女人在家裡做家事，而不是男人。

　　這時候我們回去看馬克思如何解釋勞動力的再生產，就有趣了。再生產勞動力的要件包括：人體的生物需求、勞工所處環境的需求，以及文化傳統所定義出來的需求。馬克思指出，對英國的勞工階級而言，啤酒是必需品，但法國勞工階級最愛的卻是葡萄酒。

　　正是文化與道德，將「太太」定義成勞工的必需品之一，規定由女人來做家事，並將男性特質與女性特質的文化傳統，順便附贈給資本主義。只有將文化與道德移到分析的核心來，我們才能夠仔細描繪性別壓迫（sex oppression）的輪廓。

恩格斯

在《家庭、私有財產制和國家的起源》（頁 460~464）中，恩格斯認為性別壓迫是先前的社會制度留給資本主義的遺產，他也將性別與性整合到他的社會理論裡面去。

我們所謂的「經濟」，通常是指一種系統，此系統能夠將自然世界裡的事物轉化為人類消費的物品。但即使依馬克思主義的觀點，賦予經濟活動最豐富的意涵，我們仍然發現，經濟活動並不能滿足人類所有的基本需求。人群也必須繁殖下一代，性與生殖的需求就像飲食的需求一樣，必須得到滿足。餓就是餓，不過什麼東西可以算作食物，卻是由文化來定義的，每個社會都有某種形式的經濟活動。同樣的，性就是性，但什麼才算是性，也是文化定義的，每個社會都有一個「身體性別／社會性別系統」——將生物的原料（人類的性與生殖）添加人工（社會介入），然後形成一種傳統，去滿足性與生殖的需求。

也有人提出其他名稱來指涉「身體性別／社會性別系統」，最常見的是「再生產方式」（mode of reproduction）和「父權」。這三種提案都試圖區分「經濟」系統與「性別」系統，並企圖指出性別系統具備某種程度的自主性，未必能完全以經濟能力來解釋。例如「再生產方式」就對比於我們比較熟悉的「生產方式」（mode of production）。但是，「再生產方式」一語將「經濟系統」視同生產，而「性別系統」視為再生產，這同時化約了兩個系統，因為生產與再生產，在兩個系統裡都存在。例如：機器的汰換就是經濟系統裡的「再生產」，而性別認同的形塑，就是性別系統裡的「生產」。再來，「父權」一語也並不足以描述許多性別階層化的社會。新幾內亞地區有許多社會很壓迫女人，但是男人的權力並不建立在父親或族長的身分之上，而在

於成年男子集體擁有的男性特質。

　　恩格斯將性別壓迫放在生產方式的發展進程中，然後就把這整件事給忘了；我們要做的正是把恩格斯丟掉的東西撿起來，學他的方法而不去理會他的結果。恩格斯藉由檢視親屬理論來分析「物質生活的第二面向」，我們也可依樣畫葫蘆。

親屬（從猿猴到「男人」，性扮演著什麼角色？）

　　對一個人類學家而言，親屬系統並非一長串的血親名單。在尚未出現政府組織的社會裡，財貨與服務的交換、生產與分配、敵對與團結、祭典與慶典，全都在親屬系統的結構中進行。

　　要接續恩格斯的工作──從親屬研究中淬鍊性別壓迫的理論，我們可以從李維史陀的《親屬的基本結構》（*The Elementary Structures of Kinship*）中獲益不少。他在描述社會時並不假設一個抽象的、無性別的人，相反地，李維史陀作品中的人總是清清楚楚的男或女，因此兩性在社會中所受的差別待遇也就有跡可循。李維史陀認為親屬系統的本質就是男人之間交換女人，因此他隱約建構了一個性別壓迫的理論。

昂貴或低賤，都是商品──莫尼克·維蒂格（頁 254）

　　慕斯（Mauss）在《論禮物》（*Essay on the Gift*）中首先指出原始社會的一項驚人特徵：送禮、收禮和交換禮物，主導了社交生活。「禮物是達成和平的原始方式，而在文明社會則以政府來確保和平。」

　　李維史陀進一步為原始社會的互動理論加上一點：婚姻是一種最基本的禮物交換的形式，女人是最珍貴的禮物。以女人為禮物來建立關係比其他禮物都更有效，因為那建立起的不只是一次

的互動關係，而是一個親屬關係。

交換女人不見得就是現代意義下的物化女人，因為原始世界裡的「物」是具備高度個人特質的。但交換女人的習俗，確實隱含著「禮物」與「送禮者」的區分。假如女人是禮物的話，那麼進行交換的雙方就是男人了。這個交換所得出的結果——社會組織的建立，也是圖利男人的。

「交換女人」是個很有力的概念，因為它在社會結構裡尋找女人受壓迫的原因，而不將之歸諸生理結構。民族研究與歷史中都不乏買賣女人的例子，女人在婚姻中被買賣，在戰爭中被擄走，被拿去進貢或示好。這些習俗絕非「原始」社會的特產，在較「文明」的社會中，這些習俗只會更明顯、更商業化。當然，男人也被買賣，可是男人是被當作奴隸、勞工、運動選手而被販賣，不是因為身為男人。

「交換女人」只是個縮寫，表示在這種親屬系統的社會關係裡，男人對於他的女性親屬有某些權利，而女人對她自己或她的男性親屬則沒有這種權利。因此，交換女人的習俗可以說明，女人在這個系統裡並沒有充分自決的權利。

雖然每個社會都有某種性別分工，但男女各自負責什麼樣的工具，卻有非常不同的安排。因此性別分工可視為一種「禁忌」：男與女不能相同，人必須非男即女，強化兩性間的生物差異而創造出社會性別。基本上，性的社會組織的基礎是：社會性別、強制的異性戀，以及對女性性事的限制。

社會性別是一種社會外加的兩性之別。它將生物上的雌性與雄性分別轉化為社會裡的「女人」與「男人」，兩者皆是有所欠缺的一半，只有與對方整合才成為完整。事實上，從自然的角度來看，雌雄之間雖然許多特徵都有平均差異，但差異之中仍有很

大的疊合。互斥的社會性別絕非自然差異所造成的，而是壓抑了許多共同點的結果。互斥的社會性別要求男人壓抑該社會認為的「女性特質」，而女人就得壓抑社會認為的「男性特質」。這個壓迫女人的制度，也因為堅持將人格劃分成兩半而壓迫了所有人。

為了保證婚姻，每個人都更被進一步的性別化（engendered）。社會性別不只標示了一個人的性別身分，還包括將性慾導向異性。因此，同性戀所受的壓迫，與女人所受的壓迫出自同一源頭。

總之，我們可從李維史陀的親屬理論中歸納出人類性事的一些共同點，包括亂倫禁忌、強迫異性戀和不對等的兩性之別。社會性別分為不對等的「交換者」與「被交換的物」，這就需要對女人性事加以限制。

至於是什麼的機制，使得小孩子將身體性別與社會性別的傳統銘刻於心呢？人類學沒有解釋。心理分析卻恰好是人類社會的性理論，它描述的是人類面臨社會的性規範之後的心理殘餘。最重要的是，心理分析描述了區分兩性、揉塑兩性的機制，也描述了雙性戀的、雌雄同體的嬰孩，是如何被教成男孩和女孩的。

伊底帕斯（頁 456、475）的魔咒

佛洛依德是在解釋「女性特質」的養成過程的時候，引用了這個飽受女性主義者批評的概念：陰莖羨慕與閹割。小女孩將自己小小的陰蒂與男人大大的陰莖相比，發現後者確實比較能夠滿足她媽媽，於是，陰莖羨慕與自卑感就此攫住了她。佛洛依德的解釋可以被讀成這樣的宣示：「女性特質是兩性生理構造差異的結果。」可是即使在他最「生理構造」的版本裡，他在談女人的

閹割情結時仍然認為女人生殖器的「劣等」，是某種情境脈絡下的產物：小女孩覺得自己擁有及滿足他人的「裝備」不夠。

伊底帕斯修正版

自從佛洛依德發表關於女性特質的理論以來，就一直受到女性主義的批評（頁 119, 181, 238）。他的理論合理化了女人所受到的壓迫，因此，針對這點而來的女性主義批評是對的。然而，他的理論也描述了女人是如何被壓迫的，這樣看的話，這些批評就站不住腳了，因為精神分析理論描述了陽具文化如何馴養女人、女人被馴養又造成什麼影響，都是其他理論難出其右的。而且，既然精神分析是個關乎社會性別的理論，那麼撇開它不管，對於一個有志於消滅性別層級（或者消滅性別本身）的政治運動來說，簡直是自殺行為。我們不可能拆解某種我們低估的東西，或我們不了解的東西。

女人合力終結文化中的伊底帕斯殘餘

佛洛依德與李維史陀的理論，有十分令人吃驚的相合。親屬系統需要區分兩性。伊底帕斯階段區分兩性。親屬系統包括一組性規範；伊底帕斯危機與這些規則和禁忌十分類似。強的異性戀是親屬系統的產物；伊底帕斯階段建構了異性戀慾望。親屬關係依賴的是兩性之間巨大的權利落差；伊底帕斯情結讓小男孩享有男性的權利，而強迫小女孩適應她那縮了水的權利。

李維史陀與佛洛依德的組合，暗示著我們的身體性別／社會性別系統，至今仍依李維史陀所指出的幾項原則在運作。如果我對佛洛依德與李維史陀的閱讀無誤的話，就表示女性主義運動應該重新組織身體性別與社會性別的領域，減低每個人經歷伊底帕

斯期的挫折感，以解決文化的伊底帕斯危機。

為了使伊底帕斯階段不再對年輕女性的自我造成那樣大的創傷，我們必須改變伊底帕斯危機的某些部分。伊底帕斯階段將兩種互相矛盾的要求加諸小女孩身上，造成她的矛盾，就是：母親照顧幼兒的角色引發了小女孩對母親的愛，可是小女孩卻被迫放棄這份愛，因為女人的性別角色就是要隸屬於一個男人。如果我們的性別分工是讓雙性都同等擔任育兒的工作，那麼主要對象的選擇也就會是雙性的。假如異性戀不是強制性的，那麼這份早期的愛戀就無須壓抑，陰莖也不會被高估。假如性事系統完全重組，男人不再擁有超過女人的權利（如果已經不再交換女人），假如已經沒有社會性別，那麼整個伊底帕斯的戲碼，都將成為遺跡。簡言之，女性主義應該號召一場親屬關係的革命。

李維史陀與佛洛依德的見解，為女性主義政治策略與女性主義烏托邦，提出了一種視野，那就是：我們的目標應是消除那創造出性別歧視與社會性別的社會系統，而不是消除男人。我個人覺得像亞馬遜女戰士那樣以男人為奴的視野，是非常令人難以下嚥的，這樣的視野維持了社會性別與兩性之分的存在。有種說法認為男性支配是無可避免的，兩性間的生理差異則是無法抹滅的、極其重要的；亞馬遜女戰士的視野只是將之完全顛倒。但是，我們不只是因為身為女人而被壓迫，「我們必須當女人」也是壓迫的一部分。我個人認為女性主義運動所期待的，不只是消除女人所受的壓迫，也要消除強迫的性傾向與性別角色。最吸引我的夢想是創造一個雌雄同體、無社會性別（雖然不是「無身體性別」）的社會，在那裡，一個人如何、他做些什麼事、他和誰做愛，都與他的生理結構無關。

性的政治經濟學

在此我必須提出一個嘗試性的建議：我們的下一步應以馬克思主義來對身體性別／社會性別系統提出分析。

簡單說，除了「是否交換女人」以外，對於婚姻系統，我們該問的問題還有很多。它是用女人來換女人，還是換取等值之物？此等值之物只能用來換女人，還是可以移作他用？如果能夠移作他用的話，那可以變成一種政治力量或財富嗎？另一方面，嫁妝只有透過婚姻才能取得嗎，還是有別的方法？可不可以累積財富來累積女人？交換女人能夠累積財富嗎？婚姻系統是階層化系統的一部分嗎？

性的系統不能孤立的來看。對於某個社會或歷史中的女人的完整的分析，必須將所有的事都納入考慮。終究有人必須寫一個新版的《家庭、私有財產制和國家的起源》（頁460~464），認識到性事、經濟與政治三者之間的交互依賴，並且不再低估其中任何一者在人類社會裡的重要性。

摘譯：張娟芬（作家，廢除死刑推動聯盟理事長）。

17.

違背我們的意願

Against Our Will: Men, Women and Rape, 1975

蘇珊・布朗米勒（Susan Brownmiller, 1935~）

　　本書是 1970 年代美國婦女運動的產物和重要代表作之一，布朗米勒曾為婦運團體紐約激進女性（New York Radical Women）的成員，她原本和許多人一樣，以為強姦是少數女人不幸遭遇的犯罪行為，在團體討論中赫然發現，強暴竟如此普遍，而且是所有男人讓所有女人心生恐懼的有意恫嚇。她花了四年搜集資料，研究人類強姦史、法律、新聞報導、文學、電影，寫成此書，不僅成為暢銷書，也被紐約公立圖書館評為二十世紀重要的一百本書之一，改變了世界對強暴的認知和態度，也使得反對強暴和色情成為婦運的重要行動。不過也有少數婦運人士表示不滿，認為這書應屬集體創作，布氏不應在書上掛名；也有左派和黑人民權人士攻擊她種族主義和未將男性納入反強姦的行動。

　　本文〈一個女權主義者對強姦的解讀〉原刊於 2013 年 7 月北京的《婦女研究論叢》，作者葉璐時為南京大學歷史系專業碩士研究生。她就四個面向分別整理和闡釋布氏論點：一、女性物

化；二、從政治學、心理學、社會學、人類學、宗教解讀強姦；三、受害人定位；四、反對賣淫和色情。對於全面理解強姦和男性暴力極有助益。（顧燕翎◎撰文）

〈一個女權主義者對強姦的解讀〉　　葉璐◎評介

用蘇珊‧布朗米勒（Susan Brownmiller）自己的話來說，這是一本「梳理強姦歷史」的書。布朗米勒創造性地將強姦問題引入婦女運動，提出把反強姦作為運動的主要內容，為 20 世紀婦運注入了新的活力。

對女性來說，「強姦」是一個極為敏感的字眼，它不僅是性的問題，更是一種撕去文明偽裝的野蠻侵犯，伴隨著一系列生理及心理上的可怕後果。一場意外的強姦不只從生理上摧殘女性，也可能在精神上打擊受害者乃至受害者背後的整個家族，它是一個涉及甚廣的社會問題。然而事實上強姦並沒有引起人們的重大關注，這當中的原因值得深思。從某種程度上說，對強姦問題的「視而不見」，與人們在性問題上的保守態度有關，然而在佛洛依德將性堂而皇之地引入學術殿堂後，強姦現象的研究卻依舊一片空白。布朗米勒指出：「佛洛依德本人並沒對強姦犯罪發表任何具體意見，其他心理學家發表的也不多，例如榮格僅在分析神話時對此問題略有提及。」這種忽略是偶然為之還是刻意迴避，我們無從得知，但至少表明對強姦問題的忽視並非出於性的保守，還有一股強大的力量在扼制著這股聲音，那正是來自男權社會的「有意識的威懾」。

相較於男性在強姦問題上的曖昧態度，女性對這一問題的反應也值得一提。對少數受害者而言，強姦是一個如夢魘般揮之不去的陰影，這一可怕經歷產生的影響可能會改變她們的一生。而對大多數女性來說，強姦是一個十分遙遠的話題，僅以概念的形式存在於一般認知中 —— 這也是布朗米勒最初的態度。在談到為何將強姦作為自己的研究課題時，她簡要闡述了自己的心路歷程 —— 從一種「無情的客觀性」到意識到強姦威脅所帶來的恐懼，再到後來通過正視「自身劣勢」來探討問題本質，這種轉變伴隨著與大量受害者的直接交往，不斷加深她對強姦問題的思考與認識。這種認識在書中得到了精采闡述：「一個沒有強姦犯的世界會是女人不必懼怕男人自由來去的世界。強姦案的發生足以對女性構成威脅，使她們長期處於被脅迫地位，使她們知道要敬畏攻擊她們身體的武器，這種武器不知什麼時候會突然出現。而強姦犯作為男性統治的忠實擁護者，很好地完成了他們的職責，只是現實中他們強姦行為的真實意義被忽略了。與其說強姦犯是社會的異類或『破壞貞潔的人』，不如說他們實際上是在世上耗時最長的戰鬥中身處前線的男性突擊部隊和恐怖游擊隊。」在現實生活中，作為一種具體行為的強姦可能離大多數女性十分遙遠，但作為一種潛在威脅，作為男性統治的重要威懾，強姦的影響無處不在。

　　正是這一原因鼓舞布朗米勒積極投身對強姦問題的研究。在具體分析方面，她援引大量歷史及現實生活中的案例探討了不同背景下的強姦問題，既有側重於特殊歷史背景下的分析，如戰爭、革命、暴亂等極端社會環境，也有強調個體犯罪行為的案例研究。其提出的重要觀點就是「任何女性都可能成為強姦受害者，諸如年幼、年老、貌醜，或者保守的生活方式之類的因素並

不能使女性免遭強姦」。

該結論可能會引起廣大女性的恐慌，這當然不是作者寫作的本意。事實上布氏在書中明確指出「我們的任務是斷絕強姦的後路」。而為實現這一目標，作者提出了反對色情製品、賣淫，為執法領域的男女平等而鬥爭等主張。

女性的「物化」問題

與強姦問題緊密相關的「物化」指女性喪失獨立人格，被視作男性私有物品的一種現象。這種物化降低了強姦的道德風險，女性的獨立人格與身體的完整性得不到來自社會的認可和保護，結果更助長了男性施加暴力的傾向。女性的物化問題在人類社會早期就已出現，並貫穿著人類社會的整個發展歷程，即使在現代也隨處可見這種思想的遺跡，「現代法律對強姦的理解仍然建立在古時男性對財產的概念上」。

女性物化現象最初表現在早期的法律規定中：成文法源於有產男性間訂立的契約，這種契約旨在通過用商品或白銀進行交換的文明方式取代武力攫奪，以保護男性利益。在部落或城市以外的地方，用武力抓捕婦女作為戰利品的做法仍然風行，但是在有序的社會內部，突發此類事件顯然會招致混亂，較文明且低風險的做法是給被強姦者的家長一筆錢換回該受害女子做妻子。於是，新娘的價格就有了明文規定。正是通過這種迂迴曲折的方式，強姦罪概念悄然進入男性制定的法律之中。強姦，在父權社會的家長眼中，是對新交易法的違反，說白了即是盜竊了他女兒的貞操，貪汙了他女兒的市場價值。

如果將上文中所有涉及女性概念的詞彙替換為任何一樣具有「市場價值」的物品，這段話依舊說得通。這正是早期社會中女

性被物化的有力證明。女性的貞操被視為一件有價值的商品，而對女性的侵犯之所以觸犯法律，不是因為施暴者對女性本身的侵害，是在於他破壞了父權家長財產的完整性。換句話說，這種罪行與偷盜了一頭牛或踩壞他人的莊稼並無差別。如此一來就導向了一個令人啼笑皆非的結論——強姦是男人對男人的犯罪。

到了中世紀歐洲，婦女的處境也並未得到多少改善，女性依舊被視作一種財產，初夜權的買賣就是其中一個典型例證：初夜權按習俗應該交給領主，只有領主有權奪取家臣或奴隸新娘的處女貞操，除非新娘和新郎能夠交付一定數目的農產品購買初夜權。這種初夜權其實就是某種形式的強姦。

強姦在這裡披上了一層文明的外衣，作為領主權利的自然延伸，奪取新娘貞操的行為顯得既合理又合法。女性的貞操連同她本人都是屬於領主的私有財產，像一切商品一樣，明碼標價，可以通過「一定數目的農產品」進行等價交換。早期社會中為爭奪新娘而採取的暴力行徑不復流行，在這裡，一切都是靜悄悄地進行。

19 世紀的法律依舊認為已婚女子是丈夫的財產，對她身體稍有侵犯便是對其丈夫財產的侵犯。若該女子未婚，則對她的侵犯就是對她父親財產的侵犯。值得一提的是，女奴被排除在這一適用範圍外，因為她們及她們的丈夫或父親根本沒有權利。女性問題同奴隸、種族問題的交織成為這一階段的顯著特點。

強姦問題在戰爭背景下表現得更為突出。歷史上幾乎每一次大小戰役都伴隨著對無辜婦女的摧殘，然而相較於人們津津樂道的戰地英雄或戰場軼事，這些和著血淚的悲劇卻被集體忽視了。似乎女性永遠只是映襯男性力量與勇氣的一幕背景。她變成了戰利品，是對勝利者英勇的見證與褒獎；她甚至可以是軍餉，是對

男性拼搏奉獻的合理補償；她也可能被純粹地當作洩慾工具，滿足男性在恐懼與興奮刺激下的膨脹慾望。

康德曾提出「人是目的」，而在父權社會下，這裡的「人」似乎僅限於「他」，女性長久以來都被視作工具、一種手段，失去了人的尊嚴與價值。

對強姦問題的多層次解讀

布朗米勒在書中從不同層面對強姦問題進行了解讀，涵蓋政治、心理學、社會學，人類學甚至涉及宗教等多個層面。這些觀點散落在書本各處，筆者對此稍作整理，力圖作出更為完整的表述。

1. 政治性解讀

很多人將強姦歸因於男性不可抑制的性衝動，然而從歷史上看，事實並非如此。有大量強姦行為是有意識地組織、施行，並往往帶著明確的政治目的。這種針對婦女的暴力行徑是一種極為有效的威懾，它能在戰爭中摧毀對方的意志，在鎮壓特定族群時形成強大的恐嚇。儘管沒有統治者願意承認，但強姦在事實上被當作了某種政治工具，成為刀槍艦炮之外的看不見的武器，緊緊扼住人民的喉嚨。

布氏列舉了大量相關事例，有的將強姦作為赤裸裸的恐嚇手段，該類情況大多發生在戰爭或對少數族裔的迫害中，例如二戰中針對猶太婦女的暴力行為（根據《嚴禁種族通姦》法，德國人不得強姦猶太人，但事實上仍有大量猶太婦女遭到德軍的侵犯與凌辱）、19 世紀美國對摩門教女教徒的迫害等；有的對強姦進行大肆渲染，將其包裝成一種政治宣傳，譬如美國獨立戰爭前

夕，駐波士頓英軍對當地婦女的性騷擾就被視作殖民統治的一部分，愛國者們在宣傳中寫道：「他們如此對待我們最體面的居民，就是為了警告我們，這就是軍事管制，我們必須立刻放棄早已微不足道的權利和特權。」同樣在美國，三K黨也曾打著保護白人婦女的幌子製造大量針對黑人的恐怖襲擊；還有的對強姦進行陰謀論解讀，樂此不疲地為強姦塗抹上種種色彩，例如發生在20世紀的孟加拉國戰爭，歷時9個月的戰爭中有可能多達40萬的婦女遭到強姦，戰爭結束後就有人宣稱「強姦活動如此系統，如此普遍深入，不可能不是軍隊策略的結果，是西巴基斯坦人在有計畫地創造一個新種族，或者說稀釋孟加拉民族」。

以上事件發生在不同時間、地點，有著各自特殊的背景，但它們包含了一個共同的事實，那就是大量女性成了被政治風暴掩埋的無辜犧牲品。她們在遭受男性個體強姦的同時，還要忍受整個社會對她們的「強姦」——在絲毫不顧及女性意願及感受的情況下將她們的悲劇政治化，打包成一齣震撼人心的折子戲，在以男性為主角的歷史舞台上按照「他們」的意願，斷斷續續、零零落落地上演著。

2. 社會學解讀

布朗米勒在書中引用了馬文・沃爾夫岡（Marvin E. Wolfgang）關於「暴力亞文化」的理論，這種理論強調社會階級因素對暴力犯罪的影響：在文化占統治地位的價值體系中存在著一種亞文化，由下層階級、窮人、被褫奪公民權的人、黑人組成，他們的價值觀常常與占統治階級的文化相牴觸。占統治地位的文化可以在法律範圍內運行，因為它不須為一己所需訴諸暴力。而亞文化人群由於不善表達所受挫折，易於憤怒，往往會訴諸暴力。

沃爾夫岡認為暴力是此波亞文化人群因「受挫」而轉向的極端行為，這種暴力亞文化存在的根本原因是社會不公正。亞文化人群往往被排斥在主流價值體系外，他們很難通過正常的社會途徑表達自己的意願，於是暴力成了自然而然的選擇，似乎只有這樣才能迫使那些「文明人」卸下他們偽善的面具，才能讓統治者戰慄、繼而聆聽這些長期受到壓抑的聲音。這一理論部分解釋了強姦犯多來自於社會下層的現象，儘管犯罪心理各不相同，但他們感受到了同樣的來自主流社會的排斥與壓抑，他們的憤怒無處表達，只有暴力形式的反抗才能重新證明他們作為男性的力量與尊嚴。然而，選擇弱者（通常是女性）作為施暴對象恰恰證明了他們本身的軟弱無力。

　　布氏引用了一名黑人強姦犯的供述，這段話直觀地表現了亞文化人群通過強姦女性來對主流社會實施報復的心理：強姦是一種起義，令我開心，因為我挑釁和踐踏了白人男性的法律和價值觀，也因為我玷汙了他們的女人 —— 我認為這一點最令我滿意，因為我對白人男性利用黑人女性的史實非常厭惡，我認為我在報復。

　　不可否認，這些人往往屬於社會弱勢群體，是現有制度的受害者，然而一站到弱者面前，他們卻變成了冷酷無情的施暴者，企圖通過對女性的「征服」來宣洩憤怒，完成自我力量的證明。女性再一次淪為暴力的犧牲品，成為社會不公正的最終受害人。

3. 人類學解讀

　　人類學對強姦的解讀一方面來自各種神話傳說，另一方面來自對現存原始部落的考察。

　　古希臘神話中有很多故事涉及強姦問題，如宙斯化身天鵝強

姦了美麗的勒達，海神波塞冬對女孩凱尼斯的強姦等等。布朗米勒對這一題材的解讀引用了格雷夫斯（Robert Graves）的觀點，即認為眾神的多起強姦行為源於希臘人對女神聖祠的征服，簡言之，是父權制對母權制的踐踏。進一步來講，還有學者認為男性發現性交會導致懷孕後就開始強姦女人，強姦在這裡被當作人類繁衍的手段。布氏對後一種觀點持否定態度，她並不認為強姦是在男性發現受害女性懷孕後才出現的。

另一方面，很多人類學家通過對原始部落的長期考察而對強姦進行了不同解讀。最具代表性的兩個發現就是將輪姦作為壓制婦女的手段以及通過強姦的方式俘獲女性。

米德（Margaret Mead）（頁 92~100）對幾內亞民族的強姦行為進行了深入研究，她發現其中多個民族都有用輪姦方法「鎮壓」女性的傳統。如蒙都古莫（Mundugumor）族人就認為：「如果強悍的妻子不斷對新任丈夫實施暴力，且患有嚴重的性飢渴，就應被移交給另一個部落，被整個部落強姦。」另一個伊特莫特（Iatmut）族也有類似觀點。哥倫比亞大學人類學系的墨菲（Robert F. Murphy）通過對巴西中部夢圖魯窟印第安人的研究發現，輪姦被作為控制部落的工具。這一族女性往往受到男性的嚴密控制，一旦女性違反了相關行為準則或是沒有履行自己的性別職責，等待她的就是被全村男性輪姦的恐怖懲罰。而對夢圖魯窟男性而言，輪姦則是個相當愉快的話題，他們將之視為一種狂歡的盛典。人類學家瓦格利在研究巴西塔匹拉帕印第安人時也發現了制度化的輪姦：「村裡有個年輕獨立的女孩拒絕和其他婦女一起加工木薯，於是這個未婚女孩被自己的哥哥送到全村男人面前接受懲罰。哥哥的行為說明塔匹拉帕人認為女性的越軌會導致災難，所以應該立刻對其進行懲罰，不應考慮血緣關係。」

另一種具有代表性的發現就是通過強姦爭奪婦女的行為。勒凡尼對肯亞南部古西伊部落的考察對此作了充分說明：古西伊部落爆發過兩次大規模強姦動亂，一次發生在 1937 年，另一次在 1950 年。勒凡尼發現這兩次動亂都發生在新娘價格飛漲的年代，當時新娘的價格已經超過了古西伊年輕男子的承受能力……很多年輕人找不到合法的結婚途徑，因此要麼去偷母牛，要麼實施各種各樣的強姦。

從這段話中可以看出，除了正常的交易手段，強姦也是俘獲新娘的有效途徑。正如一句古西伊諺語所示：「我們娶被我們強姦的女人。」這句話隱然透著驕傲與自豪，強姦成了男人力量和勇氣的證明，而由此得來的新娘是他無可爭議的戰利品。女性再一次被物化了。

4. 宗教解讀

各大宗教基本上都將強姦視作一種罪行，譬如摩西十誡中就明確規定：「不得姦淫」、「不得貪戀人的妻子」。然而除了對強姦行為本身的界定，不同宗教對待被強姦婦女的態度也是一個值得研究的問題。

布氏在書的不同位置提到了這一話題。譬如在研究二戰中猶太教拉比對受害婦女的定位時就引用了以下這段話：在這起悲劇中，任何男人都不得傷害虔誠的猶太女人，相反，有責任減輕她們的苦難，避免給她們製造不必要的痛苦。因類似情形已與妻子離婚的丈夫應該受到譴責。在我看來，丈夫和妻子無須挖空心思除去妻子手臂上可詛咒的文字（德國人刻的），留下它們，給世人看——不是作為一種不光彩和羞辱的記號，而是作為一種榮譽和勇氣的象徵，代表那些已經被屠殺的人們……讓它提醒我們及

世人，上帝已經並將永遠把他的仇恨投向壓迫他臣民的人。

　　猶太教認為生命是最寶貴的，無論遭遇怎樣的挫折也不能主動放棄生命。因此即使婦女的貞潔遭到了玷汙，她也絕不能因此自殺，周圍人也不得以任何形式對她進行指責或羞辱。「虔誠的猶太女人」應當受到保護。

　　相較之下，基督教的態度則表現出某種虛偽。一方面它認為生命是寶貴的，受害婦女無權自殺；另一方面，它卻將遭受性侵犯而死於非命的女人提升到「英雄」的地位，用一個個光輝的聖女形象暗示女性應當為維護自己的純潔和信仰而犧牲。

受害人的定位

　　在對歷史事件和現實案例進行了大量分析後，布朗米勒指出，強姦是機會的犯罪，任何女性都有可能成為強姦的受害者。長幼、美醜、種族乃至性別（監獄中存在大量男性對男性的強姦，但需要指出的是，這類同性性行為不同於一般的同性戀，被強姦男子往往因身材矮小或性格柔弱而被視作女性的替代品），都不能保證受害人免遭強姦的厄運。這一結論駁斥了女性須因自身行為的不當而對強姦負責的觀點。布朗米勒寫道：有些男人認為將陌生男人放進門的家庭主婦很輕率，更多的人認為向陌生男人搭便車的女性行為莽撞，有強姦念頭的男人都會將這些行為等同於公開的邀約。但是，家庭主婦和搭便車的女性只是不夠警惕而已，她們的行為絕對沒有挑逗意味，甚至連輕率都算不上……她們的行為完全是正當的，完全屬於人類得體的行為和理智的決定。

　　如果說這一辯護是站在女性自身的角度，以一種同情的視角宣稱女性的無辜，那麼接下來這段話則有力地揭示了問題的實

質：女性在某些男性眼中是一種粗心、愚蠢、不幸迷途的生物。因此，他們告誡女性要盡量躲避男性的目光。簡言之，他們讓女性不要奢望得到屬於男性的特權。這種建議 —— 善意的、關切的、真誠擔心的 —— 只會進一步惡化強姦問題，因為所傳遞的信息就是女性得生活在恐懼中，而且對這樣的生活，他們還加上了可怕的警告：如果不遵守那些法規，她就得為自己所遭受的災難負責。

　　強姦再一次發揮了有效的「威懾」作用，這種潛在威脅使女性長期處於被脅迫地位，她被教導要遵守各種各樣的行為規範，並且在心理上更加依附於父權家長。女性眼中的世界被渲染成了充滿危險之地，她們是溫順的羔羊，只有在牧羊人的保護下才能免遭狼群襲擊。然而對於更多一輩子都沒可能見到一隻狼的綿羊來說，牧羊人的柵欄才是最大的威脅。

　　強姦在某種程度上是男性統治的工具，像一只揮舞的皮鞭，不時抽打在受害女性身上，那斑斑血跡警告著其餘所有人：「聽話些！否則這就是落到你們身上的命運！」這讓人不由聯想到前文所提的原始部落將輪姦作為對女性懲罰手段的情形，他們只是更為野蠻、直接而已。對女性來說，有形或無形的壓迫始終都在。

反對賣淫、色情製品

　　布朗米勒明確提出寫這本書的目的是要「斷絕強姦的後路」，為此她重點提出了反對賣淫、反對色情製品的主張。《違背我們的意願》一書也成了反對色情淫穢製品的主要理論依據。

　　布氏並沒有直接討論賣淫、色情製品的傳播同強姦行為間的必然聯繫，她更多是從文化價值層面揭示潛藏在色情製品下的強

姦意識型態。布朗米勒認為，反對賣淫、色情文學、色情電影是與強姦進行鬥爭的核心。賣淫通過一種交易關係的建立將女性物化，繼而引發這樣的觀念：可以買到的東西也可以不用金錢交換的方式獲得。布朗米勒寫道：我對賣淫合法化這個觀點的恐懼，不是因為它不能阻止強姦，而是因為它將這樣一個概念制度化：男人即使沒有神聖的權利，也有通過金錢進入女性身體的權利，而且性作為一項女性服務不應該拒絕文明男性……在賣淫完全根除的那天到來之前，把享用性作為男性力量和特權的附屬品的錯誤觀念仍會在精神上支持強姦犯。

賣淫合法化的支持者通常認為，性交易的存在可以減少因性慾無法排解而引發的強姦問題，不管這一觀點是否得到事實驗證，它都默認了這樣一個前提，即女性身體是可以用來交易的商品。這種商品地位意味著你可以完全忽略她的意願而憑藉自己的能力獲得你想要的，能力可以是金錢，也可能是暴力，它們都是控制女性的有效工具。從這個角度上看，賣淫與強姦只有手段上的差異，它們的精神實質是相同的。只要賣淫現象存在，女性就永遠無法擺脫從屬的地位，強姦行為的精神支撐就永遠存在。

色情製品則是一種反女性的宣傳，它將女性醜化，貶低為男性發洩性慾的工具。女性在色情作品中被清晰地刻劃為兩類形象：被抓後遭到強姦的處女和永不滿足的色情狂。這類形象往往令男性「感到興奮」，前者滿足了男性內在的侵略性，帶給他們一種自我膨脹和征服的快感；後一類形象則極度貶低女性，使男性在滿足性慾的同時產生一種道德上優越感，彷彿女性是卑劣放蕩的，生來需要被男性主宰、統治。這類色情作品的潛在暗示不斷滲透進男性的文化價值觀，是孕育強姦等針對女性暴力行為的溫床。因此，布氏將色情作品視為男性的發明，其目的「不是為

了釋放被道德和家長壓抑的性慾，而是為了剝奪女性的人性，迫
使她們成為被插入的物體」。

　　基於以上分析，布朗米勒將反對賣淫、色情製品作為與強姦
鬥爭的核心。她號召女性從各層面積極進行反擊，消除男性和女
性的強姦意識型態和性別不平衡，「強姦不僅可以在個人層面得
到控制和避免，還可以根除，但這需要大家的長期合作，還需要
所有男女的理解及善念。」

評介：葉璐。

本文原刊於《婦女研究論叢》2013 年第四期。

18.

性交

Intercourse, 1987

安菊雅・朵金（Andrea Dworkin, 1946~2005）

　　朵金是 1970 年代美國著名的激進女性主義運動者和作家，擅長描繪西方父權社會中的男性暴力。對於性暴力，她有沉痛的體驗，九歲時即在電影院中遭受性猥褻；大學時因抗議越戰被拘捕，在拘留所慘遭身體侵入性檢查，導致流血數日，她曾為此事公開控訴並作證。1968 年大學畢業後，曾與一荷蘭無政府主義者結婚，不幸慘遭家暴，離婚後仍受脅迫而四處躲藏，一度因身無分文不得不從事性工作。回紐約後，她積極投入反戰、反南非種族隔離和女同志運動。

　　朵金曾和美國憲法學者麥金儂合作推動反色情立法，將色情定義為侵犯女性的公民權，受害者可以向製作人、發行人提起民事訴訟。反對者指責她們的主張違反憲法保障的言論自由，引發廣泛論辯。朵金尚著有《憎恨女人》（*Woman Hating*, 1974）、《色情》（*Pornography*, 1981）等書。

　　譯者鄭至慧為台灣 1980 年代以後重要的女性主義行動者和作家，參與創辦婦女新知基金會和女書店，曾主編《女書——世

界上唯一的女性文字》、翻譯《女性新心理學》，著有《菜場門口遇見馬》等書，文字精準慧黠。（顧燕翎◎撰文）

性交普遍被形容、也被理解為一種占有的方式或舉動；因為性交、透過性交，男人占有了女人；他們用身體蓋過女人、壓倒女人，同時戳入女人；這種凌駕她、進入她的身體關係，就是男人對女人的占有。……別以為女人得在性別關係中長期受到嚴重的委屈或虐待才算數。正常男人的正常性交早被公認為攻城掠地的侵占行動：就像進行殖民那樣威猛（男人本色）甚至幾近粗暴……請看范·德·維爾德（Theodore Van De Velde）如何提綱挈領地說明夫婦對性應有的認識：

> 不論男女，當他們為曖昧的原始衝動所驅而從事性行為時，都希望感受到男性必備的雄風——其具體表現就是激烈而霸氣地占有女人。正因如此，男女兩性才都欣然享受某種程度的男性攻擊性與支配性（實質的或表面的），認為那才算得上是男人本色。

換言之，男人操女人就是占有女人，因為雙方都體會到這就是男人本色。這種男性至上的邏輯真令人瞠目結舌。照這種甚囂塵上的觀點來看，男性本質就是攻擊與暴力的；既然不論男女在性交中都感受到男性的本質，那麼，性交責無旁貸地要求女人的自我消失。如此一來，女人被操，就是被占有：她不再是獨立的個體：她被占領者接管了。

值得注意的是，無人認為男人在性交中被占有……男人只在指控邪惡多慾的巫婆時，才承認自己受到了女人的性控制。據說女巫在男人的睡夢中與他們性交，罔顧男人的意願，睡夢中遺精，就證明女人憑藉魔法，在夜間來到他身邊，對他的陰莖施了法術。歐洲迫害女巫近四百年，被綁在柱上燒死的女人達九百萬人之多，其中尚不知有多少被控與睡夢中的男人性交，使之射精。這麼看來，控告女巫，就是男人控訴自己被強姦：被人強行占有，進行有違他心意的性事，之前當然未曾徵求他同意，侵犯了他在性事中宰制女人的特權。歐洲的宗教裁判所因男人的這種被強暴幻想而大肆殺戮女人……其他的文化與部落中，男人也聲稱受到類似的性控制，指控女人因擁有魔法或惡力，犯下擺布男人的越軌罪行。

對女人而言，受到男人的性控制卻是家常便飯。女人不論為人妻、當妓女、做為性與生殖的奴僕，總歸是男人的財產。……性交讓男人得以展現他所宰制的地理疆域：女人的性、她的身體內部，都納入了男人掌管的版圖。男人可以占有特定的女人，對她遂行私有財產權；也可以視女人為草芥，漫不經心地與她性交而占有她，光明正大地展現男性集體對女性的所有權。大多數男人並不覺得女人是各有特色的私密個體，所以性交無異於整個階級在伸張一己的統治權。……女人的身體則學到對男性霸權提供的所謂愛撫、性愛及愛情產生反應。

……

被擁有與被操的現實——作為一種經驗，由社會、政治、經濟及心理層面融合而成一整體——塑造了女人在性行為中的感受與體驗。……因此，女人對性交——成功的、醉人的性交——的感覺就是被占有，並覺得被占有的感覺非常能挑動情慾，更以

為在性事中自我一敗塗地，就證明了男人出奇地渴望她或熱愛她。……這種喪失自我是有血有肉的現實，而非心底對吸血鬼的無端恐懼；女人身體的完整性，以及其應變能力及生存能力確實受到了侵蝕，其具體的程度令人不寒而慄。

……

人類原來擁有未受侵犯的身體，一旦身體受到侵犯，它就是被錯用了。屬於男性真理的論述——文學、科學、哲學、色情作品——向來皆不諱言這種穿刺就是侵犯。侵犯是性交的同義詞。同時穿刺被視為一種作用，而非錯用；它是一種正當的。女人當然也是人，但這種人不能享有身體的隱私權，因為女人如果終生堅拒男色近身，就真是大逆不道、心理不正常，也違反了一般所謂的人性。

我們從文化與經驗裡面都深知：性交既是對女人的正常使用，又是對女人造成侵犯的錯用，因為性交使得女人的隱私蕩然無存，其自我也迥異於昔，永難恢復原貌。生而為人，女人應有絕對的隱私；但身為女人，雙腿之間有個洞，男人可以，也必須進入那個洞。這洞，女人的洞，是「進入」的同義詞。男人的肛門也可以被插入的，但男人的肛門不是「進入」的同義詞。女人的肛門也是可以被插入的，女人的肛門卻不是「進入」的同義詞。她雙腿間的狹縫，如此單純、隱密，如此無邪，卻意味著由此可以進入她——這就是性交的真義；而這道狹縫似乎就是女人低人一等的關鍵所在。實際並不存在的上帝創造了女人，並定義女人只該擁有較少的隱私、較少的身體完整性、較少的自我意識，因為她的身體可以被實質的外力占據，繼而被接管，由此也確立了她無足輕重的地位：不僅在社會政策中如此，在赤裸、真實的生存領域中亦然。

⋯⋯

　　世上有許多人身屬卑微的階級，但性交卻是女人遭遇的特殊現實；性交就是（或包含著）侵犯疆界、占領與接管、摧毀隱私，而這些都被解釋為理所當然，還是人類永續生存的要件。其他權利低的族群就算受迫從事異性或同性性行為，例如被迫與同性或異性統治者性交，但他們的感受仍和女人不同，因為純屬子虛烏有的上帝並未將人類永續生存的責任繫於他們的臣服之上。對女人而言，性交的政治意義為何？這正是女性主義與自由的基本課題：被占領的人民——體內被異物占領、內在受到侵略——能擁有自由嗎？在形上層面失去隱私的人能自決嗎？不擁有生理上身體完整性的人能自尊自重嗎？

　　當然，許多人提出各種善意的解釋，例如：女人雖然不同，但與男人平等；社會政策和私密的性行為不能混為一談；性交並未暗中授權男人到社會上去宰制女人。又有人說：每個人都該享有自由選擇的權利——這麼一說，好像就寬宏大量地容忍了不願被男人幹的女人。⋯⋯性交不屬於政治領域，也不是政治事件，因為它是自然的。性交不是占領或侵略或喪失隱私，因為性交是自然的。⋯⋯自由派斷然拒絕探討性交與女人劣勢之間可能的關係。保守派以看來神意就是如此為由，解釋女人在社會與道德層級中何以屈居男人之下。激進派則主張：性交的意思——它對女人的政治意義，它對女人自我的衝擊——就是悲劇與自殺。⋯⋯

　　我們已經知道不少事實。

　　多數女人從未從性交本身獲得高潮。她們渴望從性交得到高潮，百般努力卻仍不能如願。海蒂（Shere Hite）這位最忠於女性主義、哲學造詣最佳的性學研究者強調，女人能夠，也應該為真實不作假的性快感負責：「如果我們想要高潮，就能達到高

潮，把造成快感的刺激掌握在手中，那才表示我們擁有自己的身體，是個強壯、自由、自治的人。」

不論性行為本身的意涵如何，它背後的權力關係脈絡都是顯而易見的：男人占盡了社會、經濟、政治權力及體力的優勢。當然，男人並非全數享有上述優勢，但所有男人都有某些任何女人無法企及的權力；大多數男人更對他們所謂的「我的女人」——他進行性交的女人——擁有控制權。這份權力是早就由性別預定的，只要身為男人就成了。

……

性交除了展現男性的宰制，還時常展現他們的敵意與憤怒。

性交常常是非自願；而且男人要表現良好，常常需要先把他的女伴物化。她得像個什麼模樣、屬於某種型——

甚至甘心遵照預定的腳本行事——好讓男人有興趣、也有能力性交……

不少人在努力改善性交的周邊環境，至少，他們想改善那些顯然把性交害得聲名狼藉（不公平、不正義）的事物。這些改革包括；多尊重女人在性交前的感受、少對女人使用攻擊性話語來表達性致、口頭支持女人對性事採取主動及有所選擇、少把強姦浪漫化……致力爭取兩性平權的政治運動者則從事其他層面的環境改革：經濟平等、女性從政、提供女孩自尊自重的角色典範、推動女性強身及自衛、通行有效的強姦法律、設法降低對女性施行的暴力。這些環境改革想要營造出一個兩性在社會上平等共處的世界，作為性交的背景。但改革者們從來沒有問過：性交本身真有可能表現性平等嗎？

女人的生活可以改善——經濟及政治條件獲得了改善——但女人的地位可能仍然不受影響，至今為止的社會改革正巧都沒擺

脫掉這種模式。某些改革成功了，也相當重要，但女人與男人的相對地位並未改變。女人仍然比較無足輕重，隱私權較少，主權較不完整，較難自決。這意味著女人擁有的自由較少。……缺乏自由與權力的女人必然不夠自尊自重：她們的自尊少於男人，不夠支持她們過勇敢誠實的生活。宰制性的性交乘虛而入，壯大自己，填滿女人的空白。我們女人比男人窮，只得拿性去交換其他東西，或索性公開叫賣（正因如此，他們才把女人搞得這麼窮）。我們在心理上也比男人窮，因為我們的自尊要靠有權擺布我們的人來肯定──常常透過性慾來表現。性交與社會現實中的男權，實在很難截然區分開來，更何況在目前狀況中，性交的意義及實踐都由男人掌權制訂……

女人希望性交成功，不惜委曲求全──有人不無遺憾，有人卻滿腔熱忱，不管是真是假──即使不成功也在所不惜。她們的動機通常是卑鄙的，滿懷無權無勢者的怨恨，卻細心掩飾得絲毫不露痕跡。……但女人也希望性交的成功具備另一種意義：希望性交對女人是平等而熱情、感性而親密的體驗。在女人對愛的期待中，包含了有人性的男人；女人希望男人能具有人性，在性交中融入人性。如同性改革者愛倫·凱所說：

> ……她不願再向寧謐的湖泊，靜靜等待小溪流向自己的
> 懷抱。她自己就是一條小溪，走自己的路，與其他的溪
> 流在途中相逢……

海蒂曾提出過一種性交，在其中「戳刺不像現在這樣被公認為必須……可以多些愉悅的互相依偎，陽具在陰道裡，陰道覆蓋著陽具，由女性的高潮給男性高潮提供必要的刺激。」……但這

在真實人生中、面對真實男人時，實在少之又少。多的反而是冷淡的、基於義務的性交或雜交；懷著浪漫的執著，最終遭到遺棄，使陰道變成佛洛依德所說的傷口；女人所親近的男人其實常常是害怕女人、害怕性交的，正如卡夫卡在日記中所寫，「性交是對相聚之歡的懲罰」。

……

性交能擺脫物化而存在嗎？如果能，性交會呈現新的景象嗎？會長些還是短些，更快樂還是更悲哀？會呈現更複雜、豐富、緻密的繁複之美，或呈現更簡單的質樸之美，還是砰——砰——砰了事？它與女人的平等能相容嗎——甚至能表現女人的平等性嗎？還是它仍將與女人的平等對立？如果女人在性交前後都不再是男人的客體，性交會引起女人的高潮嗎？……如果沒有女人的共謀，將物化維護為一種感覺的與物質的真實：讓自己變成對象，用氣力、智巧將自己變成非人的物品，好讓男人變成超人、壯士、君王——物化還能存在嗎？假如女人不把自己變成物品，性交還能存在嗎？——女人必須把自己變成物品，因為男人沒辦法幹一個和他平等的人，但男人怎能不幹！宰制者必須付出的代價之一，就是面對與他平等者時會陽痿。……成為物品後，男人就可將她物化，可以幹她了；於是，她成為宰制者的政治夥伴。

最初是共謀，是自毀、自我縮減、自我重建，終至喪失自我，只剩下縮小、殘缺的重建物。說來好像很表面而無關緊要，但代價是女人犧牲了她之所以為人的人性，同意屈從、放棄自己的個性，因此無力抵擋與抗衡物化。……女人被再造為物，在與正義與自由相關的層面上都徹底失去了人的質素——她怎能在其他女性身上辨認出共同爭取自由的情誼呢……

如果性交要成為性平等的表述，它必須終結男性對女性擅權所造成的傷害，必須了解強暴與娼妓都是社會建制，且最嚴重地妨礙我們將性交體驗成一種自由。當性交的背景及體驗是處在強權、恐懼、不平等中的時候，就摧殘了女人爭取政治自由的意願；它摧殘的根本就是對自由的愛。我們變成女人：被占領，和男人聯手反對女人，尤其反對女人之中頑抗男性宰制的孤單、瘋狂鬥士，也反對有組織的抗爭。

摘譯：鄭至慧（1950~2009），1982 年參與婦女新知雜誌社創立。主編《婦女新知雜誌》多年。為女書店創辦人。

19.

性契約

The Sexual Contract, 1988

卡羅爾・佩特曼（Carole Pateman, 1940~）

　　佩特曼出生於英國工人家庭，原本並無大志，成年以後，因緣際會進入夜間大學半工半讀，成績優異，再入牛津大學。她對古典政治學特別感興趣，得到博士學位。與主流學者迥異的出身背景和性別經驗使得她勇於挑戰既有的政治理論。《性契約》從勞工階級和女性主義角度看性別、閱讀古典自由主義文本，精闢分析英、澳、加等自詡自由平等的現代公民社會實際仍立基於父權秩序，束縛女性的婚姻契約和勞動契約仍受制於男主女從的社會結構。即使傳統父權已被公民社會推翻，取而代之的仍是兄弟父權，男對女的性權並未動搖。此理論巨著出版後震撼人心，歷久不衰，而這樣的社會秩序至今仍基本未變。本譯文取材自本書首章〈契約之締結〉（Contracting In）。

　　儘管婦運掃除了不少從政障礙，使得更多女性得以晉升高位，掌握權力，卻少有女性領袖致力於為女性創造整體性改變。對此，佩特曼的回答是：在女性主義帶來社會結構性巨變之前，

世界仍是男人的天下，她反問，為女性謀求改變的女人有機會做領導人嗎？（顧燕翎◎撰文）

性－社會契約

　　人類用說故事的方法來了解自己和社會，社會契約理論家擅於說現代政治的故事，發揮了強大的影響力。他們將國家和民法的約束力以及現代公民政府的正當性都追溯到原始契約論。原始契約論始於十七、八世紀古典政治學，宣稱自由的社會關係奠基於契約關係，這個觀點至今似比以往更受推崇。但從古至今，故事都只講了一半，我們聽到大量**社會**契約的故事，但是另一半同樣重要的**性**契約卻沒有人說。原始契約本是性－社會契約，但是性契約那一半的故事卻受到壓抑。社會契約論的標準講法沒有說出故事全貌，當代契約論也不提那消失的一半。但性契約的故事有其重要性，因其說的是政治權利的起源，以及如何獲得正當性，這種政治權利特指**父權**或性權，亦即男對女的權力。性契約的故事告訴我們某種現代父權如何形成。原始契約所創造的新的公民社會在本質上仍延襲了父權的社會秩序。

　　社會契約論說的是有關自由生存的故事，說法之一是：生活在自然狀態中的居民，以沒有安全保障的天賦自由換取平等的公民自由，藉以獲得國家的保障。公民社會中的自由是全體一致的，所有成年人皆享有相同的公民地位，可以自由訂立勞動契約或婚姻契約，類似複製原始契約。另一說法則採用古典政治學對自然狀態演變的歷史性推測，當兒子不再臣服於父親，以公民政府取代父親的統治，才獲得了自由。因此在家父長統治（或父權

制度）被推翻之後，才建立原始契約創立公民社會。換言之，新的公民秩序不只經由契約創造，也是反父權、後父權的，所以契約與父權制度必然對立。然而關鍵不僅僅在於自由，這兩種說法都遺漏了原始契約尚需處理的男對女的宰制權，以及男人之間與女人性交的平等權。社會契約是自由的故事，性契約則是臣屬的故事，原始契約同時包含自由與宰制，男人的自由和女人的臣屬。要了解公民自由，就不能遺漏另一半故事，必須揭示男對女的宰制同樣是建立在契約之上。公民自由建立於父權之上，僅屬於男性，並非全體共享。兒子推翻父親後不只得到自由，也得到女人。成果記錄在性契約的故事中。原始契約不只是社會契約，也是性契約：從父權角度來看是性契約，確立男人有宰制女人的政治權；從確立男人之間訂立規則近用女體的角度看，仍是性契約，所謂「男性性權法」，因而原始契約非但未與父權對立，更打造了現代父權。

現代的兄弟父權

很少人發現原始契約的故事缺了一半，或公民社會是父權社會，以至於從父權角度詮釋「父權體制」為家父長統治。十七世紀費爾瑪（Sir Robert Filmer）主張政治權力即家父長權力，而父親繁衍家族的能力即政治權利的源頭；洛克（Locke）等人則堅持家父長權力有別於政治權力，契約才是政治權利的起點。但故事的重要部分還是遺漏了，政治權利真正的起源被疏忽了。政治權利源於性權或婚姻權，家父長權只是父權的一部分，而非最原始部分。男人必先對女人行使父權賦予的夫權，才得以行使父權。契約理論家不希望在攻擊家父長權利時，挑戰到原始父權，轉而將婚姻權納入其理論，藉此將「男性性權法」轉化為現代契

約形式。父權早已不屬父親，現代公民社會並非建立在親屬關係和父親權力之上；在現代世界，女人臣屬於男人或男人的兄弟幫。父親在政治上被擊敗後，原始契約取而代之，創造出現代的兄弟父權（fraternal patriarchy）。

父權貫穿公私領域

性契約故事被略而不談還有另一原因，主流政治理論家及批評他們的社會主義者都錯誤詮釋了公民社會。社會契約的故事只說到創造公民自由的公領域，而認為另一半的私領域與政治無關，因此婚姻及婚姻契約也無關政治，性契約僅適用於私領域，以致父權似乎與公共世界毫無關聯。但事實恰好相反，父權延伸到整個公民社會。勞動契約和性交易契約都進入了公共領域和資本主義市場，像婚姻契約一樣維護著男權。公民社會的兩個領域看似分離卻實在密不可分，缺了私領域便無法完整了解公領域，少了任何一半，原始契約的意義都會遭到誤解。現代西方社會的公民自由其實是建立在父權之上。

女人與契約

性契約的故事有助於解釋，為何契約當事人是女性時，會出現特別的問題。這些問題古典和當代契約理論家都從未提及。一個半世紀以來，女性主義者不斷指出婚姻契約有問題，卻徒勞無功。通常評論原始契約時都不會提到女性被**排除**。原始契約由男人所定。理由是男女天生有異，男人理性，女人感性，而訂立契約屬於理性行為，只有男性才擁有訂約所需的特質和能力。此外，契約的要件是個人擁有自身資產（身體及個人特質）的所有權，男人才算「個人」，女人不算。

在自然狀態下,「人生而自由」、彼此平等;大家都是「個人」。那麼,一個人受另一個人統治的正當性如何產生?政治權利如何存在?唯一可能是透過協議或契約來建立統屬關係。然而女性沒有天賦自由。典型的自然狀態包含男女間的臣屬。除霍布斯外,古典理論家宣稱女人天生缺乏「個人」該有的特質和能力。因而,性別差異其實就是政治差異、也是自由與臣屬的差異。男性透過原始契約以天賦自由交換公民自由,取得安全保障,但女性不能成為契約當事人。女性是契約中的被交換對象,(性)契約是男性的工具,用來將其天生擁有的對女性的所有權轉變為受公權力保障的父權。但如果女性不能參與締約,為何古典社會契約理論家(霍布斯除外)把婚姻及婚姻契約列為自然狀態的一部分?為何缺少契約能力的人卻總得出現在契約上?何以所有的古典理論家(包括霍布斯)都堅持,在公民社會中,女性不只可以、而且必須締結婚約?

複製宰制與從屬關係的契約

將性別差異建構成自由與臣屬的差異不只是政治核心,也體現在社會和日常生活結構中。儘管近年來有許多法律改革,女性的社會地位有了改變,我們仍未能擁有跟男性相同的公民地位。然而這麼重要的政治事實當代契約理論卻甚少討論。十九世紀的丈夫享有對妻子的所有權利,妻的法律地位如同夫之財產。1980年代婚姻隸屬關係仍在,法律仍認定丈夫可以無限近用妻子身體,也因此否定婚內強暴的可能。**政治**理論家和**行動者**都認為事不關己,也不在意女性在婚姻中的地位所反映女性與契約的深層問題,或婚姻契約的結構是否類似其他契約。拒絕承認婚內宰制具有政治意義,隨即也不必考量婚約和其他事涉女性的契約是否

有所關聯。

很少人注意到原始契約（政治上的虛構）和實際契約的關聯。一種說法是，社會契約創造出來的社會，讓個人安心締約，確知他們的行動受到民法規範，而且必要時，國家會強制執行協議。因此實際契約似乎體現了個人在締結原始契約時的自由。根據當代契約理論家，個人自由締結婚約、勞動契約，或甚至（公民）奴隸契約都可以在現有的社會條件下理智做決定。另一種說法則認為社會契約讓個人自願臣屬於國家和民法，創造出**公民服從**，反映了原始契約的以自由交換保護。

虛假的自由

對契約加以批判者往往只注意立約條件及剝削問題，並不重視父權的統屬關係。契約學者宣稱日常契約符合原始契約模式，平等的當事人自由談妥條件，體現個人自由。然而社會主義者和女性主義者卻指出，相關當事人的地位往往極不平等，工人、妻子和一般女性還受到經濟等其他因素限制。但契約是否在強迫下簽訂固然事關緊要，若只關注於此，就可能模糊了其他重要問題；如果未被脅迫，而是出於自願簽約，女性主義者和社會主義者就會對合約持肯定態度？

剝削也備受批評，馬克思主義稱之為「榨取剩餘價值」；一般人則說，工人沒有合理的工資，還得忍受惡劣的工作條件，或是妻子的家務勞動根本沒有酬勞，娼妓遭受羞辱和肢體暴力。十七世紀以來，女性主義者就指出妻之從屬地位，但她們對婚內宰制的批評，卻遠不如社會主義者將從屬置於剝削之下的議論那麼廣為人知。然而剝削之可能，正因為有關個人資產的契約，把掌控權交到單方當事人手裡。資本家理所當然剝削勞工、丈夫理

所當然剝削妻子，因為工人和妻子在勞動契約和婚姻契約中皆居於從屬地位。契約理論家的天才之處，是將原始及實際契約都說得像是展現並保障個人自由。事實不然，契約論中全體一致的自由始終只是假設、政治虛構，契約所產生的政治權利，一直都是宰制與從屬的關係。

所以會產生公民社會屬於後父權社會秩序的想法，是因為「公民社會」一詞十分模糊。公民社會可以說是前現代身分秩序之後產生的契約秩序，或以憲政、有限政府取代專制政體的公民秩序。可以說，公民社會取代了自然狀態；但「公民」也指「公民社會」裡的公領域。公民社會與他種社會秩序的差別在於區分公私領域。然而很少人過問兩個領域並存的政治意義，而只將注意力集中在公領域，是社會契約促生了民法的公共世界、公民自由與平等、契約及個體。那麼私領域的歷史起源如何推測？

「公」與「私」

要了解古典理論家對自然狀態或公民國家的看法，就必須兩者一併考慮。「自然」和「公民」因彼此對立卻又依存而產生意義。「自然」排除了「公民」，反之亦然。但何以自有原始契約後，「公民」轉變成非「公民社會」整體，而僅指其中的一部分？為此我們需考慮「自然」與「公民」之間同時存在的對立及依存。一旦訂立原始契約，公私領域便相對一分為二，反映出自然狀態下的性別差序／政治差異。女人在原始契約中沒有份，但也不能將她們留在自然狀態——這樣會達到性契約的相反目的。女性被納入的領域既存在於、也不存於公民社會，私領域是公民社會一部分，但是卻必須從其中分離出來。公／私對立一如自然／公民、女／男對立，從彼此得到意義。與私領域中的自然臣服

相對照，公領域中公民自由的意義立即昭然若揭。女性在私領域中的屈從，相對彰顯了身為「個人」、能夠立約並享有公民自由的意義。

被遺忘的私領域

私領域是公民（公共）生活必要、自然的基礎，但政治理論家卻視為無關緊要。十八世紀以來，女性主義者不斷指出兩者間複雜的相互依賴，但至今「公民」社會仍常被視為獨立存在。私領域的起源因此成謎。社會契約論經常從十八世紀跳到現代，到羅爾斯（John Rawls）的（社會）契約故事的當代重構。然而佛洛依德也（重）寫過原始契約故事，卻很少人提到他，或許因為他指出，在訂立原始協議前，關鍵不只是自由，還有對女人的權力。他也清楚說明原始契約創造出兩個領域。因為男女性關係、婚姻和家庭早已存於自然狀態，古典政治學家（除霍布斯外）便傾向於認為沒有必要創造私領域。然而原始契約創造的「公民社會」，必須透過性契約的故事，才能說明私領域如何建立，以及為何需與公領域分離。

性契約並非只跟私領域有關，父權制度也非限於家庭。原始契約創造出現代社會的整體父權公民社會，男人在公私領域之間穿梭，二者都以法律確保男性性權利。公民社會雖一分為二，卻憑藉父權關係大體上維持單一社會秩序。公／私二分就像自然／公民之別，以雙系統的表面形式掩蓋了其中的相關性。當代大部分自由主義與社會主義者之間、或社會主義者內部涉及公／私的爭議，已不關**父權**的自然與公民之別。私領域遭到「遺忘」，「私人」已轉移到公民世界及公私間的**階級**差異，在公領域內區隔私人企業與公共部門，「社會契約」常用來指公領域中政府、

勞工和資本之間的關係。自由主義者和社會主義者要不是替階級宰制和勞動契約辯護，就是加以攻擊。雙方都未觸及父權宰制，或婚姻契約與勞動契約之間的關聯性，也全然不提及勞動契約實則也是父權結構的一部分。他們雖針鋒相對，卻有共通的重要假設，即父權的私人／自然領域與公共／公民領域分離與政治生活無關，對父權制度、契約、社會主義和女性主義之間的複雜關係，也甚少探討。透過性契約的故事來檢視這個領域，可以看出社會主義和女性主義的某些潮流與最激進的契約論有所交集，其共同處可以用洛克的名句來說明，「每個人都擁有自身**資產**」，每個人都是自己的主人，每個人自身的能力和特質都是屬於他個人的，不應被他人剝奪或使用。

我是我自己的主人？

　　個人擁有自身資產的理念是對抗階級和父權宰制的核心，無此認知馬克思就寫不出《資本論》，也提不出勞工權力的概念。然而要是沒有一併拒斥這種個人中心觀點及因而導出的自由即契約與所有權的推論，他也不可能呼籲廢除雇傭勞動和資本主義、或稱薪資奴役。馬克思必須利用自身資產所有權的觀念才能夠同時摒斥此概念及其所產製的社會秩序，然而此等要事，在當前市場社會主義的論述中，以及學術圈裡討論到理性選擇或分析式馬克思主義時，都有被遺忘的危險。同樣地，宣稱女性擁有自身資產，觸動許多過去與現在的女性主義者，從改革婚姻法、爭取得公民權，到要求墮胎權。當英國普通法以出嫁從夫的信條將妻子設定為夫之財產，而且男性還不斷要求執行男性性權，讓他們可以公開使用女性的肉體和影像時，這一理念對女性主義者的吸引力更是顯而易見。這樣看來，爭取社會承認女性擁有自身資產的

所有權似乎足以給父權致命一擊。然而回顧歷史，儘管女性主義運動可以輕易地將議題圍繞在身體所有權，卻沒有這麼做，而是將重心放在女性要求以**女人**的身分取得公民自由，而非男人的劣質仿品。這樣的論述間接排斥了父權價值：亦即將個人建構為一個男性觀點的資產擁有者。

......

性別中立？

區分性別差異 —— 做「男人」和做「女人」是怎麼回事，並將性別差異建構為政治差異，對公民社會至關緊要。女性主義一向極為關注性別差異，如今面對一個複雜的問題。在現代父權制中，性別差異以最典型的自然差異存在，男對女的權利，表現得像是反映自然的應有秩序。那麼女性主義者該如何處理性別差異？問題在於，在契約廣受支持之際，父權所堅持的性別差異具有政治意義，很容易把女性**當作女人**的論述導向強化父權倡言的自然秩序。因此女性主義的反應似乎應致力於消除政治生活中的男女差異，例如所有的法律與政策都該「性別中立」。這種反應假定「個人」可以從不同性別的身體中抽離。契約學說根據同樣假設，宣稱所有牽涉到自身資產的契約，都能建立自由的合約關係。問題是這種假設沒有政治根據。

如果女性主義不察，也採此立場，那麼看似在攻擊父權對女人的貶抑，實則卻是鞏固了現代父權。主張消除性別的政治差異是對抗父權的上策，等於承認公領域和「個人」未受父權汙染。只要公共法律和政策一體適用於女人和男人，父權就成為家中私事。然而現代父權非指女性在家內的從屬。女人在成為家庭中的母親之前，必先是男人的妻子，和他發生性關係。性契約的故事

是關於異性性關係，女人是性物。故事有助於我們了解，男性透過何種機制取得近用女體的性交權，以及使用女性身體的權利。尤有甚者，異性戀關係不限於私生活。在公領域中父權最鮮明的表現，就是在資本市場公開販售女體，性交易成為重要產業。

摘譯：顧燕翎（本書主編）。

20.

連結生殖自由主義與性自由主義

"Connecting Reproductive and Sexual Liberalism",
Women as Wombs, 1993;
Radically Speaking: Feminism Reclaimed, 1996

珍妮絲・G・雷蒙（Janice G. Raymond, 1943~）

　　雷蒙（Janice G. Raymond）長期活躍於美國和國際婦運，努力終止性暴力、性剝削和不當醫療對女性的侵害。早期著作《子宮女人》（*Women as Wombs*）探討女體在先進生殖科技中的處境。此篇選文反對性自由論者以「文化女性主義」改變激進女性主義之命名，非但簡化其對父權文化的批判精神，也無視其改造體制的行動。雷蒙時時察覺父權鋪天蓋地，影響所有文化面向。在父權籠罩之下，女人的「選擇權」並不代表女人真正獲得了自由。有許多情況，反而因為有了選擇權，而沒法說「不」。

　　雷蒙曾任教於美國麻州大學及其他學校，也曾經做過修女，後來脫離修院，成為女同志和激進女性主義者。1994～2007 年出任反販賣女性聯盟（Coalition Against Trafficking in Women）聯合執行長，在國際間反對性產業合法化、主張立法禁止購買女性及兒童從事性交易。她曾經批判跨女是根據父權迷思，按照

男性繪製的藍圖炮製出來的，並不是實實在在的女人，因而反對以心理和手術治療將性別認同醫療化。她也因此被指為恐跨（transphobic）的代表人物之一。（顧燕翎◎撰文）

　　……支持色情以及支持娼妓的理論和行動受到相同的原則主導，把性自由主義的基礎建立在對個人權利的要求上，幾乎做任何事情都可以說是在行使一項權利。這些權利愈來愈被定義為與性別無涉；這種選擇的概念將選擇化約為消費行為；這樣的隱私權事實上代表的是男人（和一些女人）的私人特權，並助長私營企業經營女體。

　　人們覺得女人的身體被濫用於生殖是正常的，因為之前已經被濫用於性了。生殖科技不只是生殖政治的一部分，更是性政治的一部分，因為這關係到使用女人以及女人的身體。女人在性方面被限定扮演的舊角色，愈來愈和她們在生殖方面被供給的新角色合而為一。嫖妓的男人為了性購買女人，和為了生殖服務購買代理孕母的男人有驚人的相似之處。

　　……

　　一些鼓吹借腹生子和人工生殖的女性主義者的著作，便植基於生殖自由主義。在以前，這些倡議新的生殖手段的女性主義者也許會被稱為「社會主義女性主義」者；但近來她們作品的主題和理論被更精確地描述為「後現代主義」。我將她們歸入「生殖自由主義」，因為她們和一般生殖自由主義者一樣，支持生育自由、性別中立、隱私權和無限制的選擇，並推廣所謂生殖科技帶給女人的解放。

歷史上，許多社會主義女性主義者都擁護性自由主義。傑芙瑞（Sheila Jeffreys）指出，十九、二十世紀的社會主義女性主義者採取典型的自由主義立場，反對早期激進女性主義者奮戰性暴力、娼妓以及性奴役的作品。近期的一些社會主義女性主義者自十九、二十世紀的社會主義女性主義立場出發，推動性自由主義。她們加入其他學術界、職場上的性自由主義者，反對女性主義者的反色情運動，並進而對施虐／受虐性慾取向、男人戀男童之「愛」以及娼妓制度持肯定態度。

　　我們現在目睹的是一種自由主義，將其自身定義為生殖場域中的女性主義。這種自由主義反對女性主義對新生殖科技和合約的抗拒。就像性自由主義推動男性支配的性慾模式，並視之為性解放，女性主義生殖自由主義則肯定諸如借腹生子、試管受孕等的新技術，認為它們帶給女人生殖自由。

……

本體論的主張：激進女性主義者皆是本質主義者

　　女性主義生殖自由主義者嘲笑激進女性主義反生殖科技。她們指責批判生殖科技的人將母職當成天生命定，幾乎是返祖歸宗——就像激進女性主義向來被定型成本體論和本質主義。這些人編造出自然母職的神話，用來攻擊反對技術化、合約式生殖的女性主義者，說她們把女人拉回「身體決定命運」的時代，並把自然和科技放在對立位置……

　　反對新生殖科技的激進女性主義者既未把自然和科技對立，也不頌揚生物決定論。我們反對這些科技，是根據政治的女性主義觀點，認為**重宣身體主權對女人作為一個階級攸關重大，並非在於女人的自然特性，而是要拒絕將控制權交給男人、交給國**

家、交給近年來鼓吹女人以棄權來控制自己身體的自由主義者。
……

在性慾取向方面是如此，關於生殖亦然。性自由主義者把生殖科技寫成是女人 —— 尤其是不孕的女人 —— 的需要。這正符合醫學和科技先鋒一向的理論，把這些技術呈現為滿足不孕女人的飢渴需求 —— 而非滿足研究者自己對科學進步、地位、經濟利益的飢渴需求。

反對技術化、合約式生殖的女性主義者了解到，母職愈來愈被描繪成女人的需要，她們不滿醫生和媒體把科技應用在鼓吹「女人天生的母親角色上」，引導女人為懷孕接受侵入身體、損害健康的療程。但每當激進女性主義者引述這些醫學先鋒如何重申自然母職、對母親角色加以神話和操控，別人反而責怪我們在提倡以自然主義的觀點看待母職。
……

被控採取絕對主義的態度

批評代孕及生殖科技的激進女性主義者總是被指控為強硬的絕對主義者，不理解複雜的新科技對女人有什麼用處。背後的假設是努力思考的人會對此採取較平衡的立場。此外廣泛關注種族、文化、性、階級的人也會對女性議題採取相對觀點的立場，更有彈性……

美國的性自由主義和生殖自由主義向來狹窄地著眼於個人的「權利」、「需要」和「慾望」。例如在代理孕母的議題上，她們一再談論權利，欺矇了許多美國女性，把我們所享有的權利想得比實際上多。在國際工作中，我發現有一點是很提神醒腦的，那就是來自其他 —— 尤其是發展中 —— 國家的婦女，對所謂權利

並不抱持任何幻想。

性自由主義者把技術化、合約式生殖對女人生殖力的剝削，改頭換面為女人的生殖需要，正如性自由主義者將色情、娼妓、施虐／受虐慾對女人的性剝削，重新建構成女人的性趣。然而，在性自由女性主義者和生殖自由女性主義者之間，也有著重要的差異。在生殖自由女性主義者的圈子裡，對代理孕母和生殖科技的批評遠超過性自由主義者對色情的口誅筆伐。

一個原因可能是，女人衷心認同母職和孩子，亦認同保護這領域不被剝削的重要性。同時，與生殖相關的議題被看作女人的場域，女人有權去捍衛，尤其是以孩子之名；而免於性虐待的自由則是女人必須以她們自己之名去捍衛的東西。因此生殖自由被認為是一個比較大的議題，影響的不只是女人，還有小孩和男人。它不是一個可以清楚劃歸女人專屬的議題。

男人長久以來對生育權的支持，起了更大的推波助瀾作用。尤其是左派和自由派的男人，他們加入推動女人生育權的運動，因為他們感到自己的利益也與之息息相關。比方說，《花花公子》雜誌一直贊助擁護墮胎權的方案，並擁護墮胎政策和立法，正因為對具有進步政治思想、前途光明的男人們——也就是花花公子們——來說，不受和異性性交的後果拖累是再好也不過的⋯⋯

許多所謂進步男性推動女人的生育權，尤其著重於避孕和墮胎，卻不支持反色情。反之，女人一攻擊這個男性中心文化的性政治，自由主義就把她們抹黑成冷感的清教徒，歸入右派的政治陣營，以貶低她們⋯⋯

對性解放女性主義者而言，擁抱生殖自由似乎遠比倡議女人脫離男性中心的性慾模式——如性交易和色情——的性自由來得

容易。反之,自由派擁抱的女人的性自由是在維護男性中心的性慾模式。她們所謂的性自由就等同於性趣,完全不考慮女人是否受到性虐待的問題。

許多支持生殖自由的女性主義者出身於社會主義女性主義,她們關心生殖政治多於性政治。而激進女性主義者則更關注色情、強暴、性騷擾、性虐待、毆打女人等等的性物化、性暴力問題。二十世紀初以來,在性虐待等議題上的歧見造成了激進女性主義和社會主義女性主義者之間長久的不和;這也可能是有些社會主義女性主義者反對代理孕母制卻不反對色情的原因之一。

但是,另外有些社會主義女性主義者支持代孕。她們打出的自由主義論調是,國家對任何所謂的生育權的干預,都會讓國家打壓女人已贏得的寥寥幾項、主要在避孕和墮胎方面的生育權。她們視兩種生育權處於競爭的局面,一是為求生育無所不用其極的權利,另一是不生育的權利(墮胎)。她們認為立法禁止代孕會危害到墮胎的權利。此外,她們膚淺認為,男人和女人有相同權利決定要不要生育,如果相信女人在這件事上有優先權,就等於倒退回到反動的保護主義,助長本質論的母職概念和生物性的母權。

社會主義女性主義向來迴避了激進女性主義所強調的,男人 —— 而非只是社會和經濟體系 —— 對女人的壓迫。她們主要以經濟角度來定義女人受到的壓迫,卻從未對由男權宰制的性慾作系統性分析。於是她們極少認真注意所謂的正常性慾是如何壓迫女人,因為她們並未認知到性慾本身是一個徹頭徹尾由男性主宰的系統。例如,社會主義女性主義研究職業婦女,向來著眼在對健康的危害及低職等,卻很少提及性騷擾影響女人工作表現。大多數社會主義女性主義者都不夠重視色情、性交易,以及男性主宰

的性慾模式裡對女人的性虐待。反之，她們將性簡化為慾望政治，奇蹟般地和男人的性宰制與性虐待無關，這是典型的性自由主義放任態度。她們傾向把任何對抗性虐待、色情及男性權力模式的運動看成是次要的，沒有觸及真正壓迫女人的源頭（不管那源頭是什麼），甚至是一個為女人設下的反動的陷阱，等同於追求社會純潔的保守運動。

此外，社會主義女性主義對生殖剝削的批評，很少認清女人所受的生殖剝削與性壓迫之間的關聯。她們的生殖政治沒有性政治的基礎。例如，社會主義女性主義者集中火力在結紮的濫用、墮胎權、身為職業婦女的母親可享有的經濟資源如托兒服務，及讓更多女人能夠避孕等，卻不肯認清更重要的事項。她們強調的是女人的生育權和生殖資源如避孕、墮胎，乃至於現今的新生殖科技。但是她們並未分析到女人如何才能享有獨立的性自由，不受限於男性的定義和慾望。

由於社會主義女性主義傳統對生育權的解釋並不包括性自由，女人獲得可觀的生殖自由卻沒有等量的性自由，便造成了生殖自由主義。社會主義女性主義者一向不看重激進女性主義對男權性慾模式的批判，才會產生這種性自由主義，以及性和生殖之間的脫鉤。

代理孕母制度的產生，緣由男人為自己建立了可以取用女人和女人生殖力的條件。如果對代孕的批評只限於為孕母提供可行的經濟選擇，以及避免對女人造成極端剝削的合約，將永遠看不到在男人取用女人的整體背景之下，代孕的真正性質。生殖自由主義沒有提供女人生殖自由或生育權的實質展望。

女人是受害者：女人生殖選擇的社會與政治建構

女性現實的社會及政治建構是現代女性主義的根基。「個人的即政治的」顯示了女人的選擇不只被社會因素，也被政治因素決定。當男人和女人做出某些行為時，他們並不只是社會化產物。社會制約的理論常常缺乏政治的框架。男性的主導和女性的從屬地位，都與權力有密切關係。例如，男人從事性活動時，在地位、自我及權威上都具有優勢。男性性慾的權力模式建構了女人的性活動和生殖活動，使之唯命是從。

每當激進女性主義者強調女人的生殖選擇如何被社會與政治體系影響，以及女人如何被引導到為了生孩子一切在所不惜的地步，人們就責怪我們把女人說成是受害者。……卻很少有人提到，為什麼女人甘願讓醫學以最具侵略性、傷害性的方式來干預自己的身體——比方說，因為沒有孩子她們的人生就一文不值，因為來自丈夫／家庭的壓力，因為針對不孕症的研究和投注其中的資源都稀少，也因為女人被引導不計代價任科技摧殘。人們預設的立場是，假如女人選擇這樣對待自己的身體——做生殖實驗、工具，或任人使用的物品——也沒有什麼不對。但是這樣的論調就是不對的，因為它忽略了影響女人選擇的社會及政治背景。

激進女性主義者強調男性霸權引導女人進入色情、代孕與其他的生殖手段，而性自由主義者卻指控她們把女人說成受害者。這些指控運作一種否認的心理機制。既然說女人不是男人控制下的受害者，這些性自由主義者就免除了自己對受害者應負的責任。她們隱而不談需要為受害者做出社會和政治改變，也不肯認同她們自己的受害者角色。

激進女性主義者要求的是實質的選擇，而非無權無勢之下女

人不得不做的選擇。反之，更實質的問題是，所謂代孕的選擇，是否真正帶給全體女人力量、為女人創造出一個更好的世界？如果屈居下位、貧窮、低賤的工作是許多女人唯一的出路，她們到底有什麼選擇可言？這些所謂的選擇究竟有多少真正的價值和力量？

女人通常在絕望中尋找平安和生存的意義，而做出當下有利的選擇。朵金（頁 194）在《右翼女人》（*Right-Wing Women*）中指出，持保守政治立場的女人和女性主義者同樣明白女人如何屈從於男人，但前者做出和女性主義者不同的選擇。她們選擇她們覺得最有利於她們的東西。就像大部分的女人，她們在有限的範圍中做出有助於生存的選擇。難道僅因為她們有做選擇的自由，我們就要認為這些選擇是神聖的？同樣地，因為一些女人選擇借腹，或任由她們的身體被各種試管受孕的療程入侵，並不就此表示這些選擇是值得稱讚的。

在某種程度上，關於女人選擇權的社會和政治建構的討論，呈現了古老的關於自由和需求的哲學辯論。需求是被社會性的力量所強加的，女人的生活條件亦是由這些力量限定，而非自己創造。女人通常不是在自己創造出的社會條件之下行動，此一事實並不表示她們沒有做選擇的能力，但的確表示我們對所謂女人的選擇需要做更複雜的評估，要強調的不是選擇而是選擇的限制。是什麼樣有組織的力量讓女人選擇代孕和其他生殖科技？首先，是整個男尊女卑的社會背景，女人生活在其中，並常常因之遭受貧窮、做著沒有前途的工作、看不起自己。在代理孕母制的運作中，男性的醫學、企業、法律利益聯合起來推動對女人的生殖管理。媒體也加入宣傳活動。

這並不是說，簽代孕合約的女人只是被動的受害者。身為受

害者並不一定是出於被動。**被動**和**受害者**不見得是一體兩面。猶太人曾是納粹的受害者,但他們並不被動,他們身為受害者的事實也並不是他們人生的全部定義。黑人曾是奴隸制度的受害者,但有識的論者不會說奴隸是被動的。顯然地,女人身為色情和生殖科技的受害者,並不表示她們完全沒有在壓迫之下行動的能力,否則怎麼會已有許多人把自己拉出了那種受壓迫的境地?

女性主義者可以不只是著眼於女性受壓迫的單一面向,但卻絕不放棄對壓迫的批評。這卻是性自由和生殖自由主義最大敗筆──放棄批判對女人的壓迫,結果雖然偶爾會口頭承認代孕和新科技對女人「可能」造成傷害,卻從不肯定女人超越性暴力、生殖暴力的努力。比如說,性自由和生殖自由主義者從不提,一些曾經做過代理孕母和色情模特兒的女人組織的反抗,而只報導代孕和色情對女人的經濟利益。許多曾經身受代理孕母制和色情之害的女人,變成了批評這個系統最力的人。

要體會到這些體制對女人的殘害並不需要給它們撐腰。當性自由和生殖自由主義者肯定女人在色情與**技術**化生殖的「文化」中的能動性時,她們不追究機構的能動性,放了它們一馬。為什麼要在壓迫女人的機構找尋女人能動性的證據,然後用這些證據去支持那些體制?為什麼不指出女人反對這些機構的能動性──比如說,那些勇敢地指證色情和代孕對她們的凌虐的女人,不僅冒著身分曝光、冷嘲熱諷的危險,也的確常常被曝光、被嘲笑;那些在法庭上為自己和自己的孩子奮戰的代理孕母們,對抗占盡上風的精子提供者。為什麼把重點放在男性霸權「文化」之中的女性能動性?為什麼不以分析和行動摧毀這些體制,反而為之辯護?性自由和生殖自由主義用浪漫的口吻將女人的受害說成是解放,讓女人任由這些制度宰割。

性自由和生殖自由主義重新把女人所受的壓迫理想化了。它們為代孕辯護，說它提供了女人經濟生存的手段；它們為色情辯護，說它自由表達了被壓抑、被禁止的女人性慾。這種理想化使得女人所受的壓迫和虐待變得光榮，上承十九世紀的觀點，把女人的坐困家中說成是「養精蓄銳」。如果壓迫使得女人在性慾和生殖上更加「自由」的話，壓迫就成了多多益善──而不必終止女人在性和生殖方面的從屬地位。

當色情和代理孕母制被理想化為選擇時，女人又有了新的服從範圍。選擇和自決並不相同。選擇可以是一種服從，如果女人沒有能力決定所同意的條件的話。一個女人，在聽取對其危險性的解釋之後，可以同意使用避孕藥或是子宮內避孕器，但如果她無法對男伴的性交要求說不的話，她仍然沒有性和生殖的自由。一個簽訂代理孕母合約，替另一對男女懷孕生子的女人，同意了合約的安排，但如果借腹生子是她因為找不到穩定的好工作而不得不採取的下下之策的話，她仍然沒有什麼自決的能力。女性主義者不應僅以選擇權和同意權當作評斷女人自由的標準。在同意之前，必須有的是自決，如此同意才不會淪於只是默認了現有的選擇。

當生殖科技把女人變成了生育工具，或是鼓勵女人為了生孩子不惜一切，這不叫做生殖自決，這是服從舊式的社會角色，只不過是妝點了新科技和關於個人權利與選擇的新式語言罷了。打著增進生育自由權的幌子，這些生殖安排把女人裝回了傳統的生殖角色裡。受害者自己也同意了這些安排，正顯示出服從性是多麼根深柢固地隱藏在這個以性別為界的社會裡。

技術化、合約式的生殖所推動的意識型態是，不孕的問題無法在自主的層面解決，而需要醫學、科技來彌補沒有親生孩子的

遺憾。其他的選擇——不要孩子，或是深思熟慮後領養一個孩子——並不被當作好的替代方案來推廣。於是剩下給女人的是空洞的口頭上的選擇——事實上，別無選擇。

強迫和共謀

一些批評生殖科技的人，以受到強迫來解釋女人為何同意做試管受孕或簽訂代孕合約。顯示在現行的社會條件下女人的選擇有限，這種嘗試是值得的，但在談到生殖技術時，我認為強迫的理論不太行得通。在生殖科技的相關層面上女人所受限制的程度與情況，和比如說在色情及性交易上就很不同。處在後兩種系統的大部分女人都長期遭受強加的壓迫，包括強暴、毆打、近親相姦，以及童年性虐待……

然而，在生殖系統中對女人選擇權的政治和社會建構，和女人在性慾從屬中所受的強迫程度不同。代理孕母是最接近的，其中有些女人在其所負職責上受騙，或者在簽訂合約後受威脅。但接受試管受孕治療的女人，卻不是在這樣極端層次上被強迫。事實上，接受試管受孕的女人在某種程度上是共謀，不過這並不否定女人的選擇權如何受限、如何被醫藥體系操控的事實。

了解女人的共謀角色，可以幫助我們分辨女人接受男人要我們接受的東西的不同方式。這既不是要像性自由和生殖自由主義者一般責怪女人，也不是要接受壓迫女人的體制——試管受孕工廠、代孕制度等，只因女人沒有受到徹底、極端的強迫。重點是壓力以不同的形式存在，並不只有強迫。我們也需分辨並重申社會決定論和社會建構論之間的不同。承認女人的選擇可以被建構、影響、施壓，並不表示女人的選擇就一定受這些社會、政治條件的控制。女人參與在這些生殖安排中，是由於男性權力的形

塑與影響，但並不見得非受它決定不可。

在生殖科技方面，用強迫的說法無法解釋同意權的複雜性。一個接受過不孕治療的女醫師解釋道：「現在想起來⋯⋯我絕不認為我自己是被動的受害者，而是主動地把自己的身體交給別人侵犯。」然後她述及一段「暴力強制受孕的行動」，而在其中她並未失去自己的能動性和主體性。回顧過去，她了解到自己在這些生殖操控手段中的共謀地位。

雖然女人可能參與醫學對她們自己身體的侵犯，很多人改變了，成為反抗者。用受到強迫來解釋，會抹去女人在壓迫下仍然有能動性的事實，而且她們的行動有特殊意義。如果借腹生子和試管受孕是對人性尊嚴及身體自主權的侵犯，那麼不管它發生在自己或他人身上，都仍算侵犯。參與了對自我的剝削，就參與了對他人的剝削。當女人了解到她們是壓迫自己的共犯時，常常因之喚醒了她們的自覺。很多人因此得以脫離被壓迫的境遇。

社會學家巴瑞（Kathleen Barry）批判將自我僅視為與他人、與事件的互動之社會形塑的歷史觀，說道：「（在這些理論中）自我只不過是物質性和社會性的現實⋯⋯。如此一來，如果女人無法超越現在，也就是超越被宰制的地位，她們將沒有未來。」巴瑞認為，「女人對被宰制的地位通常知道的比說出來的多」，因為女人的臣服已變成了個人的、自身的、私密的經驗。對壓迫的意識，不管有沒有明言出來，造成了歷史的活力；關於女人選擇權的社會形塑的理論，不論有多激進，都不應把社會條件當作決定她生活的一切，而將其自我本質化。惟有認清女性自我具有立即的行動性，我們才得以在歷史脈絡裡研究女人的社會形塑，並從而發現是哪些因素在幫助或者阻止女人成為一個『忠於自己的女人』。」了解女人同意權背後的複雜性，意味著揭露

受壓迫的境況如何限制女人做選擇，也意味著注意到女人的行動與改變——不論是好是壞，對於自己的遭遇，她們有的會產生自覺及歷史意識，也有的完全沒有。在某些情況下，這意味著承認我們自己是壓迫女人的共謀。共謀牽涉到女人在這個系統中的利害關係。儘管性自由和生殖自由主義者宣稱她們對女人所受的壓迫有鞭辟入裡的觀點，她們卻不認為女人同意背後的社會與政治建構有何不妥。在她們的作品中總是有複雜的假象，但除了在高唱複雜的修辭之外，她們對女人生活的真正複雜之處並不了解。她們依賴自由主義的選擇論，責怪女人，而認不清女人的選擇受限。她們不檢視女人在壓迫之下行動力的複雜性，反而責怪女人「自己陷進這些情境」，或者讚揚這些情境「出父權意料之外地」解放了女人。她們讚揚的不是反抗的女人，也不是控告代理孕母掮客、皮條客、色情業者的女人。她們簡化了複雜性，也把複雜性說成相對的東西。由於許多女人在壓迫之下做出不同的選擇，性自由主義者便做出種族和政治相對主義的結論，認為不可能對參與色情和生殖科技的女人做價值判斷，因之也不可能對這些系統本身做價值判斷。她們說，代理孕母制對女人既不好也不壞。不同的女人做不同的選擇。不同的女人的確做不同的選擇，表示我們生活的世界具有種族和政治複雜性，而非道德相對性。複雜性意味著我們必須為生殖科技的不同面向尋找道德和政治的答案，而不是忽略它，或者說「一切都是相對的」就行了。複雜性意味著我們必須具有道德智慧和政治勇氣，來判斷什麼對女人形成壓迫、什麼有助益，然後根據這些判斷來行動。

摘譯：嚴韻、顧燕翎（本書主編）。

21.

纏足、解纏足與身體政治

苗延威

　　纏足是華夏文化特有的風俗，帶給女性終生的體膚之痛，清末婦運人士如秋瑾等將之列為束縛女人的野蠻手段之一；維新派人士如梁啟超等則為了救亡圖存而力倡興女學與不纏足。十九世紀末西洋傳教士到台灣辦女學，收不纏足的女孩入學。日本統治台灣後，視纏足為陋習，於日本無益，乃倡導解纏足。本文之原文〈從「天然足會」到「解纏會」：日治初期台灣的女體政治（1900～1915）〉，細論這十餘年間政策的轉變，如何將纏足女性從身分高尚的閨秀一夕之間變成罪犯。

　　苗延威為政治大學社會系副教授，專長歷史社會學、社會運動、性別社會學等。發表過許多篇有關纏足的歷史社會學研究，不僅問題獨到、資料豐富嚴謹，且文字精準、引人入勝。特別感謝作者親自將論文濃縮改寫為此文。（顧燕翎◎撰文）

　　1918 年 3 月 11 日上午，台南安平一位年約四十出頭的女子，走在街上之時，忽然被管區警官片岡巡查喝住，叫到派出所

裡。然後，這個日本警察先是對她「訓責萬端」，再以黑色墨汁塗在她的半邊臉上，又以紅色墨汁塗上另半邊臉。警官接著剪了一塊紙板，在上面寫了女子的身分——「李氏之妻」——命她掛在胸前，「驅而之安平市場，令其前行，己自後隨之」。臉上披著半黑半紅墨汁的李妻，就這樣有如罪人般地掛著牌子，在警察的跟隨監視之下，從派出所「遊街」到市場；到了市場，「環觀者如堵」。整個遊街示眾的過程，總共持續了三個多小時，「自午前十一時起，至午後二時頃，始放之還」。李妻回家之後，「羞愧無地，痛不欲生」，當晚即上吊自盡，幸經發覺解救；不過她後來仍數度企圖尋短，家人防不勝防，深以為憂。*

　　這是刊載於《台灣日日新報》的一則報導，題為「纏足者戒」。根據報導內容，李妻的「犯行」，只不過是她的「裙下雙翹，束如春笋，自以彎曲難伸，束縛如故」而已；換言之，她是因為身為「纏足者」而遭受如此嚴厲的「懲罰」。報導一開頭就指出了「纏足未解」在當時是如何視同犯罪，成為警察取締的對象：

　　纏足之有害於衛生，盡人皆知。無如蔽錮已深，勢難驟改。雖以保甲反覆曉諭，稍有知識之婦女，解纏者固多，而未解者亦復不少，以致被警官斥責，其咎實由自取。如台南廳下安平街一隅，多有未解纏者。該管派出所林巡查捕尤為致意，凡有及笄之女子，仍然纏足者，則捕到派出所肆辱，人皆以為恥，宜若可以盡除矣。†

＊《台灣日日新報》1918 年 4 月 6 日，「纏足者戒」。
†《台灣日日新報》1918 年 4 月 6 日，「纏足者戒」。

記者接著描述了李妻被「捕到派出所肆辱」的經過，以實例告訴讀者，像她這樣的纏足者，落到這個下場，「其咎實由自取」。報導結尾時，記者還不忘叮嚀一句：「所望纏足之婦女，引以為戒，毋再攖其鋒，致後悔無及也。」發生這起事件的前兩年，剛好也發生在台南的另一則社會新聞報導，同樣告訴我們，那個時代的纏足者（以及纏足嫌疑者），隨時會面臨警察的騷擾和羞辱：有個警官為調查戶口而前去一戶人家家中，見到該戶有一名少女待在房間裡，便「突入而坐於房內椅上，勒令脫襪與觀」，少女羞愧不從，警官便威嚇她，少女不得已而將襪脫下，「該警官又責其足盤上有腳帛痕，必欲帶至派出所」，直到家人極力懇求才作罷。*

相較於中國，台灣的殖民政府很早就展開了全面而有效的「解放」措施。1915 年 6 月殖民政府將解放纏足納入保甲規約之後，即以警察行政的強制力遏止纏足文化的延續。上述兩則新聞報導顯示，地方派出所的警察已毫不遮掩地將纏足者視同罪犯，恣意斥責羞辱。根據當年 10 月的戶口調查，總計有高達476,016 名台灣婦女被注記為「解纏」，也就是說，她們不是從未纏足的天然足婦女，而是在生命歷程裡，體驗了纏足和解纏足的一群人。†

在該年調查裡，解放纏足的比率高達 63 ％，其中，20 歲以下的童女和少女更超過 80％為解纏足者。至於維持纏足的人口，包括李妻在內，多數為 41 歲以上的福建裔婦女。隨著人口的變遷，纏足人數從 1915 年的 279,038 人，再降到 1920 年的199,165 人，以及 1930 年的 141,360 人。

在這個驚人的成績背後，是一些被遺忘和忽略的故事。纏足是一種不可逆的身體重塑經驗，定型之後，若要立刻「解放」，

雙腳就不得不再忍受一遍痛苦與不便，更何況，其中還蘊涵了一種從傳統賦予的文化體面驟然逆轉為文化汙名的失落與難堪。我們無從得知前述兩則新聞報導中的李妻與少女，究竟如何看待她們的纏足，以及當時的解纏足風潮。事實上，對於 1915 年前後，同時放足的數十萬名台灣婦女，我們同樣很遺憾地由於缺乏資料而無法直接聆聽到她們的聲音，只能透過解譯男性本地菁英與殖民政權的身體政治行動和論述，旁敲側擊地映照日治初期台灣纏足女性的處境。

　　早期的反纏足運動團體，包括晚清中國維新派知識份子在 1897～98 年間成立的各地不纏足會和戒纏足會，當然還有台灣的天然足會，都是以男性為領導人，女性的角色一直處於曖昧狀態。這是因為當時的反纏足活動，主要是國族主義或殖民主義的產物。然而，纏足對於大多數纏足婦女而言，是每天都要照護的私密身體部位，她們不見得希望在公領域裡用語言來表述甚至撻伐自己的身體性。天然足會成立於 1900 年，儘管曾經熱熱鬧鬧地掀起一陣風潮，但是沒過多久即沉寂下來，實際效果並不顯著。有人認為天然足會的失敗，是發起人因為「懼內」，「不敢強其女子，而仍聽其纏足」的緣故‡，倘若這個說法有一部分說

＊《台灣日日新報》1916 年 8 月 27 日，「為公為私」。

†台灣的纏足風習，主要由福建引入。根據台灣總督府的 1905 年戶口調查資料顯示，當時有大約 80 萬名台灣女子纏足，占女性總人口約 140 萬人的 57%，而若去除未達纏足年齡的 5 歲以下女童不計，則占總人口的 67%。纏足與族群類別呈極高的相關性；一般而言，只有客家人除外的漢族人口才有纏足風俗。在台灣，絕大多數纏足者為福建裔漢人，而若純就福建裔婦女計算，纏足人數甚至高達八成左右。

‡《台灣日日新報》1911 年 1 月 24 日，「斷髮不改裝會發起人會誌盛」。

出了事實，那麼，對於纏足婦女而言，解纏足非但不是她們滿心期盼的未來，甚且還促使她們在家庭之內發動了私領域裡的抗拒行動。

其實，我們只要從她們的角度考慮「解放纏足」的意涵，就不難理解，放足的呼籲反而迫使已經纏足數年至數十年的婦女不得不面臨另一重的難堪和苦難。首先，幼時無法逃避纏足折磨的女性，本應預期在成年後為她們掙得婚姻市場上的優勢，結果在時代的捉弄下，迎來了「野蠻記號」的汙名。如果已有婚配，但她們的丈夫卻變成了自命新潮或文明的人，那麼纏足反而成為其婚姻的風險因素，隨時有可能再被父權利益所出賣，如同一位觀察者所評論的：「現在自命為文明的男子們，不但不肯娶纏足的女子為妻，甚至對已婚配多年或已生有子女的纏足太太，視為眼中之釘，肉中之刺。」*

其次，我們知道，「一雙周正的纏足，是女人畢生的手藝心血」，†那不但需要長時間的呵護保養，也是一條不歸路，因為她永遠無法再保有天然之足了，但就在纏足女子習慣了自己那雙已經定型了的腳部骨骼和肌肉之後，卻希望她們解開裹腳布，重新開展骨骼筋肉，以雙腳不熟悉的姿態走路和生活，實在是強人所難。根據一段口述歷史的描述，有個台灣地方官吏，為了迎合殖民政府的解纏政策，要求他的妻子放足，這位為了丈夫而解去纏足的妻子日後則回憶道：「放足的痛苦更甚於維持纏足，我必須慢慢放，否則會痛得無法走路。」‡解纏足所需經歷的肉體痛楚，也反映在「解纏足」藥品的出現，包括一款由台南「高島愛生堂」（日本人高島鈴三郎經營的藥鋪）製售的「解纏足良藥油」。該藥鋪刊登在報上的廣告詞句，具體地描繪了解纏足之後，難以避免地將遭受到的種種疾病和痛楚：

（解纏足良藥製劑發售）本堂製有一種初解腫痛之藥
水，以為本島婦女解纏足之用。蓋以解後難免有氣凝
墜、筋拘急、骨節抽痛、病風溼諸故，無良藥以治之，
必將致有壞爛艱難之苦。本堂開憐憫之懷，特揀適宜之
藥，謹特製一種藥水，為解纏後如有氣凝墜、筋拘急、
骨節抽痛、風溼諸病者，治之立效。誠解纏後之良藥
也。統冀本島諸君等如有貴族婦女解後患病，不能步履
者，其急購需用，惠賜光顧，曷勝榮幸。[#]

　　最後，纏足的汙名化，代表著對於賦予纏足種種價值的文化
傳統的集體疏離，這個疏離也意味著一種新型態文化空間的開
啟；而在此一新空間裡，「啟蒙」、「現代化」和「文明化」等
以傳統為攻擊對象的論述，成為定義潮流和反潮流的權力話語。
在我們看到的「文明／野蠻」定義的翻轉過程裡，重新詮釋「天
足」與「纏足」體面性和羞恥性的論述，成了新的文化權威，
它一方面將堅持傳統觀念、講求小腳的人們，界定為「落伍蒙
昧」，解除他們的文化發言權。因此，諸如「纏足之有害於衛
生，盡人皆知」，[◎]或「斷髮實為衛生上大有獲益」[§]之類的辭

---

[*]姚靈犀編，《采菲錄》（天津：天津時代公司，1936），頁 22。

[†]高彥頤（Dorothy Ko）著，苗延威譯，《纏足：「金蓮崇拜」盛極而
　衰的演變》（台北：左岸文化，2007），頁 323。

[‡] Levy, Howard S. 1966. *Chinese Footbinding: The History of a Curious
　Erotic Custom*. NY: Bell Publishing Company. pp. 276-277.

[#]《台灣日日新報》1911 年 12 月 23 日 5 版，廣告。

[◎]《台灣日日新報》1918 年 4 月 6 日，「纏足者戒」。

[§]《台灣日日新報》1907 年 6 月 26 日，「植亭漫評」。

令，往往成了相關報導或政令宣傳的開場白。另一方面，它又提供了相對容易的自我救贖機制：包括女人的解纏足，或男人的剪辮和換西服，都被視為洗刷汙名、消弭羞恥的「認同升等」動作。因此，即使是原來崇拜小腳、非小腳女子不娶的男子，只要受到「啟蒙」，放棄對小腳的追求，便仍可擁有「文明頭腦」的新認同。例如，一位大約在 1900 年前後如願娶得「台南第一小腳」姑娘的青年，六、七年後就反對自己的女兒接受纏足。這也正是社會超我結構改變的一個例證，因為纏足已經從榮耀逆轉為野蠻。這位青年因為阻止纏足施加於女兒身上，從而洗刷了從前誓娶第一小腳的汙名，後來還被他的外孫女稱為「思想新潮」人物。*

就歷史變遷的結果而言，許多解纏足者是在 1910 年代初期「男剪辮、女解纏」的呼籲，以及保甲制度造成的多重社會監控壓力之下，除去了她們的裹腳布。簡單地說，在這個歷史過程中，「纏足」與「解纏足」成為身體政治的權力浮標，女性的私密身體不但淪為帝國施行規訓和懲罰手段的對象，同時又是證成帝國「教化」政績的從屬他者。由於「洗刷汙名」在反纏足論述中占據著一個相當核心的位置，我們也可以發現，解放纏足與其說是一項女性自覺的成就，毋寧說是架構在帝國主義、殖民主義、國族主義和國家主義等「霸權式的現代性概念」之下的「父權利益」副產品。

作者：苗延威（國立政治大學社會系副教授）。原文收錄於《台灣社會研究季刊》2013 年 6 月 91 期。本文經作者刪節。

＊林瑞美，〈柚柑好尾味〉，收入江文瑜編，《阿媽的故事》（台北：玉山社，1995），頁 235-237。

第四章

女性情慾和同女發聲

22.

異性戀愛情

"Love", *The Dialectic of Sex*, 1970

舒拉米・費爾史東（Shulamith Firestone, 1945~2012）

費爾史東出生於加拿大（後移居美國）的猶太家庭，自幼生活在父親重男輕女的高壓、父權統治之下（例如，要求女兒幫兒子鋪床）。而個性頑強的她也劇烈反抗（例如，互相威脅取對方性命）。年輕時又為逃離男友暴力從芝加哥遷居紐約。

1967 年勞工節，左派政治團體在芝加哥舉行「全國新政治大會」（National Conference for New Politics），訴求團結，主席卻在討論會議結論時拒絕納入性別平等議程。五位憤怒的女青年衝向講台，主席竟拍拍其中一人的頭說：「下去吧，小女孩，我們有比婦女解放更重要的事要討論。」這個「小女孩」就是費爾史東，她後來與傅里曼共組西團（頁 346），提出婦女解放（women's liberation）的主張。

到紐約後，她參與組織紐約激進婦女（New York Radical Women）等引領風騷的運動團體，出版刊物和策劃各種抗議活動，其中最廣為報導的是反對美國小姐選拔。費爾史東充滿激情和動力，被圈內人稱為「火把」、「火球」。她說：「女性主義

革命的目標和第一波婦運不一樣，不只是要消除男性特權，而是要根本消除性別差異（sex distinction），性器官不同不應造成文化差異。」

費爾史東積極投身婦運僅三年時間，之後便因團體內部的鬥爭和個人健康因素而銷聲匿跡。2012 年死後數日才被發現，她的紐約公寓內沒有一點食物。

《性的辯證》為其最為人所知的代表作，書中所預期的新社會：人工體外生殖、集體生活取代個別家庭、受虐兒童立即移出施暴家庭等主張，至今已有部分實現，但 1970 年代本書在婦運內外都毀譽交加，並有人從集體主義觀點要求共享著作權。傅里曼在費爾史東的追思會上說，她像是一顆閃亮的流星，發出耀眼的光芒，可惜一閃即逝。然而她的出現仍然照亮了許多人的生命。

以下這篇文章摘譯自《性的辯證》中的一章〈異性戀愛情〉，費爾史東援引佛洛依德和馬克思的分析架構，將文化與自然、理與情、成就感和歸屬感分別視為對立面。男性重視文化、理性和成就感；女性則常與自然、情感和歸屬需求並列，實際上兩方面都是社會和個人生活不可或缺的面向，前者為上層架構，後者為下層架構（基礎），然而在女性主義興起以前，下層架構從來隱而不顯，無人分析。女性主義幫助我們更為完整地思考人與社會。（顧燕翎◎撰文）

一本激進女性主義的書如果沒有討論異性戀愛情，就性政治而言可說是一大敗筆。因為今天女性所受的壓迫，愛情或許比生

孩子更關係重大。我明白這麼講有點危言聳聽：難道我們要擺脫愛情？

女人因為愛情面臨威脅而感覺恐慌，顯示了愛情具有政治意涵。另外一個顯示愛情是女性分析或性心理學核心的徵兆，則是愛情沒有被歸入文化，與邏輯無關，而是被貶入「私生活」領域。沒錯，小說裡描寫過愛情，甚至形上學也有，但僅只限於描述，頂多是重構，卻缺少分析。從來沒有人去理解愛情，卻能盡情體驗愛情，傳達其中的經驗。

缺乏分析是有原因的：**女性與愛情都屬於基礎物件，一旦認真檢視，難保不動搖上層文化的根本架構。**

問題雖然老掉牙：「男人在創造傑作的時候，女人在做什麼？」卻需要深刻的答案，而不只是：女人因為母職，受到剝削，被文化拒於門外；或是反過來：女人不需要繪畫，因為她們能創造生命。愛情與文化的關係遠比這種關聯更深刻。男人思考、書寫、創作，因為女人把精力傾注在他們身上；女人沒有創造文化，因為她們全心全意去愛男人。

沒有人懷疑女人為愛情而活，男人為工作而活。佛洛依德首先把這二分法植入心理分析中：男孩被性愛的第一個對象——母親所拒，被迫「轉化」自己的「性衝動」或性（生命）能量去長期不斷追求事業，希望能以更被社會接受的形式獲得愛情，因此他以對認可的需求取代對愛情的需求。女性通常未經過這種〔被拒絕的〕生命歷程，因此從未停止尋求他人直接的溫暖與讚賞。

「每個男人背後都有一個女人」、「女人才是造王的背後主力」也頗有道理。（男性）文化建立在女性的愛情和犧牲奉獻之上。女性提供了男性傑作背後的最重要支撐；千百年來，她們為單向的情感關係做盡一切，付出代價，卻由男性獲得好處，榮享

成就。所以如果說女性寄生於男人，活在男性經濟邊緣，那麼倒過來說也沒錯：**（男性）文化過去是現在也還是寄生於女性，吸取女性的情感力量卻不必互惠。**

尤有甚者，我們往往忘了我們的文化並非一體適用，其中是有分別的，我們表面上看到的只有一半。文化架構中性別兩極化無所不在，在所有層面上都由男性社會主導，為男性利益運作。儘管男性這一半被稱做文化的全部，男人並沒有忘記文化中其實還有女性的「情緒化」的另一半：他們暗中偷偷過那一半生活。他們抗拒自身的女性成分，以致無法慎重看待愛情，將之當作文化來面對，然而他們也沒有辦法全然放棄愛情。愛情是（男性）文化的軟肋，正如愛情是每個男人的弱點，因為他們太想在廣大的男性世界的探險裡展示雄風。女人一直都知道男人多麼需要愛情，又多麼否定這種需求，這或許說明了為何女性普遍覺得男人很蠢，因為她們看出自己的男人在外面裝腔作勢。

……

以下為精神分析家雷克（Theodor Reik）記錄他的男女病患如何談論自己的愛情生活：

【女】

後來他叫我甜姐兒……我沒回答……我能說什麼？……但我知道我根本不是甜姐兒，他把我當作我不是的那種人。

沒有男人能像女人愛男人那樣去愛女人。

我可以很久沒有性，但不能沒有愛情。

我有時覺得天下男人都為性抓狂、都很飢渴。跟女孩在一起的時候只想上床。

除了身體，我沒有什麼可以給這男人嗎？

我脫掉衣服和胸罩，躺在床上等他。有一刻我覺得自己簡直就是在祭壇上的牲口，等待獻祭。

我不懂男人的感覺。我老公已經有了我，為什麼還需要其他女人？她們有什麼我沒有的？

我先生幾次外遇後，我幻想找個情人。有何不可？既然他可以，我也可以……但是我太傻，天生沒本事搞婚外情。

我問過好些人，男人有時也會哭著入睡嗎？我不相信。

【男】

說女人只有外表重要並不全對，內衣也很重要。

搞上女孩不難，難在收尾。

有女孩問我在不在乎她的心靈，我很想說我更在乎的是她的屁股。

「你要走了？」她說著睜開眼睛，不管是過了一小時還是兩天，在臥室裡都是這千篇一律的老調。

或許需要騙女人，假裝愛她，但何必騙自己？

她生病會讓我性趣全失，但我生病卻會讓她心疼，比平常更有愛心。

老婆嘰嘰呱呱講個不停還不夠，她竟指望我聽進去。

西蒙·波娃說：「兩性對愛情的理解截然不同，以致產生差異，常常互相嚴重誤解。」上述的例子說明了戀愛中男女的傳統差異，常聽到的「雙重標準」，大家通常認為：女人喜歡一對一、願意付出、想占有男人、「黏人」，覺得深刻的「關係」比

性愛重要，她們常把情感跟性慾搞混了。而男人只對性交有興趣，不然就是將女人過度浪漫化；一旦到手，他們就變成惡名昭彰、永不滿足的浪蕩子；他們把性誤認為情。這些全都證實了先前的討論——兩性性心理的差異，緣自嬰兒與母親的關係。

從以上我們得到三個結論：

1. 男人不能愛。（男性賀爾蒙？女性多半預期且接受男人沒有情感，卻無法忍受女人這樣。）

2. 女人的「黏人」起於她們的客觀社會處境。

3. 這種處境從古至今沒有太大改變。

男人不能愛。我們看過為何男人很難去愛，即使愛了，通常也是「掉入愛情」——帶著他們自己投射的形象。他往往今天猛敲女家大門，隔天就徹底感到幻滅；但女人很少離開男人，真要離開的話，也總是需要非常充分的理由。

對壓迫自己的人心生憐憫十分危險，這是女人特有的弱點，不過接下來的討論中我打算這麼做。沒有能力去愛的人並不好過。這個過程如下：一旦男人感受到對方要求承諾的壓力，他就緊張了，可能做出以下反應：

1. 他可能會跑出去跟另外十個女人上床，證明第一個女人並沒有困住他。如果她沒有異議，他可能會繼續跟她約會，由另一個女人來證明他仍擁有（虛假的）自由。偶爾爭風吃醋也可以平抑他的恐慌。但女人都是紙老虎，反正她們之間不會發生什麼大不了的事：他讓她們彼此制衡，誰也占不到太多上風。聰明女人知道這只是控制男人焦慮的安全閥，寧願放長線拴著他，因為所有關於別的女人的爭執，真正的問題都在於男人不敢承諾。

2. 他可能會變得難以預料，經常放她鴿子、說不定下次約會

的時間、告訴她「我工作優先」，反正總是有一堆藉口。換言之，儘管感受到她的焦慮，他也不想讓她安心，甚至不承認她有道理。因為他**需要**女人焦慮，才感到自己仍然自由，大門還沒關上。

3. 一旦不得已**被迫**做出許諾，他會讓她付出代價：當著她的面向別的女人送秋波、說她比不上前任女友或者明星、在朋友面前嘲笑她綁住了自己，說她「嘮叨」、「婊子」、「潑婦」，或者暗示還是單身比較好。他露出自己對於女性「低人一等」的矛盾心態：給了承諾，似乎也多少認同了自己所厭惡的女性身分，因此需要一再否認才能護住他在（男性）群體內的自尊。持續的貶低也不完全是假裝：因為突然之間，別的女孩個個看起來比較好，他忍不住覺得自己是否錯過了什麼──當然都該怪這個拴住他的女人，他可從未放棄尋找理想，都是她逼的。他大概至死都感到上當了，卻永遠沒法懂得，其實這個女人跟那個女人並沒有多大差別，是愛情**創造**了差別。

　　戀情剛開始的緊張激動有許多不同的形式，很多男人從一段偶遇飄泊到下一段，每次一打到火熱就抽身離去。然而到頭來證明，男人終究無法忍受沒有愛情的生活，和女人並無二樣。於是每個正常男人面對的問題剩下：**我如何找到一個女人愛我，卻不要求我同樣愛她？**

　　女人會「黏人」是客觀社會環境造成的。男人一想到互許承諾就抓狂，女性的回應則是發展出細膩的操縱手法，想方設法逼迫男人做出承諾。幾百年來母女之間密謀策略、加以測試，代代相傳，從前的女人相約「喝咖啡談心」，現在則是掛在電話上。這些談話根本不是雞毛蒜皮的閒話（女人希望男人這麼想），而

是極重要的生存策略。大學女生在電話上聊男人一小時，裡面的真知灼見勝過課堂所學，也勝過男人的許多政治操作。難怪即使那些沒有「家庭義務」的少數女人，好不容易到了事業起跑點時早已筋疲力竭。女人需要投入全副精力，耗掉一生最好、最有創造力的那些年，才能「找到好對象」，之後還得花上大半餘生去保持成果。（「戀愛可以是女人的全時工作，就像男人的專業一樣重要。」）退出賽局的女人便也同時選擇了沒有愛情的人生，大多數男人卻沒有勇氣做這樣的選擇。

摘譯：顧燕翎（本書主編）。

23.

情慾之為用：情慾的力量

The Uses of the Erotic: The Erotic as Power, 1978

奧菊·羅德（Audre Lorde, 1934~1992）

　　羅德自稱「黑人、女同志、母親、戰士、詩人」，從小就是不合眾的怪胎，終生與種族歧視、性別歧視、階級歧視和恐同戰鬥。她最常被引用的名言是：「主人的工具拆不了主人的房子，他們可能允許我們暫時在他們的棋局中獲勝，卻絕不會協助我們創造真正的改變。這事只會對那些仍然將主人的房子視為唯一支柱的女人形成威脅。」她主張邊緣人應利用自己的差異性，將之轉換為力量。她也從女性主義角度闡述情慾的力量，將之賦予性活動之外豐富的新意，是具有創造力的生命量能、享受愉悅的無礙勇氣、分享成就的快樂。此文在本地婦運界引起很大共鳴，曾一再被引用。（顧燕翎◎撰文）

　　在本文一開始，羅德即指出，情慾是根植於每一個人身上的資源與力量，但每一種壓迫為了其本身的延續，都必須極盡所能

去腐蝕、扭曲被壓迫者足以從事改革的各種力量，這當然包括對女人情慾的壓制，因它富有提供女人力量與資訊來源的無限潛能。

女人一向被教導要去質疑這種資源，去毀謗、凌虐或貶抑它。西方社會一方面膚淺的情色標誌了女人的次等地位；另一方面又讓女人因情慾的存在而受苦，並且感到卑賤而自我懷疑。這種負面的感覺很快就會變成錯誤的信念，以為只有透過壓抑日常生活與意識中的情慾，女人才可能強大。但是這種通過壓抑所得到的力量是虛幻的，它是在男人權力模式的脈絡中形成的。

男性世界不斷告誡女人要在生活中抗拒情慾，造成女人不相信從自己最深沉以及非理性的知識中衍生的力量。男性世界並非不重視情感，但他們處理情慾的方式卻是要女人環繞在其周圍，控制她們，讓她們為其服務利用。但同時，男人也害怕面對女人情慾的深度所引發的種種可能，所以女人總是被維持在有距離的、次要的位置上，以便持續地被男人榨取，就如同工蟻維護著蚜蟲的群落，以供給牠們主子的生存所需一般。

所幸，並非所有的女人都屈從於此。對於既不怕展露情慾，也不以感官經驗為滿足的女人來講，情慾是補充能源的加油站，也是刺激提神的興奮劑。一旦經歷過，就會了解並熱切渴望那種內在的滿足感。只要經驗過完整的深情並認識它的力量，女人便能夠以驕傲和自尊之姿向自身索求情慾。

情慾不僅僅關乎我們做什麼，它更關乎當我們在做什麼時，如何深刻與完整感受到什麼。一旦可以享受到那種滿足感與成就感，就可以觀察出在生活當中，到底哪些東西可以帶領自己更加接近那種境界。

我們所做的每一件事情，都是情慾的慶典，也都為了使自己

以及子孫的生命變得更豐富，更有可能性。工作因此成了一種有意識的決定——一個渴望已久的溫床，可以讓人愉快地入睡又可以從中充滿能量地起身。當然，如此充滿情慾力量的女人是很危險的。所以，除了性之外，女人也被教導要從生活其他重要的領域中去除這種情慾需求。

以利益而非人類基本需求來定義價值，或者排除心理與情感因素來定義人類需求的任何體制都很可怕。它最可怕之處在於把情慾的價值與力量以及生命的喜悅與滿足從我們的工作中剔除了。工作因此被化約為一種不得不為的拙劣表演、一種義務，完成這個義務我們就可以賺取麵包，並且遺忘自己以及所愛的人。然而，羅德認為，這無異於蒙住畫家的眼睛，然後叫她努力工作同時享受作畫。這不但是幾乎不可能的事，而且簡直是殘酷極了。

羅德強調，做為女人，我們必須去嘗試各種不同的生活方式，必須重新評估我們在生活與工作各方面的品質，並思考如何前進以及超越，才可能讓我們的世界有所不同。

人類歷史早就發現並肯定情慾的存在。情慾（erotic）這個字源自希臘的愛慾（eros），自古便是實現愛情、實現創造性力量以及協調融洽的意思。羅德認為談論情慾當然應該包括女人，情慾是對女人生命力的一種肯定；一種被賦予力量的創造性能源；一種應在語言、歷史、舞蹈、愛情、工作與生活之中重新培養的知識及其實踐。

「色情」（pornography）與情慾經常被混為一談，其實兩者是兩種對「性」的對立使用。正因為這樣的使用，一般人會將精神層次（包括心靈與情感）的東西與政治（與精神相對立的物質世界）區分開來，視它們為相互矛盾或對立的。精神與政治

（物質）的二元分立是錯誤的，起因正是我們對於情慾知識的不夠重視。因為連結精神與政治的橋梁是由包括感官在內的情慾所形成的——那些存在於我們每一個人內在最深、最強、最豐富的情慾，它表現在身體、情感與心靈上，同時也是可以被分享的。用最深刻的意義來說，就是愛的熱情。

羅德指出，情慾的用途很廣，其中最重要的是提供力量。這種力量來自於深刻地與他人分享。無論是身體的、情感的或知識的，分享的喜悅會在分享者之間形成一個橋梁，促進彼此的了解，也得以減低因為差異所帶給彼此的威脅。

另一種方式，是開放並無畏地強調我們享樂的能力。如此，我們的身體才能真正投入音樂並且開放地去回應，聆聽它最深沉的韻律，讓每一個感官感受都能達到情慾化的滿足經驗，不論是舞蹈、做一個書櫃、寫一首詩或者出一個點子。

那種深刻而不可取代的享樂能力和知識必須從自我的生命中索求。也就是相信「滿足是可能的」，根本不需要向婚姻、上帝，或到死後來生去乞求。

為人熟知、後來並一再被引用的「情慾小黃球」的故事，是羅德在本文中對情慾最絕妙的譬喻。她說，二次大戰期間，人們會買一種用塑膠袋密封起來的，白而未染色的人造奶油，裡頭會附贈一個很小的、濃縮過的小黃球。人們會先把人造奶油擺著等它變軟，然後將小黃球捏碎到袋子裡，讓濃烈的黃奶油汁滲透到軟白的人造奶油中，再小心地將它放到指尖來回地搓揉，一遍又一遍，直到顏色浸遍了整包人造奶油，徹底地染黃為止。

情慾就像人身體內的小黃球一樣。那強烈而濃縮的汁液一旦釋放出來，就會像能量般神奇地流遍並且渲染一個人的生命，使所有的經驗益發重要、益發敏感，而且更強而有力。

長久以來，女人被教養成害怕去面對自己心中那強烈的渴望
——「要！」的聲音。對個人慾望的恐懼使之變得可疑而強大，
壓抑真相的後果也只會使得它變得更強大。因為害怕無法超越自
己內部的扭曲，使女人變得溫順、忠誠以及服從由他人定義的人
生，更甚者，它使得女人甘於接受各種壓迫。一旦認清了這個真
相，那些無助於女人未來的恐懼，就會失去力量而變得可以改
變。

　　當女人仰賴外在指令而非自己內在的知識與需求而活，當女
人遠離內在的情慾而活時，生活就會被外在的、異化的形式所限
制，並且順服於外在結構的要求。但是當女人由內而外活，從內
在連結情慾的力量，並且試著將那種力量化為行動並對周邊產生
影響時，女人便開始深刻地為自己負起了責任。因為唯有女人能
認知自身最深沉的感情時，必然就會放棄外在世界加諸的痛苦與
自我否定的感覺，擺脫那經常纏繞的「麻木感」，那是過去外在
世界所提供的唯一出路。對抗壓迫的行動力，必須發諸自我，由
內產生，由內獲取。

　　擁有了情慾，女人就會變得比較不願意去接受無力感，以及
像是放棄、絕望、自我隱沒、沮喪或者自我否定等感覺。

　　雖然情慾的確有層次之別，譬如，油漆後院的圍牆與寫一首
詩之間是有差別，然而那只是量的差別罷了。經常，寫一首好詩
與緊偎著心愛的女人的身體走入陽光下之間是沒什麼差別的。

　　最後，羅德提醒女人，分享彼此感情的力量，並不是像用衛
生紙一樣地利用別人的感情。當我們分享經驗卻心不在焉時，就
是在利用而非分享感情。女人想要有效利用情慾，必須先認可情
慾經驗。在個人權力成長過程中忽視了情慾、或在與他人共同滿
足情慾經驗時心不在焉，就是把彼此當作慾望的客體，而非在滿

足中共同分享愉悅的主體，也沒有因此而發現彼此的異同。

　　作為黑人女同性戀女性主義者的羅德，自言對於那些曾經熱烈共舞、玩耍，甚至戰鬥的姐妹們有著一種特殊的情感、認識與了解。她深信，因之所產生的深刻參與感，是女人連線行動的基礎。過去，在男性傳統下奮鬥求生的女人之間，這種情感的交流分享不僅不容易、更經常是不可能的。

　　但現在，只要有愈來愈多女人認同女人，能夠勇敢並且願意去冒險分享情慾的電力交流，不忽視或扭曲那種交流所帶來的、強而有力的創造性特質，就能產生改變世界的能量。女人不只要觸及屬於情慾、最深刻的創造力來源，還要正視那處於種族歧視、父權體制，以及反情慾社會之中的「女人特質」，並且肯定它。

　　　　　　　譯寫：孫瑞穗（自大學時代長期參與台灣婦
　　　　　　　運，著有《指間上的敲打樂：性／別文化評論
　　　　　　　集》等）。
　　　　　　　刪修：顧燕翎（本書主編）。

24.

強制異性戀與女同性戀存在

"Compulsory Heterosexuality and Lesbian Existence",
Signs 5(4), 631~660, 1980

安菊·芮曲（Adrienne Rich, 1929~2012）

　　芮曲是詩人、作家、女性主義者：本文是她代表性作品之一，文中她以女同志身分發言，指女人原初的性慾傾向應是同性的，父權社會強制的異性戀機制迫使女同性戀經驗隱入地下，形同「失常」。芮曲一方面批評異性戀的強制性，一方面提出「女同志連續體」概念，主張同女、異女實為連續體，只要女人認同女人，合作破除異性戀霸權，所有女人都可稱為女同志。不論同、異，只要是女人，都需認清強制的異性戀無所不在，並且在抵制中壯大自己，但也被批評連續體的定義過於寬泛模糊，政治立場不夠明確，受到同女陣營批判。另外，她的反色情立場則被指妨礙女同志另類情慾的實踐。（顧燕翎◎撰文）

芮曲選擇「女同性戀存在」（lesbian existence）和「女同性戀連續體」（lesbian continuum）這樣的術語是因為「女同性戀主義」（lesbianism）一詞具有臨床醫學的、狹隘的色彩。女同性戀的存在既囊括了事實又體現了歷史，還包含我們對這一存在含義的不斷理解。女同性戀連續體是指各種女人認同女人的經驗，貫穿個別女人的生命也貫穿歷史，不限於女人想和另一個女人性交的慾求，還可以擴充到更多形式的女性間存在的強烈感情，如分享豐富的內心生活，結合起來反抗男性暴力，互相提供物質支持和政治援助；甚至包括對父權婚姻的反抗。這兩個名詞涵括了女性歷史和女性心理的深義，遠超過帶有診療意味的「女同性戀主義」的局限性。

　　女同性戀的存在包括打破禁忌、反抗壓迫和反對男人侵占女人的權力。開始時我們也許認為它只是反父權的一種行為，但其實也包括了對抗女性的受孤立、自暴自棄、墮落、嗜酒、自殺及婦女內部的暴行；女同性戀把社會不允許的、受到嚴厲懲罰的愛情和行為浪漫化，必須承擔風險；女同性戀的存在和猶太人的存在和天主教徒的存在不同，雖然都是受迫害的少數，女同性戀卻連點傳統、一點連續體、一點社會基礎也沒有。毀掉女同性戀存在的紀錄、文件和信札，是強迫女性長期只知道和只接受異性戀的一種手段。女同性戀者需嚴肅對待這個問題，因為不知道的不只是罪惡、自我出賣和痛苦，還有歡樂、快感、勇氣和團結。

　　芮曲說，女同性戀者在歷史上一直沒有政治生命，只被視為男同性戀的女性變體。因為同樣受到誣衊，而把女同性戀和男同性戀相提並論，是對女性存在的再次否定和抹煞。把被誣衊為「同性戀」的婦女從女性反奴役的複雜的連續體中分裂開來，是對歷史的歪曲。女同性戀在歷史上沒有自己的團體，以致她們的

社會生活和目標與男同性戀者看似重疊。但其中的男女差異是存在的；相對男性來說，女性缺少經濟和文化特權；性關係方面也有不同的價值觀和忠誠度，例如，男同性戀者盛行匿名性行為、偏愛年輕男人等，都與女同性戀有所區別。芮曲認為，女同性戀的經歷，如同做母親的經歷一樣，是深切的女性經歷，有其特殊的苦惱、意義和可能性，如果簡單地與其他受蔑視的性關係混為一談，就無法理解女人的特殊感受。正如「親職」一詞無法取代母職，「同性戀者」也不宜男女混搭，而掩去女同在女性主義以及女性自由上的立場。

由於「女同性戀」一詞在父權社會容易產生狹隘的、病態的聯想，女性之間的友誼和同志情愛劃清了界線，連帶使得情愛本身的意義也受到限制。但是，隨著對女同性戀定義的深化和開拓，隨著女同性戀連續體浮出地表，女性情愛的豐富性也被看到：譬如身體的每個部分或身體本身皆感到自在；四處綻放的活力；抗拒屈從、絕望、畏縮……的無所不能的快樂……

芮曲首先提出女同性戀連續體的概念：所有的女人都生活在一個女同性戀的連續體中 —— 從吸吮母親乳頭的嬰兒，到從哺乳中體驗情慾高潮快感的成年婦女，她們也許是在自己的乳汁裡回味母親的奶味；到兩個並肩工作的女人可能發展的姐妹情誼；到那被女人觸摸、照料的即將嚥氣的九十歲老婦，我們可以發現自己不斷地進出於這個連續體，不管我們是否把自己看成女同性戀者。芮曲想到女性身分的諸多方面，像八、九歲女孩間無猜的、親密的友誼；像十二、十五世紀女修道者，她們成群地「在貧民區同住一室，相互租借、把房子遺贈給同室的人……」，她們靠當紡織工人、麵包師、護士或為女孩創辦學校度日，她們終於掙脫了婚姻和女修道院的束縛。還有公元前七世紀以薩孚為中心的

婦女學校中聞名遐邇的「女同性戀者」；非洲婦女中的祕密婦女社團和經濟網絡；中國廣東絲廠中的拒絕婚姻的金蘭契……

最後，芮曲比較美國十九世紀白人女作家埃米莉‧狄金森及二十世紀黑人婦女天才佐拉‧赫斯頓所採取的策略。狄金森未結過婚，但與男性維持微妙的知性交情，她父親是位紳士，她在家中過著修女似的生活，給她表姊休‧吉爾伯特寫了一輩子熱情洋溢的信，給她的朋友凱特‧安東也寫了一些類似的信。赫斯頓結過兩次婚，但都很快就離開了丈夫，她匆匆忙忙從佛羅里達到哈林區，接著又到哥倫比亞大學和海地，最後又回到了佛羅里達，一會兒獲得白人的資助，一會兒窮困潦倒，一會兒成功，一會兒失敗；她只跟女人有不可或缺的關係，跟她母親是這種關係的起點。這兩位情況迥異的女性都反抗婚姻，都被認為「不關心政治」，她們都受知性男性的吸引，然而兩人皆靠女性維繫生活的喜悅與力量。

譯寫：鄭美里（曾任女書文化出版主編，現為社區大學講師）。

女人不是「天生」的

"One Is Not Born a Woman"; "The Category of Sex",
The Straight Mind and Other Essays, 1980

===========

莫尼克‧維蒂格（Monique Wittig, 1935~2003）

　　維蒂格是法國女同志運動和女性主義運動核心人物之一，也是同時以英、法文寫作的重要理論家和多產的作家，1976 年移民美國，任教於多所大學。她主張唯有廢除性別分類，個人認同和性慾解放才得以完成。男女之分只存在於異性戀系統，在此系統中，女性常模由男性認定，為男性服務。女同志運動的目標在消滅異性戀體制，女同志不接受男性規範，不承認（男性訂立的）性別分類，所以不是女人。

　　許維真這篇介紹性文章綜合了維蒂格 1980 年出版的《異性戀思維及其他文章》中兩篇文章的重點。（顧燕翎◎撰文）

〈女人不是天生的〉；〈性／別〉　　許維真◎譯介

　　我記得在英國讀書時，某個老師講的一個小故事：她念幼稚

園的小女兒一天回家,告訴她今天在學校交了個新朋友。之後小女兒照慣例每天繞著媽媽說她跟新朋友說了什麼話、玩那些遊戲……,媽媽也不以為意。有天小女兒帶著新朋友回家一起玩,是個可愛的黑人女孩。媽媽有點納悶為何女兒從未提到她的新朋友是個黑人這件事,撐到第二天早上媽媽終於忍不住問小女兒,小女兒想了想回答說:喔,我沒注意到耶。這樣的回答讓老師開始思考她問的問題是否太多餘,將一個原不存在小女兒腦海裡的類別,硬是給召喚出來。

性別與種族:社會建構的結果

性別、膚色、種族、階級……這些深植於我們語言架構與思考體系中的分類,根據維蒂格的說法,是歷史而非自然的產物,是政治壓制的必要機制。而由於宰制者「將歷史自然化了」,將不必然的社會關係轉變成自然秩序的結果便是掩蓋了其間的對立與衝突。

> ……這種類別,其作用在於隱藏一件事,及社會差異永遠是經濟的、政治的、意識型態的。每一種宰制制度都會在物質與經濟的層面建立差異與區隔……,這些差異將先被主人們抽象化,化為概念……(主人)將特定差異說成是自然差異的產物,藉以達到解釋與合理化的目的。(維蒂格,〈性/別〉)

如此一來,宰制者的利益便可透過語言、經濟活動、政治權力等社會行為一再被正當化到無可撼動的地步,甚至連思考本身都被「差異/區別的優先性」所建構,以致完全不能自省,不能

自我質疑。

　　維蒂格在〈女人不是「天生」的〉一文中舉出紀勞敏（Colette Guillaumin）關於種族概念的研究，指出在黑奴經濟制度形成前，現代社會所認知的種族觀念並不存在。她轉而點出當代對性別的認知，一如對種族的認知，都是一種「想像的締造」，我們透過社會關係網路去看、去處理身體諸多中性無色彩的特徵，然後表意系統強迫我們與這些被自然化的概念一一對號入座。因此，她贊成西蒙·波娃「女人不是天生的，而是變成女人」的說法，並主張是宰制機制創造了生理性別，「女人」和「男人」不是自然性別下的存有（being），而是一種社會階級，是「政治與經濟上的類別，而非永恆的」。

消除性別才能消除性別剝削

　　所幸，被層層自然化的社會差異與歷史現象，與建築於其上的宰制思想並非完全無法拆解。維蒂格認為改變的契機在於各類別中所出現的衝突與反抗，如果沒有第一波的婦女運動，女人現在也許還不能明瞭自己被宰制的事實，進而反抗以改善婦女的處境。她舉階級鬥爭在揭示階級的同時，才能進行消滅階級，解除階級間的對立矛盾為例，主張如果要全面破除「女性」受壓迫的現實，必先消除「性別」此一基本範疇（the category of sex）。

> 單數的「女人」並不是單個的我們，而是政治的、思想的產物，用以否定複數的女人（剝削關係的產物）……，（並）掩蓋複數「女人」的現實。為了意識到女人是一個階級並形成一個階級，我們必須首先粉碎「女人」的神話，包括其中最誘人的方面。

維蒂格所指的最誘人的方面，也是她抨擊最烈的「女人神話」：相信女人有異於、優於男人的特質，並捍衛此一信念。她認為「女人神話」不但無助於消滅女人作為社會階級的被壓迫現實，反而更加強化男／女這個類別的概念。她並在〈性／別〉一文中提到性（別）的類別是將社會建構為異性（戀）體制的政治類別，是以與男人特殊的社會關係來定義女人，也就是在激進女性主義所謂的異性戀霸權父權體系中，宰制性別與被宰制性別的關係。

女人是性別剝削下的產物，而父權體系為了讓女性繼續對男性提供經濟服務、性勞動與再生產（人種，也就是異性戀社會）等義務，必須強化男／女這個類別，因為這是女人無法脫離的一種分類。這樣先行於語言的分類，讓所有的女人不可避免的被性（別）化了，我們完全無法在性（別）之外想像女人，一旦有人想逃逸或是挑戰這樣的性霸權，最好別大張旗鼓，否則輕者被貼上「不是真正的女人」標籤，重者喪失自由或生命，如男人強暴女同性戀以圖「矯正」等駭人聽聞的暴力行為，在異性戀霸權的父權社會中時有所聞。

> 性（別）的類別是極權獨裁的。它有自己特有的裁判所、法庭、調查庭、律則，它的恐怖、刑求、殘暴、極刑，它的警察。它同時形塑著思想與身體，因為它控制所有的思想產品。（維蒂格，〈性／別〉）

如果女性的被奴役與被壓迫透過性別的分類運作，維蒂格提醒我們必須越過性別來思考，在將性別自大家習以為常的偽自然秩序回歸成一種社會現實時，同時將其摧毀。當其間宰制關係消

失時，便沒有主人與奴隸的差別，同理也沒有男人女人的差別。

女同性戀：無性別社會的先行者

自 1960 年代以來，女同性戀分離主義的政治意涵，不但讓不少不滿異性戀霸權的女性找到新的認同點，女同性戀的性別政治認同，讓性別的消弭聽起來不再只是像遙遠的夢想。維蒂格指出女同性戀是唯一存在於性別分類之外的觀念，因為女同性戀拒絕異性戀以逃避、甚至挑戰異性戀霸權，而異性戀霸權正是區分所謂性別範疇的陰謀者與受益者。

> 拒絕做異性戀，不論有意無意，總是意味著拒絕扮演成
> 為男人或女人。對一個女同性戀者來說，這不僅是拒絕
> 扮演「女人」的角色，也同時拒絕男人在經濟、思想和
> 政治上的權力。

由於女人的定義受制於異性戀的思考體系與經濟活動，逃離異性戀霸權的女同性戀不受此層關係束縛，也就是說女人屬於男人，而女同性戀因為不屬於男人，所以不是女人。

不論在生產、在生產行為或性活動中，女人要脫離奴役的唯一途徑，維蒂格告訴我們，唯有摧毀性別並廢除建構於此一範疇上的異性戀機制才得以行之。跳脫性別範疇嚴密規範的女同性戀正是消弭性別並挑戰異性戀霸權父權社會的先行者，也拉近了無性別的社會的夢想。

譯介：許維真。

26.

論性：情慾政治的激進理論筆記

Thinking Sex: Notes for a Radical Theory of
Sexual Politic, 1984

蓋兒・魯冰（Gayle Rubin, 1949~2021）

　　魯冰於 1970 年代初參與美國婦運，1976 年就學期間在密西根大學協同創立激進同女社團（Radicalesbians）。此文發表於 1984 年美國女性主義者的性論戰期間，她站在「擁性」（pro-sex）陣營，與激進女性主義「反色情」（anti-pornography）陣營相抗，為女同志的 S/M（玩虐／扮虐）辯護，奠定了性及酷兒研究的基礎。她反對西方社會對性的負面態度和性慾的階層化，主張性慾有差異，但不應分高下，性別與性慾屬於不同的理論範疇，應該要分開討論，女性主義是性別壓迫的理論，不必然是性壓迫的理論。

　　2011 年她發表〈反思論性〉（Rethinking Sex）時，回答了受到質疑的有關兒童和性慾的問題，她認為這方面需要更多更深入的研討，也需要釐清處罰和保護的界線。（顧燕翎◎撰文）

……

　　女性主義與性之間的關係可說是錯綜複雜，因為性是兩性關係的連結點，女性所受的壓迫有很大一部分是源自性事而來、透過性事的中介，或者深植於性事之內。女性主義對於性這個主題一直有很高的興趣。女性主義有兩種性論述：其一指出女性的性活動受到了種種限制，性主動的女人也被迫付出昂貴的代價。這一傳統追求的是性解放（sexual liberation），那將造福女人，同時也造福男人。其二則認為性解放骨子裡根本就是男性特權的進一步延伸，此一傳統與保守派及反性論述相互呼應，並且與反色情運動並肩齊步，擊敗女性主義分析而暫時稱霸。

　　第二個論述傳統最完整的表達，就是反色情運動及其相關言論。持這種觀點的人也非常道德的指責其他的性觀點「反女性主義」。在這個架構裡，長期、親密、不分 T 婆、一對一的女同性戀關係，已經取代了婚姻內、生殖導向的異性戀，而躍居性階層的頂端。異性戀被貶到性階層的中間地帶，除此以外，其他都跟原來差不多。底層仍然一如往常盤踞著娼妓、變性、S/M、老少配等等。男同性戀的許多行為，一律在譴責之列。連自慰時的性幻想都被斥為陽具中心。

　　與其說這種性論述是研究性的「性學」，不如說它是研究魔鬼的「魔鬼學」。它竭盡所能的以最糟的眼光來看所有性行為，以最糟的例子來描述情慾活動，彷彿那是最具代表性的。它會拿出最噁心的色情片、最受剝削的娼妓來給我們看，引述最令人難以下嚥、最驚世駭俗的另類性宣言給我們聽。這種修辭法所描繪出來的圖像是錯誤百出的，裡頭的性醜陋至極。

　　此外，反色情論述也是捉拿代罪羔羊的大行動。它譴責的是非例行性的愛，而不是例行性的壓迫、剝削與暴力。這個魔鬼似

的性學將女人缺乏人身安全的憤怒，導向怪罪無辜的個人、活動與社群。反色情宣言總是暗示，性別歧視就是從商業化的性工業裡頭產生的，然後才影響到我們的社會。這在社會學上是有問題的。性工業不會是女性主義烏托邦，它只是反映出我們整個社會既存的性別歧視。我們必須分析、打擊性工業中的性別不平等，可是那並不意味就要消滅性交易。

同樣地，像 S/M 和變性者這些情慾少數也會有性別歧視之舉，但我們若隨機選出任何其他的社會群體，其性別歧視的機率恐怕是一樣的。說情慾少數骨子裡就反女性主義，實在是幻想。當今有許多女性主義文獻將女性所受的壓迫歸罪於性畫面的呈現、娼妓、性教育、S/M、男同性戀、變性等等，可是怎麼不去看看家庭、宗教、教育、育兒習俗、媒體、國家、精神科、工作歧視和同工不同酬呢？

最後，我們別忘了：這種所謂的女性主義論述，再創了一種非常保守的性道德。

反色情運動及其化身，總是宣稱她們代表整個女性主義發言，幸好這不是事實。性解放曾經是、現在也仍然是女性主義的目標。婦運或許曾經與梵蒂岡同一陣線地製造了一些開倒車的性論述，但同時，婦運也充滿活力與創意地為性愉悅辯護、捍衛情慾正義。為「擁性派」（pro-sex）的女性主義打前鋒的，包括了一些女同性戀發現自身的性經驗並不符合婦運對性的清教徒標準（主要是 S/M 女同志和 T 婆女同志）、不覺得抱歉的異性戀，還有那些深受激進女性主義影響、不會被修正主義路線打動的女人。雖然反色情的力量一直試圖剷除異己，但女性主義的性論述徹底兩極化了，仍是不爭的事實。

討厭的是，兩極化的情勢一旦出現，就會有人認為真相必然

落在兩極中間的區域。艾倫‧威利思（Ellen Willis）就很諷刺地說：「女性主義的偏見是男女平等，男性沙文主義豬的偏見則是女人什麼都不如男人。所以最沒有偏見的就是：真相介於兩者之間。」女性主義性論戰近來的發展，也出現了「中間派」，她們一方面避免落入反色情的法西斯陷阱，另一方面則追求一種「無所不容」的自由主義。雖然評論一個尚未完全成形的立場有其困難，但我仍要指出其中的問題。

這個逐漸浮現的中間派，植基於對論戰兩極的錯誤定位：它把雙方當作同樣的極端份子（extremist）。像盧比‧芮曲（B. Ruby Rich）說的，「因為渴望找一種語言來談性，所以女性主義者掉進了色情或 S/M 的小框框，框框裡狹窄而動彈不得，豐富的討論已成不可能。論戰碎裂成嘈雜的噪音。」沒錯，「女人反色情」組織（Women Against Pornography，簡稱 WAP）與 S/M 女同性戀之間的衝突，簡直像是幫派火併。但反色情運動應為此負起主要責任，她們始終拒絕討論基本問題。為了留在運動陣營裡，也為了對抗加諸其身的汙名，S/M 女同性戀必須一戰；但從沒有任何 S/M 女同志的發言人宣稱 S/M 優於別的性活動，或者主張人人都應該變成 S/M。除了為自己辯護之外，S/M 女同志追求的是對多元情慾的尊重，以及更開闊的性言論空間。要在 WAP 與 S/M 女同志之間找中間點，就像相信同性戀的真相會落在「道德多數（Moral Majority）*」與同性戀運動之間一樣的荒謬。

在政治圈裡，將激進份子邊緣化、把別人說成極端份子、以「中庸」自居來博取大眾的接納，都是輕而易舉的。多年來，自

＊譯按：美國著名的保守右派組織。

由主義者都是這樣對付共產主義者的。性激進派開啟了這場性論戰，若還要否認其貢獻、扭曲其立場、加深其汙名，那真是可恥。

文化女性主義者（cultural feminist）想乾脆消滅性異議份子，性中庸派並不是這樣，性中庸派主張：情慾出軌人士也應有政治參與的權利。然而性中庸派提出的辯護理由，卻隱約透露出一種意識型態上的憐憫。她們的理由有兩點：第一，她們指控性異議份子對於性的意義、緣起以及歷史建構還不夠用心。其效果跟討論同性戀的時候強調「病因學」的效果一樣。也就是說，同性戀、S/M、娼妓或戀童，都被當作充滿神祕與疑問的行為，而受到肯定的性活動就不會被這樣看。尋找成因，也就是在尋找某種改變之道，使這些「問題情慾」從此不再出現。鬥志昂揚的性激進派對此的回覆是：雖然「病因學」的問題引起人探求知識的興趣，但在政治議程上它並不重要，而且，汲汲於探討「病因」這類的問題，本身就是一種政治上的退步。

「性中庸派」的第二個觀點是同意的問題。性激進派一向主張，凡是雙方同意的性行為，都應該得到法律與社會承認的正當性。女性主義者則批評此說迴避了「同意權的局限」、「同意權的結構性限制」等問題。雖然同意權的政治論述確實有些深層的問題，性的選擇也確實有其結構性限制，但這個批評用在性論戰裡卻是用錯了。同意權在性法律與性活動裡面有其特殊的語意內涵，這個批評卻沒有對症下藥。

如前所述，許多性法律根本不管某種性行為是雙方同意還是強迫的，只有強暴罪有這樣的劃分。在我看來，強暴罪的劃分是對的，它假設了異性的性行為可能是自由選擇的，也可能是被迫的。一個人有權從事異性的性行為，只要不干犯別的法律，只要

雙方都同意。

可是大部分其他的性活動卻不是這樣。像前面提到的《肛交法》，它假設這個被禁止的行為是「違犯自然、可恨可厭之罪」。罪惡源自這些行為本身，不論參與者的慾望為何。「不同於強暴的是，肛交或違反自然的性變態行為有可能是在雙方同意的狀況下進行的。不管是誰主動，兩個人都應被起訴。」在1976年加州通過成人同意條款之前，女同性戀可能會因為口交而被起訴。如果雙方都能行使同意權的話，雙方的罪責也相等。

另一個著名的 S/M 案例則是這樣的：一個男人因為在 S/M 之中劇烈鞭打他人而被定罪。沒有受害者來投訴。但這一幕被拍進一捲影片，他因此被起訴。他上訴指出，他從事的是經同意的性行為，根本沒有攻擊誰。法庭駁回其上訴，因為沒有人會同意被人攻擊或毆打，「除非是普通的身體接觸或運動中的擊打，像美式足球、拳擊、摔角等等。」法庭繼續指出，「一個沒有法定能力的人，像小孩或精神病患，即使同意也是無效的」，「常識告訴我們，任何有能力駕馭其心智的正常人，都不可能同意別人將有可能造成身體傷害的暴力加諸其身。」於是，任何同意在S/M 中被鞭打的人，都會被當作無能力駕馭其心智之人，因而不具法律上的同意能力。一般來說，S/M 所涉及的暴力程度遠較美式足球賽為輕，它造成的傷害跟大部分的運動比起來更是少之又少。可是法庭卻認為美式足球員是神智清醒的，而玩 S/M 的人則精神異常。

《肛交法》、《成人亂倫法》和上述法律見解，顯然干涉了你情我願的行為，並且將刑事責任強加於它。在法律體系裡，「同意權」成為某些人的特權，只有當你從事性階層頂端的那些性行為時，才能夠有「同意權」。如果你喜歡性階層底部的那些

性行為，那麼你在法律上根本就沒有權利去享受那樣的性。而且一大堆阻礙都使得從事非傳統的性愛變得異常的困難：經濟限制、家庭壓力、情慾汙名、社會歧視、負面意識型態、情慾活動資訊的嚴重匱乏等等。沒錯，我們的情慾自由選擇確實受到結構性的限制，只不過那限制並非迫使我們變成變態，而是剛好相反，它迫使每個人都變得正常。

無論女性主義在性事上站什麼樣的立場——右派、左派或中間派——終究都會觸及支配的問題。這些豐富的討論可以證明，女性主義運動永遠會是有趣的性理論源源湧現之處。然而我卻要質疑，為什麼要把女性主義當作性理論的最佳討論地？女性主義討論的是性別壓迫。若假設女性主義會自動變成性壓迫的理論，那顯然是把性別與慾望給混為一談了。

在英文裡頭，"sex" 一詞有兩種截然不同的意思。它表示性別，例如「女性」或「男性」。但「性」也指性行為、肉慾、性交、性慾望，例如「我們昨天有性」。這個語意的符合反映出一種文化假設，認為性可以化約為性交，而那是男女關係的一種。性別與性的文化融合使我們覺得性理論可以直接從性別理論裡面衍生出來。

我在稍早的〈交易女人〉一文中曾經使用「身體性別／社會性別系統」（sex/gender system）一詞，但我在這裡要提出不同的意見。我現在認為，在分析上將性別與性區分開來是很重要的，這樣才能反映出兩者獨特而分立的存在。這與許多當代女性主義思潮背道而馳，因為許多女性主義者認為性是從性別衍生出來的。例如同女女性主義基本上就把同女所受的壓迫當作女人所受的壓迫來分析。然而，女同性戀也被當作怪胎、變態來壓迫，被性的階層化（而不是性別階層化）所壓迫。也許女同性戀很不

願意這樣想，可是事實是，女同性戀所承受的社會懲罰，與男同性戀、S/M 愛好者、扮裝者、妓女等一樣；他們在社會學上也享有相似的特徵。

　　長期來看，女性主義對性別層級的批評，應該被整合到性激進理論裡面來，而對性壓迫的批評，應該也可以豐富女性主義。但是我們必須去發展出專門分析「性」的自主理論與政治策略才行。

　　　　　　摘譯：張娟芬（作家，廢除死刑推動聯盟理事長）。

第五章

婦運初心

27.

傷心宣言

Declaration of Sentiments, 1848

伊麗莎白・史坦頓（Elizabeth Cady Stanton, 1815~1902）

19世紀歐美代表進步力量的婦女運動經常和反奴運動攜手爭取人權，1840年世界反對奴役大會在倫敦召開，美國許多婦運人士與會，包括婦運領袖莫得（Lucretia Mott, 1793~1880）和史坦頓。出乎眾人意料，所有女性，不論膚色，皆不准上台發言，座位區也與男性區隔，女性不能進入大廳，只能坐在二樓包廂旁聽席，待遇比男黑人還差。兩人憤怒之下，誓言回國後召開女權大會。

1848年會議在紐約北部塞加福（Seneca Falls）召開，史稱塞加福女權會議（Seneca Falls Convention），會後發表由史坦頓執筆、以美國獨立宣言為藍本、字字血淚的《傷心宣言》，控訴人類歷史是一部男性對女性不斷傷害與掠奪的歷史，目的在建立男統治女的絕對暴政。她們要求美國女性應享有與男性完全平等的公民權。（顧燕翎◎撰文）

在歷史進程中，到了某一時刻，人類大家庭中有一部分人需要起而改變她們歷來所處的地位，回歸自然法則和上帝賦予她們應有的位置。基於對輿論的尊重，她們需要說明為何如此做。

我們認為以下真理不證自明：男女生而平等，造物主賦予他們不可剝奪的權利，包括生命權、自由權以及追求幸福的權利。為保障這些權利才有政府的建立，其權力的正當性源自受統治者的同意。一旦任何政府破壞了這目的，受害者便有權拒絕向它效忠，並且堅決要求建立新政府，其基本原則和權力組成的形式應以落實她們的安全、幸福為考量。為求慎重，成立多年的政府，我們不應以輕微和暫時性的理由予以改變；過去的經驗也說明，任何苦難，只要尚能忍受，人們都寧可容忍，也不會為了本身權益而輕言推翻久已習慣的政府。然而，持續濫用職權和巧取豪奪已足以證明政府的目標是專制統治時，人民有義務推翻政府，為未來的安全建立新的保障。這就是女性過去在這個政府統治之下逆來順受的實際狀況，也是她們現在不得不要求應有的平等地位的理由。

人類歷史是一部男性對女性接連不斷傷害及強取豪奪的歷史，目的在建立男統治女的專制暴政。為了證明所言屬實，以下事實向公正的世界宣布。

他從未容許她行使不可剝奪的投票權。

他強迫她服從自己無權參與制定的法律。

他拒絕給予她權利，這些權利就連最無知低下、不分本國或外國籍的男人都享有。

他先是剝奪了她身為公民最重要的選舉權，讓她在立法機構中沒有代表，進而在各方面壓迫她。

他使她婚後喪失公民權。

他奪取她所有財產權，甚至薪資。

他使她在道德上不必負責，因為只要丈夫在場，她可以犯罪而不受懲罰。在婚約中，她被迫承諾服從丈夫，他成了她實質的主人，法律授權他褫奪她的自由，對她施行處罰。

他制定《離婚法》中離婚的正當理由；孩子監護權的歸屬，完全不考慮女方的幸福。在任何情況下，法律都以錯誤的男性至上為前提，將所有權柄交到他手中。

已婚女性被剝奪所有權利，單身且擁有財產的女性則需向政府納稅，有財產且向政府納稅的單身女性才有公民權。

他壟斷幾乎所有收入較佳的職業，她只能從事低薪工作。

他關閉了她所有通往財富和聲望的行業，只有男性得享榮耀。沒有女人可以成為神學、醫學或法律教師。

他拒絕讓她接受完整的教育，所有大學都拒她於門外。

他允許她進入教會和政府工作，但只能居於下屬的位置。他宣稱根據使徒權柄，她不得擔任牧師，而且除了少數例外情況，她不能公開參與教會事務。

他製造出虛假的公共意見，為世上男女訂下不同的道德準則，排除女性之後，男人的劣行不只得到容許，也被認為無關緊要。

他篡奪了耶和華的權柄，宣稱自己有權限定女性的行動範疇，但那權利只屬於她的良知和上帝。

他想方設法摧毀她的自信，貶低她的自尊，致使她自願過著依賴、卑屈的日子。

有鑑於這個國家一半人口的公民權遭到剝奪，在社會和宗教事務上受到不當對待，有鑑於上述不公正的法律，以及因為女性確實感到委屈、受到壓迫、被騙走最神聖的權利，我們堅決主張

立刻給予她們身為美國公民應享的所有權利和處遇。

　　進行當前偉大任務時，我們預料必會遭遇無數誤解、錯誤說法和嘲笑，但我們會用盡一切力量來實現目標。我們會僱人、發散文宣、向政府及國會請願、爭取教會和媒體支持。我們希望本次大會之後，在全國各地舉辦集會。

　　我們堅信正義與真理最後必獲勝利，今日於此宣言上簽名。

翻譯：顧燕翎（本書主編）。

28.

我不是女人嗎？
（俄亥俄婦女大會演說）

"Ain't I a Woman?" 1851

特魯斯（真理旅人）（Sojourner Truth, c.1797~1883）

　　特魯斯生於紐約，父母皆是奴隸。她原名 Isabella Baumfree，曾遭主人多次轉賣，最後帶著剛出生的么女逃離主人家。廢奴之後，為了救回非法被賣的小兒子，她和白人對簿公堂，成為第一位黑白訴訟中獲勝的黑人。1843 年她宣稱受到聖靈召喚，改名 Sojourner Truth，全名翻成中文可稱真理旅人，成為布道家、反奴和婦女運動者。她到各地演說，受到歡迎。在那個時代，大多數美國人以為黑奴都是男的，女人都是白的，她不斷宣示，黑人有女的，女人有黑的，成為黑人和婦女解放運動的代表人物；個人的生命故事也經人代寫成書 *The Narrative of Sojourner Truth*（《真理旅人的敘事》）。今天美國許多州和國會山莊都設有她的雕像，她的半身像是美國國會第一座女性黑人雕像。

　　特魯斯思路清晰，口才犀利，歷經悲慘的人生，仍對世界懷抱單純的熱情，值得學習。以下為她在俄亥俄婦女大會演講紀錄。（顧燕翎◎撰文）

孩子們啊，下面這麼吵吵鬧鬧，一定是有事情。我想從南方黑人到北方女人，大家都在講權利，眼看白男人就要遇到麻煩了。但是到底都在講些什麼啊？

　　那邊那個男人說，女人需要人家幫忙，攙扶上馬車、抱著跨水溝，走到哪裡都有人讓出最好的位子給女人。可是從來沒有人扶我上馬車、抱我跨泥坑，也沒有人讓給我最好的位子。我難道不是女人？你們看我吧！看我的手臂！我拉犁、種地，我收成莊稼，送進糧倉，沒有男人管得了我！我難道不是女人？我幹活像男人一樣多，吃得也和男人一樣多──只要弄得到的話。我也像男人一樣挨鞭子！我不是女人嗎？我生了十三個孩子，看著他們一個個被賣去當奴隸，我又哭又喊，做母親的心疼啊！除了耶穌，沒有人聽到！我不是女人？

　　他們又講腦子裡的那玩意，他們叫那什麼？〔觀眾輕聲說，「智力」〕，就是那個，親愛的，那個跟女性權利或黑人權利有啥關係？如果我拿的是一個小杯子，你拿大杯子，你卻不讓我的小杯子裝滿，不是太差勁了嗎？

　　那邊黑衣服的小個子，他說女人不能跟男人有一樣的權利，「因為基督不是女人！」你的基督從那裡來？你的基督從那裡來？從上帝和一個女人那裡，男人可是和上帝半點關係也沾不上的。

　　要是上帝創造的第一個女人就已經強壯到可以靠自己的力量把世界翻轉了一遍，那麼現在很多女人齊心協力的話，一定可以把世界再翻回來，回到應該有的那個樣子！現在她們想要這麼做了，男人最好讓開點吧！

　　非常謝謝你們聽我說話，現在老旅人說完了。

翻譯：顧燕翎（本書主編）。

29.

動起來了，就別停下吧！
（美國權利平等協會第一屆年會演說）

"Keeping the Thing Going While Things are Stirring", 1867

特魯斯（真理旅人）（Sojourner Truth, c.1797~1883）

特魯斯生於紐約，父母皆是奴隸。她原名 Isabella Baumfree，曾遭主人多次轉賣，最後帶著剛出生的么女逃離主人家。廢奴之後，為了救回非法被賣的小兒子，她和白人對簿公堂，成為第一位黑白訴訟中獲勝的黑人。1843 年她宣稱受到聖靈召喚，改名 Sojourner Truth，全名翻成中文可稱真理旅人，成為布道家、反奴和婦女運動者。她到各地演說，受到歡迎，在那個時代，大多數美國人以為黑奴都是男的，女人都是白的，她不斷宣示，黑人有女的，女人有黑的，成為是黑人和婦女解放運動的代表人物，個人的生命故事也經人代寫成書 The Narrative of Sojourner Truth（《真理旅人的敘事》）。今天美國許多州和國會山莊都設有她的雕像，她的半身像是美國國會第一座女性黑人雕像。

特魯斯思路清晰，口才犀利，歷經悲慘的人生，仍對世界懷

抱單純的熱情，值得學習。以下為她另一場宣揚女權的演講紀錄。（顧燕翎◎撰文）

朋友們，很高興看到大家都歡歡喜喜，不過不曉得等我講完以後你們會有什麼感覺。我從外地來 —— 一個有奴隸的地方。現在他們已經自由了，奴隸制度有一部分已經取消了，算是好運氣，但是還沒有完全去掉，我希望有一天連根拔起，那樣我們才能全部都真正得到自由。我想如果我必須像男人一樣用身體擔重擔，就該跟男人有同樣的權利。黑男人動起來爭取平等權利是何等大事，但卻沒人提到黑女人。如果黑男人得到權利，而黑女人沒有，黑男人就會變成黑女人的主人，那就跟從前一樣糟糕了。所以，我支持繼續動下去，不要停止，因為一旦停下來，就得花上好多時間才能讓事情再一次發動起來。白女人聰明多了，比黑女人懂得更多。黑女人幾乎什麼都不懂，她們替人洗衣服，那大概是黑女人能找到的最好的工作了，她們的男人遊手好閒卻洋洋得意；等女人回家後立刻伸出手要錢，非但全部拿走，還罵女人沒煮飯。我要你們想想，孩子們，我叫你們孩子，你們都是別人的孩子，而我的年紀已經大到足夠當這裡所有人的媽了。我要女人有權利，女人在法庭上沒有權利，不能開口，沒人替她們講話。我希望女人在坐滿了騙子律師的法庭上有自己的聲音。如果你說那地方不適合女人，那麼也不適合男人。

我活過八十了，差不多該走了。我當了四十年奴隸、過了四十年自由的日子，還要再待上四十年，為所有人爭取平等。我想上帝留下我，是因為還有事情要做，還有鎖鏈沒有打破。我做

了很多工，像男人一樣多，卻沒有拿到同樣的工錢。我以前在田裡工作，跟在收割機後面綑紮莊稼，男人沒有做更多，卻拿到兩倍的工錢。德國女人也一樣啊，她們在田裡做同樣的工作，卻沒有拿到同樣的工錢。我們做的一樣多、吃的一樣多，要的也一樣多。我想我大概是唯一一個黑女人到處演講黑女人的權利了。現在冰既然已經打破了，就繼續動下去吧。我們要的只是一點點錢，你們男人其實知道，你們不管是寫文章或者幹別的活，也都是領到和女人同樣的報酬。我們得到權利以後，就不會向你們要錢了，因為到那個時候，自己口袋裡的錢夠了，說不定你們還會找我們要錢呢。但是現在，你們要幫忙我們，到我們得到權利的那一天。讓人安慰的是，有一天這場仗打完了，我們就再也不必求你們了。你們霸占我們的權利太長久了，變得像主人一樣，自以為我們根本是屬於你們的。我知道，長時間把權力握在手上的人，要放手很難，像刀割一樣痛，等到傷口長好以後就會比較好過了。我在華盛頓已經待了三年了，關心黑人的事，現在黑男人有了投票權，得到了自由，更應該要有平等的權利。我在這裡還有幾次演講；現在就唱個歌吧，來這裡之後還沒聽人唱過歌呢。

翻譯：顧燕翎（本書主編）。

30.

權利法案

National Organization for Women Bill of
Rights in 1968

全國婦女組織（National Organization for Women, NOW）

　　傅瑞丹《女性迷思》（頁65）出版次年，美國國會通過
了民權法案，加入了禁止性別歧視的條款，法院卻不願執行，
激怒了女性主義者，傅瑞丹等人於1966年組成「全國婦女組
織」，重申百年前塞加福女權會議相同權利、相同責任的主張
（頁268）。其目標設定在「與男性以完全平等的夥伴關係行使
所有權利和責任」。NOW被公認為美國第一個公然挑戰性別歧
視的團體，1967年通過、次年發表《權利法案》，通常被稱為
《NOW1968權利法案》或《1967權利法案》。主張男女平等、
政府支助家庭及育兒、消除貧窮女性化、尊重女性生育權。
　　因法案重點放在自由主義女性主義的個人權利和實質平等，
招致組織中保守派、激進派和女同志不滿。保守派反對避孕和墮
胎合法化，激進派認為遺漏了家暴、性騷擾等重要議題，女同志
不滿未提及性愛自主權。數十年來，不斷自我挑戰，全婦組變得
更為多元包容，2015年改寫組織目標為「以交叉的草根性行動

提倡女性主義理想，帶動社會改變，消除歧視，爭取和保護所有年齡女性在社會、政治、經濟生活上的平等權利」。（顧燕翎◎撰文）

我們要求：

1. 美國國會立即通過《平權修憲案》（*Equal Rights Amendment*, ERA），保障「美國及各州不得因性別而拒絕或限縮法律上的平等權利」，各州亦應立即予以批准。

2. 保障所有男女就業機會平等，平等就業機會委員會（Equal Employment Opportunity Commission）應比照禁止種族歧視，全力執行 1964 年通過的《民權法案》第七條禁止性別歧視。

3. 以法律保障女性於生產後合理期限內回復原職的權利，不損失年資及累計之福利，並且獲得社會保險及／或就業福利之有給產假。

4. 立即修改稅法，家庭及育兒開支納入就業父母之減稅額。

5. 政府比照公園、圖書館、公立學校立法，依照學前到青春期兒童需要，廣設全民可用之社區型育兒設施。

6. 聯邦及各州政府應立法保障女性享有與男性平等的教育權，以充分發揮其潛能，消除各級教育中所有明文及非明文之性別歧視及隔離措施，包括大學、研究所、就學貸款和獎學金、聯邦及各州政府訓練計畫。

7. 貧窮婦女有權獲得與男性相同的就業訓練、住屋、家庭津貼，但對父／母在家照顧子女的權利亦不應存有偏見；修改漠視女性尊嚴、隱私、自尊的法規及扶貧方案。

8. 尊重婦女生育權，刪除《刑法》對婦女近用避孕資訊和墮胎的
   限制。

翻譯：顧燕翎（本書主編）。

31.

認同女人的女人

The Woman-Identified Woman, 1970

激進同女（Radicalesbians, 1970~1971）

　　激進同女（Radicalesbians）1970 年成立於紐約，主要成員脫離男性主導的同運後，自組同女團體，原名紫禍（頁 27），嘲諷婦運對同女的排斥，但後來選擇和婦運攜手，也受到接納。激進同女為實踐平等主張，組織採取去層級化結構和共識決，以及堅守分離主義立場，拒絕和男性及認同男性的異女合作。終因運作困難，1971 年解散。不過，由成員集體完成的宣言《認同女人的女人》（*The Woman-Identified Woman*），有許多女性觀點的性別分析，指出男權社會如何將女人非人化——不將女人當作完整的人，如何用女同性戀為標籤來分化女人，為什麼做女人和做完整的人之間有衝突，為什麼女人需要愛自己……此宣言被公認為同女運動的歷史經典，也為女人如何擺脫厭女情結指出一條明路。（顧燕翎◎撰文）

何謂同女？同女是所有女人的憤怒集結到一個爆發點。她是一個從小就渴望成為自由、完整個體的女人，卻不見容於當時的、更不見容於她長大之後的社會。許多年來，這樣的渴望讓她總感到格格不入，時時和周遭的人、事、公認的想法、感受、行為發生痛苦的衝突，陷入天人交戰。她可能沒有料到，只不過遵循自己內心的需求會有何政治意涵，但在某些層面，她的確是抗拒了最基本的、社會加諸女人的種種限制與壓迫。她愈感到無法迎合社會期望，罪惡感便愈強，最終不免質疑並分析社會認可的一切，退回去過自己的日子，大部分時間獨居，比異性戀姐妹更早體會生命的（被婚姻神話掩飾的）孤獨本質，更早看穿假象。若擺脫不了身為女人的沉重的社會化包袱，她不可能與自己和平共存。她面臨的選擇是：違背自己，接受社會要求；或者看透性別偏見為何產生、如何運作、曾如何影響自己。經過可能長達數十年暗夜航行，我們當中有些人終於想通了，到達彼岸。在過程中得到的啟示、自我解放、內在寧靜、對自己和所有女人真實的愛，都要和所有女人分享 —— 因為我們同樣身為女人。

　　女同性戀和男同性戀一樣，都是對行為的分類，只會發生在性別偏見的社會裡，是男性優越感建構了僵化的性別角色之後的產物。在這樣的分類中，女性被非人化，必須支援和服務男性主子；男性則感性受到剝奪，變成情感廢人，必須與自己的身體和情感疏離，才能有效發揮其經濟／政治／軍事功能。社會先制訂性行為準則，同性戀才變成了不符合規格的意外產品，因此同性戀這一分類並不是真正的社會現實，並不「真實」。在一個男人不壓迫女人、性愛的表示不受壓抑的社會，便沒有必要區分同性戀和異性戀。

　　但女同性戀仍有別於男同性戀，也有不同的社會作用。雖然

二者皆因未能扮演社會指定的性別角色而被稱作不是「真女人」或「真男人」，但所受的待遇還是有所差異。對「不讓鬚眉」的女人存有的敬意和對「娘娘腔」男人感到的噁心都說明同一件事，就是對女人（和扮演女性角色者）的輕蔑。社會並且不惜代價逼迫女人就範。「女同性戀」就是用來綑綁女人的標籤和設下的底線。女人聽到別人這樣稱呼她，就知道自己越了界。她退縮、她抗議、她修正行為來博取讚賞。女同性戀是男人發明的標籤，套向敢與他一較長短、挑戰他的特權（包括所有女人都是男人之間可交換之物的特權）、敢以自己需要為優先的女人。稱呼從事婦運的女人女同性戀是晚近的事，較年長的女性應記得，沒有太久以前，任何成功的、獨立的、未全心獻身於男人的女人，都會得到這稱號。因為獨立的女人不算女人，她必是同女。這清楚說明了女性的處境，做為女人就不可能同時做為人，因為同女就不是「真正的女人」。然而，一般人還是認為同女和其他女人只有一個基本差異：性取向，換言之，剝除所有外包裝之後，你最後終於明白，身為女人的根本價值就是被男人幹。

　　「女同性戀」是男人利用性活動的分類來分化人類的手段之一。當所有女人都被非人化為男人性慾的客體時，她得到一些補償：分享社會對他的權力、自我、地位的認可，得到他的保護（免受其他男人侵犯），自覺是「真正的女人」，只要不逾規矩便可獲得社會接受等等。女人若從面對其他女人的處境中照見自己處境，就會少了許多藉口和緩衝，而驚見自己的非人境遇。我們發現許多女人深怕成為女人的性愛對象，因為不僅會失去男人可以給她的補償，還需面對女人一無所有的現實。當異女發現其姐妹是同女時，就開始不將她當作一個完整的人，而視之為潛在的性愛對象，將她當作代理男性。這是受到異性戀制約的反應：

任何關係只要可能涉及性愛，女人就把自己當作客體，並否定同女的完整人性。若女人，尤其是婦運中的女人，從男性訂立的標準來看待同女的話，她們已經接受男性制約，用自己被男人壓迫的方式來壓迫姐妹。我們要沿用男性分類系統，以女人和他類人的性關係來定義女人嗎？將女同性戀做為標籤，不只加在渴望做一個人的女人身上，也加在所有真正用心去愛、真心團結、真心以女人為優先的場合，是分裂女性的最主要手段，將女性圈在女性角色內，用同性戀做為恐嚇與攻詰的字眼，防阻女人之間深入交往、組織結社。

　　婦運中女人多不願正視同女議題。這字眼讓她們不安。她們敵視、逃避、或將之收編到「更大的議題」，最好是不提，若非提不可，也輕輕帶過。但這絕非次要議題，反而對女性解放運動至關重要。只要「女同性戀」這名詞可以嚇退女人，讓她不敢採用激烈手段，不敢優先思考男人和家庭以外的事，她就仍然臣服於男性文化。除非女人能在彼此身上看到最深刻的承諾，包括性愛，否則她們得不到女人會輕易給予男人的愛和珍惜。她們永遠只是次要的。只要女性個人或運動團體仍看重男人的認可，女同性戀一詞就可以用來有效對付女人。女人若只想在體制內獲得更多特權，就不會拂逆男權，而寧可尋求其對女性解放的認可，獲得男人接受最重要的就是否定女同性戀，不從根本挑戰女性角色。

　　許多較激進的年輕女性已開始認真討論女同性戀，但還是將其當作男人以外的性愛選項，做法仍是以男人為優先。一方面因為和女人發展更完整的關係只是出於對男人的反感，另方面因為女同性戀關係只被認為是性愛關係，這是充滿性別偏見的分化伎倆。在某種個人和政治層次上，女人可以不付出情感和性精力給

男人，保留為己所用。在另一政治／心理層面，我們需理解，女人不再遵從男人訂下的反應模式至關重要。我們必須從內心深處斬斷男人的繩索。因為，不論愛慾流向何方，如果腦中仍是男性觀點，我們就不可能成為自主的個人。

　　但為何女人處處受制於男人？我們生長的是男性社會，內化了男性文化對我們的定義，我們的生活不由自己作主。我們付出情感服務和無償勞務，只換來男人一項回報：讓我們在社會中以奴隸身分合法生存，這也就是所謂「真女人」或「女性特質」。唯有成為那給我們姓氏的男人之私產，我們才能真正、合法、真實存在。一個不屬於男人的女人只是可悲、虛幻、沒有身分的幽靈。他按照自己的想像塑造女性形象，卻不是真實的你和我；他從自己出發，按照自己所欲定義女人。他無法把我們當完整的人、不容改變的自我。

　　角色內化的結果，造就了女人自我嫌惡，只是大部分女人並不自覺，也不承認。她可能對自身角色感到不舒服，感覺空虛、麻木、坐立不安；或者出於防衛，反過來視之為天職或榮耀。然而嫌惡感的確存在，往往潛藏在意識之下，傷害她的生存，使她疏離自我、不顧內心需要，也疏遠其他女人。她們逃避的方法是認同壓迫者，透過他來過日子，從他的自我、權力和成就中獲取身分地位；同時遠離其他和自己一樣的「空物」，因為她們映照出自己所受的壓迫、次等地位和自我嫌惡。一旦面對另一女人，便終究得面對那個我們極力逃避的自己。面對鏡子，我們知道沒法去敬愛我們被塑造出來的樣子。

　　順從男人的意思使我們失去真正的自己，變得自我嫌惡，所以我們需要創造新的自我意識。我們若執著於「做女人」，必然會和新生的自我意識、和「成為完整的人」產生衝突。為什麼

「做女人」便無法做「做完整的人」不易理解，也令人難以接受。只有女人可以給女人新的自我意識。我們需要自我定義，而不是繼續按照我們和男人的關係被定義。這種意識將是革命的動力，是所有改變的源頭，因為這是一場有機的革命。我們需要互相支援，付出承諾和愛，付出情感支持；我們的精力必須流向運動中的姐妹，而不是回流壓迫者。婦解若不能從根本上正視人盯人的異性戀結構，大量心力將繼續浪費在與個別男人周旋，解決問題、改善性關係，冀望他腦袋翻新變成「新男性」，妄想我們就此成「新女性」。這只會徒費心力，讓我們無法全力創造解放女人的新文化。

女性解放和性別文化革命的核心在女人之間的關係、由女性合力創造的新的自我意識。我們需要一起去發現、鞏固和驗證真實的自我，確認女人之間共同的奮鬥以及正在萌芽的榮譽感與力量，見證阻礙漸消，姐妹情誼日益穩固。我們珍惜自己，以自己為中心。我們發現疏離感、被排斥感、被封閉在窗內、無法傾訴內心的感覺都將消退。我們感到真實，終於可以做自己了。以真實的女性意識為基礎，我們將展開一場革命，終止所有強加於女人的限制，展現全人的自主性。

翻譯：顧燕翎（本書主編）。

32.

北京宣言

1995 年聯合國第四屆世界婦女大會

在全球第二波婦運影響下，聯合國自 1975 至 1995 年連續在歐、美、非、亞各洲舉辦四屆世界婦女大會，規模一次比一次龐大。第四屆大會 1995 年在北京舉行，四萬人參加，包括 6,000 名各國政府代表。會中通過《北京宣言》及其《行動綱領》，重申女權即人權，以「為全世界各地的所有婦女促進平等、發展與和平」為目標，通過「性別主流化」（gender mainstreaming）的手段，課責所有會員國政府由上往下貫徹，在政治、經濟、社會、文化、民權各層面落實性別平等。《北京宣言》成為以後數十年聯合國領導全球婦運、監督各國政府的重要方針。

不過，基於以下原因，性別主流化推動成效不若預期：一、聯合國會員國眾多，為容納各種歧異立場，必須高度妥協，以致性別主流化的定義模糊，可各自解讀；二、執行階段受到各國既定的體制、權力架構和政治、社會條件的限制；三、受限於技術官僚化的執行手段，重視形式上全國一致的文件報表甚於經濟、文化的實質改變，以致改革力道有限。台灣在聯合國沒有官方代表，政府卻極為重視國際參與，自 2003 年起大力在體制內推動

性別主流化。（顧燕翎◎撰文）

---

1. 我們參加第四次婦女問題世界會議的各國政府；
2. 於 1995 年 9 月，聯合國成立五十周年的這一年，聚集在北京；
3. 決心為了全人類的利益，為世界各地的所有婦女促進平等、發展與和平的目標；
4. 聽悉世界各地所有婦女的呼聲，並注意到婦女及其作用和情況的多種多樣，向開路奠基的婦女致敬，並受到世界青年所懷希望的鼓舞；
5. 確認過去十年來婦女在某些重要方面的地位有所提高，但進展並不均衡，男女仍然不平等，重大障礙仍然存在，給所有人的福祉帶來嚴重後果；
6. 還確認源於國家和國際範圍的貧窮日增，影響到世界上大多數人民、尤其是婦女和兒童的生活，使這種情況更加惡化；
7. 毫無保留地致力於克服這些限制和障礙，從而進一步提高世界各地婦女的地位並賦予她們權力，並同意這需要本著決心、希望、合作和團結的精神，現在就採取緊急行動，把我們帶進下一個世紀。

我們重申承諾：

8. 致力於男女的平等權利和固有的人的尊嚴以及《聯合國憲章》所揭示的其他宗旨和原則，並奉行《世界人權宣言》和其他國際人權文書、尤其是《消除對婦女一切形式歧視公約》和《兒童權利公約》以及《消除對婦女的暴力行為宣

言》和《發展權利宣言》；

9. 確保充分貫徹婦女和女童的人權，作為所有人權和基本自由
   的一個不可剝奪、不可缺少、不可分割的組成部分；

10. 在聯合國歷次專題會議和首腦會議 —— 1985 年在奈洛比舉行
    的婦女問題會議、1990 年在紐約舉行的兒童問題首腦會議、
    1992 年在里約熱內盧舉行的環境與發展會議、1993 年在維也
    納舉行的人權會議、1994 年在開羅舉行的人口與發展會議和
    1995 年在哥本哈根舉行的社會發展問題首腦會議 —— 所取得
    的協商一致意見和進展的基礎上再接再厲，以求實現平等、
    發展與和平；

11. 使《提高婦女地位奈洛比前瞻性戰略》得到充分和有效的執
    行；

12. 賦予婦女權力和提高婦女地位，包括思想、良心、宗教和信
    仰自由的權利，從而滿足男女個人或集體的道德、倫理、精
    神和思想需要，並且因此保證他們有可能在社會上發揮其充
    分潛力，按照自己的期望決定其一生。

我們深信：

13. 賦予婦女權力和她們在平等基礎上充分參加社會所有領域，
    包括參加決策進程和掌握權力的機會，是實現平等、發展與
    和平的基礎；

14. 婦女的權利就是人權；

15. 平等權利、機會和取得資源的能力，男女平等分擔家庭責任
    和他們和諧的夥伴關係，對他們及其家庭的福祉以及對鞏固
    民主是至關重要的；

16. 在持續的經濟增長、社會發展、環境保護和社會正義的基礎
    上消滅貧窮，需要婦女參加經濟和社會發展、男女有平等的

機會並作為推動者和受益者充分和平等地參加以人為中心的可持續發展；

17. 明白確認和重申所有婦女對其健康所有方面特別是其自身生育的自主權，是賦予她們權力的根本；

18. 地方、國家、區域和全球的和平是可以實現的，是與提高婦女地位不可分開地聯繫在一起的，因為婦女是在所有各級領導、解決衝突和促進持久和平的基本力量；

19. 必須在婦女充分參加下，設計、執行和監測在所有各級實施的、有利於賦予婦女權力和提高婦女地位的切實有效而且相輔相成的對性別問題敏感的政策和方案；

20. 民間社會所有行動者，特別是婦女團體和網絡以及其他非政府組織和社區組織，在其自主權獲得充分尊重的情況下，與各國政府合作作出參與和貢獻，對有效執行《行動綱要》並採取後續行動十分重要；

21. 《行動綱要》的執行需要各國政府和國際社會作出承諾。各國政府和國際社會作出國家和國際行動承諾，包括在世界會議上作出承諾，就是確認有必要為賦予婦女權力和提高婦女地位採取優先行動。

我們決心：

22. 加強努力和行動，以期在本世紀末前實現《提高婦女地位奈洛比前瞻性戰略》的目標；

23. 確保婦女和女童充分享有一切人權和基本自由，並且採取有效行動，防止這些權利和自由受到侵犯；

24. 採取一切必要措施，消除對婦女和女童的一切形式歧視，並移除實現兩性平等、提高婦女地位和賦予婦女權力的一切障礙；

25. 鼓勵男子充分參加所有致力於平等的行動；

26. 促進婦女經濟獨立，包括就業，並通過經濟結構的變革針對貧窮的結構性原因，以消除婦女持續且日益沉重的貧窮負擔，確保所有婦女、包括農村地區的婦女作為必不可少的發展推動者，能平等地獲得生產資源、機會和公共服務；

27. 通過向女孩和婦女提供基本教育、終生教育、識字和培訓及初級保健，促進以人為中心的可持續發展，包括持續的經濟增長；

28. 採取積極步驟，確保提高婦女地位有一個和平的環境，認識到婦女在和平運動中發揮的領導作用，積極致力在嚴格和有效國際監督下實現全面徹底裁軍，支持進行談判，以便無拖延地締結一項有助於核裁軍和防止核武器所有方面擴散的普遍的、可以多邊和有效核查的全面核禁試條約；

29. 防止和消除對婦女和女孩的一切形式歧視；

30. 確保男女在教育和保健方面機會均等和待遇平等，並增進婦女的性健康和生殖健康以及性教育和生殖教育；

31. 促進和保護婦女和女孩的所有人權；

32. 加強努力以確保在權力賦予和地位提高方面由於種族、年齡、語言、族裔、文化、宗教或殘疾或由於是土著人民而面對重重障礙的所有婦女和女孩平等享有一切人權和基本自由；

33. 確保尊重《國際法》包括《人道主義法》，以保護婦女和尤其是女孩；

34. 使女孩和所有年齡的婦女發展最充分的潛能，確保她們充分、平等地參加為人人建立一個更美好的世界，並加強她們在發展進程中的作用。

我們決心：

35. 確保婦女有平等機會取得經濟資源，包括土地、信貸、科技、職業培訓、信息、通訊和市場，作為進一步提高婦女和女孩地位並賦予她們權力的手段，包括特別是以國際合作方式，增強她們享有以平等機會取得這些資源的利益的能力；

36. 確保《行動綱要》取得成功，這將需要各國政府、各國際組織和機構在所有各級作出強有力的承諾。我們深信，經濟發展、社會發展和環境保護是可持續發展的相互依賴和相輔相成的組成部分，而可持續發展是我們致力為所有人民取得更高生活素質的框架。公平的社會發展承認必須賦予貧窮人民、尤其是生活於貧窮之中的婦女權力，使其可持續地利用環境資源，這種社會發展乃是可持續發展的一個必要基礎。我們還承認，在可持續發展範圍內實現基礎廣泛的持續經濟增長，是維持社會發展和社會正義所不可少的。《行動綱要》若要成功，還將需要在國家和國際兩級調集足夠資源以及從所有現有供資機制，包括多邊、雙邊和私人來源，向開發中國家提供新的、更多的資源，用以提高婦女地位；為加強國家、分區域、區域和國際機構的能力提供財政資源；對平等權利、平等責任和平等機會以及對男女平等參加所有國家、區域和國際機構和政策制訂進程作出承諾；在所有各級設立或加強對全世界婦女負責的機制；

37. 還確保《行動綱要》在轉型期經濟國家取得成功，這將需要國際繼續合作和給予援助；

38. 我們以各國政府的名義特此通過和承諾執行以下《行動綱要》，確保在我們所有的政策和方案之中體現性別觀點。我們敦促聯合國系統、為區域和國際金融機構、其他有關區域和國際機構和所有男女、非政府組織在其自主權獲得充分尊

重的情況下、以及民間社會所有部門，與各國政府合作，作
出充分承諾，協助執行本《行動綱要》。

本文出自聯合國中文官網。

33.

非洲女性主義憲章

Charter of Feminist Principles for African Feminists,
2006

====

非洲女性主義論壇（African Feminist Forum）

　　非洲女性主義論壇是一個獨立的婦運平台，2006 年在迦納舉行，聚集超過一百位女性主義活躍人士，通過此憲章，定出共同的價值觀、如何達成改變，以及在運動中個別與集體的責任、對彼此的責任；並且承諾，要廢除非洲各種形式的父權，提醒彼此無條件保衛並尊重全體婦女的權利；維護女性主義先驅的遺澤，因為她們數不清的犧牲，後人才能夠行使更廣的自主權。本憲章特別強調個人倫理和機構倫理，以及個人不應以公謀私。

　　本憲章已經翻譯為多國語言，並發展為機構監測和同儕審查的工具。（顧燕翎◎撰文）

前言：自我命名女性主義者

　　我們公開定義、自命為女性主義者，為了慶幸自己選擇了女性主義認同和政治行動。爭取女權和自我命名在過程中都具有高度政治意義。選擇自稱女性主義者是為了清楚傳達我們的意識型態，將爭取女權的行動政治化，質疑將女性置於從屬地位的社會結構缺乏正當性，並且以徹底進行社會變革為目標來發展分析工具和行動。身為非洲女性主義者，我們擁有多重身分。我們是非洲女性，住在非洲的時候是，不住在非洲時仍是，我們的關注焦點始終放在生活在非洲大陸的女性。我們是百分之一百的女性主義者，沒有「如果」、「但是」或「然而」而反覆猶疑。

我們如何理解女性主義和父權

　　身為非洲女性主義者，我們以女性主義為基礎，集中力量來分析深藏於父權社會關係的各種壓迫和剝削的結構與系統。父權制度是一種男性權威體系，透過政治、社會、經濟、法律、文化、宗教和軍事機制合法化對女性的壓迫。由男性主導一切的父權意識型態讓男人在公私領域都取得並且掌控資源和賞罰。父權制度隨時空改變，依階級、人種、族裔、宗教以及全球帝國主義的關係與結構而調整。此外，在當前的局勢中，父權制度不只因這些因素改變，同時也與之緊密相連。因此要有效挑戰父權，必須同時挑戰其他與之相輔相成的壓迫及剝削體系。

　　我們對於父權的理解至關重要，因為這能提供一個架構，讓我們用來說明非洲女性所承受的壓迫及剝削關係的全貌。父權意識型態為男女在社會中定位，確定男性至上，並據以塑造我們生活的所有面向。女性主義者的任務是在意識型態層面了解父權體系，在政治層面終結父權。我們對抗的是父權體系，不是個別男

女。我們的任務是以個人的和機構的力量抵抗一切形式的父權壓迫及剝削。

我們是非洲女性主義者

身為來自非洲或在非洲工作／生活的女性主義者，我們要求女性主義者及非洲人的權利及空間。我們承認大家並沒有一致的認同──我們認可並慶幸此種多樣性，以及我們都願意為非洲社會、特別是非洲女性創造改變。這給予我們共同的女性主義認同。

當前非洲女性主義者的奮鬥與非洲過去的歷史密不可分：各式各樣前殖民脈絡、奴隸制度、殖民化、解放鬥爭、新殖民主義、全球化等等。現代非洲國家的建立，女性主義者曾與男性並肩爭取，功不可沒。新千禧年之際，我們打造非洲新國家，也打造非洲女性的新認同：完整公民權，免於父權壓迫，有權使用、擁有、支配社會資源和自己的身體，以及利用傳統文化的優點解放和滋養女性。我們也從我們前殖民、殖民及後殖民時代的歷史看到，我們需要正面看待各種不同脈絡中的非洲女性。

我們看到過去四十年來非洲婦運的卓著歷史貢獻，因為從前有非洲女性主義者領導，由下往上，制訂策略、籌劃組織、建立網絡、進行罷工、遊行抗議，並且研究、分析、遊說、發展機構，才終使國家、雇主和機關認可女性人格。

身為非洲女性主義者，我們也是全球婦運對抗父權壓迫的一份子。我們的經歷與世界各地女性相連，歷年來互相團結支持。我們為自己爭取空間，也從女性主義先驅得到鼓舞，她們披荊斬棘，才讓我們得以獲取非洲女權。當我們懷想那些名不見經傳的前輩時，我們堅信，女性主義由西方進口的說法實屬侮辱。我們

收回並堅信非洲女性抵抗父權的悠久且豐富的傳統。從現在起，我們有權為自己創建理論、為自己書寫、為自己制訂策略，為自己發出非洲女性主義之聲。

個人倫理

身為女性主義者，我們依據以下女性主義原則，信仰並努力促進性別平等：

- 女性人權不可分割、不可剝奪並且人人相同。
- 有效參與建立、強化非洲女性主義組織和網絡，徹底改造社會。
- 女性主義者團結一致，相互尊重，坦白、誠實並開放地討論彼此的差異。
- 關心自身福祉之外，也支持、滋養並關懷其他非洲女性主義者。
- 實踐非暴力，達成非暴力社會。
- 所有女性有權免於父權壓迫、歧視和暴力。
- 所有女性有權得到永續且公平的生計及福祉，包括品質優良的健康照顧、教育、水和衛生。
- 在身體自主議題上有自由選擇權和自主權，包括生育、墮胎、性別認同和性傾向。
- 以女權為核心，批判性參與有關宗教、文化、傳統和家庭生活的論述。
- 在我們工作中非洲女性是主體而非客體，在她們的生活和社會中她們是主動者。
- 有權擁有健康的、互相尊重和充實的人際關係。
- 有權在有組織化宗教內外表達我們的靈性。

- 承認非洲女性的女性主義能動力,即使其豐富歷史因沒有留下書面紀錄而被忽視。

機構倫理

女性主義組織堅守以下原則:

- 提倡公開、透明、平等、負責。
- 確認女性主義機構並非與專業、效率、紀律、究責不能並存。
- 堅定支持非洲女性勞動權,包括平等對待、公正、公平的報酬和生育政策。
- 負責任地運用權力和權威,以一律尊重的態度來管理機構內各層級人員。我們堅信女性主義空間應當用來培育並提攜女性,絕對不允許淪為壓迫或損害其他女性的場所。
- 不論有給無給,以負責任態度行使組織的領導權及管理權,隨時隨地實踐重要的女性主義價值和原則。
- 在組織中落實女性主義,承擔責任幫助成員自我實現和專業發展。其中包括跨世代分享權力。
- 創造並持續經營女性主義組織,培養女性領導力。婦女組織和聯絡網應由女性領導管理,若交給男性領導、管理或擔任發言人,將牴觸女性主義領導原則。
- 女性主義組織作為公民社會組織的典範,必須確保以非洲女性名義動用的金錢和物質資源,都用在非洲女性身上,絕不轉移為私利。所有的系統和組織都有適當的行為規範,防止腐敗和詐欺,公平處理爭議和投訴。這些規範需加以制度化。
- 努力以理論分析為行動基礎,並且以實際行動連結非洲女

性主義理論。

- 對於各界對女性主義組織的批判保持開放態度，對於我們在運動中的角色保持誠實並積極主動。
- 反對破壞及／或把持自主的女性主義空間，確保此空間不為右派政治目標利用。
- 確保女性主義非政府或群眾組織的創立，是為了回應並滿足女性的真實需求，而不是為了私利和不受監督的斂財。

女性主義領導

身為婦運領導，我們了解女性主義機構應由女性擔任領導的觀念已經普及；我們致力於改變領導方式，因為我們相信，女性領導的品質遠比人數重要。我們相信並致力於下列事項：

- 有紀律的工作倫理，正派做事並為決策負責。
- 擴展並強化全洲多世代女性主義領導者的聯絡網和人才庫。
- 確保女性領袖們認可婦運。
- 由自身開始，持續不斷學習、擴展知識，做為分析和決策基礎，倡導學習文化。
- 以平等的態度培育、引導年輕女性主義者，給予她們機會。
- 不吝指出女性非洲員工在知識和其他各方面對組織的貢獻。
- 當其他女性主義者在政治上、實務上或情感上需要配合和支持時，應設法找出時間，以勝任、誠懇、負責的態度給予回應。
- 保持開放心態，給予和接受其他女性主義同儕的審查和建設性回饋。

翻譯：顧燕翎（本書主編）。

第六章

女性主義新世界

34.

女性與經濟

Women and Economics, 1898

夏綠蒂·紀爾曼（Charlotte P. Gilman, 1860~1935）

　　紀爾曼是十九世紀美國社會主義女性主義的代表人物。她相信社會進化論，以為理想的社會是共生互助的有機體，人類社會將進化到更健全、自由、互助的組織型態，以集體主義取代個人主義。女性終將從家庭傭工的位置解放，但不再像男性般追求個人經濟利益，而是追求更根本的社會變革，消除家庭界線。家務變成男女共同分擔的社會勞動，個人可以得到充分發展，享有經濟自由。

　　具體地說，她主張集體共居、集體育兒、社會勞動，但個人保有其私有空間，女人唯有不依賴男人，從個別的廚房和家務中解放出來，才有機會發展自己個人的特性和才華。她也反對以男性為中心的文化，男女應自小接受完全相同教育，在服裝上沒有區別。不過她並未積極參與婦運，稱自己不是女性主義者，而是以科學方法做研究的社會學家。

　　《女性與經濟》是她的代表作，以冷靜分析見長，直指育兒和家務由女性獨力承擔的不公不義。當時美國女性剛開始進入職

場，在公私領域都備受剝削，此書帶來極大震撼，翻譯成多國語言，是二十世紀初的暢銷書，後來常與 1963 年《女性迷思》（頁 65）的社會影響力相提並論。

紀爾曼甚為多產，著作、演講與主編的刊物都風行一時，自傳性的小說《黃色壁紙》（*The Yellow Wall Paper*）、幻想中的女人國《她鄉》（*Herland*）都膾炙人口，也都有中譯本。（顧燕翎◎撰文）

不論在任何國家、任何時代，男性都掌控了經濟大權，在人類的進化史中，女人唯有透過男人才能分到自己那份。

在個人身上更是顯而易見、更公開而毫不令人意外。從打工仔到百萬富豪，做妻子的穿戴的是破衣舊服或閃亮珠寶、住的是低矮違建或豪宅，拖著疲憊的雙腳或高高坐在馬車上──全都在展示丈夫的經濟能力。女人在日常生活中得到的舒適、奢侈品和生活必需品，全都是丈夫取得之後再轉交給她的。當女人獨自一人過活，沒有男人可以「依靠」時，經濟生活所面臨的困境便足以說明女性普遍的經濟地位……不過很多人會說，儘管世上的財富的確是男人所賺、男人所分配，女性仍能透過妻子的身分分到一份。這種看法認定丈夫處於雇主的地位，妻子則是受僱者，或者婚姻如同「合夥關係」，夫妻在財富生產過程中是平等的夥伴……

女性消費經濟物品，但是她們拿什麼經濟產品來交換？宣稱婚姻是合夥關係，兩個人共同產生的財富，是任何一人無法個別生產的，這種說法禁不起檢驗。幸福快樂的男人比不幸福不快樂

的有可能有較高的生產力，不過這條件不只適用於人夫，也適用於人父或人子。一般而言，剝奪使男人快樂、強健的條件，必會折損他的工作能力，但是使他幸福快樂的親人並不會因此成為他的商業夥伴，取得分享他的收入的資格。

商業合夥的交換條件並不包括回報對方帶來的快樂。男人從妻子得到的慰藉不屬於商業合夥關係的本質，她持家的節儉勤勞也不是。她再節儉勤勞也不會變成丈夫的商業合夥人。夫妻只有在對孩子的共同義務上——共同愛護、負責與教導子女，才是真正的夥伴。但是工廠老闆、醫生或律師結了婚，固然在親職上找到了夥伴，卻並不表示他在事業上也多了一個夥伴，除非他的妻子也是同行……

若妻子並非真正的商業夥伴，那麼她憑什麼從先生手中賺取衣、食、住等生活所需？她做家事啊！大家會搶著回答。人們心中多半有這想法——女人用家事服務換取她所擁有的一切。至此我們得到了實際而明確的經濟學依據，儘管沒有參與財富的生產過程，妻子在最後的準備及分配過程是有份的，她們的勞務在家戶中具有實質的經濟價值。

由一定比例的人去服務其他人，提高他們的生產力，這種貢獻不容忽視。女性的家內勞動毫無疑問可以幫助男人生產更多財富，因此女性對社會經濟有貢獻。但馬匹也是，馬的勞動力有助於男性生產更多財富。馬有經濟貢獻，但是馬在經濟上卻無法獨立，女人也是一樣……

妻子操持家務被認為是她嫁為人妻的部分職責，不能算做僱傭關係。不論是窮光蛋的妻子一個人在低矮的違建裡操持所有家務，或者是富豪的妻子精明優雅地在豪宅內指揮僕役，人人都有權以服務換取公平的報酬。

果真這樣的話，妻子做家事的薪水應當包括她身兼廚師、女傭、保母、裁縫和管家的工資總和，不多也不少。富太太如果變成了受薪階級，那麼她可以支配的錢必會比從前大大減少；窮男人則變得根本無力「負擔」妻子，除非他無異議接受這種狀況：給妻子僕人的工資，然後兩人的工資一起拿來撫養小孩。也就是他負責養僕人；她幫忙一起養家。但是這樣一來世上就再也沒有「富婆」了，因為即使是最高等級的私人管家，服務做得再好也不可能憑工作所得累積財富成為富豪……。

　　以上討論讓我們清楚看到，不論女人的家務工作實際上的產出有多少經濟價值，她們都拿不到。事實上是做得最多、最辛苦的女人得到的錢最少，最有錢的女人卻做最少。妻子的勞動不被當作經濟交換中的生產要素，只是女人本分該守的職責，她們的經濟地位與家務勞動無關，就算有也是反比。尤有甚者，要是她們得到公平待遇——做多少賺多少——那麼所有以家務換酬的女性的經濟地位都不會高過僕傭。沒有多少女性或男性願意面對這狀況，那麼女人靠家務勞動換取生計的說法立刻站不住腳。然後人們又說，她們因為做母親而得到生活所需。這也奇怪。雖然常有人這麼說，而且充滿感性，卻缺少應有的分析……

　　果真如此的話，母職是女性可以用來換取衣食的商品，我們就需要找出母職和報酬兩者在質與量上的關係。這樣一來，不做母親的女人就完全沒有經濟地位了；而母親的經濟地位也得證明與母職有關。這也不合理，無兒無女的妻子跟子女成群的母親擁有的金錢一樣多——或者更多；因為後者撫養小孩花掉了原本可以是屬於她的錢。生產力差的母親也未必比生產力強的母親得到更少生活費。顯而易見，女性的富裕程度跟她做為母親的付出並不成正比，母職與經濟地位無關……。今天已無人主張母職可以

用來做經濟交換，但假設此說為真，假如我們願意做理論上的討論，我們真願意把母職當作生意，當作商業交換的一種形式嗎？母親的關心和責任、辛勞和母愛可以當成換取衣食的商品嗎？

這些念頭讓人反感，仔細思量和推論之後，我們會發現，世上沒有什麼事會比把母職當作買賣更讓人難以接受，更危害社會和個人了。這些號稱女性經濟獨立的理由既不成立；我們也證明了：女性這個階級既未從事生產、也未參與財富分配；個別女性在家中操持僕役的工作，且未按其勞務計酬，即使按勞務計酬，也是超低行情；妻子不是丈夫的事業夥伴或財富共同生產者，除非她們從事同樣的行業；她們當母親沒有薪水，真有的話也是極不光彩的事 —— 那麼那些不承認女人靠男人為生的人還有什麼可說？……母職使得女性不適合從事經濟生產，因此理所當然由丈夫來養……

……有人說，人類女性是因為做了母親才無法自立謀生。其他雌性動物卻不會因為做母親而失去生存和養活幼獸的能力。似乎唯獨人類的母職需要母親付出全副精力，把成年期的人生完全用在撫養子女，或者至少一大部分，以至於沒有餘力發展自我……

這是做母親必須的條件嗎？人類母親是否因為為母而失去頭腦和身體的自主性，失去力量、技能和欲望去從事其他工作？我們眼前是否看到，人類中所有的雌性被區分出來投入母親之職，並將之神聖化、特別對待、特別培養，要求她們將天性中每一分力量都貢獻於撫養子女？

事實不然。我們看到的是，人類母親遠比母馬工作更辛苦，一輩子和每一天都不得休息，不僅僅是為了孩子，也為了男人：丈夫、兄弟、父親、所有男性親人；也為了母親和姊妹；情況許

可的話，也為教堂做點事；有能力的話，再為社會做一點；為慈善、為教育、為社會改革——在母職以外，她其實還要做很多事。

　　讓家庭主婦從白天忙到黑夜的不是母職；是家務，不是小孩。女人比大多數男人工作時間更長，也更辛苦，也不限於母職……。即使今日，許多母親賺錢養家之外，還得扛起養育照顧之責任。有錢男人的女人沒過得這麼辛苦，或許可以全力投入母職，理所當然在經濟上依賴丈夫。但是即使她們也不行。安逸富裕的女人比窮女人理當可以提供孩子較好的照顧；不過她們並沒有為此多花時間、多費心力。她們還有許多其他事要做。

　　儘管被挑出來單獨負擔育兒之職，世上的雌性人類實際上還得承擔做母親以外的諸多職責，她的工作時間很長，長到足以供應她獨立生活所需，但法律卻不允許她經濟獨立，理由是她有孩子，所以不能工作！

摘譯：顧燕翎（本書主編）。

35.

生活的革命

New Woman, 1920

亞力山卓・柯崙泰（Alexandra Milkhailovna Kollontai, 1872~1952）

（俄文名：Александра Михайловна Коллонтай）

　　柯崙泰早年參與俄國共產黨，1917 年十月革命成功後，她成為新政府中唯一的女性政務官，日後並擔任婦女部部長和駐外大使。她擅長演說，極具煽動性，集結成書後翻譯成多國語言，包括日文和中文，吸收了大量年輕共產黨員。她主張婦女運動應和工人運動密切結合，實行全面的政治、經濟和文化改造，廢除私有財產制，女性完全參與社會生產勞動、性愛自由以及家務公共化。她說，廚房和結婚分離，就像政教分離一樣，是人類歷史的重大轉折。家務不是女人的天職，應該由專職人員取代，集體式管理，政府需廣設公共餐廳、咖啡館、洗衣房、托兒所等。女性有義務為集體社會生育健康的孩子和新的勞動者，社會也有義務保護母性，並且將女性愛護幼兒的本能擴展為對所有無產階級子女的大愛。母親對個別嬰兒與兒童的權利和義務止於哺餵母乳，其他都是集體責任，兒童也需自幼參與集體生活，培養公共化精神。

柯崙泰批評十九世紀的自由主義女性主義僅提倡男女平權，卻未能給母親特殊保護，仍無法完全改善婦女地位。要得到真正改善，只有在全體勞動人類獲得解放的時候，到時候男女才會真正平等，國家也會特別保護女性和小孩。她對勞動男女說：

> 你們年輕，你們相愛。每個人有權追求快樂、過想過的生活。不要逃避快樂，不要懼怕婚姻，即使過去在資本主義下婚姻是痛苦的枷鎖。不要害怕生小孩，社會需要更多勞動者，並慶賀每個小孩的誕生。不須顧慮你們小孩的將來，因為他們將不知道什麼叫飢餓、什麼叫寒冷。

在男性統治下的蘇聯，柯崙泰雖幸而逃過黨內的清算鬥爭，她的理想卻受到冷落，未能實現。直到 1970 年代全球第二波婦運興起，她的著作才由西方女性主義者重新印行，受到重視。

本書最早中譯本《新婦女論》在 1937 年由日譯本轉譯，譯者為羅瓊和沈茲九，由上海生活書店出版。（顧燕翎◎撰文）

新的社會主義的生產組織的基礎是什麼？它不僅是生產，也是消費組織。為調整消費，不僅是計算將全國的一切產物與財富，來平均地分配，而且是將消費的組織，建立在新的社會主義的原理上。

蘇維埃共和國首先注意的是：合理的盡可能地節儉而適當的消費的組織，這些的最初出現是：實施「社會的配給」。

適應當時的窮困狀態與貯藏的不足的情況，來設法與這一般

的貧困飢餓相搏鬥，不僅是消費的社會化集體化，而且尚有其他不少的方法。

蘇維埃共和國從 1918 年春以來，根據當時的需要，都市各處均採行了「社會的配給」的原則，設蘇維埃食堂，甚至給幼年者免費就食，因此以家族為基礎的家庭經濟範圍狹小了。由於我們的貧窮與產物的稀少，有礙於社會配給工作的發展與擴張，這是不待說的，雖然社會配給的機關已經組織了，為了便於運輸國民的營養物，已開鑿了運河，可是食糧依舊沒有。

我們的國家已窮困到了極點，國家的生產物貧乏不堪，可是滿懷惡意的資本主義列強偏又封鎖糧食，我們中央共有的倉庫不能吸收外國的產物，因此一切都感到缺乏，食物粗劣不堪，然而「社會的配給」在都市住民的生活上，我們認為是不可缺的。譬如彼得格勒在 1919 年至 1920 年之間，全人口的 90％都受「社會配給」。莫斯科登記需要「社會配給」的人口占全人口的 60％以上，1920 年有一千二百萬人（小孩在內）的都市住民受著「社會配給」。由於這種事實，婦女的私生活起了極大的變化，使婦女變成奴隸的廚房，已不是家族生活上不可缺的事情了。雖然，走向共產主義去的道路正在探求的過渡時期，而且在資本主義社會的生活形態沒有消滅，國民經濟的基礎沒有變革的時代，束縛婦女的廚房依舊有它的重要地位，不過已不是「家庭的第一位」了，而成為「社會配給」的輔助，這裡我們的公共食堂有飛速的增加必要。女工們首先意識到公共食堂能節省她們的時間；只有吃不飽或吃十分沒有營養的東西的時候，會使她們不滿，此外甘願自己做東西吃的，只有愚頑不過的人了。不過社會的配給，雖然比較改善，但對廚房還抱著趣味的，也許不乏其人吧？在資本主義社會制度下，婦女為了扶養她的丈夫，親手製

菜，博丈夫歡心，這是因為丈夫是她唯一的靠山，所以不得不如此吧！現在的婦女，已被國家承認她有獨立的人格，是一個市民，在這種情形下，還有歡喜費盡時間，委身於炊事的嗎？在男子方面來觀察女子，不是看她怎樣會揉麵粉，而是尊敬她的人格、個性，以及她是「人」。廚房和結婚分開，這和宗教與國家分開同樣，是婦女命運史上的重大變革。在軍事共產主義時期，這種分離只不過是一種計畫，但根據蘇維埃共和國新經濟形態的發展：要求人的勞動力、燃料、生產物的消費盡可能地節約，使消費達到最節省、最合理的狀態，要達到這目的，不得不藉助於社會的配給。蘇維埃共和國的經濟狀態愈困難，社會配給的組織，益感必要與緊急。

　　此外，依照蘇維埃共和國的新住宅條件：有為家庭而設的公共住宅，有專為獨身者而設的普遍的「公共之家」，對於私生活，尤其對婦女生活，有極大的影響。在當今世界中，唯獨我們蘇維埃共和國有各種的公共住宅。這個公共的住宅，不消說不是像十九世紀傅立葉*所倡導而為某些「理想家」所實行的不實用的、藝術的「共產國」組織。一切人都希望住公共的住宅，不是由於強制，而是由於它有比私有住宅便利的各種經常設備，譬如燃料、電燈等都有保障；有不少的公共住宅設有熱水管、蒸餾器、公共廚房，掃除等工作有專任的清潔婦擔任，有些尚有公共的洗濯室，其中也有設置著托兒所、幼稚園的，絕不會有荒廢、物價騰貴、燃料不足、水道設備不完全等的憂慮。因此希望住到公共住宅去的人更加多了。在登記簿上志願住公共住宅的候補者不絕地增加。

＊編注：十九世紀初法國烏托邦社會主義者。

當然要公共住宅絕對的代替私有住宅，尚需相當時間，有許多都市住民仍滿足著私有經濟和以一個家庭為中心的生活。不過以家庭為中心的家政已失去了它的規準，這是一個絕大的進步。尤其使經濟困難的人傾向住公共住宅，即使公共住宅的條件不甚適合，但至少它有許多優越性，尤其在生產繁榮時代，公共住宅比諸浪費婦女勞動的家庭經濟要勝算得多，這是很重要的。公共住宅對勞動婦女，真是「救命菩薩」。由於有專任的清潔婦、公共廚房、公共洗濯所、電燈、燃料等的設備，使婦女可以省卻不少精力。一般的勞動婦女，現在只有一個願望，就是：「希望公共住宅增多，掃除無益而且消耗婦女精力的家事。」當然尚有許多頑固不化的婦女不肯離開那古舊的生活形式，這些只是生活完全集中於爐火周圍，專做妻子的人物罷了。這些人即使住在公共的住宅，也會為了她的丈夫，將自己的生活仍消費在鍋裡灶邊的。可是，未來已不是她們的了，由於集體勞動的精神，這些無益於世的人們，將跟著共產主義的經濟建設而消滅。公共住宅，不但合理地解決了都市的經濟與住宅問題，且創造了減輕勞動婦女在這過渡時期所負的重任——家庭與職業的勞動。隨著適應各種要求與適應各種趣味的公共住宅的增加，很自然而且不可避免地以家庭為中心的家政消滅了。跟著保守的家庭的個人主義經濟的消滅，現代資產階級家庭的根基便削弱了。家庭既不是消費的單位，就不能以現存形式再存在下去了。但是這個斷定，是大抵不能威脅資本主義家庭的信奉者們的——到共產主義的消費勝利，還是很遙遠的，由資本主義到共產主義的過渡時期，無產階級專政時代，社會的消費形態與個人主義的家庭經濟間，尚需要劇烈的鬥爭，要促進前者的勝利，只有依賴與這問題最有利害關係的——勞動婦女的正確的認識。

......

　　蘇聯政府的根本任務，是為了發展國家的生產力，復興國家的生產起見，來講母性保障問題的。實現這個問題的第一義，是盡可能地將許多勞動力，從非生產的勞動上解放出來；為了經濟的再生產，要很巧妙地利用現在的勞動力。第二在於使新鮮的勞動力不斷地產生，保障正常地增加人口，是蘇維埃共和國所必要的。

　　只有這樣，母性保護問題才能合理地解決。我們樹立很新的原則：即繁榮後裔，不僅是個人的或一個家庭的問題，而是社會的、國家的問題。母性保護的被保障，這絕不單是婦女自身的問題，而是在生產制度轉變時，從國民經濟的任務出發，要運用婦女的力量，因此不得不防止對家族的非生產勞力的浪費。同時為了保障未來勞動者的健康，不得不保護婦女的健康。但是在資本主義國家，要這樣來講母性問題，是不可能的。階級的矛盾、個人經濟與國民經濟的利益不一致，都是妨害它的發展的。與此相反的，蘇維埃共和國因社會主義建設的長成，個人主義經濟漸次消解在國民經濟中。所以這樣解決母性問題，是實際生活所必需的。蘇維埃共和國，首先將婦女看作有勞動力的人，將母性的職能不隸屬於家庭，而當作社會的重要一員……

　　但是要使婦女有參加生產的可能性，使她的本性不致受壓迫，同時也不致破壞做母親的職能；這裡最要緊的，要將做母性的一切煩累，從婦女的肩上除去，移向集體……蘇維埃政權以這原則為出發點，用各種方法，力求將母性的重荷轉移給國家。幼兒的養護、子女的物質的保護、社會教育的正當設備等，均由母性、幼兒保護部和教育人民委員部的社會教育課來擔任了……政府不僅用金錢來保障母性，給予母親各種補助；且更努力於改革

她們的私生活，使婦女能以母親資格，為共和國生育幼兒，並有可能條件使她對幼兒發揮慈愛、照拂、愛撫。

蘇聯自從無產階級專政以來，即努力將母性保護與社會教育的設備網，引渡到蘇維埃共和國之手，母親與幼兒是政府特別照顧的對象。革命的初期，社會保障人民委員部 —— 當時的國家監察人民委員部，即以保護母性的權利，和將婦女看作生產勞動單位這兩件事，當作發展蘇維埃共和國政策的重要任務。

但是最重要的，還是解除保育幼兒等非生產的工作 —— 麻煩的襁褓工作、搖籃的牽絆等 —— 使母性對社會的義務只是生育健康有能的孩子。因此勞動社會必須將孕婦保護周到。婦女自身宜注意懷孕時的保養，她要理解這個時候，不是為了自己，而是為了服務於集體，生產著新的勞動單位、共和國的新成員。母性對社會服務的第二義，是拿自己乳汁去餵乳兒的問題。用自己的乳汁去養乳兒，這是婦女在蘇維埃共和國中的權利，對乳兒也就是盡了對社會的義務。此外，對子女以後的種種，都是集體的事了。自然，母性的本能是強的，不能使她退化。但是為什麼這本能 —— 愛護幼兒的本能，只能對於自己的小孩？為什麼不能把這本能的萌芽再發展起來，使它能愛護到同樣需要保護的其他幼兒呢？

「不單要做自己兒童的母親，要做一切勞動者與農民的幼兒的母親」，這口號是勞動婦女的新母教。假如有一個女人，對於另一個乳水不足的女人的幼弱小孩，因為不是自己的子女，所以拒絕授乳，這樣利己的反社會的行動，在共產主義未來的人類裡，是將認為超出常規的，這和野蠻人只愛自己的子女，而拿異族的子女來充飢是同樣的性質。

此外還有一件不合理的事情，即做母親的怕帶孩子的繁瑣因

此不願以自己的乳汁去餵幼兒，這種事實能被許可嗎？不錯，現在的蘇聯確有不少的棄兒，這是事實。這種情形，正因我國的勞動問題，尚在開始解決而沒有完全解決的緣故。數十萬的勞動婦女在這個困難的過渡期中，在雙重的重擔——勞動與母性——下困苦著，她們都感到托兒所、育嬰室、「母親之家」不夠，補助金不足，因此許多女工和職業婦女，不得不和「母性」作戰，不得不將乳兒由自己手裡遺棄給國家了。棄兒數如此之多，是由於我國還沒有使婦女深切地意識到做母親不是個人的工作，而是社會的義務。

……

在蘇聯，小孩自出生至十六歲為止，由上述的社教機關，在健全的狀態中，受教師的指導與母親的監督（在托兒所中，母親有值日監督的義務）而成長。為扶育新社會的成員，這種事業是必要的。在托兒所、嬰兒室、幼稚園的道德與生活狀態中，培植著共產主義建設中所必要的習性與特質等。被社教機關教育出來的人，比之於出自孤立的家庭、習慣於利己的幼年生活的人，更適於過勞動的共產主義集團的生活。

革命的初期，由托兒所或兒童宮中所養育出來的小孩，和從母親手中教育出來的嬌生慣養的小孩完全不同，前者極富有集體的習慣，富有「團體人」的思想。在「兒童宮」中常見來自個別家庭的新成員拒絕共同的操作。於是由整個集團包圍了這新進者，熱心地說服他，像什麼：「我們大家去散步，只有你一個不去，好嗎？我們團體輪流勞動，你獨自不肯掃除，可以嗎？我們這團體大家用功，你一個人攪亂可以嗎？」他們之間沒有個人的感情，因此一個肥胖的四歲小孩會很認真地說明：「我們這裡，沒有你的或者我的東西，我們這裡有的東西，都是大家的，同時

大家都要竭力注意愛護團體的所有物。」──這是小兒生活的根本規則；而且相互間，彼此勉勵勿損傷「我們的」財物──「兒童宮」的財物。

蘇維埃共和國為了保護肩負人類再生產的婦女，於革命的初期，即有「母親之家」的建設，不僅安置獨身者，即使有家庭的婦女，也許可有一段時期的居住。例如產前產後的幾個月，為了避免家庭與家族的煩累，恢復自己的精神，以及為要深切地注意嬰孩，許可她居住。經過了相當的時日，小孩不一定要母親親自養育，但最初的幾個月母子間因生理的關係，嬰孩離開母親，是不合理的處置。

⋯⋯

蘇聯對婦女也提出了如下的任務，即婦女脫離了非生產的家庭勞動以後，為了創造新的財富，有為國家與勞動集體勞動的義務；國家為這種重大的事情──勞動與母性的義務──保障婦女的利益與幼兒，使婦女能並行兼顧地盡她的義務。蘇聯自從革命後的第一日起，即努力創造以下的生活條件：即使婦女不致牽著兒子無路可走，不得已跟隨著沒有愛情的丈夫；被丈夫遺棄的婦女不致因求助無門而自殺或殺死子女。我們蘇維埃共和國的援救勞動婦女不是用什麼博愛事業，或什麼卑鄙的慈善事業，而是努力減輕為社會建設而鬥爭的勞動者農民的戰友──母性之重荷。和男子同樣參加了國家的經濟復興、同樣參加過內戰的婦女，她有權向國家要求：在她生活中最有責任的時期──她給予社會新成員的時期，社會應為她擔負照料未來公民的任務。這是我們的母性保護政策，不過實際上還是與理想離得很遠。

⋯⋯

為了從事職業的勞動婦女，在各企業及各種機關中附設托兒

所，里有里的托兒所，市有市的托兒所，托兒所減輕勞動婦女的負擔，不是言語所能盡的。我們認為遺憾的是：這種托兒所，還感到不足，還不能滿足做母親的十分之一的要求。

翻譯：羅瓊、沈茲九。摘選：顧燕翎（本書主編）。

36.

經濟全球化與婦女在可持續社會中的工作

"Globalization of the Economy and
Women's Work in a Sustainable Society",
Gender, Technology and Development, 1998

瑪麗亞‧米斯（Maria Mies, 1931~）

　　米斯為德國的社會學家和女性主義者，發展其資本主義父權制理論的奠基作品，是她根據其為聯合國所作的一項研究所寫成的書：《納爾薩普爾的蕾絲製造者：印度家庭主婦為世界市場而生產》（*The Lace Makers of Narsapur: Indian Housewives Produce for the World Market*, 1982），在該書中米斯首次提出勞工的「家庭主婦化」現象，說明在跨國企業組織下，在家裡利用閒暇製作蕾絲的印度婦女，儘管其工作為家庭帶來資本，社會也因之獲益，她們卻被定義為家庭主婦而壓低其勞動報酬，其勞力也被標記為家事或維生工作而未被列入生產資本。

　　1986 年米斯進一步論述資本主義父權制的理論《父權制與世界規模的累積：國際分工裡的婦女》（*Patriarchy and Accumulation on a World Scale: Women in the International Division of Labor,* 1986, 1998），她聚焦第三世界婦女、國際分工，有系統地闡述對婦女的剝削如何成為全球資本累積的要件之一，並透過勞動力的彈性化延伸到男性工人。1988 年米斯和班霍德－湯森（Veronika Bennholdt-Thomsen）、馮‧維爾霍夫（Claudia Von Werlhof）合著《婦女：最後的殖民地》（*Women: The Last Colony*），闡述婦女的處境與殖民地類似，資本主義對生態環境、勞動者和家庭主婦進行不公正的剝削，並且始終伴隨著暴力手段。

1993 年米斯和希瓦（Vandana Shiva）合著《生態女性主義》（*Ecofeminism*），兩位作者將第三世界婦女、資本主義——父權制的議題和生態女性主義結合在一起，對現代工業發展作了根本的批判，對生態女性主義影響深遠。（王瑞香◎撰文）

在這篇文章裡米斯概述並批判有關全球發展的現存範例（paradigm），它論證：占優勢的資本主義父權制發展模式，即永久經濟成長，和稀有資源的保存、婦女真正的培力，以及可持續生態和社會是不相容的。她進一步論證，「文化性別」（gender）和可持續性一樣，已被資本主義父權制社會收編而使得婦女所處的具體環境不可見。「婦女」問題無法簡單地加到任何自由主義的、實證主義的或馬克思主義的社會理論上，但若究其邏輯結論，則文化性別的取徑將突破性地改革所有現存的範例和關係，特別是那些資本主義工業父權制的範例與關係。換言之，「加上文化性別然後攪拌」（adding gender and stirring）

的做法，對工作與可持續性之關係的分析是行不通的；婦女的問題，以及生態、社會、經濟之持續性的問題必須放在我們的分析與政治的中心。但這需要不同的架構，不同的經濟與社會的觀點，在文章的最後部分米斯對有關經濟、勞工、有生產力的勞工等的新概念作了詳細的討論。

可持續性與「永久成長」

　　米斯以兩個重要報告為例，指出占優勢的經濟發展範例罔顧真正的可持續性與永久經濟成長兩者不相容的事實：聯合國布倫特蘭委員會的《我們的共同未來》（The World Commission on Environment and Development Brundtland Commission, *Our Common Future*, 1987），以及羅馬俱樂部發表的《第一次全球革命》（The Club of Rome, *The First Global Revolution*, 1991）。前者雖然正確分析了環境破壞的原因，即永久的經濟成長，卻無意放棄這個成長模式背後的基本哲學，反而堅持更進一步、更快速的經濟成長。同樣地，羅馬俱樂部雖然指出「可持續發展」的概念和工業國家的成長率不相容，他們仍堅信：「……我們必得推展南營（the South）的經濟成長，而正朝後工業社會邁進的北營（the North）則十分需要質的成長。」米斯感嘆：「可持續性」概念已成為一個新口號，並已被收編，且是被那些摧毀了真正可持續性的企業所收編。

　　人們一般認為「進步」是從「原始的」、「落後的」階段無限制地直線式往上進步。但這樣的計畫並未考慮到我們的地球、時間、空間，以及人類存在的極限。那麼，在一個有限的世界裡要如何達到無限進步、無限成長的目標？米斯從殖民地、性別分工、全球化來分析永久成長的祕密，並且把格局放大到全世界，

特別著眼於婦女在全球經濟中的腳色。

　　既然世界有限，「無限成長」的目標只能以別的東西為代價來達成：有這個部分的進步就有那個部分的退步；不使某些人貧困，就無法造就其他某些人的財富；「無限成長」或「資本累積」的概念必然意味著這個成長是以「其他人」為代價的。在此殖民地扮演了重要的腳色。不同於資本家和工資勞工之間有合法關係——即擁有資本的一方和擁有勞力的另一方簽訂等價物交換合約，殖民者與殖民地之間的關係從來就不是建立在一個平等交換的合約上的，而是靠直接的、結構上的暴力來加以鞏固、穩定的，並且這暴力並非性別中立，它基本上是針對婦女的。

家庭主婦化

　　1970 年代末，當女性主義者探索婦女持續受壓迫與剝削，以及持續對婦女之暴力的根本原因，她們發現父權制以一個社會體系繼續存在，在本質上是和資本主義系統——連同其擴延性累積——連結的。她們了解到，這種持續的經濟成長的祕密，並不在於發明省力機器的科學家和工程師的智力，或資本家只回報給工人其所生產之價值的微小一部分，而在於婦女之再生產勞力的工作是以「免費的利益」，一如空氣、水、陽光等免費資源呈現的。這個資本主義父權制的經濟可以被設想為一個冰山的形狀，有關的主要理論一般都只看到冰山頂部浮出水面的部分（即資本與工資勞工），而沉沒在水面下的冰山的整個基礎（即婦女的無薪家務工作、照護工作、養育工作，和南營的數以百萬計的維生小農與工匠的工作，以及自然的工作）是不被看見的。

　　人們普遍相信「追趕式發展」哲學，認為處於隱形經濟裡的

每一個人最終都會浮出水面，成為工資勞動者並能享受歐美工人的生活方式；然而，經濟全球化所導致的卻是恰恰相反的過程。愈來愈多處於冰山可見部分的受保護工資勞動者被推入水面下的隱形經濟裡。這不僅發生於婦女身上，也漸漸擴及男人，正如憑・維爾霍夫在〈無產階級已死：家庭主婦萬歲！〉一文中所寫的：男人現今也在經歷家庭主婦化。

工作與就業

　　資本累積的經濟模型，其內在的兩極化與矛盾不僅存在於經濟與生態之間、資本與勞工之間、男人與女人之間，它還影響了所有的生活領域。「工作」（work）和就業（employment）之間有很明確的性別區分。就業一般而言是男性獨占的領域，而工作，尤其是家事，主要是婦女在做。即使當婦女也從事有報酬的就業時，不支薪的家事責任也落在她們身上。再者，由於資本主義體系的特殊運作，昂貴的就業將日益由機器所取代，因而造成失業。然而不支薪的工作卻不減反增。1970 年代，尤其是在石油危機（1972 年）之後，世界最重要的經濟體和跨國公司紛紛將工廠搬遷到廉價勞工國家。而那些地方之勞力之所以價廉，是由於在那裡有許多工作仍然是某種維生的工作或家事，主要是婦女在做的。

　　要是我們想尋求目前體系的替代方案，那麼生產與消費倫理，以及諸如基本的公正、平等、工作本身的價值等各種價值之間的矛盾往往是強調的重點。米斯建議在這個非市場價值的清單上加上尊重自然和所有生物的尊嚴、團結與同情、關懷與養育、互惠、愛與合作；所有這些價值代表我們所了解的人道的經濟與社會。然而，現代巨型科技（megatechnology）挾其物質的與真

實的暴力，結合全球資本，建構了一個倫理考量幾乎無能為力的現實。

生物科技和自由貿易全球化哲學結合，被跨國公司用來將地球上的所有生物商品化、商業化、壟斷。其所製造出來的食品將販售到全世界，加到我們會消費的食物上，或擺到你我必定會去採買的超市裡；這就是某些人所說的「經濟的麥當勞化」。在這樣的情境裡，當幾乎所有的消費者都被轉變成強制性的消費者以及跨國公司的共犯時，我們將如何奢談倫理？「有道德的消費者」之類的運動要如何以在生態上負責的方式消費？在米斯看來這是倫理道德的終結，她認為我們需要一個替代性的觀點，於是提出了她的替代性經濟觀點。

替代性觀點

在這替代性的範例裡，被殖民和被邊緣化者將被放進核心，因為它們對確保生命之持續再生與完美至為重要；目前的冰山模型—— 其頂端為資本，而世界大部分人和自然本身則沒在水下—— 是無法生產和再生生命的。這替代性經濟觀點也必然會以區域化（而非全球化和自由貿易原理）為基礎；只有在區域經濟裡，人們才能控制其公共資源、保存自然、擁有真正的糧食安全，並確保不為匿名全球市場從事浪費的生產。反而，生產和消費將再度連結，生產者會生產人們所需求的，而非為了增加資本累積而生產，消費者亦會覺得對生產者和生產關係負有責任。

這樣的經濟勢必帶來一些變化，例如：性別分工改變了，男人會做和女人一樣多的無酬勞工作、維生生產將優先性於商品生產；可持續科技會用來提高生活、滋養、照護等而不是去支配自然；可持續經濟將尊重自然的極限；市場將滿足所有人的維生需

求、貿易不會摧毀生物多樣性；金錢是流通的工具而不再是累積的工具等等。替代性的經濟學概念會重新將經濟活動和其他學科整合在一起，也會將自然重新整合到經濟活動與理論裡；生命不再僅指人類的生命，而是所有物種的生命，倫理學也會再度成為「經濟」活動不可或缺的一部分。

隨之而來的是一連串的新概念：新的勞工概念，將無酬勞動工作納入經濟理論和實踐將超越現存的勞工概念，即有酬勞的就業，在替代性的展望裡，為金錢而工作將扮演次要的角色；重新定義有生產力的勞動，拒絕只把生產與增加金錢的勞力視為「有生產力的」；重新定義經濟學的宗旨，摒棄永久經濟成長的宗旨，新視角的目標必須是直接滿足人類的需求，而非永久地累積金錢或利益並將之集中在愈來愈少的人手裡；賦予「美好生活」新定義，在主流經濟裡，「好生活」、「快樂」被界定為在全球性超市裡購買到的源源不絕的貨品與服務。然而，我們需要快樂和好生活的另一種定義，它不仰賴購買商品，它對我們自己、別人、和自然都意味著不一樣的關係，米斯稱之為「吾人需求之非商品化滿足」（non-commodified satisfaction of our needs）；在滿足需求的新觀念上，第三世界必須棄絕模仿北營的消費模式，以便從經濟與文化的依賴解放出來，並要為自身福祉更有效地利用自己的資源，這是第三世界朝自力更生邁進的必要步驟。

總之，米斯這篇文章清楚地彰顯了生態女性主義的特點：為保護自然與婦女，我們必須拒絕資本主義無限制的經濟發展模式與商品邏輯，主張並實踐整合生產與消費，以達到去工業化與去商品化的目標。未曾放棄希望的米斯說：「當世界重建過程已朝著我所說的維生觀點（其他人稱之為可持續觀點）展開，特別是

在南營許多地方的草根層級，這個新的世界觀必定會產生。」

譯寫：王瑞香（婦女新知基金會創始會員。美國
俄亥俄州立大學人類學碩士。曾任中國時報報系
編譯、《誠品閱讀》雙月刊主編。著有《一個女
人的感觸》、《自然裡的女人》，曾任輔仁大學
翻譯學研究所講師，並從事翻譯工作）。

37.

女性主義經濟學研究的新進展
——全球化與照護勞動、以自由和歸屬看待發展以及氣候變化

崔紹忠（1980~）

　　1970 年代婦女研究的興起對主流學科產生衝擊，造成學術理論、知識論、方法論上的改變。這種改變始於文學，然後是社會科學，其中經濟學較為後知後覺，直到 1990 年代才誕生女性主義經濟學。研究重點始於個人獨立自主的理性選擇，爾後擴大關懷面，轉移到人類和地球的生存策略。女性主義經濟學不僅關注個人生命的照顧需求和情感需求，對純粹、「客觀」、過於簡化的數學模式，以及忽略家庭、歸屬與情感需求的新自由主義經濟發展模式，提出批判，也顧及世代之間以及人與萬物之間的資源分配正義，並且重視真實世界的豐富性、精準性、複雜性。

　　本文介紹當代女性主義經濟學家在全球化、照顧勞動、經濟發展和氣候變化諸議題上的論述，主張經濟學應進行跨學科的研究和討論，實際關注和解決當下人類共同面對的生存問題。（顧燕翎◎撰文）

人類進入 1990 年代，新自由主義經濟學，「自由市場」話語和華盛頓共識等政策以一種激進的方式對全球經濟進行了重組。這些政策給人類福利帶來了很多不利的影響。結構調整計畫*（Structural Adjustment Program, SAP）強加給貧困國家而造成的健康問題和就業水平下降問題，國際資本的急劇流動所造成的全球不穩定性，全球性的勞動和環境標準之「競次」（race to the bottom）現象，†已經使很多有責任感的學者擔心至極。女性主義經濟學家注意到，結構調整計畫帶來了社會服務的銳減，社會服務銳減所導致的問題通常是給婦女造成的負擔最重。

一、全球化與照護勞動

女性主義經濟學在照護勞動方面的研究表明，經濟全球化從以下幾個方面對人類發展產生了影響。第一，婦女的市場勞動供

---

* 結構調整是用來描述國際貨幣基金組織和世界銀行在發展中國家推行的政策變革的術語。這些政策變革是發展中國家向國際貨幣基金組織和世界銀行獲得低利息貸款的前提條件，結構調整計畫旨在削減債務國家的財政赤字，促進經濟增長，增加國民收入，償還長期積累下來的債務。然而，由於存在政策等方面的前提條件，結構調整計畫基本上按照自由市場的意識型態執行的，包括內部調整（特別是通過私有化和放鬆管制）和外部調整（尤其是削減貿易壁壘），不能執行這些計畫的國家受到嚴厲的經濟制裁。這種赤裸裸的經濟威脅無異於敲詐勒索，實踐證明，結構調整不但沒有達到既定的目標，反而使很多發展中國家的經濟更加動盪，人民的生活水準下降。

† 在競次的遊戲中，人們比的不是誰更優秀，而是比誰更次、更糟糕、更能夠苛待勞動階層、更能夠容忍對環境的破壞；一句話，是比誰更有能力向人類文明的底線退化。以競次手段所獲得的所謂競爭力，其內裡是一個民族向道德野蠻狀態的復歸。

給增加和經濟結構的調整從根本上改變了照護勞動的供給方式。以前完全由未付酬的家庭勞動所滿足的照護需求，正在逐漸地由市場或者國家政府來滿足。第二，交易範圍的拓展和速度的增加使市場的規模不斷擴大，而市場卻逐漸地與家庭、社會隔離開來。由於市場關係缺乏情感交流和溝通，人們愈來愈依賴於家庭來獲得情感支持。第三，或許也是最重要的，市場規模的擴大一般會使利他和照護行為受到衝擊。因為，市場中很多行為主體一直在搭便車，分享主要由婦女提供的照護勞動。全球化主要是市場規模的擴大，追求的是利潤和效率。儘管經濟增長帶來了個人和公共收入的增加，但是人類發展還需要市場之外的物品和服務，如照護和其他服務。一個國家可以通過增加市場產品的生產和減少照護服務的供給來促進國內生產總值的增長，但是照護服務的缺乏不但會阻礙人類發展，而且還會減緩經濟增長。

女性主義經濟學家還對照護勞動的成本和責任在家庭、政府和企業之間的公平分配問題進行了研究，指出全球化對照護勞動的成本分配產生了巨大的影響，家庭被賦予了過重的負擔。可以說，當今的家庭是以小規模的福利國家存在的。孩子可以被看作是「家庭公共品」，婦女在孩子身上投入時間和精力，承擔大部分成本。與家庭相比，政府在兒童身上的公共支出是非常可憐的。照護勞動為企業提供了人力資源，但是企業卻不承擔照護勞動的成本。要想改變這種現狀，政府就必須增加照護服務的供給，或者是增加公共支出，也就必須對企業的治理結構調整進行規制。現代公司治理結構的核心是效率標準，表現為實現股東收益最大化。公司治理問題對於照護勞動的供給有著深遠的影響。照護勞動的獨特屬性意味著不能僅僅實現股東收益的最大化或公司利潤最大化，而應該是實現「利益攸關者（stakeholder）」

的利益最大化。公司的規章制度，如工作時日法、產假政策、最低工資等，必須把照護勞動的成本考慮在內。照護勞動的成本在男人和女人之間的公平分配，是女性主義經濟學家研究的另一個重大問題。女性主義經濟學家認為，應該減少男人的有酬工作時間，增加男人在家庭照護活動方面的時間。

從情感的高度來把握和理解照護勞動是女性主義經濟學研究的另一個新進展，如多數成年人都需要情感上的照護。很明顯的一個例子就是，社會支持和社會關係對人們的預期壽命有著非常積極的影響。英文中 care 一詞，應該理解為「關照」，即關懷和照護，它包含有兩重意思，一方面可以指關懷情感（caring feelings），另一方面指照護活動（caring activities）。關懷情感能夠在關愛的人和被關愛的人之間建立一種歸屬和關聯。關懷可能是出於慈愛、友愛、利他和社會規範。關懷之情通常被認為是利他動機的實現，因此涉及到愛和情感交融。但是，關懷也是一種社會責任，是由社會建構起來的，並由社會規範來規制和調節。關懷情感和照護勞動不應該是截然分開的，二者應該是同一事物的兩個方面，不可分割。站在情感的高度來審視照護勞動意味著核心域（家庭和社區）、公益域（政府和非營利組織）和商業域（企業）都必須來關注照護勞動的生產，既然這三個領域都能從照護勞動中獲得收益，那麼它們也就應該共同承擔起成本，否則關懷之情和照護勞動都無法達到最優的狀態。

二、以自由和歸屬看待發展

諾貝爾經濟學家阿馬帝亞·森（Amartya Sen）是將歸屬和情感納入經濟分析和討論的引導者。朱莉·納爾遜（Julie A. Nelson）等女性主義經濟學家通過進一步的研究指出，自由和理

性需要由歸屬（affiliation）和情感（emotion）作為補充，它們之間的地位應該是平等的。因為人們不僅需要自由，還渴望親情、歸屬；不僅需要理性（minds），還需要情感（hearts）來指導其行為。忽視人類對歸屬和情感需要的文化可能是導致經濟結果的不平等以及社會和環境不可持續等問題的重要原因。

情感和歸屬（emotion and affiliation）問題在經濟研究和發展研究等領域都很重要。營銷人員數十年前就知道可以通過操縱欲望和恐懼等情感、通過把產品與消費者所渴望成為其中一員的社會群體之間的內在聯想來激勵人們購買消費產品。女性主義經濟學家對以下問題開始給予更多關注：歸屬需要的經濟內涵；個人社會交往的經濟意義；個體與家庭、社會、自然的關聯性；商業公司的關聯本質；僅僅從自由和理性層面來分析人類行為而把相互依存和情感看作是歷史的「文物」，從實證上來說也是不合理的方法。

所以，發展經濟學和發展哲學必須要重視歸屬和情感的作用。歸屬、情感與自由、理性具有同等的重要性。人們應該平等地看待自由和歸屬，情感和理性，應該實現自由和歸屬、情感和理性的平衡，積極發揮它們的作用，這才是實現人之全面發展的關鍵。人們可以體會到，偏向自由與理性而缺乏歸屬和情感的支撐和補充，都會陷入極端主義的泥淖，反之亦然。歸屬和自由之「離決」會帶來非常消極的後果，而二者之「和合」則會具有積極的意義。

只重視歸屬而不關注自由時，歸屬的消極影響就會顯現出來。比如，雖然獨裁式的宗教可能為個人提供了一種社會歸屬和意義之感，但卻是以剝奪個人意志和理性為代價的。父權制婚姻意味著對女性的束縛，傳統的責任和順從等道德禮儀限制以及由

習慣、習俗帶來的等級森嚴的社會組織極大地阻礙了健康、營養、教育和公平分配等方面的社會進步，而這些社會進步能否真正實現，直接危及社會穩定。森對自由和理性與邪教和傳統的比較也證實了這一點。缺乏自由的歸屬就會走向歸屬的消極面，即強制、壓迫，以及由此導致的個人主體性、能動性的喪失。然而，沒有歸屬的自由也同樣會帶來消極的後果。後啟蒙時期的歐美文化把個性、自由、獨立和能動性或主體性與男性和尊貴聯繫在了一起，把社會認同、歸屬、聯繫和反應性（responsiveness）與女性和卑劣聯繫在了一起，所以這種聯繫的本質是一種社會性別建構。女性主義研究指出，絕對自由和絕對獨立本質上是一種幻想，因為它們否認了人的物質和社會聯繫。

女性主義經濟學崇尚的是一種關聯觀點，描述的是自由和歸屬之間的動態關係。在只存在自由的一端，「無所不能」的個人缺乏與世界內在地聯繫在一起的情感，體驗到的是一種毫無方向的存在和不安全感，即無所寄託和孤獨之感。絕對自由意味著絕對的自由落體。在只存在歸屬的另一端，「無助」的個體缺乏的是個性和力量，容易受到壓制和壓迫。除非自由和歸屬相結合，否則自由就沒有了歸屬；反之亦然。

缺乏理性的情感會造成衝動、不合理甚至有害的行動。情感的消極面可能是森指的「未加反思的反應」。沒有節制的憤怒、嫉妒以及失去理性的恐懼感會造成嚴重的後果，人們對此非常擔心，這一點可以理解。然而，人們還必須認識到，帶來問題的不僅僅是憤怒、嫉妒、恐懼等「壞」情感。失去理性的忠誠和未加反思的愛心同樣也會帶來很多問題，如個人對宗教信仰的狂熱追求帶來了宗教暴亂問題。然而，有情感並不等於缺乏理性，情感和理性應該是人類的兩種能力（capabilities），兩者之平衡才能

使「好」成為可能。

　　一旦有了情感，人們就面臨著很多選擇。其中一個選擇就是無視理性，立刻誇張地表達情感。當然，這通常是一種非常輕率的選擇，可能具有社會危害性，如憎恨和敵對態度。儘管人們無法避開情感（如憤怒），但是按照女性主義經濟學的關聯理論，人們可以在情感衝動會造成傷害的時刻，學著避開情感衝動。另一種選擇就是試圖否認情感的存在。大量的心理學研究表明，這通常會使情感能量轉移到無意識層次。這些受到壓制的情感一般都會最終爆發出來，如果不藉助於理性而是通過更加錯綜複雜的手段表現出來，那麼這就不是很明智。第三種選擇是把情感提升到有意識的層面上來，深思熟慮地應對情感，首先對情感給予全然專注，然後再從容地增加理性思考。「這種情感是什麼？是什麼引起了這種情感？有沒有應該反思的方面，或者說有沒有應該傾訴的對象？應不應該培養這種情感並幫助它成長？應不應該把注意力轉移到其他事情上並讓它逐漸消失？應不應該感情用事？」這些都是情感反應與理性思考相結合時能夠解決的問題。

　　如果情感是如此強烈以致到了壓倒一切的程度，找到一種能夠使人進行理性思考的場所可能需要深呼吸、劇烈運動、一個時段的調整或者社區乃至社會的支持等等。有時候，整個社區（或社會）可能具有共同的情感傾向，如對某一個民族或種族群體的憤怒和恐懼之感。在這種情況下，作為個體的個人和整體的社區（社會）都需要進行合理的調查和反思，儘管這是一項非常繁重而艱苦的工作。阿馬帝亞‧森提出的「反思、分析」和「公共討論」的確是個人或者群體好好利用情感能量的方式、方法，但是，要做到這一點，人們必須首先要體會到情感本身，而且要創造反思和討論能夠發揮作用的自然和社會環境。

情感的破壞性不在於情感本身具有好壞之分。所謂的「壞情感」，如果對其進行反思加以利用，可以產生好的效果。在森林裡遇到老虎，人們會感到恐懼，這一點很好，因為恐懼有助於人們跑開。受到虐待時，人們會感到憤怒，這一點也很好，因為憤怒警告人們需要變革。當然，如果這些情感給人帶來了無端的憂慮和辛酸，那麼就不是很明智。不善於馴化情感和某些情感本身就是「壞」的，這兩個觀點具有本質的區別。討論的目的不是要否認未加反思的情感所帶來的危險。

　　正如沒有理性的情感會帶來危險，沒有情感的理性也具有明顯的弊端。理性善於推斷、比較和計算，但是，理性最終無法使人前進，無法向人們指出更有價值的路徑。人類動機的根源是情感，而不是理性。正如高曼（Daniel Goleman）所指出的，情感（emotions）的詞根是 motere，在拉丁語中是動詞，意思是感動。21 世紀的人類發展研究不僅要關注個體的智商，還要發展情商（emotional intelligence）和社會智商（social intelligence），以便對經濟學的構建提供合理的理論基礎。神經科學家達馬西歐（Antonio Damasio）研究表明，情感之缺失具有同樣的危害性，理性的作用也因此大打折扣，儘管理性造就了人的獨特性，並使我們按照個人之未來感、社會慣例和道德原則來進行決策。沒有情感的理性是冷漠的、呆滯的和徒然的。只依靠理性自身無法對人的生活做出富有創見的決策。

　　森對自由的兩種作用作了描述，即自由本質上是好事，具有「內在的善」，而且也能帶來好的結果。同樣，歸屬和情感也有兩種作用，即歸屬和情感本身是好的，因為它們滿足了人歸屬於比自身更廣大的群體的需要、對關愛和尊重的情感需要、對自我價值實現等情感的需要；同時歸屬和情感也能產生好的結果，即

具有「工具性的善」，因為，沒有歸屬和情感，人對他者、對環境或對更大的目標的關懷就失去了基礎，追求美好目標的行動就失去了能量基礎。用道學中的陰陽理論來闡明這一點的話，「好」或者「善」來自於歸屬與自由、情感和理性的「和合」。

三、氣候變化

經濟學家對全球氣候變化研究中的倫理問題進行了大量討論，集中在最優增長模型中代表時間偏好率這一變量的數值方面。因為主流經濟學一直是追求「價值無涉」和「價值中立」的學科，所以很多主流經濟學家反對認真地討論倫理問題。女性主義經濟學家對這一問題進行了深刻的反思，並在此基礎上指出，迴避代際公平問題是與經濟研究實踐的質量和客觀性相關的另一套價值判斷緊密聯繫在一起的。女性主義經濟學家認為，更加倫理透明、更加關注真實世界、更為靈活的經濟研究會使經濟學知識更加客觀、更加可靠和更為有益。

氣候變化經濟學斯特恩評估報告（Stern Review on Economics of Climate Change）於2006年10月發表並在全世界傳播。此後，在與氣候變化相關的研究中以及對《京都議定書》之未來的討論中，經濟學家對研究社會在如何又快又徹底地減少碳的（不分行）排放方面爭執不休。全球氣候變化研究的主流經濟學家，包括諾德豪斯（Richard Nordhaus），托（Richard Tol）和尤赫（Gary Yohe），對斯特恩評估報告提出了異議，認為斯特恩評估報告所提出的政策行動方案太極端。儘管這涉及很多方面的問題，但是爭執主要還是集中在效用的跨期貼現這一問題上，即最優經濟增長模型中用 δ 表示的時間偏好變量是否應該接近於零。如果將 δ 偏向於零，正如斯特恩評估報告所做的那樣，就意味著

未來的成本和收益在當前決策中具有更大的權重。在其他情況都相同的條件下，這就必然要支持規模更大、更為激烈的減排措施，因為後代是減排和緩解氣候變化政策的主要受益人。諾德豪斯和尤赫支持較高的時間偏好率，而採用較高的時間偏好率就會大大減少對未來人類福利的考慮。仔細地審視一下這些研究中的倫理內涵，就可以注意到兩個層次截然不同但又高度相關的價值判斷。第一個價值判斷與還沒出生的人所賦予的道德權重相關。它是最優增長模型的數學框架中用 δ 表示的問題，儘管還沒有得到解決，但是至少是公開的。第二個價值判斷是不同派別的經濟學家對經濟研究的質量所作出的價值判斷。這一問題的公開程度還沒有定論。

女性主義經濟學認為，第一個價值判斷，即代際公平，是與經濟學的學科價值觀緊密聯繫在一起的，主流經濟學對超然（detachment）的崇拜直接影響了對代際公平問題的看法。由於過分強調經濟思想中分離、個性、獨立和抽象等傳統男性特質的價值，主流經濟研究出現了極端貧困化，它割斷了代際之間的聯繫。女性主義經濟學對歷史和科學哲學中分離、超然等男性特質有著深刻的洞見，這些洞見有助於提高經濟研究的層次和質量，因而有助於解決迫切需要應對的倫理問題。

女性主義經濟學認為，主流經濟學在追求客觀的過程中，通常是以早期的科學觀為基礎的，特別是採納了笛卡爾幾何學和牛頓力學作為知識的模型基礎。史學和科學哲學研究表明，早期的科學思想在 17 和 18 世紀是作為男性特權而提出來的。科學家被設想為獨立、具有理性、專注於「硬性」知識和超然的男性，這一形象遺漏了人類相互依存、身體需要、情感等人類生活的「軟性」或者定性層面。不確定性、價值判斷和情感被看作是女性氣

質的、非科學的、軟弱的或者具有次要價值的。這樣一來，客觀性就被等同於超然（分離），主流經濟學因此也就逐漸地不再關注社會現實問題。

數學因其明晰、邏輯嚴密、精確、簡要和概括性而成了主流經濟學追求超然客觀性的工具。主流經濟學家認為數學的明晰、精確、簡要等特質保證了真正的客觀性，這樣的知識也就是沒有受到主觀偏見影響的可靠知識，是科學知識的最高境界。女性主義經濟學家指出，這一觀點是一種幻想。一味地堅持狹隘的方法帶來的不是客觀性，而是「客觀主義」的片面性和極端性。「客觀主義」是一種浪漫主義信仰，認為從自然之外、無立場的地點就可能獲得無偏見的知識。而現實情況是，科學家以及經濟學家是內在地嵌入於自然、社會之中的，因此所研究的是現象的一部分，內在地與研究內容相關聯。不存在笛卡爾式的「無立場的觀點」（view from nowhere）。

然而，這並不意味著支持極端的相對主義觀點，放棄追求客觀性的嘗試。相反，這恰恰意味著這樣一個事實，即客觀性不是通過純粹的邏輯方法實現的，而是經濟學家通過不斷開闊研究視閾來實現的，所謂「站得高、看得遠」正是這個道理。例如，家庭行為和勞動市場的選擇理論模型自 1960 年代以來一直被主流經濟學家看作是「客觀的」，但是愈來愈多的學者，包括女性主義經濟學家，對其客觀性提出了質疑。女性主義經濟學家注意到，選擇理論模型是一種社會構建，隱藏了統治和歧視等現象，甚至是為統治和歧視披上了合法的外衣。女性主義哲學家哈丁（Sandra Harding）指出，科學研究如果能夠平等地把宇宙萬物納入其研究視閾，這樣達到的客觀性才是「強客觀性」。女性主義經濟學家森使用「位置客觀性」（positional objectivity）來描

述科學研究的客觀性，也就是說，客觀的研究一般會明確地指出觀察的位置，觀察的位置不是科學研究客觀性的障礙。

很多主流經濟學家認為斯特恩評估報告是把價值判斷強加於人的行為，並對其加以指責。然而，女性主義經濟學家認為，這些指責是非常荒唐的。斯特恩評估報告的作者最起碼明確點出了其倫理傾向，討論了其根本基礎。試圖用笛卡爾「客觀主義」的外衣掩飾其價值判斷的恰好是主流經濟學家，這些主流經濟學家非常凶險。主流經濟學家總是渴望實現客觀的目標，但是追求客觀的方式錯了。很多馬克思主義生態學者和激進生態學者將市場交易和工業化等同於劫掠地球和窮人，認為主流經濟學家無異於全球菁英和全球資本的諂媚幫兇，因為主流經濟學家的價值判斷從倫理上說是高度可疑的，而且充滿了安於現狀的偏見。由於主流經濟學家總是試圖利用「客觀」分析這一外衣來掩飾其價值判斷，所以主流經濟學家總是積極地鼓勵這一行為。例如，薩默（Larry Summer）在世界銀行備忘錄中曾指出，將汙染出口到貧窮國家是符合帕雷托效率的，因為在貧窮國家，生命的價值被假定是較低的。奧姆斯戴德（Sheila M. Olmstead）和史蒂文斯（Robert N. Stavins）在討論氣候變化時指出，「近期內汙染氣體排放的水平之所以應該保持不變，是因為這樣會避免大量的資本品過早地廢棄」。這兩位經濟學家在保護電廠投資方面非常關注，其觀點實際上是在保護資本利益勝過保護民眾的利益。

女性主義經濟學家認為，較好地描述經濟學研究現狀的隱喻是醫學研究，這種隱喻不再把經濟學家看作是超然和中立的觀察者，醫學研究者的客觀性不是超然和「價值中立」意義上的客觀性。許多經濟學家，包括希爾（Geoffrey Heal）、德朗（Brad Delong）以及斯特恩（Sir Nicolas Stern）和其團隊，已經成功地

提出了一個價值判斷，即氣候變化政策是與倫理學考慮分不開的，子孫後代的福利在經濟研究中應該占有很大的權重。雖然這為氣候變化經濟研究指明了方向，但是，這一研究和分析也存在著問題，因為它對倫理和代際公平的討論還是在最優增長模型中展開的，其實質還是在追求效用在代際之間的公平分配。這一分析實際上與社會現實大相逕庭，社會的發展絕不是一個簡單的效用分配問題，社會內部包含有多樣的、複雜的政治決策過程，社會中的行為主體之間在很多方面都是相互依存的，社會內部包含著很多複雜的因素。如果仔細審視一下，最優增長模型連一般的內部嚴密性也達不到，因為它必須依賴於一些技術假定來達到加總的目的，這些假定是很難服眾的。鑑於經濟學和政治學的研究現狀，根據成本－收益分析和國內生產總值（GDP）的比例來描述氣候變化政策，也許在政治上是非常有益的事情。很多經濟學家和決策者把國內生產總值等同於福利，用國內生產總值來表示氣候變化的成本。由這種簡化的衡量方法計算出來的數值被很多學者看作是堅實的經濟學事實真理，因此，經濟學家乃至整個社會都掉進了一個陷阱中，懷特海（Alfred North Whitehead）稱其為「由具體化不恰當所導致的謬誤」之陷阱。女性主義經濟學家指出，緩解氣候變化需要做出的大部分調整不單單會從總體上影響產出和消費，而且還會極大地影響產出和消費的構成（composition），這些調整會從許多層面、甚至是無法預見的層面影響人們的生活方式。

那麼，什麼樣的經濟學是有益的呢？傳統的新古典經濟學不願脫離數學模型（如最優增長模型），可能是害怕喪失邏輯嚴密性、精確性、簡約性和概括性等標準。數學模型，的確（至少從某些角度來說）很好地達到了這些標準的要求。當然，與模糊相

比，精確這一目標更為可取。追求精確是避免過度模糊的好方法，但是如果精確被當作是唯一的追求目標，那麼就會得出非常不準確的結論。要得到邏輯正確的結論，可能需要做出很多簡化式假定，這種研究的結果對於真實世界來說沒有多少實際意義。要使經濟研究真正地脫離教條主義，就必須達到精確性和真實性、邏輯嚴密和真實世界的豐富性、精確性和準確性、簡單和適度複雜性、概括性和有益性的平衡，也就是必須要拋棄掉傾向任何一方的價值觀，特別是要拋棄不顧總體質量而一味追求所謂剛硬的男性氣質。

為了對氣候變化研究提供有益的見解，經濟學家需要彰顯作為社會中的倫理人的思維能力，需要彰顯超越笛卡爾式的理性選擇理論和模型的思維能力。經濟學家擁有潛能來有益地討論如何具有社會責任感地使用私有財產、市場和全球貿易；討論市場制度、稅收制度和監管機制的設計；討論消費、福利、就業和投資等等。但是要做到這一點，經濟學家就必須具體問題具體分析，抱著適度的謙虛態度來展開對話，而不是試圖從一種虛無縹緲、「價值無涉」、絕對嚴密的平台上進行說教，這一平台脫離了生態世界和多樣化的社會。經濟學家需要解決的真正問題，不是在效用最大化模型中使用什麼樣的貼現率。人類需要解決的首要問題是，「按照人們對現在和未來人和其他生物的影響，人類到底想要什麼樣的生活方式」。

結語

女性主義經濟學從誕生之日起就不斷地推動跨學科研究，它在全球化和照護勞動、發展哲學以及氣候變化等方面，提出了自己獨特的觀點與主張。女性主義經濟學在這些領域的獨特發現必

然會推動經濟學朝著健康的方向發展，從而為解決氣候變化等全球性問題提供合理的經濟學理論框架。

作者：崔紹忠（中華人民共和國外交學院國際經濟學院副教授）。
本文原刊於《婦女研究論叢》2011 年第 1 期。

38.

以女性為中心的發展藍圖

"Putting Women and Girls at the Center of Development", *Science*, 2014

梅琳達・蓋茲（Melinda French Gates, 1964~）

　　梅琳達・蓋茲自稱年輕時不懂女性主義，也不認為自己是女性主義者，生下女兒後做專職媽媽，利用零碎時間做自家公益基金會的幕後工作。二十二年後，她走到台前，不僅宣示認同女性主義，且自豪將兒子教導成女性主義者。

　　她和比爾蓋茲的平等婚姻關係也曾是女性主義夢想的實現。十九世紀自由主義女性主義的重要推手約翰・米爾（頁50~56）曾說，理想的婚姻是「兩個身心完善、全然平等的個人，各自擁有優越的權力與能力，但旗鼓相當，彼此欣賞仰慕，在成長的道路上，輪流享受帶領和跟隨的樂趣。」和梅琳達所追求的「愛、尊重、互惠和團隊精神、歸屬、相互成長的感覺」十分相近。

　　即使她自己不曾察覺，梅琳達可說是十九世紀以來女性主義者夢想中的女兒。她生長在對待兒女沒有差異的家庭，得到完整的科學教育。高中時，她的女數學老師在電腦科技誕生之始啟發了她對此新領域的興趣，後來她又受到女主管提攜，而得以在職

場發揮潛能。她也因此立下心願，支援和提拔更廣大的女性。她相信女性表現不如男性，不是沒有能力，而是沒有機會。數十年來，她盡力為女性，特別是貧困的第三世界女性，掃除障礙，創造機會。她創辦的比爾與梅琳達蓋茲基金會也將協助女性發展當作重要目標。

基金會的工作將貧窮女性置於發展中心，梅琳達曾帶著女兒深入非洲、印度最貧窮的地區，住在當地人家中，跟著女人去砍柴、打水、燒火……，體驗她們的日常生活。她最初從幫助她們避孕和提倡家庭計畫開始，雖然避孕違背她的天主教立場，但她相信避孕可以避免因生育過多而使全家人落入貧困的深淵。同時她也反對由男人制定禁止避孕法律來管束女人的性行為，若女人能參與立法，一定不會同意，於是決定公開為家庭計畫代言。接下來她為了改善女人的生活和子女教育，而組織女農自助團體，協助她們提升生產力、增加收入、改變性別分工（如步行到一、二十公里外的水井去取水不再只是女人的事，而由夫妻共同分擔，或者由丈夫騎單車去做）、建立平等人際關係。她自己也從這些極端困苦的女人身上學習到人生智慧並汲取生命能量。比爾也曾跟著她遠赴印度，與貧困的性工作者圍成一圈坐在地上，傾聽她們的心聲和需要，甚至感動落淚。

梅琳達相信生命等值、人人平等，富豪並不是一切事務的專家，年長男人也不應將年輕人和女人的功勞據為己有，所以她願意虛心向不同的對象學習，並且深自反省，修正自己的看法。她也受到企業經營的影響，注重工作績效，而不隨便撒錢。其最高目標是達到平等之後，人與人互相連結，互相關愛，互相提升，共創生命的價值。她以自己的人生為女性主義做了極佳注腳。

（顧燕翎◎撰文）

梅琳達在學校中所受的正式訓練是資訊工程和商業，並不是國際發展，但在創辦比爾與梅琳達蓋茲基金會期間，從實作中學習。最初偏向用科技來解決問題，漸漸變得更能理解社會與文化因素對個人、社群和國家發展的影響，其中最重要也最複雜的就是性別。近年來，基金會的研發領域愈來愈重視性別平等及女性賦權。梅琳達相信，如果人口中有一半受到忽視或者沒有權力，社會潛力將無從發揮。必須先要有系統地處理性別不平等，滿足在地的婦女和女孩的特有需求，才可能達成任何社會發展目標。

性別不平等為何有關係

基金會的研究顯示，性別不平等限制了女性個人的發展。若非洲女農能夠有平等機會得到土地、勞動力、資訊、科技、肥料、水源，並且有效使用這些資源，非洲大陸上的農業產量就會增加 20%。雖然地球上時時刻刻有人因糧食短缺正在挨餓，時間緊迫，但要解決問題仍需時間。要弭平資源使用的差距，確保女性在平等的基礎上參與發展方案就已經夠困難了，因為許多女性忙於家務，沒有時間參加。更困難的是社會及文化規範隱而不顯，必須先弄清楚為什麼女性體會不到參與的好處，才能找到改變的方法。

蓋茲基金會曾與鄉村基金會（Grameen Foundation）合作，在迦納進行一項四年計畫，用手機提供孕婦健康資訊。鄉村基金會最初發簡訊通知大家，後來為了眾多不識字的女性改成語音留言，在女孩沒機會受教育的地方，這是個大問題。但就算家裡有手機，女人也未必用得到，手機通常在丈夫手裡。於是基金會問她們何時最可能拿到手機，打電話去才找得到人。

接著又發現，留言的效果因傳達方式和傳達者而異，迦納鄉

村婦女比較聽從年長女性的建議，有時也希望聽到男性的聲音，因為她們需要丈夫支持，男人比較會接受男性的建議。

經過調整後，挑戰依然存在：有些女性無權做主，又害怕受罰。例如，孕婦即使了解在機構生產比在家安全，家人卻不支持去醫院，或者負擔不起。基金會以後不只通知孕婦，也讓丈夫、婆婆和祖母輩的親人知道，他們才能做主。

在農業發展上，基金會協助小農增加生產，讓她們有更好的營養、更多收入。然而一旦生產力增加了，到收成時，有的男人會直接賣掉妻子辛勤耕種的全部作物，把錢花掉。產量少的時候，女人還可以在餵飽全家以後把剩餘的賣掉，做為家庭「零用錢」；但如果剩餘量大，反而成了丈夫的囊中物。

基金會投資一種樹豆，或稱「窮人吃的肉」，是重要的營養來源。樹豆改良成功，產量大增，但國際援助協會預估，只有三成女人能保住收入。這是常見的結果。

為了保住勞動成果，鼓勵她們繼續耕種，基金會為夫妻設計了家庭開銷和責任的結構性討論，幫助他們同心協力分配女性勞動的收入，最終讓全家受益。重建規範並不容易，需要創新思考，才能克服結構性障礙。這事必須讓男人與男孩也參與，因為他們的態度，對性別角色轉換有很大影響。

以婦女和女孩為發展動力

基金會設定女性才是創造改變的行動者，以她們為發展計畫的目標，因為女人往往願意拿出更多收入照顧家人，比男人可能高出十倍。她們只要有一點權力，就會想盡辦法改善社區，因此投資在推動社區發展的女性身上，就等於投資在社區發展上。

如何給女人權力無法像教她們到醫院生小孩那麼具體，不過

基金會發現，賦權的關鍵因素包括教育、資源支配、決定權、人身安全。女孩受教育的機會更是至關緊要。多受一年教育，以後的收入就會增加 10～20%。國際援助協會在孟加拉創立婦女及女孩自助團體，幫助她們增進決策權力、減少性別暴力、提升受教權意識，發展她們的領導、倡議和識字能力。

展望蓋茲基金會與性別

　　基金會不因解決性別不平等問題過於複雜而放棄，以後反而會更加有系統性地將重點放在女性特有的需求和意願，協助她們成功，幫助所有人過健康、生產力旺盛的生活。

　　此外，基金會將特別從性別角度分析補助案和工作策略，確保績效目標不受阻於性別不平等，並檢討所有策略和補助案的長期效果。評估作業將從性別平等和女性賦權的角度來做性別統計和分析，讓女男都獲益。基金會打算進行必要的投資，改進思考性別議題的方法，並且相信成果遠比增加的支出更為重要。

　　　　　　　　　　　　　　譯寫：顧燕翎（本書主編）。

第七章

女性主義理論
檢驗和重構

39.

無架構式專權

"The Tyranny of Structurelessness", 1970

喬‧傅里曼（Jo Freeman, 1945~）

　　傅里曼自幼支持黑白平權（她生為白人，母親在二次大戰期間曾參與駐英女子軍團），和美國南方的保守家族立場對立。在柏克萊讀大學時積極參與黑人民權運動，也關心男女平權。1967 年勞工節，左派政治團體在芝加哥「全國新政治大會」的那場逼出婦女解放運動（婦解）的鬧劇（頁 236），她也在場。經進步男性激怒後，芝加哥年輕女性在傅里曼（當時即將進入芝大政治所就讀）位於城西的公寓組織了定期討論會，外人稱之為西團（Westside Group），發展理論與行動，並出版《婦解之聲》通訊（*Voice of the women's liberation movement*），開啟了以激進女性主義為基底的婦女解放運動（婦解），有別於全婦組（NOW）所代表的、根植於自由主義的婦女權利運動（婦權）（頁 26）。婦解以個別的、小團體的方式運作，採取意識覺醒（consciousness raising，簡稱 CR）的討論方式，鼓勵參與者發言，檢討並交換個人經驗，互相支持，培養洞察力，集體成長。之後傅里曼應邀在美國各大學演講，也於 1970 和 1971 年暑假隻

身赴歐洲宣揚女性主義，挪威的第一個女性主義團體因此成立。她曾於 1995 年夏天赴北京參加世婦會，應我之邀順道來台，啟發本地婦運的政治思考，在她的一場演講後建立爭取女性民代保障名額不得少於四分之一的初步共識。

　　傳里曼寫作力和行動力都超強，至今七十多歲仍十分活躍。本文分析她早期參與創造的婦解，特別是為了落實參與式民主而堅持的非層級化、無架構組織型態，有許多身歷其境的精細觀察，流傳甚廣，譯成多國語言，成為社運經典。激進女性主義追求的人人平等、去層級化、尋求全員共識的非架構組織型態，不少女性在這樣的團體中受到啟發，找尋到人生方向，成為堅定的女性主義者，但也有人感覺受到壓迫。她指出，非架構組織並未能破除權力架構，而只是隱藏了權力的配置。暗中運作的權力反而更不公平、更不民主，而且經常沒有效能。為了運動的長期發展，她苦口婆心主張民主的組織應有清晰的架構、負責任的分工，並對全體成員負責，才能有效運作，網羅人才，並避免少數同質性高的個人形成少數專權。

　　台灣 1980 年代婦運甚受美國激進女性主義影響，此文雖以美國婦運為分析對象，但極有助於理解台灣婦運和其他社會運動。近年來新型態的社群網路主導社運，傳播工具也大異以往，然而 1970 年代主流媒體創造的明星制依舊當道，運動背後努力工作的團體和個人卻被忽略，弱勢者的聲音難以抒發，網路的匿名性卻更有助於決策不透明、發言不負責任，這篇文章所分析的問題和提出的建言至今仍然發人深省。（顧燕翎◎撰文）

只有正式架構和非正式架構；沒有無架構

所謂無架構團體並不真正存在，一群人聚在一起，不論時間長短或目的為何，自然會形成某種組織架構。架構可能有彈性、有變化，採用不同方式分配任務、權力和資源，但除非成員完全拒絕互動，才有可能近於無架構，不過這並非人類團體的本質。

倡議無架構組織，有如宣稱新聞報導「客觀」、社會科學「價值中立」、經濟「自由」，雖然有其作用，卻是假話。「自由放任」像是一層煙霧彈，讓團體內的強者稱霸，卻不容質疑。「無架構」防止了正式架構，卻防不了非正式架構，就像「自由放任」的經濟阻止不了權勢者掌控薪資、價格和物資分配。主張無架構的人自己或許並未意識到，但她們往往是組織內最有權力的人。在沒有正式架構的組織裡，決策規則只有少數人知道，也只有這些人實際參與決策。其他非圈內人則是不明就裡，或是感到疑惑而心生誤解。

要讓人人參與的話，團體的架構必須清晰，決策規則必須公開透明，這只有在正式架構下才做得到。將組織架構正常化並不會摧毀非正式架構，不過能防止其過分霸道，而且可以反制。「無架構」的組織是無法運作的，我們不可能決定團體要有架構還是無架構，只能決定要不要正式架構。傅里曼在文中的「非架構」（unstructured）指的是沒有建立特定運作架構的團體，反之則稱為「有架構」。有架構的團體在正式架構之外，很可能還有非正式架構，而非架構團體裡面的〔可能不止一個〕非正式架構則由菁英掌控。

菁英和派系

菁英非指個人，而是指團體內暗中掌握權力的小團體，他們

通常不必直接負責也未經授權。這些人可能並非名人，只是選擇靠向小團體，成為其中一員。最陰險的小團體往往是由毫無知名度的人掌控。菁英份子夠聰明，懂得不要讓自己出名，因為一旦成名就會曝光，面具不保。

明眼人一眼便看得出團體內的小圈圈，誰用心聽誰說話，誰支持誰的意見……圈內人可以不在意圈外人，圈外人可不能得罪圈內人，一定要弄清楚需要向誰請教，需要爭取誰的同意，事情才行得通。

小團體不是有意設計的陰謀活動，只是一群朋友剛好參加了同一運動而已。即使不是朋友她們也可能會加入同一運動，沒參加運動的話也會變成朋友。剛巧既是朋友，又加入同一團體，自然結成了志同道合的小圈子。她們在團體外時相往來，交換意見，影響決策。若組織內有兩個以上朋友圈，就會因競爭而形成派系，在正式架構的組織內，派系之間競爭領導權算是最健康的運作方式了，非派系份子可做仲裁，也可提出要求，與某一派系形成暫時結盟的關係。

加入小圈子的準則不一，但方式類似。唯一差別在於加入的時間點，是一開始就加入，還是後來加入，若一開始加入，那麼拉愈多熟人愈好。若大家都不熟，就需與特定成員培養友誼，建立小圈子，並招攬「對」的人。沒空打入小圈子的在決策時就說不上話，但正式的架構就可以讓每個人多少都有機會參與。

小圈子不易避免，也並非絕對不可取，有時可能發揮積極作用。只有「非架構」團體才可能徹底淪為小圈子的禁臠，菁英在其中恣意而為。這狀況可能產生兩種負面後果：一是非架構的決策像姐妹會，喜歡就好，而不考慮是否於運動有利。其次是決策者不必對團體負責，權力既不是團體授予的，自然也無法收回。

不過想保持個人影響力的人通常還是會負責，只是團體對她們毫無監督力量。

　　婦運團體從未具體規定誰可以掌握權力，但因時因地有些潛規則，已婚身分曾經重要，因怕未婚女性造成威脅；後來是跟新左派男性結婚的女人，因為這樣才能取得運動所需資源，如通訊名單、印刷設備等；再變成必須是中產階級（雖號稱與工人團結）、已婚或有同居人、同志或假裝是同志、二十到三十歲之間、受過大學教育、政治立場「激進」、有小孩或至少喜歡小孩等等。太老、太看重事業、人不夠好、單身主義者等則被排除。這些準則無關個人能力、對女性主義的投入程度或對運動的可能貢獻，而是取決於個人背景、人格特質和時間分配等擇友標準。

「明星」

　　非架構的目的在強調平等、不突顯個人，卻反而創造了「明星」。社會大眾不想聽個別女人的意見，他們想知道的是團體的決策和立場。有三種方法可以搜集團體意見：投票、民意調查、正式推出發言人，可是婦解運動和團體卻鬆散到沒有建立機制來主動跟社會做議題溝通，而社會大眾卻早已習慣聽發言人說明。運動中通常會有幾位成員特別吸引媒體注意，即使她們自己無意代表團體發言，甚至表明不是發言人，卻自然而然成為媒體訪談的對象。這些被貼上「明星」標籤的人未經推派，卻在媒體上為運動代言，難免招來怨言，而生嫌隙。於是明星制反而產生了鼓勵個人發言卻不對組織負責的負作用。而清算「明星」姐妹的後果，往往使得整個運動對她失去約束力，反而導致她更肆無忌憚任意發言了。

政治無能

　　非架構團體適合談心，卻不適合做事，對內缺少向心力，對外聯繫不足，而無法有效執行任務，結果產製了大量對運動有害的情緒，卻甚少具體成果。

　　有些團體選擇以小規模、在地化的方式運作，縮小到最初的朋友圈，因而具有排他性。如果在當地找不到工作目標，為了相聚而相聚，成員就會將精力用在操控和批評自己人，內訌不已。未必全出於惡意，只因才能別無他用。唯有在進行共同任務時，大家才學會為了更大目標避免彼此挑剔、放下個人好惡。按照自己的想法去改造別人的衝動才會暫受抑制。

　　以意識覺醒為目標也限制了團體的發展，因為沒有行動方向和有效分工，有些人便發揮創意，做自己有興趣的事，也可以對運動有貢獻。大多數人則無此機會，也找不到自己喜歡的團隊方案而逐漸退出。很多人轉入有架構與效率的政治組織，在這些組織中，婦解只是一項議題，他們從婦運大量招募經歷運動洗禮、充滿政治熱情卻又無從發揮的新血。

　　有些人加入了政治組織卻未脫離婦運，也有人原本屬於政治組織後來加入婦運，重疊的身分促生了新的、以共同政治理念為基礎的小圈子，不過運作的形式與過去雷同。新的小圈子不再坐而談，她們積極行動，宣揚自身理念，對原來的小團體構成威脅。但舊團體習於躲在「無架構」的幕後運作，避免曝光，不願以公開對談面對挑戰。為了維護既有的權力，簡單的方法是給對手扣上紅帽子、同性戀或恐同，將之排除在競爭之外。剩下的方法則是建立正式架構，將本身已經擁有的權力結構制度化。這樣做有其難度。如果非正式的小團體過去已有清楚的架構而且維持緊密有效的運作，正式化不會太困難，也不會造成太大改變，可

以在制度化以後仍舊保持原來的權力架構，不怕外來挑戰。感到困難的是那些架構化程度低的團體，它們原本缺乏有效架構，又因相信「無架構」而不願意改變策略，也最無力創造架構。愈缺乏架構的團體愈容易被政治立場鮮明的小團體攻下，奪取其中的領導地位。

整體婦運也屬非架構，同樣容易受到間接影響，卻略有不同。地方團體大多可以自主運作；但只有有能力組織全國性活動的才稱得上全國性團體，因此往往是由少數有架構的大型組織（如 National Organization of Women, NOW）決定全國婦運的方向和優先次序。眾多非架構的小團體只能選擇要不要跟隨，無力自行發起全國性活動或參與決策。

運動愈屬非架構，就愈無法控制發展方向和政治行動。若媒體關注，社會條件許可，觀念還是會散播，影響所及，有些個人可能願意實踐，卻無法形成公共政策。婦解若只是朋友間的小型討論會，不會感到結構的問題。但從運動的角度看，這種組織形式問題很多：無政治效能、高度排他性、無法爭取盟友。

非架構維持了非正式組織內的既得利益，運動無從介入其權力分配。若運動繼續採取放任態度，權力不會消失，只意味運動放棄向權力者究責。因為已經知道無法要求掌權者負責，便繼續任由權力分散，這樣做固然可以防止少數人專權，運動卻也因此變得毫無成效。我們必須在專權和無效力中間找到中間點。

問題不容忽視，運動必須轉型，意識覺醒曾經是婦解的主要教育手段，如今已家喻戶曉而過時了。運動需要往前走，建立優先次序、確立方向，一步一步走向目標。因此，當前首要之事便是建立地方、區域和全國性的組織。

民主架構的原則

只要不再緊抱「無架構」，我們就可以自由發展出最適運作的組織型態。我們不必全然模仿或排斥傳統組織，而需視情況實驗不同的架構，發展各種組織技巧。例如，婦解曾採行的以抽籤分工的制度未必適用於所有狀況，但有時候可能有用。我們也得承認，架構並非壞事，只要運用得宜。

請記住民主過程和政治效能的基本原則：

1. 授權

以民主程序授予特定個人特定職權從事特定任務。默許式分配任務很難要求成果。最好由個人表示意願，再經推選，就會得到較為牢靠的承諾。

2. 負責

要求獲得授權者對推選她們的人負責，團體對掌權者應有所節制，並對權力如何行使擁有最高決定權。

3. 分權

盡可能分散權力配置，避免權力集中，增加決策過程協商機制，讓更多人有機會參與分工，學習經驗。

4. 輪流分工

個人負責某項任務過久會變成像是她的私產，不願放手，也不受團體節制；但輪替也不可過於頻繁，以致個人來不及學習新技能，也得不到完成任務的成就感。

5. 理性分工

因團體的好惡來分工對個人和團體皆無益，應以個人的能力、興趣和責任感為主要考量。可以採師徒制培養人才，而不是由各人自行摸索。給人無法勝任的工作會讓人洩氣，不給人擅長

的工作也會阻礙其成長。人類歷史太常處罰能幹女人，婦運不必。

6. 資訊公開

資訊儘速傳送給每個成員，資訊即力量，當小圈子在團體外互傳新訊息時，她們已經自行形成意見了。知道愈多運作過程，才愈有能力做政治判斷。

7. 資源平等

個人壟斷某一重要資源（如她丈夫的印刷機或暗房）會不當影響其使用，技術與資訊亦屬資源，需要互相分享和學習。

不論運動團體最後發展出何種組織架構，以上原則將確保此架構對團體負責，並受到節制，組織內權力分散、有彈性、公開、有任期。因為最高決策權屬於團體，少數人便不易將手中握有的權力制度化。誰可以行使職權最終由團體決定。

譯寫：顧燕翎（本書主編）。

馬克思主義和女性主義不快樂的婚姻——尋求更進步的結合

"The Unhappy Marriage of Marxism and Feminism: Towards a More Progressive Union", *Capitalist Patriarchy and the Case for Socialist Feminism*, 1979

海蒂·哈特曼（Heidi Hartmann, 1945~）

　　1960 年代末到 1970 年代是社會主義女性主義理論蓬勃的年代，由經濟學者哈特曼與政治學者布萊吉（Amy Bridges）共同寫成的〈馬克思主義和女性主義不快樂的婚姻〉草稿即在圈中流傳，之後單獨由哈特曼掛名，也是較為人知的版本，加入次標題：尋求更進步的結合，1979 年在《資本與階級》（*Captial and Class*）發表。

　　各界咸認本文是促使社會主義女性主義理論發展的關鍵文章，而開宗明義以「婚姻」中妻子與丈夫的結合，隱喻女性主義與左派馬克思主義合作結盟的不平等關係，在當時頗富創意，後續許多論辯文章也沿用討論。哈特曼被視為社會主義女性主義「雙系統」理論代表，此文也闡述其重要論點。（范情◎撰文）

〈社會主義女性主義經典 —— 馬克思主義和女性主義不快樂的婚姻〉

范情◎評介

　　本文開始，哈特曼即以大英法律定義「婚姻」中妻子與丈夫的結合，隱喻女性主義與左派馬克思主義合作結盟的不平等關係：二者合而為一，而這個「一」是馬克思主義；因此需要一個更健康的婚姻，要不就離婚。哈特曼認為了解西方資本主義社會發展及婦女在其中的困境，必須拉攏馬克思主義分析和女性主義分析，特別是前者的歷史唯物方法和後者對父權體制為歷史結構的認識，但也需解決其各自缺失，並指出新的合作方向。

　　哈特曼指出馬克思主義分析認為婦女的壓迫源於婦女和生產的關聯（或無關聯），視婦女為勞工階級的一部分，將女人和男人的關係置於勞工和資本家的關係下。她解釋為何馬克思主義是「性別盲」，無視「婦女問題」是女性主義問題：「關於資本主義的馬克思理論，是一種發展『空缺』（empty places）的理論。如：馬克思預測無產階級興起和小資產階級消失，在各家分析中，布萊爾曼（Harry Braverman）詳細闡述先進資本主義創造事務性和服務性勞工的『缺』。就如資本主義創造這些『缺』和填『缺』的人沒有關聯，馬克思主義討論的類別如階級、後備勞工、薪資勞工，並未解釋何以特定的人填入特定的位置。沒有任何線索說明何以婦女在家庭內外都必須從屬男性，而不是反過來。」

　　為了尋求更有用的馬克思主義女性主義，哈特曼特別推舉米歇爾（Juliet Mitchell）和費爾史東（Shulamith Firestone）（頁236~243），也指出他們的不足。

　　米歇爾以恩格斯提的唯物論概念為據，歷史最終的決定因

素是生活的生產和再生產。前者是生存的生產，食物、衣服及住所的生產方式，及其必要工具；後者是人類的繁衍，即人類本身的生產。人類在特定歷史時空生存的社會組織，由這兩種生產決定。哈特曼指出，米歇爾在其《婦女：最長久的革命》（*Women: The Longest Revolution*）中，檢視職場工作和再生產、性（sexuality）、養育的工作。但「她只將婦女在職場工作視為生產；婦女在其他領域（或大體而言是家庭）的工作屬意識型態。對米歇爾而言，再生產、性和養育絕大部分由父權體制組構，沒有物質基礎。」米歇爾在《婦女的階級》（*Women's Estate*）進一步分析婦女職場工作，而非家庭內的工作。哈特曼認為米歇爾關注婦女為資本家工作、婦女和資本家的關係，多於婦女為男人工作、和男人的關係；受馬克思主義影響多於受激進派女性主義影響，無法提供父權體制的物質基礎，使其分析受限。

費爾史東以唯物分析法分析父權體制，雖有重要貢獻，指出性的辯證是最根本的歷史辯證，父權體制的物質基礎是婦女繁衍人種的工作，但哈特曼認為過度強調生物面和再生產面，必須了解（生理的）性（sex）如何變成（社會的）性別（gender），將婦女的所有工作皆置於社會、歷史網絡中。而費氏堅持男性宰制女性的壓迫是其他壓迫（階級、年齡、種族）的基石，更適合歸類為激進女性主義，而非馬克思主義女性主義。

哈特曼以物質基礎分析資本主義和父權體制的動態關係。指出個別女人似乎只受她的男人壓迫，被視為私事，一些片段關係也很難認定為系統化的父權制度，但資本主義社會中有系統化界定男女關係的父權體制，且父權體制和資本主義是強力夥伴，但這種關係並非不能避免，因男人和資本家在使用婦女勞動力上有

利益衝突。例如：大多數男人希望女人在家為自己服務，而資本家希望大多數女人（除了他們自己的女人）到薪資勞力市場工作。檢視這種衝突緊張關係，有助於了解連結二者夥伴關係的物質基礎。

哈特曼指出「家庭薪資」（family wage）是父權體制與資本主義的黏著劑，也是父權體制和資本主義在掌控婦女勞動力上解決利益衝突的辦法。

大多數男人接受並參與共謀給其他人如：幼童、女人及地位較低的男人較低的薪資。勞力市場職業性別區隔及婦女領取較低薪資，使婦女在經濟上依賴男性，加強劃分男女領域。因此，對多數男人言，「家庭薪資」是從兩方面鞏固男性支配女性的物質基礎：其一，男性在勞力市場有較好的工作，賺得比女人多，維持物質優勢，也鼓勵女人選擇成為妻子為終生事業；其二，女人因而在家從事對男人直接有利的家務、育幼及其他服務，女人的家庭責任又反過來強化她們在勞力市場的次等地位。

而資本家發現家庭主婦比職業婦女更能生產和維持健康的工人，受教育的兒童能成為較好的工人。因此，給男性「家庭薪資」，使女人留在家中，是資本家和男性工人都滿意的交易。即使內涵曾隨時間改變，女人在家的工作，提供服務資本家的勞動力及男人行使特權的空間，是不變的事實。另外，女人也以消費者身分服務資本家，而家庭也是學習支配和服從的地方。順服的兒童成為順服的工人，女孩和男孩也各自學習適當角色。

二次世界大戰以來，婦女快速提高勞動參與率，但「家庭薪資」仍是維繫性別分工的基石——讓女人負責家務，男人負責賺錢。而如同資本主義般，父權體制也有驚人的彈性和適應性，如性別分工也再現於勞力市場，女人在勞力市場從事類似家中做的

事：料理食物、清潔打掃、照顧他人等。從家庭無給工作到職場有薪工作，物質基礎有一點改變，但婦女職場工作地位低、薪資廉，職業婦女在財務上仍仰賴男人，其中的父權關係保持不變。

因此，哈特曼不認為只要婦女能在家庭外養活自己，就會拒絕在家中的從屬地位，崩解婦女、兒童的壓迫根源——家庭。她指出，婦女有工作薪資可能造成家庭緊張，但不會打破家庭和性別分工的概念和現狀。婦女職場勞動參與增加雖使離婚更為可能，但對婦女而言，離婚的誘因並不強烈，婦女的薪資只允許極少數婦女能獨立自足地養活自己和小孩。且「儘管核心家庭被批評有心理上的破壞力，在一個競爭的社會，家庭仍能滿足許多人的需要，這在長期的一夫一妻制和育幼上都是事實。單親家庭、特別對勞工階級婦女而言，有財務和心理的雙重負擔，這些負擔使得所謂的『獨立的』勞動力如同迷人的幻象」。而婦女勞動參與增加雖可能使家庭內性別分工衰微，但關於誰做家事的統計顯示，職業婦女仍做大部分家事，反而負擔雙重工作。

資本主義與父權體制共同建立二十世紀的意識型態，形塑特別的性別歧視。婦女在不同的社會因不同的原因被貶抑，在資本主義社會，婦女會因被認為是情緒的、非理性、依賴的而被輕視。

激進女性主義描述的男性特質：競爭性、理性、主導支配性，像極了資本主義社會的主流價值。哈特曼分析解釋這種「巧合」，一是男人作為薪資工人，在工作中被納入資本主義社會關係，導向競爭關係及接受相應的價值；二是即使並無男女的性別規範，但男人聲稱他們具有主流價值的特質。這不僅說明資本主義社會裡「男性」和「女性」的特質，也說明資本主義社會的性別歧視意識型態：推崇男性特質／資本主義價值，貶抑誣衊女性

特質／社會需要。哈特曼分析，由於性別分工，使女性在家從事具使用價值的生產，貶抑家務也可以掩飾資本家對滿足「社會需要」的無能，同時使男人看輕女人，合理化男性對女性的支配。

　　勞力市場性別分工，女人置於低薪、「適合」女人的角色，如：老師、社工以及大多在保健領域裡的工人。女人工作的「照護性」角色地位偏低，部分因為男性看輕女人的工作，也因資本主義強調個人獨立和由私人組織滿足社會需要，與集體服務的需求衝突。只因是由女人做，「照護」工作的社會重要性被貶抑，就能避免使用價值的需求和資本家最愛的交換價值對峙。

　　「性別分工」強化父權體制和資本主義連結，很難拆解。哈特曼認為對父權體制的討論描述多於分析，只有馬克思主義或只有激進女性主義也都不夠，她指出新方向：關注誰從婦女勞動中獲利，看見父權體制的物質基礎，研究階層機制和男人間的團結。

　　哈特曼強調，不研究及實踐女性主義，反資本主義及父權體制的鬥爭不會成功；若只鬥爭資本主義的壓迫關係，忽略父權壓迫關係是潛在支持，也必失敗。對婦女有用的社會主義，最基本重要的是分析父權體制。雖然推翻資本主義是男人和女人的共同需要，但男人仍保留自己的性別族群利益，人道的社會主義不只是追求新社會和一個健康的人應如何，更具體的是應要求男性放棄特權。

　　因此，馬克思主義與女性主義如何合作，哈特曼提出策略思考：

　　1. 不能放棄女性主義奮鬥，社會主義鬥爭必須是不同利益族群聯盟的鬥爭。女人不應相信男人在革命後會解放女人，男人沒有理由知道如何做，也沒有必要這麼做。男人個人

的利益建立在對女人的持續壓迫。女人必須有自己的組織和自己的權力基礎。

2. 資本主義的性別分工使女人了解人類的互賴和需要。如沃格（Lise Vogel）所說，男人雖然長期對抗資本主義，但女人了解為什麼對抗。男人在父權體制和資本主義的位置，使他們無法了解人對養育、分享、成長的需要，以及在非階層性、非父權社會中滿足這些需要的潛能。即使喚起他們的自覺，男人可能在潛在的得失間評估，害怕失去很多，而選擇維持原樣。

她期待社會主義女性主義者「共創一種對抗資本主義也對抗父權體制的實踐。在這個社會裡，互賴是一種解放而不是羞恥，養育是全人類的任務而非被壓迫者的義務，且女人不再支持男人錯誤且具體的自由」。

評介：范情（媒體素養／婦女與性別教育工作者、淡水社區大學副主任、台灣女性影像學會顧問）。

西方凝視之下及
再訪西方凝視之下

"Under Western Eyes: Feminist Scholarship and
Colonial Discourses", 1991
"'Under Western Eyes' Revisited: Feminist Solidarity
through Anticapitalist Struggles", 2003

莫漢蒂（Chandra Talpade Mohanty, 1955~）

　　本文將介紹〈西方凝視之下：女性主義學術與殖民論述〉
（Under Western Eyes: Feminist Scholarship and Colonial Discourses）
及〈再訪「西方凝視之下」：透過反資本主義的奮鬥建立女性
主義連結〉（"Under Western Eyes" Revisited: Feminist Solidarity
through Anticapitalist Struggles）二文，作者莫漢蒂（Chandra
Talpade Mohanty）出生於印度，完成大學後，於美國取得碩博士
學位，目前任教於美國，是傑出的女性主義及社會學者，特別專
注於跨國女性主義議題。

　　莫漢蒂在〈西方凝視之下：女性主義學術與殖民論述〉開頭
即提到：「任何關於第三世界女性主義（third world feminisms）

智識或政治建構的討論，必須關照兩個同時進行的計畫，首先是對霸權式西方女性主義的內在批判；再者是形塑以自主性、地理區域、歷史過程及文化脈絡為基礎的女性主義關懷與策略。前者著重在解構，後者著重在建構，二者看似矛盾，卻需要同時進行。」這兩個計畫恰巧連接了上述二文，第一篇批判西方女性主義在論述第三世界女性時，知識霸權的盲點；第二篇討論如何連結學術理論與社會實踐，透過反帝國、反資本主義及脈絡化的女性主義計畫，進行解放政治。（賴淑娟◎撰文）

〈從西方凝視「之下」到「之內」〉　　賴淑娟◎評介

西方凝視之下：女性主義學術與殖民論述

•「平均的第三世界婦女」與族群中心的普遍主義

〈西方凝視之下：女性主義學術與殖民論述〉最早刊登於杜克（Duke）大學 1984 年的《界線 2》（*Boundary 2*）。首先，在西方女性主義文本中「第三世界女性」（the third world women）成為一種論述，一種學術與知識的產物，被視為整體、單一的鐵板一塊。雖然西方女性主義或政治實踐關注多元的現象，也有不同立場，但在面對非西方世界時，傾向將其符號化為同質性的他者；甚至有些第三世界的學者也援引西方的觀點分析自己的文化。這樣的批判也是一種政治實踐（political praxis），女性主義的學術實踐（閱讀、書寫、批判、著述）鑲嵌在一種會反抗的權力關係，因此沒有非政治的學術。

當我們談論到「女性」（woman）時，必須注意兩個層面，一是被他者藉科學、文學、法律、語言或電影所再現的論述，這是文化與意識型態霸權論述的產物；二是集體歷史中，真實的、物質界中的主體。霸權論述中與歷史主體中的女性之區別是女性主義學術實踐關注的。莫漢蒂所批判的女性主義書寫是那些用論述殖民化、統一化了第三世界女性在歷史過程中本是多元、異質的經驗，結果於殖民論述再現的過程中，「第三世界女性」成為單數的存在，是靜止、無歷史動態、無多元性的。

　　更進一步地說，這種所謂單數的「第三世界女性」即是所謂的「第三世界差異」（third world difference），也就是將第三世界女性經驗或其性別差異（sexual difference）看成是無文化差別、單一、普世相同的父權文化，進而產生化約與同質化的結果。莫漢蒂使用日得出版之第三世界女性系列作品（Zed Press Women in the Third World）為考察文本，發現西方女性主義觀點的書寫（不管作者是來自西方或第三世界）充滿族群中心的普遍主義（ethnocentric universalism），其所描述的女性都有共通性，將女性看成是一個分析的類別：她們都是在奮鬥中的姐妹，是受壓迫的共同體，是男性暴力的受害者，是無能力、被剝削、倚賴的，是被家庭親屬關係束縛的，也是宗教意識型態及殖民過程的受害者。這種對第三世界女性普同性的看法正是二元對立（剝削者／被剝削者；有／無有；男／女；文化／自然）的化約，忽略物質世界歷史情境中、不同社會脈絡中特殊女性的經驗。這些女性可稱之為「平均的第三世界婦女」（average third world women），這個詞彙將第三世界女性化約為性受限制、貧窮、未受教育、受傳統束縛、家庭傾向、受害者的群體，相對於受教育、具現代性、能控制自己的身體性慾以及有自決權的西方女性

有所不同。

・方法論上的統一性（普同性）

「平均的第三世界婦女」的論述呈顯了方法論上的統一性（methodological universalism），或者誤認女性受剝壓迫是全球普同的現象。所謂方法論上的統一性是一種數學證明的方法，例如：愈多女性蒙面，性別區隔與控制女性的現象就愈普遍；在沙烏地阿拉伯、伊朗等有女性蒙面紗（purdah 深閨制度）的地方，就會有女性被男性宰制、強迫從娼、多妻制、陰蒂割禮、毆打等現象。這是一種去脈絡化的定論，似乎性別控制就是所有的答案。女性蒙面紗的制度實際上是有階級、區域或歷史階段不同社會脈絡的差異，伊朗雖然外表看起來都有女性蒙面的現象，但其歷史社會文化的意涵不一樣，例如 1979 革命時期中產階級女性自願戴面紗，是為了支持勞動階級女性；而現代的伊朗則是根據強制的伊斯蘭法律規定所有女性都須戴面紗。

在討論女性經驗時，性別分工、再生產、家庭、父權主義以及婚姻這些概念總是會被女性主義普同性地詮釋為女性受壓迫的原因。事實上這些經驗必須扣緊不同歷史與文化脈絡中不同的意義，以單親母親的家庭為例，美國中產階級的單親母親可能表徵女性自主獨立的性格，而拉丁裔美國的單親母親家庭可能是經濟窘困使然，而黑人家庭或底層的白人家庭又有不同的故事。我們不能將單親母親家庭的興起全歸諸於一個因素，而是必須關注社會歷史脈絡。

・權力的主題

日得出版之第三世界女性系列作品大多專注在宗教、家庭親

屬結構、法律、性別分工與教育的議題，當中均假設這些來自印度、非洲、阿拉伯的女性有共同的被男性宰制的命運，這樣不證自明的位置（position）或身分（status），是一種簡化的分類，是二分法的結構：power and powerless，缺乏革命性的反動或奮鬥掙扎，因此第三世界女性一直成為被描述的客體，而西方女性主義者為主體，結果奪去前者歷史與政治的能動性（agency）。

當第三世界女性均被視為「性別壓迫的女性」（sexually oppressed women），是父權文化的受害者，甚至未進化到具有西方女性的自主性，這樣的觀點忽略了第一與第三世界之間權力關聯性，反映西方的文化霸權。西方的女性主義或人道主義論述都犯了一個隱藏的問題，即是人類中心及族群中心主義，如傅柯、德希達、薩依德等所提過的，這些思想家揭露了二元邏輯人文論證的政治利益，女性／東方被視為他者或邊緣，男性／西方被視為中心，只有中心決定邊緣，這是對非西方隱藏的經濟與文化殖民。

再訪「西方凝視之下」：
透過反資本主義的奮鬥建立女性主義連結

在此文中莫漢蒂釐清前文不清楚、未交代的或被誤解的問題，並且進一步發展理論架構，從批判轉到建構，指認 21 世紀初重要議題，且詢問「西方凝視之下——在西方之內與之外的第三世界」（Under Western Eyes–the Third World inside and outside the West）多年後如何被探索與分析？面對比較的女性主義政治（a comparative feminist politics），急迫的理論與方法論是什麼？跨國女性主義面對的挑戰是什麼？跨文化女性主義的典範如何發展與轉向？同時著重此分析策略的政治運用：女性主義的學術論

述如何與其政治組織結合，進一步將女性主義定位在第一世界所宰制的全球政治與經濟的架構中。

・解殖女性主義學術論述

在批判西方凝視下的女性主義後，莫漢蒂指出一個清楚的目標，即是建構跨文化女性主義的工程（cross-cultural feminist work），必須留意微政治（micropolitics）中的脈絡、主體性與奮鬥（反抗），也需注意巨觀政治（macropolitics）中全球經濟政治系統與過程。如同米斯（Maria Mies）（頁316~323）研究印度製作飾帶的女工時，以多重層次、脈絡性的分析，揭示全球化對女性普同性的影響，但也不失去其地方的特殊經驗，這個觀點是建立在歷史物質論的基礎，同時關注地方性與全球化的歷史真實與複雜；不僅關注女性如何被壓迫，也關注女性在其中如何尋求改變與奮鬥的經驗。

上述觀點實得自女性主義跨界連結（feminist solidarity across borders）的啟發，莫漢蒂並非反對所有的共同性，並非強調地方個別脈絡而輕忽系統；並非強調差異而輕忽共同性，並非強調物質界經驗界而輕忽概念論述。她堅信特殊性與普同性一樣重要，非如後現代主義者強調差異（differences）而反對統一性（commonalities），但也不落入文化相對主義的陷阱。

批判西方的霸權論述時，莫漢蒂並非定義西方與第三世界是對立而無法連結，經過多年的沉潛及身處歐美學術社群的經驗，她在國際會議中提出「共同差異」（common differences）這個概念，這是複數的差異，期許建構解殖民、跨界的女性主義社群，以至於在面對女性主義者之間不平等的權力關係時，能形成深度連結的基礎。雖然她以前強調差異，但差異並非只是差異，

而是透過洞悉差異與特殊性，讓我們更知道連結與共通性的可能，因為邊界與界線是無法明確、嚴謹決定的。而接下來較具挑戰的是我們如何藉著看見差異而對跨界或連結能有較正確、較適當的理解？對統一性的理論關懷可以更完整？接下來，最深的關懷則是這些知識工程如何有利於連結不同社群、不同認同的女性，建立跨界的聯盟。

・再省思西方／第三世界之界線

在之前莫漢蒂是以西方／第三世界的對照來做論述，這樣的分類仍是有政治性及解釋性的價值，但見於 21 世紀美國、歐洲及日本仍是資本主義中心點，第三及第四世界逐漸繁榮，原住民族為自主權的奮鬥與能見度，或許**北方／南方**（North/South）、**三分之一／三分之二世界**（One-Third/Two-Third Worlds）的分類可能更適切。北方／南方的分類主要是用來區分富有、優勢的國家社群以及政治經濟邊緣化的國家社群，如同德里克（Arif Dirlik）提出的：這並不是指真正地理的差異，更著重的是比喻的概念，一種政治性的指認。而三分之一／三分之二世界的分類是以生活品質來區分社會少數及社會多數，這樣的分類是用來區分國家邊界之內或國家與原住民社群之間有財者／無財者，但彼此也有無法斷然切割的連續性，蘊含全球國家社群少數／多數社會之間權力的流動。這樣的分類雖然還不是很精確的分析語言，但盡可能以此做最恰當的理解，這是對之前作品的修改，但不是不能更動，隨時保持修正的可能。

・反資本主義跨國的女性主義實踐

在過去二十年間全球政治經濟產生許多變化，政治的右

傾，伴隨全球資本主義的霸權、私有化、宗教與族群男性中心的仇恨，所產生經濟、族群、性別的問題更為嚴峻，必須重新將這些現象理論化，可以稱為**反資本主義跨國的女性主義實踐**（anticapitalist transnational feminist practice）。如何建立一個反資本主義跨國的女性主義批判？必須開始於富國的貧窮女性或第三世界女性的經驗。在思考社會正義的時候，分析邊緣女性經驗能使權力運作的過程更容易辨識，使利益與權力運作的階梯被看見。

例如希瓦（Vandana Shiva）（頁 317）批判西方強勢國家與財團利用全球化與自由貿易，以西方農業醫藥的科學知識體系擷取原住民的傳統知識，透過專利與智慧財產權賺取利益，卻使第三世界農民與女性陷於貧窮。她的分析根植於印度部落農民與女性的經驗與知識，以此邊緣的經驗為基礎，往上讀出（read up）權力階梯的結構，一路透視 WTO（世界貿易組織）與財團的政策與作為，這是一個很清楚的反資本主義跨國女性主義政治。討論正義議題時，從女性社會經驗出發才能達到較涵蓋性的方法論（inclusive methodology）。全球化過程中的性別族群與階級問題沒有被識破，第三世界／南方的女性將成為缺席者，就不只是西方凝視之下的問題，而是西方本身就在其中持續作用成為不正義的因子，若沒有這樣的體認，女性主義學術／分析架構與組織／運動計畫的連結將會很困難，不正確的分析架構將會導致社會轉化過程中無效的政治行動與策略。

・西方凝視之下與之內：反全球化的奮鬥

反資本主義跨國的女性主義實踐關乎反全球化的去殖民計畫。全球資本主義的新發展更明顯地影響第三世界女性的生活，

她們不僅是在西方凝視之下，也在其內複雜地交纏在一起。例如，跨越於第一／三分之一世界與第三／三分之二世界之間，特定階級、族群的女性，可能是勞工，可能是移民，可能是難民，她們在全球化經濟發展過程中，從事家務勞動、小農經濟、服務業、工廠血汗勞動、非法性交易或旅遊業，父權、陽剛霸權的全球化經濟體利用她們的勞動力與身體賺取利益。所以必須將性別觀點帶進來重新省思國家、市場與民間社會的關係，同時關照全球化帶給女性極為不利處境所可能產生的反抗。鑑於此，莫漢蒂將其焦點從「西方凝視之下」轉換到「第一世界霸權空間之下與之內」（under and inside），以重新建構去殖民、反全球化的計畫。

反全球化的第一步是先看清全球化運作及其如何再殖民女性勞動力與身體的過程，因此需要考察全球化的知識如何產生。首要的是教學上的，先分析美國大學院校中國際化（全球化）女性研究課程，追溯在美國全球女性主義的論述、分析聯合國女性會議的文件與討論、電視媒體的論述。再者是綜覽反全球化運動的行動論述。

當代反全球化運動不像二十世紀初反殖民運動局限在固定的領土疆界，而是發生在許多不同的空間與社會根源，例如印度反財團的環境運動、全球各地的小農運動。這些運動很重要的是要建構跨界的民主公民（transborder democratic citizenship），女性在其中扮演重要的領導角色，使性別被看見，開展了跨界社會經濟正義的空間。女性主義需要反全球化，反全球化的行動與理論也需要女性主義。

莫漢蒂最後表示：

我不只是生活在西方凝視之下，我也生活在其中，並且每日都在與之協商。我在紐約成家，但我來自孟買。跨族群、跨階級的工作使我與世界各社群、各地方連結，也與第三世界及有色人種女性生命經驗的奮鬥密不可分。有時候我在三分之二的世界，有時候我在三分之一的世界。因此在這裡界線並非是僵化的，我們的心靈必須像資本一樣能隨時移動，追隨其腳踪，想像各種可能的終點。

評介：賴淑娟（國立東華大學族群關係與文化學系副教授）。

42.

解構解構主義
（或，女性主義研究怎麼了？）

"Deconstructing Deconstructionism
(or, Whatever Happened to Feminist Studies?)", 1991;
Radically Speaking: Feminism Reclaimed, 1996

凱色琳・巴瑞（Kathleen Barry, 1941~）

　　巴瑞出生於紐約州工人家庭，有幸獲得求學機會，在加州大學柏克萊分校得到社會學及教育雙博士學位，積極關心社會底層的女性，同時從事女性主義研究和行動。她於 1988 年參與成立國際組織「反對販賣女性聯盟」（Coalition Against Trafficking in Women），遊說各國政府立法，處罰嫖客、仲介、妓院、人口販子，但不處罰性工作者，頗有成效，被稱為瑞典或北歐模式。

　　本文原刊於 1991 年 1 ～ 2 月 *Ms.Magazine*，後選入《激進言說：收復女性主義》（*Radically Speaking: Feminism Reclaimed*, 1996），旨在剖析女性主義研究在進入學院之後，如何被建制同化，歷經去女性主義、去激進化、與基層女性真實處境脫節的過程。1990 年代前後流行的「差異」和「解構」更進一步分裂女

性，性再度被自然化，個人的不再是政治的，「後女性主義」甚至宣稱女性主義已死。不過巴瑞仍然抱持信心和希望，相信年輕世代仍然會繼續發出疑問和尋求解答，這也是女性主義的起點。
（顧燕翎◎撰文）

太初有性。男性、女性的性，性驅力的性，生殖繁衍的性。生物學的性，命中注定。這是父權的版本。

然後女性主義者出現了。

女性主義者挑戰父權的性觀念（sex），顯示性並非「天生自然」的，反之，（有生殖力的）性和（有性慾的）性之所以為性，取決於我看待和使用它們的方式。在理解和使用性的各種方式中，性可以當作壓迫的手段；（男性、女性的）性可以被建構成男性宰制的階級制度。女性主義者將原先父權稱為「性」（sex）的重新定義，稱它做「性別」（gender）。

如果說父權對「性」的定義是一貫的、固定的、天生自然的、生物決定論的，女性主義的性別概念則涵蓋了各式各樣的性標籤、性特質、性行為和性活動，是由父權所賦予它們意義加以社會化形塑，形成種種性階級（換言之，女人並不只是身為一個單一的性階級而被壓迫）。

這可不是女性主義者編出來的；我們只是觀察並意識到父權加諸於性的東西。這個性階級的分析成為女性主義理論的基石：性的社會定義便是女人的政治處境。我們所說的性別，不再將女人的命運繫於她的「天性」或是某一個男人的「驅力」。性別意味著改變、自覺，甚至解放的可能性。

難怪父權反擊了。

宗教右派決心把女人化約成一項「自然功能」——生小孩。俗世左派則大力鼓吹把女人化約成他們心目中的女人的「自然功能」——有機可乘的性（證諸自由派對色情的辯護）。左右兩派的串通向來很有系統。不幸的是，女性主義陣營的反應莫衷一是。我們依然動員起來，女性主義者遊行護衛我們的生育權但抗拒色情對女人的貶抑，招致了（同在婦運的）擁護性解放的女人的敵意。此類的辯論在運動陣營中如火如荼；學術界自不能免。

女性主義先是以與街頭婦運結合的方式進入大學：示威遊行、宣言、靜坐抗議。不論是在自由討論、立法公聽會，還是研究中，女性主義都著重在女人的生活，結合理論與政治、研究與行動。我們找到共同的立足點，發現性別是女人的階級處境，發現性別歧視和種族歧視是密不可分的。

革命性的女性主義知識付諸實行幾乎馬上就有反應：女性主義研究變成了「婦女研究」。隨著研究方向脫離根植女人真實生活的女性主義，很多研究者不再參與政治活動，也不想被稱為女性主義者，因為怕妨礙她們的前途。絕大多數的婦女研究不再用性別一詞代表父權力量對性及性階級的塑造。性別這個詞消失了，不再和性慾取向有任何關係。回到生物學的「性驅力」成為「女人的命運」。

這改變並非單一的重大歷史性事件，但秉持女性主義性別分析的論文不被刊物接受；建立於此一理論上的研究計畫申請不到補助（這就是社會控制知識的方法）。許多的婦女研究課程——勇敢堅持初衷的也還是有——遠離了女性主義的實踐行動。不可避免地，理論和政治脫節；研究工作自限於「客觀的科學」，遠

離女人的經驗。婦女研究的去女性主義化於焉展開。

許多課程（安全地分離了性與性別）改稱「性別研究」。然而，我們受到警告，性別已不再包含性階級的概念，也不再是父權所謂天生自然、不可避免的「性」的重新定義。同樣地，種族歧視不再包括性別歧視（反之亦然）。掉頭不顧女性主義就必然會掉頭不顧種族歧視，或意味著種族歧視並非女性所受的壓迫中根深柢固的一環。

同時，惱怒的激進女性主義者已經轉而在全球建立女性主義的連線，學術界的女性主義卻繼續在分裂。之後，婦女研究會包括此一國際性運動但要先將其窄化成「可接受」的議題才可以。

什麼是可接受的？性別歧視和法律上的不平等。但性不是；性取向的範疇不是，性行為、性慾望、性觀念不是；性政治和性力量也不是——不，那些都是生物學，既定的事實。比方說，許多研究者和理論家都改弦易轍不再研究性剝削。當我寫作《女人的性奴役》時，不止一個學術界的女人警告我說，如果我走這條研究路線，是不會有學術前途的。

經過了去女性主義化之後，婦女研究的課程受到了合法化，並得以擴充。但隨著課程擴展，性別不再對社會建構的性做分析。性別和性又變成了兩種東西：身體的、生理的、生物學的是性；其他的是性別。事實上，性別和性慾取向不再有關，而性也跟我們使用性的方式以及性被用來形塑我們的方式沒關係了。

以下是去女性主義化如何在學術界進行的一些例子（學術界裡，真正了解性與性別之間激進關係的女性主義者，在二十年前我們親手創始的婦女研究課程中，變成了局外人——或者飽受攻擊的局內人）。

- 一個上我女性主義理論的課的學生問，「為什麼我們已經讀女性主義研究讀了這麼多年，卻沒有女性主義者從這個角度寫東西？」具政治意識的女性主義者和女性主義的男性支持者，感到被所受的教育背叛，也有這種疑問。我解釋道，激進女性主義者已經持續寫這理論寫了二十年，但一本新出的書卻宣稱激進女性主義在 1975 年就死了。難怪在多數的婦女研究課程中，從來不教；更糟的是從來不讀激進女性主義的理論和研究。
- 朵金（Andrea Dworkin）在數所大學演講，有時候需要面對有敵意的學生，為她和麥金儂（Catharine MacKinnon）的反色情民權條例辯護，因為那些學生只讀到過反對的論文和文獻資料。
- 在美國的婦女研究課程裡，從未多著墨於值得重視的美國黑人女性主義理論家如瓦勒斯（Michele Wallace）及香格（Ntozake Shange）。
- 「婦女與發展」的課與女性主義的概念分家。

　　我的意思並不是說，激進女性主義者只處在挨打的地位。的確，我們編輯叢書與學報，讓激進女性主義作品得以繼續印行。我們採用激進女性主義的教材——萬一書絕版了，就用影印的。我們繼續結合研究和行動、理論和實際，看著我們的學生主導計畫幫助受虐妻子或強暴受害者。我們繼續表現出我們還活著的樣子——既然有人說我們 1975 年就死了。

　　與此同時，在學術界的去女性主義化之下，性又回到父權所加諸的意義。我們開始聽到「性慾取向中的快感和危險」（施虐／受虐癖），說得好像追求那種快感和危險的人，是天生自然

具有那種性慾取向似的。只有當性重新被自然化，變成「與生俱來的生物驅力」的時候，它才會是婦女研究中合法的研究對象。於是很方便地，個人的已不再是政治的了。這「性慾取向中的快感和危險」被辯護為像是未受精卵一樣的具有自然權利──超出那些得懷胎、孕育、生產、撫養者的人權之上。

在真實世界中，這些知識份子的遊戲正在毀了年輕女人的人生。這一代的青少女面對同時來自性解放者和基本教義派保守勢力兩方面的性注定論。每一年在美國有一百萬以上的青少女懷孕──等於十五到十九歲之間每十人就有一人；十四歲的懷孕少女中，有34％會把孩子生下。這些女孩絕大多數是黑人──因為受壓迫最厲害的總是最欠缺保護的一群。州法律要求父母同意，使得墮胎愈來愈難，而有色人種青少女的懷孕率是歐裔美國人的兩倍。這不僅阻礙她們的人生、危害她們的健康，大力倡議過早的性行為加上青少年要墮胎愈來愈不可能，造成了女性性別階級中人口結構的大變動。下一代的女人早在十幾二十歲便懷孕生子，將無法繼承我這一代女人所贏得的寥寥勝利與解放：雖然我們為女人爭取到了前所未有的教育及工作機會，但和二十幾歲才開始懷孕生子的女人相比，十幾歲的小媽媽所能賺到的收入大約只有她們的一半。

那麼，在象牙塔裡，性和懷孕無關、種族歧視變得只意味差異，而權利只是個人的事，豈不是更驚人的嗎？

這是怎麼一回事？

還記得「個人的即政治的」嗎？首先，這回事是把個人的變成非政治的。是有些女人用女性主義當成個人的擋箭牌，保衛她們私人選擇，降服於以色情或生殖為目的的性。說這是女人的選擇，也許看來失於嚴厲，但事實上，我這一代的女人拒絕徹底和

那種性別權力決裂，正造成了今天的青少女沒有選擇 —— 選擇只有在不會危害到她們健康和幸福的時候、在她們有控制和決定權的時候、在她們想要的時候，才有性生活並／或懷孕。

這回事同時也和「差異」有關。從社會主義女性主義的出現開始，理論就分化了女人，強調她們之間的階級衝突。我還記得早在 1973 年的一個女性研究會議中，她們叫勞工階級的女人坐在同一側，把她們的怨言說給中產階級女人聽。她們做出了許多怨毒的指控，但真正的敵人甚至根本不在場。差異控制了全場。但由我自己貧苦的出身中我了解到，邊緣的一群到頭來還是得一切靠自己，因為差異政治從不試圖包容異己，而是塑造「他者」。當我們首先在對方身上看到的是差異時，它變成分隔女人的首要基礎。在這個不再認同 1960 年代所發展的政治意識的時代，差異提供了種族歧視、性別歧視以及階級特權的基礎。

「差異」可以意味著懷孕的黑人少女只是黑人女性 —— 而非我們所有女人 —— 所需要面臨的問題。

「差異」意味著，青少女的懷孕是一個女性主義的生殖議題，和女人的被性慾化無關，所以也和女性主義反色情的運動無關。少女怎麼懷孕的，和她們懷孕的事實無關。

差異，這個詞在女性主義理論的象牙塔中帶來狂喜。它現在有了另一個名字：解構。許多學者迫不及待地接收了這個拒人於千里之外的新近進口到美國的理論。解構告訴我們，一切事物，包括我們自己，都和差異有關。我們的自我是去中心的自我；沒有任何東西有一貫的意義。於是，不僅個人的是非政治的，個人的和政治的都被解構了，以彰顯它們的差異（別擔心這話是什麼意思，因為反正意義不見得總是存在。它存在於差異之間的空間。聽不懂？這是因為我們不是在看那之間的空間）。

以性和性別為例，記住大學女性主義對兩者所做的區分。解構呢並不認為性是自然天生的；不，它更進一步：它要求我們去看性和性別「之間的空間裡」有什麼。換句話說，性階級是虛假的二分法，因為所有的二分法都是假的：男性／女性，白人／黑人，壓迫者／被壓迫者，富人／窮人，還有資本家／無產階級（咻！父權不見了！）。這麼美妙的心念一轉，所有的二分法都被延緩了（延緩被認為是重要的，因為法文的差異一詞裡有這個意思）。一切都是之間的空間，什麼也不是。你去把這話告訴那個即將臨盆的十三歲女孩吧，她得養孩子到自己三十一歲。

　　也許你還沒搞懂？那也好。這些理論家喜歡把理論看成一般人了解不了的複雜東西。解構理論只漂浮在象牙塔的稀薄空氣裡，適得其所（聽來是否典型地男性？）。或者你懂但是不同意？顯然你是一個激進女性主義者，頑強地堅持「錯誤的分析」。既然沒幾個人記得那分析的內容是什麼了，解構主義者就可以編：「激進女性主義者傾向於認為，女人所受的壓迫來自於女人可為人母的生物特質，或者來自於男性天生的、生物決定的侵略性，產生如強暴等行為，使得男人危險地不同於女人。」

　　你看吧！是激進女性主義者使得男人「危險地不同於」女人！我還一直以為是父權搞的鬼呢！但在一再強調差異之餘，解構主義者想告訴我們，男人事實上和女人沒差別？這下子女性主義也消失了。看：「後女性主義」。

　　但女性主義不會由於偽學術的命令就銷聲匿跡。學生可能會是扭轉情勢的人。在學術殿堂的走廊上，有人悄聲地問著：「這到底是什麼意思？」「聽起來怪怪的。」「這裡有什麼不對勁的東西，可是我說不上來。」疑問會帶來覺醒、帶來憤怒、帶來行動。當我聽到這些學生的話時，我在想，我們二十多年前不也是

這麼開始的嗎？

　　由我自己貧苦的出身中我了解到，「差異政治」從不試圖包
容異己。

摘譯：嚴韻。

43.

法國女性主義：帝國主義的發明

"French Feminism: An Imperialist Invention",
Radically Speaking: Feminism Reclaimed, 1996

克麗斯汀・戴菲（Christine Delphy, 1941~）

　　戴菲曾與西蒙波娃共同領導法國婦運、創辦刊物，在行動與理論上皆發揮了巨大影響力，是激進女性主義者，也是唯物女性主義（materialist feminism）的代表人物。她的著作《近看家庭》（*Close to Home*）剖析父權家庭如何成為剝削女性無償勞動的社會建構，是唯物女性主義的重要作品。

　　戴菲在本文中指出，1980 年代後現代大師拉康、傅柯、德希達等人的理論被引入女性主義論述，在不區分男女的同志理論（英文稱之為 lesbianandgay theory）中更深受歡迎，卻也因此遮閉了女同志理論的女性視角。性別變成可以無視於女性在父權文化中所受的壓迫，既可把玩、又革命前衛的抽象理念和表演，與女性主義所關注的性暴力、經濟不平等、非法墮胎等女性切身議題脫鉤。

　　在此歷史脈絡中，戴菲分析美國的後現代主義者如何將三位法國非女性主義者定位為法國女性主義者，並將其本質論呈現為

非本質論，利用大家不熟悉的異國「女性主義」作為美國女性主義內部的稻草人，用法國女人來質疑並否定美國女性主義的取向，以確保反女性主義者在女性主義論辯中占有一席之地，再進一步引入她們背後的男性「大師」，讓他們像在其他地方一樣，得以站上女性主義的舞台中心。

否定和稀釋女性主義的勢力在學院內外始終存在，戴菲刻劃出了女性主義者始終需要認真面對的挑戰。（顧燕翎◎撰文）

一開始，就有必要了解法國的女性主義者不需要以特別的名稱來稱呼她們的女性主義，就如同美國的女性主義不必自稱「美國女性主義」一樣……我們現在所知的「法國女性主義」是怎麼建構出來的呢？……

帶頭建構「法國女性主義」的英美作者偏好的是某種顯然是反女性主義的政治趨勢——稱為「精神分析與政治」（Psyche et Po），因而傷害了英美和法國女性主義史家認定是女性主義運動核心的東西；她們的偏見削弱了法國的運動。有愈來愈多的聲音，抗議英美版本的「法國女性主義」有意與無意的扭曲與省略……

英美倡言「法國女性主義」的人也一貫地混淆了「女性作家」和「婦女運動」，並因此消除了運動的實踐面向。她們推銷的法國女性主義主要「理論家」，是由西蘇（Hélène Cixous）、克瑞斯緹娃（Julia Kristeva）、依希迦赫（Luce Irigaray）這三位女人所組成的「神聖三位一體」：她們三人的名字在逐漸脫離社會運動的英美婦女研究界已經家喻戶曉，然而，從未向法國以外

公眾揭露的真相是，前兩位完全置身於法國女性主義的辯論之外，而且不被認為是女性主義理論家，更別說是「主要的女性主義理論家」了……同時前兩位不僅並未自稱為女性主義者，甚至還公開指摘女性主義。

......

「法國女性主義」作為美國與廣泛的英語世界的虛構之物，是由 1970 年代中期以來，關於法國所發生事務的一連串扭曲和有意無意的錯誤所創造的。這些扭曲具有一種模式。我們並未見到好幾種彼此較勁的觀點或定義──這顯示了這種扭曲並非純屬偶然。反之，如果確實有（幾種較勁的觀點），那就不會有所謂的「法國女性主義」了。「法國女性主義」因此是個無人提出異議的對象，因為唯一和它有關的爭辯，只在它與英美所關切的事務有何關聯──卻沒有關於它是什麼的爭論。每個人似乎都知道「法國女性主義」是什麼──同時，它卻未曾真正被定義而難以捉摸。因此，不可能以任何客觀的方式，給女性主義裡一個被認知為意識型態的趨勢下一個意識型態的定義。

唯一客觀的定義方式是指出，它是英美作家對於所選取的一些法國及非法國作家的總合評論，而其中拉康、佛洛依德、克瑞斯緹娃、西蘇、德希達和依希迦赫被選取為核心群體。但是還有其他人。因此，「法國女性主義」是在英美脈絡的一部分知識生產。以下，當我提及法國女性主義而未加括號時，我專指這一類英美的著作，而當我提到法國女性主義者時，我指的是其英美作者。

撼動女性主義

發明者將其女性主義品牌稱為「法國」的主要理由，是她們

並不願意為她們自己的言論負責。她們尤其是想解救精神分析在女性主義裡惹出的壞名聲──不僅是在女性主義裡，在廣泛的社會科學領域中，精神分析都已惡名昭彰。她們假裝**另一個**女性主義運動認為它很偉大──甚且是那以怪異著稱的運動的全部興趣所在。

......

在此我要特別說明一點，那就是法國女性主義者所選取的女人──在個人與意識型態上──與精神分析的密切關係，以及她們與女性主義的疏遠。誠如摩西絲（Moses）所述，法國女性主義被等同於「女性作家」。就算曾經提及她們是拉康主義者，卻從未提及其中兩位──依希迦赫和克瑞斯緹娃──是執業的精神分析師。西蘇和克瑞斯緹娃的反女性主義論調被以各種方式視為無關緊要，其實她們與法國的女性主義討論也完全脫節，但此一事實同樣被漠視，似乎根本不值一提。這暗示了來自法國的真正女性主義者尊敬這些作家──為了使英美本土的讀者覺得她們很重要，這是必要的做法。她們在法國的真正重要性──例如她們被引用或出現在女性主義討論裡的次數──從未受到評估，其實她們幾乎一點兒也不重要。

將這些女人描述為女性主義裡的要角，意味著不論一個人是否自稱女性主義者都沒關係；而堅稱她們對法國的女性主義者很重要，則是進一步暗示了法國的女性主義者也不在乎她們是否稱自己為女性主義者。這裡頭的訊息是，某人若要立足於或談論女性主義，不必自己界定為女性主義者。這對於英美本地女性主義者的衝擊，在於模糊了女性主義者與非女性主義者的邊境。然而，這也不是一成不變的。有些時候，克瑞斯緹娃和西蘇反過來被宣稱為女性主義者，即使她們自己不以為然。這真是帝國主義

的奇觀。克瑞斯緹娃或西蘇坦白的反女性主義，竟可以被忽視：
「即使她們否認，還是很難不將克瑞斯緹娃和西蘇歸類為女性主
義者。」這意味著她們倆不曉得自己的心思。這種藐視實令人難
受——但就算我們可以忘卻與寬諒這種優越感，傳達給英美讀者
的訊息又是什麼？就是：那些反女性主義的著作對於女性主義，
就和女性主義著作一樣重要。界線再次地模糊了，女性主義的討
論敞開門戶，欣然迎接反女性主義的意見，讓它們與女性主義的
意見平起平坐。

這種開放引入了更多東西，例如將佛洛依德和拉康引進女性
主義——首先說他們是「法國女性主義者」，然後「簡稱」為女
性主義者，最後就成了「開山祖師爺」了。法國女性主義的支持
者可以利用這種開放來提供真正的重頭戲——未經重構的歐陸精
神分析。英美的環境已經發生巨變，以至於一本精神分析的論著
會被視為女性主義理論天經地義的一部分，即使其中隻字未論女
性主義。在發明法國女性主義以前，這是不可能發生的事，而且
不論作者為誰，在法國也依然不可能發生。

但是法國女性主義最有趣的特色，是它處理本質論的陰險手
段。法國女性主義者還不敢推崇本質論是個「好東西」。但是她
們藉由聲稱那並非本質論而促銷它。她們耗費很多時間去「捍
衛」依希迦赫，澄清她所受的本質論的指控。但是為何要這麼
做？是因為她們堅信依希迦赫不是本質主義者嗎？不可能是這
樣，因為依希迦赫對此毫無顧忌，而且從未試圖為她不認為是控
訴的事情辯護。英美的本質論者處於比較尷尬的地位：她們既要
保有這東西，又不想受到傷害。而既然這是不可能的，她們在其
國內場景裡所成就的反是一種退化。每個人都談論本質論，但再
也沒有人知道那是什麼，因為本質論已經被呈現為非本質論。即

使像佛洛依德和拉康，他們老早就在**所有的**領域（而非僅在女性主義界）建立了本質論，現在也被「重新評估」與除罪了。

……

帝國主義作為一舉抹消女性主義……以及女人的策略

……

發明法國女性主義的同時，也發明了所謂「法國理論」……。法國女性主義者認為，「法國理論」的閃耀繁星是許多女人背後的智庫……。拉康、德希達、傅柯、巴特，對某些英美人士來說都一樣，英美人士執意統一「法國」，將法國人同質化，否認他們具有任何個性。怎麼有可能在同一篇文章裡，更難想見在同一句話裡，處理像傅柯和拉康這樣來自全然相反的傳統的作家，況且他們對於彼此的歧見非常坦率？

英美人士比較了無法比較的法國作家，讓彼此無話可說的人「互相對話」，並且把這種現成的混合命名為「後結構主義」和「後現代主義」，就這樣創造出種種全新的思想學派——至少是學術趨勢。那種難以相信的混合，如何能夠禁得起時間的檢驗？很難，傅柯的社會建構即使有海軍陸戰隊幫忙，也無法和拉康的本質論融合。

而且，為什麼法國作家——不論男女，無論是否是女性主義者——幾乎從未和相當的英美人士比較（不論彼此多麼相似），而只是和其他法國作家比較（卻不論彼此多麼不同）？因為怕顯示出法國作家之間有所差異，另一方面會透露他們和其英美世界評論者與翻譯者有類似之處。內部的均質化，外在的差別化：這正是群體——國族的、族類的、性別的群體——建構的方式。正是根據這種方式，法國的作家被當成一個群體，而僅僅以

和掌握命名權力的群體之間的差異來定義。他們被建構為異己（Other）。

　　我們承認作家的作品可以被詮釋，而且作家關於她／他自己作品的談話，不必然是最終或唯一的解釋，但假設這些作品可以完全抽離它們客觀的、歷史的脈絡，則完全是另一回事。這正是施加於不幸生在法國的男女作家身上的事。再者，如果英美人士如法諺所說，有權利「拿取他們發現的東西」，而且引述來自法國——或世界任何其他部分——的話語，去創造他們自己的理論，那也不能稱呼這種創造性努力為「法國理論」。沒有任何人擁有他們自己的著作；但是每個人的發言都應該得到公平的聆聽，這卻是法國人未曾得到的。法國人要受到理解和欣賞，或是摒棄，應該是由於他們的所為或所言，而非因為其他法國人的所為和所言而受歡呼或詛咒：「好像法國這個標籤抹消或緩和了西蘇與依希迦赫（或是李歐塔與德希達）之間的嚴重緊張。」有趣的是，當英美的評論者真想正確認識傅柯或波娃（或其他人），想理解他們說了些什麼及何時為何如此說時，反倒不使用「法國理論」一詞。

　　但是，法國——以及其他非帝國強權的國家——也利用國族的刻板印象來驅除其本國的問題，這個事實是否使它比較不像帝國主義？我們在此談到的是個態度問題。在所有情況下，它與真實強權的關係，比較是基於再現而非現實。我在前面已經提過，發明法國女性主義，是為了在英美女性主義土壤上找理由引入某種品牌的本質論，尤其是要重振精神分析，那可比她們本土的秋多若（Nancy Chodorow）（頁 150~156）、吉力根（Carol Gilligan）（頁 157~167）和魯迪克（Sara Ruddica）之主張還要有力得多。

這個知識潮流有另一個特色，而且肯定不會由本土的本質論者（秋多若、吉力根、魯迪克）表現出來；這特色就是它質疑了界定女性主義理論取向的根基。在一般定義裡，女性主義理論取向緊繫於政治運動，運動目標是要切實改變現實社會及女人——也包括男人——的實際生活；這種聯繫的主要特色在於針對研究對象提出問題。這種必要的聯繫並不意味著某些抽象的運動訴求支配了研究的主題，而是任何女性主義者（不論是否是學者）都應該指出她提出的問題與整個女性主義運動的相關性。為了證明這個立論，我將討論這整個操作裡的關鍵階段之一的個案研究——賈汀（Jardine）的《創女紀》（*Gynesis*, 1985）。

　　這本書裡，「法國理論」被一連串修辭伎倆建構為一個「整體」，這些伎倆包括了扭曲和概化，搬弄帝國主義和東方主義。首先，法國的女性主義運動被塑造為在「社會主義」年代裡，經歷了一連串的致命鬥爭之後無法康復，而在法醫到達時已死亡。因此，就「女性主義」通常意義而論，法國的女性主義退場了。然而，女性主義者還在。賈汀要如何處理她們呢？我們已經被告知，女性主義「這個字眼」，「造成了嚴重的問題」。沒錯，確實如此，如果像賈汀一樣，那就只能夠在一個地方找到它——字典！然後，她放棄了「那些在她們的生活與工作中自我標榜為女性主義者」的女性主義者——因為那太簡單了——但願女神不允許！

　　但在這裡，純然的事實扭曲又為帝國主義所取代，所仗恃的無非是美國讀者的普遍無知：只有我說算數的才算數。不僅是因為來自法國的真實女性主義者太簡單，而不予討論，而是因為「我們在美國指涉……『法國女性主義』時，心中所想的不是那些女人」。這個論點有某種循環論證，或是套套邏輯：「我不要

讓自己對那些女人感興趣，因為她們引不起我的興趣。」不過循環與套套邏輯作為**自我中心**的範例表現，是帝國主義思考之傲慢丰采的重要成分。

在下一句話裡，美國的興趣成了判定法國的女性主義者們或重要或不重要的客觀、真實標準：這些女人被認為「對於書寫與閱讀理論有重大影響」。這種「重大影響」發生在哪裡，卻從未明說：可能在美國，也可能在全世界——不是同樣一回事嗎？然後，賈汀列舉了西蘇、考夫曼（Kofman）、克瑞斯緹娃、雷蒙尼－盧西翁尼（Lemoine-Luccioni）、蒙崔雷（Montrelay）。她接著說：「過去廿年來，法國理論的主要新方向……自我設定為深刻地……反女性主義或後女性主義。」

這是策略性的舉動，顛覆了以往一切關於什麼樣的思考對女性主義有用的理解。但更精采的還在後頭：這麼說以後，她接著解釋她要談男人，因為「在此提過名姓的法國女性理論家……置身最好的法國傳統裡……是這些男人的及門弟子」。而且雖然她「並無意提出批評」，她評論道，這些女人的著作是「對男人著作的重新書寫……是在重複與背離這些男人」。

我們於是見識到，這些反女性主義的女人不僅是女性主義思考之最重要著作的生產者，而且她們的思考如此徹底地導源自男人，因而簡直不必費神去探討她們自己的思想何在。讀者或許會感到驚訝。但這正是東方主義進入而使我們模糊與犯錯的地方：這是法國品牌的女性主義，而即使它看起來奇特，如果來自法國的女性主義者喜歡它又如何？就像所有的殖民主義論述一樣，混合了對於異文化的虛假尊崇與心存蔑視。表現出足夠的尊崇以便確保美國讀者的注意力：「法國女性主義」很重要，我們必須傾聽它說些什麼。但是這種尊敬其實掩藏著輕蔑：如果主要的女性

理論家不僅是反女性主義者，還是男人的學舌鸚鵡，那麼來自法國的女性主義者能夠是哪一種女性主義呢？賈汀假設讀者心裡有哪些陳腐之見？需要具備哪些刻板印象，才會去相信這種法國女性主義者──或者任何女性主義者──的劇本。

但賈汀堅持它是「置身最好的法國傳統」。因此臣服於男人被認為是法國的獨特性，而且不像乍看之下那麼可惡：從它被判定為「法國」的時刻起，由於法國是如此有趣的文化，它就無法被輕易地定罪責備──賈汀伸展了文化相對主義的翅膀來保護它。她能夠利用美國的例子來發送相同的訊息嗎？她能夠決定某某人對女性主義議題而言是個重要作家，即使這個人並未談論這些課題，甚且反對女性主義嗎？……

在此有必要提出三個論點。由於女性主義和反女性主義之間存在著連續體，這確實如史崔西（Judith Stacey）所論，在「劃定界線」時造成了特殊的問題，尤其是當持有明顯反女性主義觀點的作家也自稱是女性主義者時，而這在當今美國日漸風行。在法國，葛雷斯（Maryse Guerlais）和范希卡斯（Eléni Varikas）曾經針對依希迦赫提出這個論點。這樣做非常困難，因為雖然依希迦赫的著作在法國婦女研究裡不被採用，她的言論在義大利的婦女運動裡非常流行，在法國與荷蘭也有較少但依然重要的聽眾群。然而，在女性主義裡就像其他地方一樣，關於邊界案例的定義問題總是被擺放在邊緣，不會觸及核心。

面對女性主義問題的作家，是女性主義辯論的一部分──包括那些**反對**女性主義的人；但即使反對者受到討論，也不會和自我界定為女性主義者的人被放在同一類別。女性主義者一直在討論反女性主義者：甚至可以說，這構成了女性主義文獻的主要部分。從女性主義肇始，揭露與分析父權的意識型態就是女性主義

的要務。但是反女性主義者與女性主義者在女性主義分析裡據有不同的位置。父權體制及其知識生產是研究的對象，它們不是也不能夠是女性主義分析的**手段**或**工具**。

對於那些不一定敵視女性主義，但**不**討論女性主義議題的作家而言，情況就非常不同。問題不是「朋友或敵人？」，而是「她們為討論帶來什麼？」。法國的克瑞斯緹娃就是一個例子，她不討論女性主義提出的問題，因為她不曉得那是什麼。關於女性主義她所接觸的唯一資訊，是媒體所傳散的諷刺漫畫。像蒙崔雷（Michelle Montrelay）和雷蒙尼－盧西翁尼（Eugénie Lemoine-Luccioni）之類的女人也是如此；她們是傳統的精神分析師，甚至無法被描述為「反女性主義者」，因為反女性主義意味了關注女性主義的觀念，但她們卻沒有。用傳統的「男性至上論」或「前女性主義」來說明她們的觀點最為恰當。在法國，精神分析師也普遍認為女性主義者從未覺得有必要特別討論這三個人。因此，這裡的問題應該是，如果某英國或美國作者**從不討論女性主義問題**，因而英美女性主義者咸認為此人的作品與女性主義無關，不必加以討論；那麼，賈汀（或其他打著女性主義幌子的作家）能斷定此人是英美女性主義領域中最有趣的代表人物嗎？

賈汀和其他法國女性主義者正是這麼說的：一方面，從她們運用女性主義分析的觀點來看，女性主義思考與父權思考沒有什麼差別；另一方面，討論與女性主義相關的問題，和參與女性主義辯論是不相干的。這使得女性主義本身成為一個無關緊要的立場。

從國內本土的立場，利用國內的範例，是無法這樣立論的：因此必須發明一個假設來自女性主義**內部**的女稻草人，由她來質

疑且廢除女性主義的取向；那必須是一種非常陌生、非常異國的女性主義，以至於它雖然令人難以置信，又不得不信。它必須是法國女性主義。這項訊息的第二部分是：如果法國人可以這麼做，我們為何不行？而她們真做了。

女性主義無法從法國女性主義者自身的文化——亦即英美文化——內部消除；反女性主義者無法將本地男人回復為主導對話者，成為包括女性主義知識在內的一切知識的裁決者。但引入「法國女人」，也就引進了以下這個觀念，即身為反女性主義者，依然可以在女性主義辯論中占一席；下一步就是拋開女人，顯露出她們背後的男人，所謂本地女人的願望便得以達成：男人可以再次位居女性主義及任何其他地方的**舞台中心**。

推銷本質論乃是創造法國女性主義背後的主要動機；但這項發明還有更進一步的理由（雖然稍加思索，就知道沒什麼太大差別），亦即使婦女研究的學者再度與男性作者「對話」。

路斯（Joanna Russ）在《女人書評》（*The Women's Review of Books*）裡評論一篇有關史考特（Joan Scott）的《性別與歷史之政治》（*Gender and the Politics of History*, 1988）的評論說得很好：

> ……我教的大學部學生堅定地告訴我，女性主義不再有必要，因為我們已經全都解決了。諸多女性同事和研究生也從兩位白種紳士那裡得到這種說法，卻忽視了廿年來學院內外女性主義者的工作和著作。我想說我們已經被出賣了，但這句話已在歷史中成為陳腔濫調。真令人心碎。

我想要加上一句：而且如此學院。

頑抗的女人所付出的代價實際上難以計算 —— 我不知道有任何通貨可以衡量這項成本。因此，總有人忍不住想要去「稀釋」所面臨的挑戰；這種誘惑有時難以抗拒或根本未遭到抵抗，也就不足為奇了。

翻譯：王志弘（臺灣大學建築與城鄉研究所教授）。

44.

消解性別

Undoing Gender, 2004

================

朱迪斯・巴特勒（Judith Butler, 1956~）

　　巴特勒是二十世紀末影響力強大的酷兒理論家，她於 1990 及 1993 年在其著作《性別麻煩》（*Gender Trouble*）和《至關重要的身體》（*Bodies that Matter*）中闡述「性別操演」（gender performativity），本文原譯為「性別的述行性」，也有人譯為「性別表演或展演」，本書採用的性別操演是台灣較通行的用法。主張性別是重複性的表演，隨時間更新、修改、鞏固的動態過程，受到社會規範制約，逐漸內化，而看似自然。巴特勒主張性別非本質化和性慾自由流動，奠立了酷兒理論的基礎。

　　相較於前二書關心個人性別的形成過程，《消解性別》注重跨性別、變性、雙性人的社會處境，以個人在社會生活中對承認的渴求為論述核心。在此書中，巴特勒不再堅持顛覆社會規範，並指出人需要生活在與他人的互動和關係中，需要得到承認。而個人應一方面務實考慮社會規範，為自己做理性選擇，同時也應對規範保持批判，消解「正常」觀念，給予差異個人生存空間。

　　2015 年 11 月巴特勒在接受跨性倡導者（TransAdvocate）訪

問時表示，她主張人人應自由定義和追求自己的人生，自主選擇性別，不致被疾病化、去真實化、騷擾、暴力威脅、暴力對待或犯罪化，但並不主張性別必定是流動的和可以改變的，她自己的性別就確定從未改變過。（顧燕翎◎撰文）

〈承認與消解：朱迪斯‧巴特勒的《消解性別》〉

郭劼◎評介

《消解性別》（*Undoing Gender*）是巴特勒第三部以性別、性及相關問題為中心的著作。前兩部分別是《性別麻煩：女性主義與身分的顛覆》（*Gender Trouble: Feminism and the Subversion of Identity*），和《至關重要的身體：論「性」的話語界限》（*Bodies That Matter: On the Discursive Limits of "Sex"*）。《消解性別》的出版距前兩本有 10 年以上，其關注焦點也發生了較大變化。

三部著作的簡單比較

這三部著作中，被譽為後現代女性主義經典的《性別麻煩》可以說是組織最緊密的一本。此書討論了眾多理論，如傅柯（Michel Foucault）、拉康（Jacques Lacan）、佛洛依德（Sigmund Freud）、維蒂格（Monique Wittig）等，巴特勒對各人的批評密切圍繞主體的形成和性別如何被製造等問題，並在書的後部提出性別表演（gender performance）的概念，揭示性別構成的模仿性結構。

《至關重要的身體》與《性別麻煩》之間有許多呼應。前者組織略微鬆散，但它一方面繼續討論不少《性別麻煩》已經在討論的問題，同時，也對《性別麻煩》在學界激起的反應進行回應。回應這些問題實際上給了巴特勒一個好機會來進一步思考性別是什麼、性別製造的過程中體現出來的操演性（performativity）是什麼、扮裝表演（drag）是否具有顛覆性。在對這些問題思考的基礎上，巴特勒提出，性別的操演體現不是「單一或有意為之的『行為』，而是一種重複性的（reiterative）、可被引用的（citational）的做法，通過這種做法，話語製造出它所命名的效果。」具體來說，性別（gender）的形成不是人們可以自主控制、有意為之的行為，而是在對性別規範的重複（reiteration）過程中製造出來的，同時，既然重複具有過程，性別的形成一定需要時間……

　　《消解性別》的論題範圍甚廣。首先，這本書關注近年來性別政治運動的新發展……。1990 年的《性別麻煩》在今天被視為酷兒理論的開創性經典作品之一，但在它出版之時，酷兒研究尚未成為今天這樣成熟的學科領域。《性別麻煩》以批評當時女性主義對「女性」這一概念的本質主義運用為出發點，重新檢視性別是什麼這一基本問題，針對的是女性主義和婦女運動。直到《至關重要的身體》最後一章中，巴特勒才特地集中探討酷兒（queer）這一概念的發展及其潛在的操演性能量。時至《消解性別》問世的 2004 年，美國性別政治圖景上除了後現代女性主義、酷兒研究，還出現了什麼新動向？巴特勒在《消解性別》「前言」中清楚指出，此書關注的所謂的「新性別政治」（New Gender Politics）是幾個運動的綜合，這些運動關注性別跨越（transgender）、身體變性（transsexuality）、兼具雙性性

徵（intersex）等問題，以及它們與女性主義和酷兒理論之間的複雜關係。巴特勒在此書中已將重心從婦女地位、女性主義、酷兒研究轉移到了跨性、變性及雙性兼具者的權益運動上來了。但這並不是說這本書不再關心女性和酷兒群體，而是說，一方面，這些新運動的出現帶來了新的關注點，另一方面，這些人群與女性和酷兒群體之間，存在錯綜複雜的關係，關注他們，也能促進我們進一步了解當前婦女、酷兒運動現狀，並帶動性別研究。

與前兩部相比，《消解性別》在關注的概念和理論工具的使用上，出現了兩個變化：第一，巴特勒關注的焦點從個體轉移到了個體的社會性以及群體上；第二，她的理論焦點從傅柯轉移到了黑格爾理論上（傅柯理論在這本書裡仍然重要，尤其在關於規範的章節裡，但黑格爾哲學是此書最重要的理論工具）。《性別麻煩》與《至關重要的身體》關注的問題類似，將性別的形成、性別的操演性、性別及身體的物質性問題，放在了「主體如何形成」這個問題的大框架之下思考，而她對「主體如何形成」的看法，受到傅柯極大的影響。如果說巴特勒在這兩本書中把焦點放到了單個個體身上，檢視的是性別在個體身上的形成，那麼，《消解性別》則強調要把這個個體放在群體中來考察，關注性別的形成過程所體現的社會性（sociality），而幫助巴特勒檢視性別身分的社會性的，正是黑格爾思想中「承認」（recognition）這個概念。

除了「承認」之外，《消解性別》討論的重要概念還包括：消解（undoing）、慾望（desire）、可理解性（intelligibility）、規範（norm）、身體（body）、生命／生活（life）、死亡（death）、暴力（violence）、哀悼（mourning），以及悲傷（grief）。乍看之下，這些概念之間似乎沒有明確的關聯，與性

別似乎並不直接相關，但在巴特勒的論述中，它們之間緊密相關，並且都與「承認」概念有關，一起為探討性別問題提供了有用的框架。

《消解性別》中的重要概念：承認、消解及其他

巴特勒在「前言」就明白指出性別的社會性：「一個人並不是單獨『製造』（doing）他／她的性別的。一個人總是與別人一起或者是為了別人而『製造』性別的……。」也就是說，從一開始，她就闡明這本書要從社會性的角度來探討性別問題。正是黑格爾哲學中關於「承認」的觀點為巴特勒檢視性別形成的社會性提供了理論工具。她在「前言」開始不久就點出黑格爾哲學對承認的看法：「慾望總是一種對承認的慾求……只有通過承認，我們中的成員才能成為社會生活中的成員。」

承認與消解（undoing）這兩個概念所以互相關聯，正是因為它們都體現了個人要生存就必須相互依賴的觀點——巴特勒在第一章中明確地提出：「我們彼此消解。」（"We're undone by each other."）也就是說，個人並不是獨立、封閉地生活在這個世界上的，而是生活在與他者之間的種種互動與關係之中。從這個角度說，自我的形成中必然包含他者，或者說，他者是自我的形成（doing）的一部分，因此，從一開始，「我」就已經被消解（undone）了。從這個意義上講，消解不能理解為消滅，而是用來強調自我的社會性，表示自我不是孤立的、自給自足的。

巴特勒轉述斯賓諾莎（Benedictus Spinoza）的觀點：「每個人都追求在自己的存在中生存。」她隨即重複黑格爾「慾望總是一種對承認的慾求」的觀點，指出這種「在自己的存在中生存」是有條件的：「一個人在自己的存在中生存的必要條件是必須要

參與到對承認的接受和提供中去。如果我們不能被承認，如果對我們的承認沒有可依據的規範，那麼，在自己的存在中生存是不可能的，而我們的存在也喪失了可能性。」也就是說，我們「彼此消解」是一個不可否認、不可避免的事實，反映的是生存本身的社會性，要作為「我」來生活，前提是受到社會的承認，而承認的標準是由社會規範決定的。

因而，社會性不僅體現在自我與他者這種彼此牽扯、相互構成的關係上，還體現在自我與社會規範（norm）之間的關係上。巴特勒寫道：「……一個人的自主權的基礎、一個人作為『我』在時間中存在的基礎，根本上取決於一種社會規範——這個規範超越了『我』，將『我』置於自身以外，放到充滿歷時性地變化著的複雜規範的世界中。」如果說巴特勒在《性別麻煩》和《至關重要的身體》中對社會規範尚頗具敵意，那麼，她在《消解性別》中似乎變得「現實」了，不再一味強調對規範的顛覆（subversion），而開始思考如何與社會規範共處。當然，她也不希望這種對規範的重視成為對規範的單純妥協，而強調規範本身的可變性，希望社會規範能更為開放、更為包容，為各個族群提供生存空間：「關於承認的規範早已存在於我們出生的文化環境中了，但這些規範是會變的，而且隨著規範的改變，關於什麼樣的人是人的承認標準也會改變。」這些體現在「我」與規範之間的關係上：「……這個作為我的『我』不僅是規範所構造的，並依賴於規範，同時這個『我』也力圖與這些規範保持一種批判的、轉化性的關係，並以這種方式生活。」

儘管巴特勒不提倡顛覆一切規範，她也指明，社會規範具有潛在壓迫性甚至致命性。社會規範的僵硬會導致某些個人或人群不受承認，從而影響他們的生活，讓他們「社會死亡」（social death），甚至招致暴力，導致肉體死亡。這種潛在危險指出了「消解」這一概念的另一個重要層面。上文提到，消解不能被簡單地理解為消滅，而應該視為在強調自我的社會性以及自我與他者、與社會之間撐在一起的關係。但同時，也正是這種不可分隔的密切關係決定了自我無法擺脫不被承認，遭受社會死亡乃至受暴力對待，在肉體上被消滅的可能。「我們彼此消解」的說法意在闡明我們彼此構成、密不可分，同時也表明我們之間這種相互依存的社會性決定了我們會對彼此的生存構成威脅。與這兩種死亡相關的是「life」這個概念。巴特勒對這個詞的使用與它在英語中的兩個主要意思——即「生活」和「生命」——相關。這個概念在全書各章中十分重要，因為這些文章的一個共同目標，就是通過譴責暴力、探討取決於社會規範的承認標準的可變性，從而為個人、各個族群謀求生存和生活的權利。

正是在這樣的語境中，哀悼（mourning）和悲傷（grief）這兩個概念變得十分相關。什麼樣的生命在喪失的時候會引發悲傷、受到哀悼？這個看似簡單的問題至關重要，因為悲傷和哀悼可以告訴我們很多東西。她這樣描述哀悼：「我認為當一個人接受下列事實時，他才是在哀悼：一個人喪失的是那種改變你，並且很可能是永遠將你改變的東西；哀悼意味著接受一種你事先無法知道其全部結果的改變。」她接著寫道，「我認為一個人是被巨浪似的打擊擊中的⋯⋯他筋疲力盡，但不知道為了什麼。有些東西總是比一個人的計畫或方案大，大過他的所知。有些東西控制了一切，而這些東西是來自自我，來自外界，還是來自無法區別二者的某個地方呢？」巴特勒想揭示的是，在經歷悲傷、哀悼喪失的時候，我們常常會不由自主地被某種無以名狀的「東西」控制。這種東西不受理智操控，暴露我們無法掌握自己的事實，

並最終可能改變我們。「就是在這樣的經歷中，某種關於我們是誰的東西被揭示了。」這種東西是什麼？它「描述了我們和他人之間的紐帶（鏈接），告訴我們這些紐帶構成了一定意義上的自我，決定了我們是誰，而當我們失去它們的時候，我們也在某種意義上失去了我們的寧靜：我們會不知道我們是誰、要做什麼。」這種東西正是悲傷，而巴特勒認為，「悲傷揭示了我們是如何陷於與他人的關係中的，而對此我們並不能描述或解釋。」也就是說，悲傷「揭示了自我構成的社會性，是我們思考處於複雜秩序之中的政治群體的基礎」。

巴特勒對以上諸概念 —— 承認、消解、慾望、可理解性、規範、生命／生活、死亡、暴力、哀悼、悲傷等 —— 的討論，與性別研究究竟有何關係？可以說，這一系列問題都與性與性別問題有關，但又並不只體現在性與性別問題上。首先應該明確，這些問題最終體現的是對人、對人的生存的關心。與此同時，人的存在和性及性別問題息息相關。性與性別話語無處不在，性別規範對「人」（the human）的定義發揮著巨大影響。可以說，人的存在是性別化的存在，「人是由性別制約的」。簡言之，巴特勒視性別為一種規範。在第二章《性別制約》中，她寫道，「如果性別是一種規範，……它是社會權力的一種形式，它讓主體變得可理解，它的機制使得性別二元關係得以確立。」也就是說，性別作為一種制約規範，參與了主體的製造；主體只有在與之符合的時候，才有被承認、獲得可理解性（intelligibility）的可能，才能免遭針對有「性別麻煩」的個人的暴力對待，維繫可行生活／生命（livable life），才能被社會接納、被社會視為「人」。性別問題不是事關人的存在的唯一問題，卻是極為重要的問題。

在新性別政治運動影響下，一些不符合社會性別規範、經歷

著「性別麻煩」的人群愈來愈引起關注，以及因為種種原因性別看似不夠「明晰」的人群。巴特勒在書中分析的大衛・萊默的案例，很好地體現了性別規範可能會對個人及其身體有意無意地施加暴力、造成傷害，並影響這個人的生活乃至生存。在這個案例中，萊默在幼年因為手術意外失去了陰莖，對他周圍很多人而言，這就讓他的性別變得模糊，不符合一般的二元性別標準。為了「幫助」他重獲符合規範的明晰性別，醫學家馬尼及其他人試圖通過手術、激素、精神病學、心理學、教育等手段來讓萊默變成女孩。但這些嘗試最終都失敗了。萊默不僅沒有如各個領域的專家們預言或期待的那樣變成女孩，而且在心理、身體上都飽受摧殘。巴特勒利用這個例子來批判「把性別二態性作為人的發展的先決條件的隨意性和錯誤性」，認為「這個二元關係並不涵括一切，也是不必要的」，從而批判了對性別規範的僵硬實施，也揭示了規範潛在的巨大負面效應。

　　然而，是否我們應該摒棄一切規範（包括性別規範）呢？巴特勒並不尋求徹底顛覆社會規範。考察了美國精神病學會（APA）1994 年頒布的《精神障礙診斷與統計手冊》（*DSM-IV*）中診斷標準的變化，以及跨性、變性、雙性兼具等人群自己對是否保留這些診斷標準的種種看法，她發現，儘管會有人主張不應該把個人希望跨性、變性的想法和行為病理化，但是，在跨性、變性人群中，也有很多人希望能夠保留這些診斷類別，因為，去病理化意味著醫療保險公司將不會願意為變性手術及相關激素治療買單，而只會將它視為如同美容手術似的「自願選擇手術」。「因此，這場辯論看起來極為複雜。」巴特勒自己對 *DSM-IV* 保留性別身分識別障礙類別的看法體現出她對性別問題的處理態度。她反對將性別問題從實際生活中抽離，因而沒有附和將性別

身分識別障礙的條目從 *DSM-IV* 刪除，從而立即將跨性、變性慾望一舉去病理化的激進想法，而是希望能理解跨性、變性等人群希望保留這項診斷標準的願望，因為，這些人群不是生活在理想真空中，而必須面對已有規範，必須面對如何才能擁有可行生活的問題。她寫道：「儘管我們還需要對這種診斷法提出更強烈的批評……但是，如果我們不先建立起一套能讓變性手術費用及法律地位得到保障的辦法的話，要求將其取消的號召就是錯誤的。」

在大衛・萊默和 *DSM-IV* 這兩個例子中，巴特勒強調了性別問題的社會性。這些討論凸顯的還有身體（body）的問題。巴特勒指出，「性別和性恰恰是通過身體才得以呈現給他人、牽涉到社會各種進程中、記載到文化規範裡，並在其社會含義方面被理解的。」身體的性別化和再性別化過程不是隨心所欲進行的，而受到了規範的制約。這個過程及其結果在他者的注視下進行，他者的承認是如此重要，因而這個過程並非身體的「所有者」自己的事。此外，身體問題之所以重要，還因為它與生死問題、暴力問題息息相關：「身體意味著必死性、脆弱性和能動性；皮囊與血肉不僅使我們暴露於別人的觀察，也使我們暴露於接觸和暴力。……儘管我們為行使我們自己的身體的權利而抗爭，這些我們為之抗爭的身體並不完全只是我們自己的。身體有其穩定的公共的一面。我的身體是作為公共領域的一種社會現象構成的，它既屬於我，又不屬於我。身體從一開始就被交給了他人的世界，打上了他們的印記，在社會生活的熔爐裡得到歷練；然後，我才能不那麼肯定地宣稱，身體是我自己的。」

《消解性別》的寫作語境及「承認」概念在巴特勒 其他近期作品中的地位

從上面巴特勒對身體的這番描述可以看出，她關心的，遠不止是性與性別的問題。戰爭、國家、宗教、文化等等，這些問題在巴特勒近年來的作品中扮演了重要角色。實際上，要更好理解《消解性別》試圖傳遞的信息，更好地比較它與《性別麻煩》和《至關重要的身體》的區別，就需要將它放到巴特勒 2000 年以來的其他作品中間來檢視。我們會發現，《消解性別》與她近年來的主要著作《安提戈涅的訴求：生死之間的親緣關係》（*Antigone's Claim: Kinship Between Life and Death*），《命懸一線：暴力與哀悼的力量》（*Precarious Life: Powers of Violence and Mourning*）和《戰爭的框架：生命何時值得為之傷悲？》（*Frames of War: When Is Life Grievable?*）之間，有一套共有的關注焦點和理論工具。

在這些作品中，《安提戈涅的訴求：生死之間的親緣關係》由脫胎於系列演講的關於索福克勒斯（Sophocles）的劇作《安提戈涅》的 3 篇文章組成。在這部作品中，巴特勒解讀的是古希臘經典，著眼點卻是當代性與性別政治中同性婚姻、同性伴侶組成的家庭的領養資格等爭議很大的問題。巴特勒批判了黑格爾和拉康對這部戲劇的解讀，認為在他們的解讀中，家庭和親緣關係被描述為僵硬不變的。在她自己的解讀中，安提戈涅身上體現出極大的模糊性。例如，她對兄弟是否有慾望？她代表的是國家還是家庭？如何看待她與父親伊底帕斯之間的關係（後者由於娶的是自己的母親，因此也是安提戈涅的哥哥）？總之，在巴特勒眼中，安提戈涅代表的模糊性是挑戰親緣關係清晰明了、一成不變的觀點的最好例子。巴特勒強調自己的目的不是鼓勵亂倫，而是

為了挑戰李維史陀和拉康的理論——這些理論把明晰、固定的親緣關係當作是社會秩序形成的基礎，因而是固定不變的，同時，是否符合規範則決定了一個人能不能更好地生活、生存。巴特勒認為，新性別政治運動下的各個族群需要更有彈性的社會規範，因而，對她而言，證明社會規範的可變性就十分重要。要做到這一點，首先需要證明親緣關係並非僵硬、亙古不變，而是具有彈性甚至模糊性。巴特勒利用安提戈涅來說明親緣關係不一定如某些理論家設想的那樣穩定，這樣，不僅給了親緣關係和家庭概念的含義更大的彈性，而且也指出社會規範的可變性。

上文提到，《消解性別》十分關心暴力、死亡和身體及生命的脆弱性等問題。但是巴特勒對這些問題的關切不單純是由現實生活中女性及性與性別少數族群常常遭受到暴力的事實所激發的。她對這些問題的重視也反映了她對近 10 年來美國和國際政治的關心。她在《命懸一線》的「前言」中提到，該書寫於 2001 年 9/11 事件之後，該事件以及隨之而來的美國日益強烈的民族主義和種種反恐措施引發了她對脆弱性（vulnerability）、哀悼、喪失（loss）、暴力等問題的思考。她在這些問題上的一個基本觀點是：「……我的生命（並不只與自己有關，而是）依賴於世上的其他人，這些人我並不認識，或許永遠也不會認識。這種對無名他者的根本性依賴是我無法擺脫的。」這種人之間的相互依賴表明人的社會性，而這正是《消解性別》的基本觀點之一。

實際上，巴特勒自己指出，2003 年她發表了一篇名為〈暴力、哀悼、政治〉（Violence, Mourning, Politics）的文章，其重要觀點貫穿《消解性別》全書，這些觀點包括消解、哀悼、身體、暴力、悲傷，脆弱性以及承認。巴特勒對這些問題的討論

的語境是批評美國政府在反恐、伊拉克、關塔那摩灣監獄、巴勒斯坦等問題上的做法。顯然，這些問題既為國際政治研究，又為性與性別研究提供了重要研究視角。這再一次說明，巴特勒關心的是一種「普遍的人之脆弱性」（"a common human vulnerability"），或是說，一種「『普遍』的肉體脆弱性」（"a 'common' corporeal vulnerability"）。對於這種人類共有的脆弱性，承認十分重要，因為，巴特勒認為，「當一種脆弱得到承認的時候，那種承認就有力量來改變這種脆弱本身的意義和結構。」

可見，在巴特勒眼中，承認對於人的社會生存和肉體生存，至關重要。她對承認概念的興趣和重視延續到了她最新著作《戰爭的框架：生命何時值得為之傷悲？》中。這本書反思美軍在伊拉克阿布格拉布監獄的虐囚醜聞、關塔那摩灣監獄爭議、歐洲移民政策等事件，對《命懸一線》中已經討論過的很多問題——例如，暴力、哀悼、身體、生命、死亡以及承認——進一步探討。在這些問題中，巴特勒再次給予承認這個概念以極大的關注。例如，她再次強調生存的社會性：「從某種意義上講，一個人的生命總是握在他人手裡的。這意味著，我們總是暴露於那些我們認識或不認識的人……」生命的脆弱性是我們擺脫不了的，而我們對承認的具體使用會影響這種脆弱性的強度：「有一些『主體』沒有被承認為主體，有些生命沒有——或者說，從來沒有——被承認為生命。」巴特勒認為，這些沒有被承認為生命的生命在流逝的時候也因此不會引起傷悲，不會受到悼念（例如，美國媒體對阿富汗平民傷亡問題表現出的驚人沉默）。從這個意義上講，「受哀悼的資格」（grievability）並沒有均等地賦予於一切生命，而是成了被利用，成了「生命是否舉足輕重的前提」。巴

特勒總結道，「如果沒有受哀悼的資格，就沒有生命可言，或是說，只是某種活著的狀態，而不是真正的生命。」

……

在《消解性別》最後一章，巴特勒批評了傳統哲學的自我封閉，鼓勵學界採用跨學科方法和視野，同時還回顧了自己童年時代與哲學的那種「非科班」式的接觸。斯賓諾莎關於「人憑藉欲望努力地在自己的存在中活下去」的理論給幼年的她極深的觸動：「……斯賓諾莎的這個觀點會對我將來對黑格爾的研究至關重要，……這正是黑格爾認為欲望永遠是對承認的欲望、承認是維繫持續的可行生活的條件這一觀點的早期現代先驅。」她在1999年重版的《性別麻煩》的新「前言」也談到了承認問題對她個人的重要性：她的家族成員和她自己都曾因為性／性別或身體某些所謂「異常」而經歷過種種困境，但這些「並沒有阻止我追求快樂及堅持自己的性生活得到合法承認」。承認不僅是她作為學者所思考的重要理論問題，更是切關她自己以及其他任何真實世界中人如何「在自己的存在中生存下去」的問題。

評介：郭劼（時任美國南卡羅來那大學語言文學文化系比較文學助理教授）。
本文原刊於《婦女研究論叢》2010 年第六期。

45.

女性主義對新自由主義的
批判與反思

魏開瓊

　　隨著全球化浪潮席捲全球，世界的社會政治經濟發生了巨大
變化，一個誕生於 1930 年代的詞彙——新自由主義，到 1990 年
代始為人們廣泛使用。它為學界普遍認同的四個特點為：去管制
化、私有化、政府從公共領域的撤離以及全球軍事力量的興起，
對全球人們的生活產生了巨大影響。在今天的學術語境中，新自
由主義已經成為一個重要的變數，大有代替現代性、全球化而
成為一個重要的分析與批判視角和工具的趨勢。（魏開瓊◎撰
文）

女性主義學者如何看「新自由主義」

　　女性主義學者麗莎・杜根（Lisa Duggan）認為，新自由主
義並非一套定義明確的思想和理論，它在不同國家的呈現，是全
球、本土和國族勢力在各自時空背景下，發展出的一套新自由主

義版圖，其最終指向財富和權力向上分配以及對南方國家資源的榨取。其他學者則指出新自由主義正讓愈來愈多的人生活在不安定與危險的處境中；還有學者受酷兒理論的啟發，轉向情感研究，試圖探索人的情感（無論是正面的還是負面的）在公共生活中的意義，並通過情感的術語來探索新自由主義對人們生活的影響。在本文中，筆者將特別聚焦女性主義對新自由主義的批判與反思。

新自由主義對婦女生活的影響在左翼的馬克思主義女性主義學者那裡，已經有了理論與經驗上的批判與檢驗。南茜·弗雷澤（Nancy Fraser）在反思第二波女性主義得失時，將其視為一個劃時代的社會現象，認為不同流派的女性主義從不同層面向國家資本主義發起的對抗，其中一個後果是擴展了正義的含義，形成一種包括政治、經濟和文化的三維正義觀；另一個後果是形成對社會整體的批判，這種批判認為，婦女的現實處境根植於深層的社會結構中。基於此，一種可行的解放方案勢必是對社會整體從不同角度進行深層結構的改造，反對性別不公正的鬥爭必須與反對種族主義、帝國主義、階級統治等聯繫起來，共同進行資本主義社會深層結構的改造。但是新自由主義的興起，卻對第二波女性主義中的某些觀念進行了吸納和改造，弗雷澤試圖通過對原因的尋求來重新建構女性主義批判。儘管她對作為整體的第二波女權主義有強烈的樂觀傾向和懷舊色彩，但其批判與其他學者對全球女權主義的觀察呈現一致。

在愛森斯坦看來，資本主義有強大的同化社會運動的能力，它通過使用社會運動的語言和觀念來提高效率，同時又通過意識型態，或是通過武力的使用，來壓制這些運動中真正激進的方面，資本主義的這種靈活性，在針對發展中國家的發展專案和小

額貸款中體現非常明顯。愛森斯坦對發展中國家所進行的經驗性闡釋呼應了弗雷澤提到的吸納與改造，而伊莉莎白・普魯格（Elisabeth Prügl）則分析了跨國公司的婦女賦權項目是如何利用女性主義的理念為自己獲得全球競爭優勢的。一方面，公司通過使用女性主義話語，既獲得穩定的勞動力，獲得良好的社會聲響，同時將婦女塑造為負責任的主體。在市場環節，女性被塑造為企業家和消費者；在生產環節，她們是健康的工人，積極合作的夥伴；在國際競爭中，公司是有社會責任感的企業。但是，跨國公司在選擇性使用女性主義話語時，清空了女性主義集體鬥爭的元素，賦權成為一種塑造負責任的主體的事業，至於結構與制度帶來的不義，則不屬於跨國項目關注的面向。

女性主義新自由主義化之利弊

不可否認，上述學者對新自由主義的猛烈批判是出於強烈的現實情懷，其目的指向是希望自身所處的社會環境愈來愈公正和友好。因此，對女性主義新自由化進行批判並不是為了否認女性主義的積極意義，而是迫使人們去檢驗，女性主義在實踐中，是挑戰了資本主義，還是與資本主義結成了盟友？批判，不是為了否定女性主義的時代意義，否定它取得的成就與潛能，而是為了更好地發展它。因此，我們需要追問，當新自由主義在全球化時代使用女性主義的語言、觀念和做法去實現自己的目標時，在這個過程中，女性主義失去了什麼，又得到了什麼。這樣的追問不應只限於在新自由主義為主體的政治結構中，在這個第一世界支配的全球政治與經濟框架內，沒有人能脫離新自由主義的影響。正如莫漢蒂（Mohanty）表明的那樣（頁 362~371），女性主義

除了要分析地方的微觀政治情境、主體性以及鬥爭外，還要關注全球政經體制的宏觀政治背景，對地方的、特殊性的分析要與全球的、經濟的和政治的框架聯繫起來，尤其是要關注邊緣婦女的生活和鬥爭，檢驗日常生活微觀政治與全球宏觀政治經濟是如何一起形塑了人們的生活。

那麼，這裡所談論的女性主義在政治經濟文化領域內的新自由主義化，與我們目前的處境並不相關嗎？莫漢蒂已經表明，在全球化這張網中，我們不能逃離新自由主義的影響。很多研究中國女性處境的學者已經關注到市場經濟體制與女性處境之間的關係，那些關注女工的研究者早就注意到性別、階級與城鄉等是如何合力置女性於多重不利處境的。

使用女性主義新自由主義化批判的分析框架，或許更有助於人們理解發生在眼下一些令人困惑而矛盾的言論，尤其在資本與市場掌控的領域，通過動用美德與尊重的話語來致敬那些助其獲得巨大成功的女性，營造出一種看似女性崛起的幻象。但是，尊重與美德話語的動用，如果只是因為它們有助於資本在生產、流通和消費各個環節找到更好的合作者，而在關乎女性的發展，尤其是弱勢女性群體的處境時保持失聲和無視的狀態，我們又有什麼理由來歡呼一個「她時代」的到來呢？

在一個變化的政治經濟結構背景下，很難想像女性主義不會發生改變，在這個過程中，它被創造性地挪用也並不奇怪。不能完全否認，新自由主義產生了大量的結構、矛盾，甚至有重新構想資本主義新形式的可能。在這種情境下，女性主義學者應保持一種更為警覺的批判立場，探尋可能的更有利於女性主義的策略與路徑，這既是當下女性主義的學術任務，也是政治任務。基於

此，女性主義需要繼續將婦女置於關注的中心，繼續其多維度的批判立場，致力於建構一個多維度正義的社會。

作者：魏開瓊（北京中華女子學院女性學系教授、系主任，主要研究方向為女性主義知識論、婦女運動、女性學建制等）。感謝魏教授為本書撰寫此文。

第八章

策略選擇與行動

46.

女性主義的男性研究

"Feminist Focus on Men: A Comment",
Talking Back: Thinking Feminist, Thinking Black, 1989

貝兒・胡克斯（bell hooks, 1952~2021）

　　bell hooks 是 Gloria Jean Watkins（1952~）的筆名，借用了她口才便給的曾外祖母的名字，有意不循慣例使用大寫，選擇英文小寫，意在突顯文字的分量重於作者個人的名聲。胡克斯出生於肯塔基州黑白隔離小鎮的黑人家庭，小時從黑人學校轉到白人為主的黑白混合學校，曾受盡欺凌，但也因此磨練出敏銳的洞察力。她熱愛閱讀，進入史丹佛大學等名校，完成了博士學位，成為教授，也出版了三十多本書（包括童書）及許多影音出版品，呈現黑女人的種族、階級、性別交織位置。她的第一本書即取名《我不是女人嗎？》（*Ain't I a Woman?*），延續美國史上反奴隸、反父權的代表女性特魯斯（頁 272~276）的香火。

　　此篇選文取自胡克斯的著作《回嘴》（*Talking Back: Thinking Feminist, Thinking Black*, 1989）。（顧燕翎◎撰文）

在考慮以男人和男性氣概做為我想要寫的一本新書主題時，我發現在我們的女性主義鬥爭之中，以及在表達這種鬥爭的不同向度的文獻裡，很少提到男人；關於男人和男性氣概的社會建構，以及關於改變的可能性的討論，十分缺乏。在當代女性主義運動的早期階段裡，替男人貼上「敵人」、「男性沙文主義豬」的標籤，或許對於拉開使女人得以發動反叛──反叛父權體制、反叛男性的支配──的重要距離非常有效。做為一種違抗的策略，它有所作用。男人不能自認為女性主義運動的領導者，甚至不能是激進的參與者。男人不能成為「女性主義者」。女人是圈內人，男人是圈外人。事實上，婦女運動宣稱了它的排他性。在這種架構底下，女性主義的行動者和學者，覺得沒有什麼責任要去批判性地檢視關於男人的議題，去描繪改變男性氣概的女性主義策略。

　　對許多女人而言，談論男人或考慮寫有關男人的作品，不是一件容易的事。在父權社會裡，沉默對女人而言一直是個臣服與共謀的姿態，尤其是有關男人的沉默。女人忠實地保守男人的祕密，堅決地拒絕談論男人這個主題──他們是誰、他們如何思考、他們怎麼行動、他們如何支配。當我們是個年輕女孩時，通常就學會了這種沉默。我們有許多人被教導不能和我們的父親談話或提起他，除非他們願意和我們說話，因為他們是男人，而且他們永遠不能夠被批評。

　　在一個男人支配的南方黑人勞工階級家庭裡長大，我們好像生活在兩個社會空間裡。一個是沒有父親的世界，當他出門工作之後，這個世界充滿了言語。我們的聲音可以提高。我們可以大聲、熱情、生氣地表達自己。另一個世界是男性支配的社會空間，他一出現，聲響與沉默便都由他主宰。當他回家之後（我們

通常會等待、觀看和傾聽他回來的聲音），我們會隨著他的心情調整話語。我們會降低音量，壓低聲音；如果必要的話，我們會保持沉默。在同樣這個童年世界裡，我們看到了女人 —— 我們的祖母、媽媽、姑媽 —— 在一個性別區隔的空間中，說話有力且有權威，然後在男人出現後，退回沉默的領域。我們的祖母喋喋不休、說話又快又刻薄，對我和我的姊妹而言，我們長大以後不能變成那個樣子。有時候，她對於言詞和說話的喜愛，她的隨時準備反擊、回嘴，從我的祖父那兒偷走了男性的優越。她使他變得不起眼；她也因此變得不起眼。我們從周遭大人的談話中得知此事，我們害怕變成她那樣。我們害怕說話。我們害怕一個可以在和男人談話或爭論時，堅守己見的女人的言詞。

有關遭受男人人身攻擊的女人的女性主義研究，充滿了關於男人懲罰女人說話的自傳陳述；不管我們說話是為了保護自己，為了參與辯論，或只是說一些事、任何事，都會受罰。好像說話這件事本身，一個女人對一個男人說話，就嵌埋了對男性支配的挑戰與威脅。也許，正是因為這種深刻社會化的避免這種言語、這種對抗的期望，使得當代女人所推動的女性主義行動，貶低了與男人談話，以及談論有關男人的事情的重要性。也許，有一種深植的恐懼是，我們無法在這種對抗之中獲得勝利與榮耀。也許，我們害怕女性主義會令我們失敗。當然，有許多個別的女性主義者，包括我在內，在生活中努力和男人談論男性支配和變革的必要時，都經歷了力量和權力的喪失。也許，有一種深刻的絕望使女性主義者覺得和男人說話，或討論有關男人的事情是無用的。但是，保持這種沉默，或是不去集體地對抗它，便是拿伴隨著女性主義言說而出現的權力去投降。

在大部分女性主義的著作裡，沉默被當作一個符徵，一個剝

削、壓制、去除人性的標記。沉默是一個被支配者的狀況，被當成一個客體；說話則是自由的標記，是使人成為主體的標記。在《生存的連禱》（*Litany for Survival*）中，詩人羅德（Audre Lorde）挑戰了對於說話的壓制，以之做為一種抵抗和反叛的方式：

> 當我們說話時，我們害怕
> 我們的話不被傾聽
> 不受歡迎
> 但是當我們沉默時
> 我們依然害怕
> 所以最好是說話
> 記住
> 我們不是天生就能生存

　　說話這個動作是女人獲得權力、講述我們的故事、分享歷史、投入女性主義討論的方法。早期，女性主義的意識覺醒集會提供了一個空間，讓女人見證男性支配之社會中的剝削和壓迫。打破了長期的沉默，許多女人第一次出聲表達個人的憂愁和痛苦、憤怒、悲苦，甚至是深深的恨意。這種話語是女人抵抗男性支配所加諸的沉默之鬥爭的一部分。那是一種抵抗的動作。而且它具有威脅性。雖然言語使女人得以反叛和抵抗，但那只是女性主義之批判意識的教育過程的一個階段，是激進改造過程的一個階段。

　　下一個階段應該是女人和男人之間的對壘，共享這種新而激進的言語：女人以一種解放的聲音對男人說話。正是這種對壘大

多被逃開了。但是，如果女人要完整地身為主體而非客體進入女性主義的鬥爭，這種對壘就必須繼續發生。這種對壘的、根本上是反叛和違抗的女性主義言說，標明了女人的從屬地位的變化。它指明了我們乃是革命性的女性主義鬥爭中的積極參與者。在這種鬥爭中，性別角色的轉變，以及被剝削和受壓迫的人在我們彼此之間說話的社會的轉變，十分重要；但是，同樣重要的是我們毫不畏懼地和那些剝削、壓迫和支配我們的人說話。如果女人繼續無法以女性主義的聲音和男人說話，或談論男人，那麼，我們在其他陣線上對男性支配的挑戰，就會遭受嚴重的損毀。

……

　　一想到在父權體制裡，男性氣概被社會建構為鼓勵男性歧視女性的言詞和談話為沒有內容和價值，或是潛在的威脅，那麼，個別的女人就無法期待有效地和男性的親戚、同伴等溝通女性主義思想，而不同時謹慎地考慮策略。我們身為女人，真的很需要聽聽彼此是如何和男人溝通女性主義思想。努力創造一個女人和男人對話的情境，是具有顛覆性且激進的工作。對話意指兩個主體之間的談話，而非主體和客體的談話。那是一種人性化的言語，它挑戰且抵抗了支配。

　　在《被壓迫者的教育》（*Pedagogy of the Oppressed*）中，弗瑞利（Paulo Freire）強調了對話的重要，並且將它連結上被壓迫者成為主體的鬥爭。他強調「愛是對話的基礎，也是對話本身」。因此，對話是負責任的主體的工作，而且不會存在於支配關係之中。弗瑞利進一步說道，「我愈來愈相信，真正的革命家必須認為革命是一種愛的行動，因為它具有創造和解放的性質……。資本主義世界對愛這個字所做的扭曲，無法抹除革命是愛的特性……。」男性的支配壓抑了對愛十分重要的對話，所以

女人和男人在過她們的日常生活時，聽不到她們自己和對方說話。女性主義者對女人和男人訴說更多有關父權體制的事，更重要的是我們要陳述一個真相，那就是男性支配的環境使得女人和男人之間，真實的、有愛的關係變成不可能。我們必須區分在支配－從屬、主體－客體的相遇中發展的關照與承諾的束縛，以及在非支配的、互惠的、相互依存的脈絡裡出現的關照與承諾。正是後面這種約束產生了持續的愛，使男人和女人彼此照顧，完整且自由地成長。

男性的支配並未摧毀男人與女人彼此相愛的熱望，即使這種支配使得這種熱望的完滿幾乎無法實現。男性和女性的情愛之情境，是多樣且多向度的（有母親與兒子、姊妹與兄弟、父親與女兒的關係等）。只要這種對於情愛的熱望存在，那麼父權體制下使女人和男人互相陌生且疏離的論述形式，就有被抵抗的可能性；一個對話的情境可以創造出來，自由的交談可以發生。然而，只有在明白了女人和男人必須有意識地改變她們和彼此說話及談論對方的方式，以免延續與強化了男性支配，有了這樣的醒覺之後，對話才有可能出現。如果不能聚焦於女人和男人彼此說話的方式，或是因為這意味著我們必須和男人說話與談論男人，就拒絕陳述這個問題，那就會嚴重地妨礙了女性主義運動。大部分在女性主義鬥爭 —— 不論是一個同性戀女兒努力與父親溝通，或是夫妻間的努力，或是朋友間的努力 —— 中活躍的女人，當我們試圖分享女性主義思想時，都必須面對男性。知道使對話可能的策略，使調停與溝通得以進行的策略，是可以分享的有用資訊。如果女性主義的行動者不肯定女人所寫有關男人的作品的首要性，這種資訊就無法被分享。

⋯⋯

正如同女性和男性之間的情愛關係，是一個女性主義鬥爭以創造對話情境的空間，女性主義的教學和研究也可以且必須是一個對話空間。在那個空間裡，我們和欣然的聽眾分享女性主義思想。在那個空間中，我們可以從事建設性的對壘和批判。女性主義立場的女人都痛恨男人，這種刻板印象使許多教師在批評男人時覺得尷尬，尤其是大家已經認識到如果性別歧視的壓迫和支配要能終結，就必須有更多的男性加入女性主義的鬥爭。因為不想強化這種刻板印象，女性主義立場的女教授經常不願意批判性地討論男性氣概，或是性別歧視嚴重限制了男人的方式，或者我們以疏離的方式，或是承載了荒謬、輕視或我們自己的不確定的方式，來提出這些議題。女性主義的學者必須當先鋒，描繪出一塊領域，在其中，女人得以用挑戰而非貶抑的方式，和男人說話與談論男人。

挑戰和改變抱持女性主義立場的女學者和男人說話及談論男人的方式，並且推動更多有關男人的著作，乃是革命性的女性主義鬥爭的重要方向。雖然投身女性主義鬥爭的男性學者，從事以男性為焦點的研究很重要，女性學者以男人為焦點也很重要。當女學者寫有關男人的著作時，這種作品改變了一向是我們的被剝削與被壓迫狀態之跡象的主體－客體關係。我們的視角可以提供獨特且批判性的洞見，並且讓我們與那些企圖創造一個和男性對話的空間，一個不受支配所塑造之空間的眾多女人的每日鬥爭，緊密地連結在一起。女人所做的有關男人的女性主義學術研究，不是要以使男人成為客體的方式來聚焦於男人，而是接受抵抗支配的政治之指引；那是人性化與解放的政治。這種女性主義研究受到對於主體和主體相遇的熱望所指引，這是對於一個互相遭遇的場所的熱望，是一個女人可以用女性主義的聲音，和男人說話

與談論男人的和諧場所，在那裡我們的話語可以被聽到，我們可以說出有助於治療和變革的真相，有助於創造女性主義的革命真相。

翻譯：王志弘（臺灣大學建築與城鄉研究所教授）。
原譯文刊於《建築與城鄉研究所通訊》1991 年 6 月號。

47.

選擇邊緣作為激進開放的空間

"Choosing the Margin as a Space of Radical Openness",
Yearning: race, gender, and cultural politics, 1990

貝兒·胡克斯（bell hooks, 1952~2021）

　　bell hooks 是 Gloria Jean Watkins（1952~）的筆名，借用了她口才便給的曾外祖母的名字，有意不循慣例使用大寫，選擇英文小寫，意在突顯文字的分量重於作者個人的名聲。胡克斯出生於肯塔基州黑白隔離小鎮的黑人家庭，小時從黑人學校轉到白人為主的黑白混合學校，曾受盡欺凌，但也因此磨練出敏銳的洞察力。她熱愛閱讀，進入史丹佛大學等名校，完成了博士學位，成為教授，也出版了三十多本書（包括童書）及許多影音出版品，呈現黑女人的種族、階級、性別交織位置。她的第一本書即取名《我不是女人嗎？》（*Ain't I a Woman?*），延續美國史上反奴隸、反父權的代表女性特魯斯（頁272）的香火。

　　本文描述位居邊緣和下層的實際感受，也分享如何打破沉默，從邊地發聲，將壓迫結構所強加的邊緣性轉換為抵抗之所在的邊緣性，產生抵抗和創新的動力。（顧燕翎◎撰文）

當激進的聲音談論支配時，我們經常是對那些支配者說話。他們的出現改變了我們言詞的性質與方向。語言也是鬥爭的場所。當我讀到芮曲（Adrienne Rich）（頁 136）的話，「這是壓迫者的語言，但我需要用它來和你說話」時，我只是一個慢慢轉變為女人的女孩。使我能夠進入研究所、使我能夠寫論文、在工作面談時說話的語言，都帶有壓迫的蹤跡。語言也是鬥爭的場所。澳洲原住民說「白人的氣味會殺死我們」。我記得孩提時代的氣味，熱的水煮玉蜀黍麵包、蕪菁葉、煎餅。我記得我們談話的方式，我們的字眼帶有濃重的南方黑人腔調。語言也是鬥爭的場所。我們在語言裡結婚，在字詞裡生存。語言也是鬥爭的場所。我敢對被壓迫者和壓迫者，以同樣的口氣說話嗎？我敢用一種超越支配之界線的語言 —— 這種語言不會束縛你、圈限你、控制你 —— 和你說話嗎？語言也是鬥爭的場所。被壓迫者在語言裡鬥爭，來恢復我們自己，來和解、來重新聯合、來革新。我們的字詞並非沒有意義，它是一種行動、一種抵抗。語言也是鬥爭的場所。

我曾經必須記得 —— 當我們停下來重新思索選擇與區位時，作為自我批評過程的一部分 —— 回溯我從小鎮的南方黑人生活，從俗民傳統，以及教會經驗，轉移到城市、大學，以及沒有種族區隔的鄰里，轉移到我首次觀看獨立製片電影、閱讀批判理論、書寫理論的地方的旅程。沿著那條軌跡，我生動地憶起遏止我的發聲的努力。在我的公開演說裡，我可以訴說故事，分享記憶。在這裡，我再度只是略微提及。我的書《回嘴》（*Talking Back*）裡的第一篇文章，描述我如何在一個壓迫的脈絡裡，努力成為一位批判的思想家、藝術家以及作家。我提到懲罰，提到爸爸和媽媽如何威嚇要我沉默，提到黑人社區的檢查。我沒有選

擇。我必須從事鬥爭和抵抗，才能夠從那個脈絡脫身，然後在另一個區位裡心靈無傷地出現，擁有開放的心胸。我必須離開我稱之為家的空間，以便越過界線，但是我也必須回到那裡。我們在黑人教會傳統裡有一首歌「回家的路上，我必須攀爬山嶺崎嶇的那面」。「家」的意義確然隨著去殖民化、激進化的經驗而改變。有時候，家是烏有之處；有時候，我們只認識極度的疏離與異化。於是，家不再只是一個地方。它是各種區位。家是造成與促使各種變化多端的視角的地方，一個發現新的看待現實之方式的地方，是差異的前線。我們面對與接受分散和片段化，作為新世界秩序之建構的一部分；在這裡，更清楚地揭露了我們在哪裡、我們可以成為什麼人，這個秩序並不要求遺忘。「我們的鬥爭也是以記憶對抗遺忘的鬥爭」。

　　這種空間和區位的經驗，與那些總是位居優勢的黑人不同，也與那些只是希望離開底層階級地位、抵達優勢位置的黑人不同；不同於我們這些貧窮背景出身，必須不斷地涉身黑人社區內外的真實政治鬥爭，以便確保美學與批判的現身的人。來自貧窮、底層階級社區的黑人，進入了大學或優勢的文化場所，不願意放棄關於我們在到達那裡之前，我們是誰的一切遺跡，一切我們的階級與文化「差異」的「符號」，不願意扮演「外來異類」的角色；如果我們要活得完整，靈魂不受損傷，就必須在支配文化裡創造空間。我們的現身就是一種斷裂。我們經常是「異類」，對於那些來自優勢階級背景，不了解或分享我們的視角的黑人，我們是一項威脅，正如同我們對不知情的白人是異類一樣。不論我們走到哪裡，總是有使我們的聲音沉靜的壓力，圈限或破壞了這些聲音。當然，大部分時候，我們不在那裡。我們永遠不能「到達」或「不能停留」。回到那些我們所來自的空間

裡，我們絕望地自殺，溺斃在虛無主義之中，為貧窮所困，耽溺無法自拔，沉陷在每一種說得出名目的後現代死亡模式之中。然而，我們這些少數留在「異類」空間裡的人，則經常過於孤立、非常孤獨。我們也在那裡死去。我們之中存活下來、「終於做到」的人，熱烈地緊擁我們不想失去的「老家」（downhome）生活的每個面向，同時又要追尋新的知識與經驗，發明激進開放性的空間。若無這種空間，我們將無法存活。我們的生存依靠我們概念化另類選擇的能力，這經常是即席的製作。在美學上批判地理論化這種經驗，乃是激進文化實踐的議程。

對我而言，這種激進開放性的空間是邊緣（margin）——一種深刻的邊緣。將自己擺放在那裡，雖然困難，卻屬必要。那不是一個「安全」的地方。那是總是有風險的地方。我們需要的是一個抵抗的社區。

在《女性主義理論：從邊緣到中心》（*Feminist Theory: From Margin to Center*）的前言裡，我敘述了這些關於邊緣性的想法：

> 位居邊緣，乃是作為全體的一部分，卻位居主群體之外。身為居住在肯塔基州小鎮的黑種美國人，鐵道每日都提醒了我們的邊緣性。跨越鐵道之後是有鋪面的街道，是我們不能進入的商店、我們不能用餐的餐廳，以及我們不能直視臉龐的人們。在鐵道那邊，是我們可以擔任女僕、工友和娼妓工作的世界，只要有服務的能力。我們可以進入那個世界，但是我們不能在那裡生活。我們總是必須回到邊緣，跨越鐵道，回到城鎮邊緣簡陋和廢棄的房屋。

有法律確保我們回返。不回來將冒著被懲罰的風險。我們這樣子生活——在邊緣——發展出一種特殊的看待現實的方式。我們同時從外面向內看，以及從裡面朝外看。我們的注意力既擺在邊緣，也放在核心。我們理解兩者。這種觀看模式提醒我們整個宇宙的存在，一個由邊緣和核心組成的全體。我們的生存有賴於對邊緣和核心之間的區隔，有持續的公共醒覺，並且對於我們是全體的必要、關鍵部分，有持續的私下認識。

這種全體的感受，藉由我們日常生活的結構，烙印於我們的意識上，提供我們一種對抗性的世界觀——一種我們大部分的壓迫者不知道的觀看模式，在我們超脫貧窮與絕望的鬥爭裡，支持與幫助我們，鞏固了自我感與我們的凝聚力。

雖然不完整，這些陳述指明了邊緣性不僅是一個被剝奪的所在；事實上，我要說的是相反的事，它也是激進可能性的所在，一個抵抗的空間。我所指明作為反霸權論述之生產核心位置的，就是這種邊緣性，反霸權論述不僅存在於字詞裡面，也在存有的習慣和我們生活的方式裡。因此，我所談論的不是我們意欲拋卻的邊緣性——放棄或是投降，以便移入核心——而是一個我們停留，甚至是攀附的所在，因為它培養了我們抵抗的能力。它提供我們激進視角的可能性，而得以觀看和創造，想像另類的、新的世界。

……

將邊緣性理解為抵抗的位置和所在，對於被壓迫、剝削和殖

民的人很要緊。如果我們只視邊緣為標誌著絕望的符號，那麼，深刻的虛無主義便會以破壞性的方式，穿透我們存有的根基。在這個集體絕望的空間裡，我們的創造力、我們的想像都瀕臨危險，我們的心靈完全被殖民，我們所渴望的自由宛若失去。真的，抵抗殖民的心靈為了我們渴望的自由而鬥爭。真的，抵抗殖民的心靈為了表達的自由而鬥爭。這種鬥爭甚至不是從殖民者開始；它從我們被隔離的、殖民化的社區和家庭內部開始。因此，我想要指出，我並不打算浪漫地重新銘刻這個觀念，即被壓迫者遠離壓迫者而生活的這個邊緣性空間，乃是「純粹的」。我想要說的是，這些邊緣同時是壓迫的所在和抵抗的所在。由於我們非常清楚如何指稱這種壓迫的性質，我們比較知道作為被剝奪之所在的邊緣。當提到邊緣作為一個抵抗的所在時，我們就比較沉默。當提到邊緣作為一個抵抗的所在時，我們經常被迫沉默不語。

被迫沉默不語。在我當研究生時，我聽到自己經常以抵抗的聲音發言。我不能說我的言談受到歡迎。我不能說我的言談曾被傾聽，而改變了殖民者與被殖民者之間的關係。但是，我注意到這些學者，特別是那些自稱為激進批評思想家的人，現在完全參與了關於「異類」論述的建構。在他們之間的那個空間裡，我成為「異類」。那個邊緣的空間，我的過去與現在生活所居的隔離世界；他們並沒有在那個空間遇見我。他們在核心遇見我。他們身為殖民者歡迎我。我等待著從他們身上學到他們抵抗的路途，他們如何能夠放棄身為殖民者的權力。我等待著他們做見證，發表證言。他們說，關於邊緣性、關於差異的論述已經脫離了關於「我們和他們」的討論。他們並未提到這種變動如何發生。這是來自我的邊緣性之激進空間的回應。它是一個抵抗的空間。它是

一個我所選擇的空間。

　　我等待著他們停止討論「異類」，甚至停止描述能夠談論差異是多麼重要。比起我們談論什麼，我們為何與如何談論更為重要。這種關於「異類」的談論經常也是一個面具，一種掩藏了差距、缺席的壓制性言談，掩藏了如果我們說話，如果有沉默，如果我們在那裡，我們的言詞將會有何遭遇的那個空間。這個「我們」是位居邊緣的「我們」，是居住在並非支配之所在，而是抵抗之地方的邊緣空間的「我們」。進入那個空間。這種關於「異類」的言談，經常從事消除、抹除：「當我能夠談論你，比你談論自己還要談得好的時候，就不必傾聽你的聲音。沒有必要聽你的聲音。只要告訴我你的痛苦。我想要知道你的故事。然後，我將會以新的方式說給你聽。依照這種方式，這個故事就變成我的、我自己的。藉由重新書寫你，我也重新書寫了自己。我仍然是作者、權威。我仍然是殖民者、說話的主體，而你現在位居我言談的中心。」停止。我們身為解放者歡迎你。這個「我們」是位居邊緣的「我們」，是居住在並非支配之所在，而是抵抗之地方的邊緣空間的「我們」。進入那個空間。這是一種介入。我在對你書寫。我從一個我不同於你的邊緣地方對你說話，我在這個地方以不同的方式看待事物。我正在談論我所見到的事物。

　　從邊緣發言。以抵抗發言。我打開一本書。在書套背面有些字，不再位居陰影裡。這本書提議身為解放者而說話的可能性。只問誰在說話與誰保持沉默。只問誰站在陰影裡——門廊的陰影，在那個空間裡，黑種女人的形象被呈現為沒有聲音，我們的話語被誘發來從事服務與支持，那是我們缺席的空間。只有微弱的抗議回音。我們正在重新書寫。我們是「異類」。我們是邊緣。誰在對誰說話。我們將自己和同志擺放在哪裡。

被迫沉默。我們害怕那些談論我們的人，那些不對我們說話、不和我們一起說話的人。我們知道被迫沉默是什麼樣子。我們知道強迫我們沉默的力量，因為他們從不希望我們說話，不同於那種要你說話，告訴我你的故事的力量。只要不以抵抗的聲音說話。只要從作為剝奪、一個傷口、一個未完成的渴望之符號的邊緣空間說話。只要訴說你的痛苦。

這是一種介入。來自作為創造性與權力之所在的邊緣空間、我們恢復自身的包容性空間的訊息，我們在那裡團結一致前進，抹除被殖民／殖民者之範疇。邊緣性作為一種抵抗的所在。進入那個空間。讓我們在那裡相遇。進入那個空間，我們身為解放者歡迎你。

空間可以是真實的和想像的。空間可以訴說故事，揭露歷史。空間可以透過藝術與文學的實踐而被遮斷、挪用和轉變。誠如帕瑪（Pratibha Parma）所述「空間的挪用和使用是政治行動」。為了談論那個作品從中浮現的區位，我選用了熟悉的政治語言、舊的符碼，像是「鬥爭、邊緣性、抵抗」等字眼。我選用這些字眼，知道它們不再流行或「酷」──我掌握它們，以及它們所激發和確認的政治遺產，即使我的工作是要改變它們所說的是什麼，賦予它們更新過的不同意義。

我位居邊緣。我明確地區分了由壓迫結構所強加的邊緣性，以及我們選為抵抗之所在的邊緣性──作為激進的開放性和可能性的所在。這個抵抗的所在，在隔離的對抗文化裡，不斷地形成，那是我們對支配的批判性回應。我們經由受難和痛苦，經由鬥爭而來到這個空間。我們知道鬥爭是為了要愉悅、快樂和滿足欲望。當我們製造了確定與維持我們之主體性的激進創造性空間，賦予我們一個藉以接合我們對世界之感受的新區位，我們就

在個別與集體的層次上被轉變了。

翻譯：王志弘（臺灣大學建築與城鄉研究所教授）。
原譯文刊於《建築與城鄉研究所通訊》1996 年 12 月號。

48.

內在革命

Revolution from Whthin: A Book of Self-Esteem, 1992

葛羅利亞·史坦能（Gloria Steinem, 1934~）

　　史坦能是 1970 年代美國婦運的明星。她年幼時父母離異，有精神疾病的母親由她照顧，因此目睹職場和醫師如何不友善對待母親，體會到性別不平等。1960 年以後她從事新聞工作，報導過避孕、花花公子的兔女郎（自己扮成兔女郎進入花花公子俱樂部工作），以及一個在教堂地下室舉辦的女人大聲說出自己非法墮胎經驗的活動，她說，聽到女人們說出自己不容啟齒的心聲，讓她成為女性主義者。此後她除寫作以外，四處旅行宣揚女性主義，並與朋友創辦 *Ms* 雜誌，同時也承受各種對女性主義者的誤解和抹黑，最後筋疲力盡。

　　《內在革命》是她晚期的作品，回溯個人的生命經驗，以及披露那個表面光鮮亮麗、充滿戰力的女性主義明星心中的軟弱和缺乏自信。本書敘述她在步入老年之際，如何從大自然、其他女人身上和自己的早年去尋求力量和自信，而終能與自己和解，自在做自己。（顧燕翎◎撰文）

宇宙的我

　　作家愛麗絲・華克（Alice Walker）── 她的作品跨越了所有的界線，包括人與自然的界線 ── 發現當她是個小女孩時，她唯一的隱私是大自然，她會逃開那在大南方鄉下人丁旺盛的家，到野外散步，或坐在樹下讀她心愛的書，寫作她最早的詩篇。她和工作辛勞的父母以及幾個哥哥同住，由於是唯一還住在家中的女兒，家事自然落在她身上。在幾個小時的烹飪、打掃工作之後，大自然往往是她尋求慰藉之處。儘管她現在住在舊金山，她仍時常回到那個安靜的鄉下寫作，恢復精力，或平復心境。如無數喜愛她作品的讀者所知，樹木、花草，和動物經常以知覺的角色出現在她書中。確實，部分由於她這種對大自然，以及全世界的鄉野村民的感同身受，她的《顏色紫》及其他著作得以在日本、澳洲、巴西、非洲、中國等地受到歡迎，一如其在美國的流行。

　　我的童年則幾乎適得其反。我的家庭很小，除了隱私別無一物，因為母親早已退縮到她自己的世界裡去，而父親又經常在外。我們坐落在密西根南部的屋子外面有一些樹木和田野，它們彷彿是屋裡孤離氣氛的延伸，只是更冷，更空曠。因此我熱切地想逃避到那個我從電影、收音機或小說裡所了解的富有生氣的世界裡去。後來父母分居，我跟隨母親遷居到托里多的一間老房子，甚至在那裡，綠色的草木都會使我聯想到憂傷、空洞與挫敗。我盼望自己有一天能居住在世界上最大的都市 ── 紐約、孟買、羅馬或香港，對我而言它們意味著自由、刺激，以及大人世界所有的成功希望。直到今日，只有在某個城市的斗室一角坐定（譬如此刻），知道大城市的所有選擇全展現在我門外，而使我感到安全時，我才覺得最快樂也工作得最好。

有許多人像愛麗絲或我，因早年的相關經驗而為大自然所吸引，或排斥它，而當我們排斥它時，我們通常會加以合理化，不去理解這種疏離的原因。

　　以我自己而言，在企圖忽視童年經驗的那些年間，我堅信自己已選取了一個不同的精力來源：城市的人群。我辯稱：這些人，一如一條大瀑布或荒野的一叢松樹，也是我們可以從中吸取力量的天然資源。這個論調有幾分道理——我們確實可以從與自己同種的族群身上獲取能源——但我懷疑有幾個人可以從沒有生命的鋼筋水泥獲得新生的元氣。即使是喜愛城市景觀的都市計畫者亦知道，沒有生命的建築塊，必須偶爾藉公園或樹木的綠塊來加以分隔，試想曼哈頓地區沒有那八四三英畝的中央公園、加爾各答沒有了它的榕樹、布宜諾斯艾利斯沒有它那與巴黎一模一樣的林蔭大道，會成什麼樣子。

　　我開始尋找自己為自然風景賦予如此寂寞意涵的原因，在這過程裡同時發現了大自然的某些部分向來能帶給我安適：熱帶海灘、沙漠、英國式庭園、海洋等——亦即任何不使我想起童年的大自然。即使是像愛麗絲和我這樣南轅北轍的兩個人，也會被許多相同的大自然成分所吸引，特別是海洋。由於自己對海洋的反應相當強烈，我總覺得自己也愛沙漠是件奇怪的事，直到詩人兼小說家喜爾柯（Leslie Silko）為我點出答案。有一天，我們在她亞利桑納州住家附近騎馬時，從小聽她印第安家人講地球誕生故事長大的她，向我解釋我對沙漠的愛：「你當然愛沙漠，它原來是海洋的地面啊。」

　　順其自然地、本能地讓大自然的吸引力牽引我們，將可回到我們自然的根源，可惜許多人的教育使他們喪失了這樣的本能，而認為所有的進步必須捨棄自然。對於大自然的力量，我們經由

學習而來的反應是：若非採取「陰性的」敬而遠之的態度，即是「陽性的」侵略與控制手段。然而我們可以藉檢視我們的日常生活，來拋棄我們所學習到的。

細思我們的身體

正如地球有四分之三是海洋，人體的四分之三部分是由水構成的；我們所流的淚和汗和海水一樣是鹹的。像潮汐與所有的生物一樣，我們身體的活動也受到月球引力的影響。確實，從受孕到出生，每一個人類胚胎都重現人類演化的所有階段──從浮在羊水中的幾個細胞到哺乳類動物的出現於陸地上。這顯示了：我們每一個人的身體都包含了自然的所有過程。

細思我們的言語

無數的社會和宗教一直想把我們和自然分開，但它們無法消除我們口語中那些洩漏自然之吸引力的用語。即使是在和自然最疏遠的現代口語裡，我們尚有諸如「回歸自然」、「與自然合而為一」、「擁抱大自然」等的習慣用語，它們傳達了與我們內心深處的真正自我接觸的快樂。自然不是指涉我們的隱喻；自然就是我們。

細思我們的文化

認為自己是自然的一部分的民族（從現今尚存於諸大陸的前工業時期原住民文化，到後工業時期生態居留地），其文化典範多仿效「生－長－死－再生」的循環，而具有公有的、圓的特色。反之，以征服自然作為進步之尺度的民族，則往往創造一種階層性的典範，視較接近自然的群體為較低下的階層。換

句話說，即使我們個人不根據我們與自然的距離之遠近來評價我們自己，我們所處的階層社會也會替我們這樣作。如弗蘭曲（Marilyn French）在《超越權力》一書中所寫的：「從『人類較自然優越』的哲學立場出發，絕對產生不出真正精深的人類平等觀念。」這是她從一個歷史學家的觀點對父權制度所作的診斷。

......

男孩日益自由，女孩的自由日趨減少

有不少人將他們真正自我的喪失，和自然世界的喪失連結在一起；就女性而言，它似乎最常發生在青春期。在這個時期，男孩子日益自由，女孩子的自由卻日趨減少：社會會鼓勵她們將「中心」放置到別人身上。甚至「有女人味的」衣著與舉止也產生了與自然界之間的藩籬，因為自然與巧計是無法調和的。

因此，許多放棄太多自我的女性，常說要回到某個特定的庭園、樹上小屋、山中小徑、湖濱等屬於她們早年自由自在之一部分的地方，以彌補她們所喪失的。例如，一次在密西根州黑湖，一個由「全美汽車工會」教育中心舉辦的「女人的周末」活動裡，一些女工在聊天時對我說，在大自然裡徜徉數日，使她們恢復了已失去的自我認同，這是一群人在缺乏自然生命的屋子裡聚會所辦不到的。一位女工說：「這就像回到了小時候大家一絲不掛在河裡游泳，毫不在意自己是什麼樣子。」一些野外社團，如「往外去」（Outward Bound），旨在幫助男性與女性獲得自信，不過，從中獲益最大的是那些被阻礙了自由和探索機會的女性，對她們而言，這些社團是個戲劇性的轉捩點。甚至還有一些特殊的野外周末活動，是專門為某些女性而設的，例如康復中的

乳癌患者、覺得被自己的身體所背叛的女人、喪失自我認同而必須藉離婚來加以挽回的女人等。這些團體能在大自然裡發揮功效，自有其道理。

工業化國家裡，許多女性設法將自然帶回她們的日常生活，她們買地然後讓它回復自然的狀態、建造野地木屋、組織她們自己的自然探險：這是婦運中較不為人所知的部分。在農業國家裡，則有婦女為了大自然而起來反叛。一個相當切題的例子是二十年前始自喜馬拉雅山山麓的「擁抱運動」（Chipko movement），當地婦女真的以自己的身體去擁抱村裡的樹木，阻止樹木遭到砍伐——此一行動引發了國家以類似的直接行動來搶救樹木。

女人這種親近自然的正面做法導致一個新名詞的產生：「生態女性主義」。目前，差不多每一個國家都有這方面的理論與團體；它將人類與自然的關係視為人與人的關係的典範，並主張我們對自然的觀點就是我們對內在自我的觀點。

消除與大自然的敵對關係

要消除與大自然的敵對關係——它隱含於各種事物之中，從環境汙染到兄弟會欺生儀式裡的象徵性征服荒野，到林登・詹森*從有空調設備的轎車窗口射殺獵物——並非指日可待。然而也不是非要有一趟巴西之旅，或一場生態示威活動，才能幫助我們與自然連結在一起。只要有心，我們每一個人都可以就地發現這種親近自然的力量。

……

———————————

＊1963 ～ 1969 年美國總統。

事實上，許多人可以作證：我們的幸福感可以藉生活在植物周圍而增加，即使只是一兩株室內植物。例如，我們已知，病弱者、囚犯和老人等，若有機會照料置於其房間裡的植物，可以獲得心靈的平靜，有時甚至能降低血壓增進健康。又如在屋頂和空地上創造植物天堂的園丁，亦可作證。詩人兼國際社運者摩根（Robin Morgan），對於創造城市屋頂花園有一份深摯的愛，她向我解釋為什麼她要抱著花盆和泥土上上下下她狹窄的公寓樓梯，去創造一個生長著綠色生物的島嶼：「假如我們以付出的多寡來計量的話，這種東西能給你最大比例的快樂。這絕佳地說明了生命無窮的耐力與再生力。從各方面來說，生命是一個人信心的最可靠泉源。」

大自然足以改變生命的力量

在當代作家中少有人像艾柯曼（Diane Ackerman）這樣生動地藉文字使人意會到大自然足以改變生命的力量。自然學家、探險家兼詩人，並自稱是「為地球而狂喜者」的艾柯曼，在《感官之旅》（*A Natural History of the Senses*）一書中如此描述從一巨型窗口觀看日落的「視覺鴉片」：「每晚，夕陽與紫色的蓬巴草一起湧動，它發出紫紅色的光芒，道道火箭一般射向粉紅色的天空。然後顏色漸次轉深，從疊覆的層層孔雀綠，到所有的印度藍，乃至黑色；偶爾，雲朵像雪花石膏人偶般晃過這片黑色。」

看到 —— 實實在在地看到 —— 這一場不可思議的展現，同時也令她對生命周期有一種客觀的了悟。「當你考慮到死亡，以及人死如燈滅（從來沒有消息來自生命的彼岸）這類的事時，」她寫道：

那麼，一切可能都無關緊要，例如我們太刻意了，或偶爾顯得笨拙、彼此關懷太深、對自然過度好奇、在經驗的求取上太開放、因努力想親密而有愛心地了解生命，而採取快捷的感官享受等。死可能無關緊要，當我們嘗試謙虛而熱切地觀察生命的許多奇觀時，偶爾顯得笨拙，或把自己弄得一身髒，或問愚蠢的問題或洩漏了我們的無知，或說錯了話或因驚異而像孩子般容光煥發。一切可能無關緊要……當一個到門外信箱取信的鄰人看到我們站在寒冷中，一手拿著信件，一手拿著一片紅得令人震驚的秋葉，它的顏色撞擊我們的感官就像鎮暴槍打了我們一槍，我們站在那裡，咧開了嘴笑著，為這有著錯綜複雜葉脈的豔麗秋葉所震懾而無法動彈。

……

我們開始重新學習的是較早的神祕主義觀點，它被後來的簡化典範所掩蓋了。這個神祕主義觀點是：我們是微觀的宇宙，而宇宙是宏觀的我們。我們若尊敬其中一個，豈能不尊敬另一個？試想《華嚴經》裡一段寓言的意象：在因陀羅天堂，據說有一張珍珠做成的網，它的排列方式使得你在看著其中一顆珍珠時，同時也可看到所有其他映在它面的珍珠。同樣地，這世界上的每一個物體都不止是自己而已，而是關乎其他每一物體；事實上就是其他每一物體。

正如每一個細胞都包含了我們的整個存在，每一縷思維、每一個夢也都包含我們整個自我。我們的夢想若非已存在我們內心，我們根本不會夢到它們。

有時，當我走進一個熟悉的房間，或走在一條熟悉的街道

上，我彷彿看到了過去的我朝我迎面而來。她無法看到本來的她，但我可以極其清晰地端詳她。她著急地從我身邊跑過，怕她趕不及一個她不想赴的約會。她坐在一家餐館裡，生氣地掉淚，一面和一個不搭調的情人吵架。她穿著已穿了十年的牛仔褲和酒紅色的麂皮靴子，昂首闊步走著。我還準確記得那雙靴子穿在腳上的感覺。她和有權勢之流的男人 —— 他們最能打擊她的信心 —— 坐在一家報社的董事會裡，企圖說服他們支持一個婦女所亟需的法令；不幸失敗了。她像個鬼魂般坐在那個多年來她和《女士》雜誌的婦女們進進出出的辦公大樓候客室。在一間講堂外，她衝著我來，說著、笑著，充滿樂觀的希望。

我一向不耐煩她，心想：她怎麼在浪費時間？她幹麼跟這男人在一起？為什麼要赴這個約？她怎麼忘了最重要的話？為什麼不放聰明點？有成效點？快樂點？但是最近，當我看到她時，我開始感到一種溫柔，一股哀矜之情湧上心頭。我想：她已盡了她的心力。她倖存了，而她一直這樣賣力。有時，真希望能回到過去好去擁抱她！而自從自己有了這樣的願望之後，她的幾個不同形象開始合而為一了。那個在空洞的房間裡聽收音機的小女孩，坐在那個想要募款、央人買廣告的女人的身邊。那個身穿紗麗、雙眼塗著黑眼線的年輕女郎放下鏡中的自己，回頭看十五年後一個穿牛仔褲、戴太陽眼鏡的女人。穿著軍用短上衣、憂心忡忡的我，在一個廣場外聽一個比較老的自己在一個政治集會上演說。一個高䠷、圓臉的十二歲女孩跟著我走在一條有陽光的街道，看著店鋪的櫥窗，享受著我的冰淇淋，快樂無比。

我們有這麼多個自己。不論是多年前那個需要溫柔、需要歸屬感而今尚在我們心裡的小女孩，或是去年的自己，都想回到昨日、回到同一個工作崗位、或同一個冬天，回到同一個愛情裡、

同一個房間——即使是現在，我們仍可以閉起眼睛而聞到它的氣味。

這些能對環境作出無窮應答而變化不已的許多自我之所以能合而為一，是因為：無時無地不有的那個真正的內在的聲音。

相信它吧。

摘譯：王瑞香（婦女新知基金會創始會員。美國俄亥俄州立大學人類學碩士。曾任中國時報報系編譯、《誠品閱讀》雙月刊主編。著有《一個女人的感觸》、《自然裡的女人》，曾任輔仁大學翻譯學研究所講師，並從事翻譯工作）。

49.

色情媒介和全球女性性剝削

"Pornography and Global Sexual Exploitation
of Women", 1996;
Radically Speaking: Feminism Reclaimed, 1996

凱色琳·巴瑞（Kathleen Barry, 1941~）

　　巴瑞出生於紐約州種族隔離的小城、貧困的白人家庭。父親是築路工人，母親是家庭主婦，她從小負責照顧兩個弟弟，並目睹貧窮白人對黑人的歧視和對中產階級的敵意。巴瑞中學讀的是就業班，父母期望她習得一技之長，可以謀個祕書之類的工作。畢業那年，她的打字老師鼓勵她升學，她念了兩年教育學院，因缺錢無以為繼，幸而當時欠缺師資，她有機會到小學任教，就近零零星星到附近大學修課，同時加入種族平等運動，1967 年投身婦女解放運動。中學畢業九年後她才在底特律拿到學士學位，之後在加州大學柏克萊分校得到社會學及教育學博士，目前是賓州州立大學榮譽教授。

　　她的第一本著作《女性性奴隸制度》（*Female Sexual Slavery*, 1979）引起了全球各地對人口販運的關注，翻譯成六種語言，她也在 1988 年創立全球性的「反販賣女性聯盟」（Coalition

Against Trafficking in Women）。該聯盟拒絕區分自願和被迫賣淫，因為性剝削造成一方獲利，一方受害，在性交易中女體被當作貨品買賣，即使受害者同意，仍違反人權。

本文闡述言論自由、資本主義市場和父權如何在以美國為首的全球政經體系中互相結合，迫使女人的性和身體在國際市場上被當成物件販售。性暴力和性剝削使女性淪為物品，也是男女不平等的根源。巴瑞曾在聯合國力倡本文中詳述的《抵制性剝削公約》，主張免於任何形式性剝削是基本人權，要求各國政府介入防範性剝削和性虐待，可惜最終未獲聯合國採納。但該聯盟促成了瑞典、法國、加拿大等國罰嫖不罰娼的立法。歐洲議會則於2007年通過《保護兒童免於性剝削和性虐待公約》。有二十多年時間巴瑞常上美國電視談話性節目，宣揚理念。（顧燕翎◎撰文）

傳統對色情產品的定義是從視覺上進行真實的性交易，不但在行動上從事性剝削，也在文化上呈現性虐待觀念。女性在色情中表演性，也在私人交往中表演色情，使得性交易變為常態。色情產品既是性剝削的實際行為，也是性剝削的意識型態所在。意識型態使得壓迫的權力關係合理化，成為常態。我稱之為文化的性虐待觀念，也就是以性行為施虐女性，來促成文化上兩性不平等的整套觀念。色情產品是物化性的媒介，因而成為壓迫女性的基礎，尤以在西方經濟發達國家為然。

色情產品是施加於女性的暴力，而且還不僅於此。被情勢所迫，起而抗爭的女性主義者以暴力為由，反對色情，可是這樣反

而小看了它對真實世界的影響，色情產品直接間接的破壞，不局限於暴力行動一項。色情產品也許是暴力的，也許不是；也許或多或少有幾分暴力；可是它一直將性物化，把女性貶低為物，把性由人類個體之間的交往貶低成為一個要去獲得、擁有、掠取的東西。所有的性剝削都是以把女人物化為性、把性也加以物化為基礎。色情作品大肆宣揚以下想法：女人就是性、是物品，可以為性購買女人，為性和女人結婚，為性和女人約會，為性使用女人，也為性搶奪女人。

性剝削和對女性的壓迫

女性主義對抗色情採取的行動就是迎頭抗爭。性壓迫不專指性本身，尚且旁及施加於女性的生育控制、女性勞動力的經濟邊緣化。女性在性別階級的權力結構中受壓迫，而致在經濟、政治和社會生活中居於次等地位。性的物化是女性受壓迫的核心，方法是公開將女人等同於性——尤其是在色情產品中。

父權系統的性別階級帶給女性的壓迫並非獨立於他種宰制及壓迫之運作，但也不是在壓迫兩字前面冠上某某主義，就可概括。色情產品和賣淫是性剝削的資本化市場機制，在此機制內，女性等同於性，被當成性出售，也被當成膚色、文化、兒童、女同性戀者出售。市場上消費者想購買的不論是黑人女性、亞洲女性、兒童、舉止幼稚的女性、舉止成熟的幼女或者女同性戀者的春宮照，都剝去了人的尊嚴，將人物化。如果再加上暴力，破壞力就更深一層了。

龐大的全球色情和性交易中，女人被當作性來買賣。賣淫（愈來愈多人視之為兩願成人之間的交易）只是其中一項，被西方霸權——尤其是美國——當作控制開發中國家市場經濟的工

具。因此，性剝削特別以色情和性交易形式上市，成為貿易的一個項目，藉著商人、軍人起家於西方的性工業，躋身於世界經濟，散布在新近工業化的經濟體系中，直到此體系發展到能自給自足為止。

在《性的買賣》（*The Prostitution of Sexuality*）中，我探討不同階段經濟、社會發展的市場條件對性剝削的四個普遍作用：

1. 以女性作交易是性剝削的主要內容，尤其是在經濟最不發達、最貧窮的國家，婦女在公眾環境裡幾乎毫無地位，被排除在外，她們的勞動力局限在非正式的經濟環境裡，性剝削遂有公眾／私人雙重面貌，或是在婚姻中委身，或是賣淫，來伺候男性。女性在婚姻和家庭中有其私屬性，賣淫大多是人口販子行使壓力或拐騙的結果。

2. 軍營春色是有組織的、隨著戰火蔓延、軍隊駐紮而發展。人口販子和性工業組織起來，以因應軍營帶來的市場需求，通常是引誘戰亂中流離失所的婦女和少女入甕，或經由人口販賣取得女人。女性占世界難民總數三分之二以上，戰爭為軍方對女性的性剝削製造了市場貨品。

3. 在發展中國家，急遽的經濟發展帶動人口由鄉村轉移到城市，生產由內銷變外銷。女性原是農村裡傳統的非正式勞動力，如今遷往城市，但被摒於發展中的勞動力之外，或只躋身於邊界，性工業就利用女性邊際人乘機發展。在性商業化的第一階段，原在西方經營色情和賣淫的性工業在新近工業化的國家建立市場，展開營運。這算是急性成長期，西方霸權對世界市場的控制促生了新起的性產業。這也是性壓迫的過渡時期，婦女在家庭婚姻中的性剝削擺到檯面上來了，成為公開的、商業的、有組織的活動，和以

前婦女的社會生活是私密的、局限在家庭和非正式場合不同。

4. 在經濟發達國家，婚姻和家庭不再是婦女主要的或唯一的疆域，環伺於女性四周的性壓迫變成公開的事實。公開的性剝削以常態的色情和賣淫進行，產生了性的買賣。婦女不再如經濟發展早期那樣拘限於家庭和婚姻，她們脫離了父系威權，卻受困於公開的性壓迫，以致依然未能獲致經濟和情緒獨立。色情就是製造女性的附屬性的主要工具。性自由的法律和態度有利於散播將婦女貶低為性的觀念和制度。性剝削如影隨形跟著女人進入職場和街頭，以性騷擾、約會和宴會強暴以及日益色情化的私人關係呈現。

性剝削不但受經濟發展的階段影響，而且是西方霸權控制開發中國家的工具，因此西方的性工業不再只是歐、美、澳女性面對的問題。比如，駐紮在開發中國家的美軍從美國的色情和賣淫活動發展出的需求轉向對當地女性大量性剝削。他們對美國女性的性鄙視延伸、發洩到派駐地區的女性身上，加上種族歧視，這些女性完全被當作妓女。

在美國，色情和賣淫的社會機制根植於自由的理念，為了促進市場消費而強調個人主義，不是表面的政黨之間開放或保守的差別，而是經濟發達國家資本市場的經濟掛帥，維持市場經濟於不墜的中心觀念，就是開放的個人主義乃促進市場交換和勞力競爭的基石。

1990 年代，特別是在美國，色情「辯論」反映了資本主義市場經濟及其支持者的個人主義意識型態，爭取言論自由和容忍異己的態度。個人主義主張任何產品都可以販賣，所以市場定義並且控制了「辯論」。但是對解放陣營來說，壓迫是不容辯論

的。受壓迫者並沒有多重觀點。西方市場經濟的言論自由使得我們多年來對抗性剝削不斷遭受審查和抵制,抵抗的立場完全被排除在自由和選擇的論述之外。以市場為主導的論述罔顧壓迫的事實和念頭,因而算不上一項條件,也不構成一種分析。

在自由主義父權國家,色情當作父權意識型態來生產和銷售,性剝削被局限於自由個人主義的論述範圍,自由的言論再具體化為典型的行為。言論自由是自由個人主義的核心論點,在市場掛帥下,什麼對市場有用什麼就自由。色情是否屬於言論、是否有害或有惡意,所有分析和爭論都是用來混淆自由市場經濟和父權之間基本權力關係的煙霧彈。在這些爭論和理念中,色情造成的壓迫被略去不談,不談壓迫,因為要掩飾男壓迫女的行動。不談壓迫,因為被賣的不只是色情,還有女體。

當自由主義站在性剝削的一方,試圖殖民化女性主義抵制性剝削的行動時,他們退回去譴責受害者,把責任推到受害者身上。如果不承認女性受害,男性的性剝削行為又模糊處理,壓迫就不見了。如同新保守派官員把濫用毒品全歸罪於使用者本人,而對毒品販子疏於防範,毒販就會逍遙法外。

女性主義起而反抗壓迫

女性主義反抗性壓迫的行動總是受社會觀念和物質條件所限,在美國和西方世界,激進女性主義者的抗爭需要同時在自由個人主義之內和之外進行。在性壓迫辯論中,父權論述占據優勢、決定用詞,而愈來愈以「言論」為論述框架。這樣的語言無益於從性剝削尋求解放。因有關言論的辯論,言論僅是言論,或者也是行動,而男權意在限制女性主義的行動,混淆了從社會學觀點來看任何言論都屬行動的事實,結果這就是壓迫女性的性剝

削行動，就是文化的性虐待意識型態所涵育和促動的行動。

　　女性主義奮戰需雙頭並進，從父權內部反對言論的定義，並從外部突破國家意識型態及國家利益，方能以全球眼光來改善所有女性的處境。自覺性思考可以打破非自覺、受制於權力關係的意識型態。全球女性主義需自覺地在各種主義和意識型態之外探索女性受迫害的共同經驗。在此意義下，色情並非全球性壓迫的核心議題，言論自由也不是抗衡性壓迫的首要議題。然而因為色情及性產業是美國及西方正常化性剝削的核心領域，且美國仍控制全球重大經濟利益，色情因而傳入第三世界，美、歐、澳、日的軍人和商人到世界各地性殖民女人，或發達國家透過色情、性交易、郵購新娘發展性產業，都造成對女人的壓迫。我研究聯合國人權文獻和各國性剝削實況，無論國際法或各國法律都不脫父權陰影，聯合國制定的《國際人權法案》當然亦深具開放的自由個人主義色彩，著重個人權利。可是，在保障人權的同時，1970年代第三世界也正在對抗殖民，導致了人民自覺的經濟、文化、社會方面的立法，除了保護個人，也關注到集體所受的壓迫。

　　我們需要女性主義新的國際行動。「反販賣女性聯盟」（Coalition Against Trafficking in Women）與聯合國及各地團體合作發展新的反性迫害的國際人權法案《抵制性剝削公約》（Convention Against Sexual Exploitation），我們在其中使用了極為廣義的定義，將性剝削定義為一種權力：

> ……是一種經由剝奪個人的尊嚴、身心健康、平等、自主等途徑，濫用此人的性，而從中得到性滿足、經濟利益，或個人進身的作為。

公約草案宣稱：免於任何形式性剝削是基本人權。各種形式的性剝削包括：毆打、色情、賣淫、殘割女性生殖器、孤立女性、強索嫁妝或聘禮、強迫絕育或生育、性騷擾、強姦、亂倫、性虐待以及販賣女性（如郵購新娘）。

為了超越發達國家個人自由的論述，草案特別將剝削與壓迫劃上等號。拒絕區分「自願」和「被迫」賣淫。性剝削造成一方獲利，一方受害，是否違反人權不是由同意存在與否決定。在性交易中女體當作貨品買賣或交換，因而草案要求各國政府杜絕任何方式性交易，將之視為嚴重的性剝削，處罰買方，不罰賣方。

公約要求各國政府正視色情業侵犯女性人權，經濟轉型過程中的政府不要為了提供新的經濟機會而侵蝕女性傳統的經濟根基，將她們陷於性剝削。聯合國既有的人權法案保障人人有尊嚴的工作權，此公約將相同權利延伸至女人，包括禁止性觀光及郵購新娘。此外，公約主張應保護移工在移動過程和私人家庭內免於被強暴或被迫賣淫，如果發生，雇主應受罰。

公約草案視性剝削如同政治壓迫，所以被害人理應如同政治受害者，可以請求庇護、得到難民身分。她們的基本人權還包括免於被人口販子欺騙，以及保管自己的護照。

草案並要求政府提供多項支持性服務來彌補人權受損，包括性病檢測、傷害復健、諮商、托兒、住所、金錢補助、優惠貸款以便創業及技能訓練。

公約草案為各國在國內依各自性剝削狀況立法立下基礎。而且受害者不僅可提出民事訴訟，因為侵犯人權屬實質犯罪，也可提出刑事訴訟。

徒法不足以自行，父權也不會自動承認其不法。然而在爭取解放的努力中，法律還是可以用來催生新的常規和標準。女性主

義行動引入新的法律規範，開啟了新的支持性法案，也引導政策改變，可說是國際女性主義的草根行動。

　　同時，聯合國於 1993 年底通過了《消除對女性暴力宣言》（*Declaration on the Elimination of Violence against Women*），表面看來是人權的進步，其實是開倒車。在此宣言中，有意把賣淫和色情排除於暴力和剝削之外。並且，由於此宣言僅宣示原則，沒有強制力，反而對要求以行動制止性剝削的公約產生抵制作用。自由個人主義再次收編了女性議題，並且用最沒有功效的方法來處理。美國為首的集團再次成功成為主導者。

　　在發展新法案的過程中，我們必須對抗各個層面的父權——國際的和草根的。這項抗爭奠基於激進女性主義相信我們必須處理全球女性的共同處境。沒有任何法律——民法或刑法、國內法或國際法——可以替代反抗性剝削的抗爭。女性主義自覺是這項抗爭的基礎，必須繼續不斷努力，發展對抗性剝削的新策略和行動，全球女性共同受制於性剝削，但也因而互相連結。這奮鬥起於一個信念，也因這信念而持久不懈，就是：一個沒有性剝削的世界是可以達到的。

譯寫：顧燕翎、陳竹華。

50.

女廁政治：女性主義者對
去性別化女性空間的回應

"The Politics of the toilet: A feminist Response to
the Campaign to 'Degender'a Women's Space",
Women's Studies International Forum 45, 42-51. 2014

席拉・傑芙瑞（Sheila Jeffreys, 1948~）

　　如何將性別平等的理念落實到與日常生活有關的公共政策，
是一項需要慎思熟慮和多方溝通的艱難功課。在男女平等的前提
下，女性是否應保有自己專屬的空間成為近二、三十年來新的課
題，諸如女校應否保留、公共交通工具應否有女性專屬車廂、公
廁和學校的體育課應否去性別化，都曾引發極大爭議。

　　1996 年本地大學女生發起新女廁運動，爭取女性在公共場
所如廁的權利。21 世紀，行政院推動性別主流化時，公廁成為
各級政府重要的性別政策，因為以廁所數量為績效衡量指標，極
易評估成效和制訂規則，有利於產製施政成果報告和評比。從
2013 年開始，美國部分州教育局陸續推出新法條，除了規定各
校須設立性別友善（gender friendly，或稱不分性別 genderless）

公廁以外，並規定學生不論其生理結構是什麼，都有權使用符合她／他個人性別認同的廁所和更衣室，以及選擇男生／女生體育課，不得因為其他學生感到不舒服而遭受拒絕。

這樣的思維擴散到其他國家，在台灣也引起討論和仿效。以下兩篇文章從不同角度探討性別友善公廁。傑芙瑞從激進女性主義立場反對將公廁去性別化，主張女性需要數量足夠的、符合需要的女性專用廁所。吳芷儀則從跨女角度主張保留女廁，認為性別友善廁所反而將跨女邊緣化。

傑芙瑞出生於英國，移民澳洲，曾任教於墨爾本大學，她自稱於 1970 年代初期因為認同女性主義而開始拒絕異性戀和女性化裝扮，並堅持女人認同女人，不與男人共枕（但不必然女女性交）。傑芙瑞反對刻板化的性別角色，也反對變性手術，認為變性手術不脫父權控制、傷害身體和人權，也反對跨性別理論將「性別認同」定義為認同刻板化或人造的性別角色，並將之本質化。不過酷兒理論家巴特勒批評傑芙瑞主張的女人認同女人是將生理性別本質化，由於跨性別理論視性別為社會建構，非真實存在，傑芙瑞才會橫加干預跨女的選擇。

附帶一提，我在搜尋美國麻州（最早制定學校的性別友善廁所法規）教育資料時，竟然發現，2019 年 12 月《波士頓環球報》（*Boston Globe*）的一則調查報告，稱該州公立學校因經費不足，大部分廁所年久失修、乏人維護管理，漏水、缺水、門關不上、骯髒、有異味，以致男、女生都視入廁為畏途，長時間憋尿。公廁數量和品質不足，似乎已成為更迫切需要解決的教育問題。（顧燕翎◎撰文）

「跨性別」這個名詞目前的使用相當寬鬆，只要性別認同與出生時的生理性別不同的人都可稱為跨性別，根據加州跨性別法律中心的調查，只有15％的跨性別者打算做變性手術，因此自稱跨女者當中包括很大比例的易服者和生理男性。由於個人的性別認同十分主觀，且流動性高，因而查證不易，尤其不易現場查證。因此在此文中傑芙瑞稱跨女為「男跨性者」或「生理男性」，有別於「生理女性」。

　　傑芙瑞認為女性需要專屬空間基於兩個理由：一、在場沒有男人的威脅，女人感到安全；二、在主從分明的社會結構中，居於劣勢的女性需要一個自在的空間，沒有統治者在場，她們可以自行組織、結社。所以全球各地都設有婦女中心，許多是政府設立的，承認女性有特殊需求。女廁也是因應生理女性的需求而設，是十九世紀以來婦女運動的產物。

　　傑芙瑞指出，在父權社會，女性因生理性別而非性別認同受到歧視，證據之一是許多胚胎在經過性別鑑定為女性後即被墮除，墮胎的原因是生理性別，不是胚胎的性別認同。社會性別是父權壓迫之下的產物，以生理性別為基礎。在此生理基礎上，女性受到男性的暴力壓迫；也在此生理基礎上，女性需要有自己的私密空間，處理諸如月經等生理事項，免受性騷擾和性暴力威脅，減少偷拍、偷窺、遭遇暴露狂等不愉快的經驗。

　　傑芙瑞說，女性主義認為社會性別（gender）是父權文化對男女的外表和行為予以規範的結果，跨性別理論卻將此刻板化或人工化的性別（sex stereotypes）予以本質化，視選擇做男或做女為個人本質上的差異。社會性別變成了個人的主動選擇或認同，不再是父權壓迫女性、活生生的日常生活或身體經驗。跨性別理論絕口不提女性主義最痛恨的男性宰制，使得生理女性消失了，

即使在討論女廁時，生理女性也彷彿不存在，這是二者最大的不同。傑芙瑞也反對使用順女（順性別女人 ciswoman）這個名詞，因為：一、不贊成把女人二分為順女和跨女兩大類，認定不是跨女者必是順女，並假設所有順女具備共同特質，且居於優勢位置；二、跨女以外的所有人並不如跨性別理論所說的都天生具備某種性別認同（gender identity）。

在傳統父權社會，女人的活動天地限於家庭，無法進入公領域。缺少可用的廁所是阻礙女性在公共空間存在和活動的重要原因之一，所以全球第一波婦運除了爭取女性受教權、投票權，也積極爭取普設女廁。十九世紀中期英國因此成立了「女士衛生協會」（Ladies Sanitary Association）、「女性自由與激進協會聯合會」（Union of Women's Liberal and Radical Associations）等團體，但也同時遭到部分男性頑抗。倫敦街頭出現第一座示範女廁時，就屢遭出租馬車衝撞，而使得普設女廁時程被迫延後。至今爭取女廁仍是印度婦運的重點，近便、乾淨、男女分開的公廁被認為比人人有手機還重要；1990 年代中期，台灣婦運也甚為關注女廁，2000 年後，女性足夠的如廁空間成為各地方政府性別主流化的焦點業務。2013 年內政部營建署的《建築技術規則》公廁的廁間比為 1：2：5（男大便器：男小便斗：女大便器）。

近十年來的性別友善公廁運動以跨性別運動為名，其目標並不完全一致，大致可分為三類：一、所有公廁不分性別共用，稱為共用公廁（unisex toilet）；二、跨性別者自由選擇自己性別認同的男廁或女廁；三、男女廁和不分性別之共用公廁同時並存。但是在任何情況下，都不得拒絕跨性別者進入自己選擇的廁所。最根本的原因是跨女因為安全理由不願使用男廁，怕被男性霸凌或強暴，她們希望在女廁中得到接納，自己的性別身分能獲得認

可。

　　然而對女性來說，由於跨女當中包括極大部分的生理男性，可能連結性騷擾、性暴力、偷拍、偷窺、暴露狂等不愉快的經驗，也可能帶來不好的衛生習慣，例如，弄汙環境或利用廁間性交等。男人只需自覺性別認同為女性便可自由使用女廁、女更衣室、在女人面前赤身露體，已經使得美國和加拿大的許多女性感受壓迫，失去單一性別（single sex）私密空間的安全感。

　　針對公共廁所的設計，既然生理女性和跨女最大的顧慮都是人身安全，希望避免受到男性騷擾和侵害，傑芙瑞提出的建議是每個廁間都設計成獨立、完整、密閉的空間，內有馬桶座和洗手台，使用完整門片，上下不留空隙，每間都直接通往走廊或公共空間，不分性別或性別認同，人人皆可使用，不受旁人干擾。

　　然而公廁由多人可同時進出的公共空間轉變成一人使用的完全私密空間對女性或任何個人來說是更安全還是更危險？如何維持清潔、通風和公共安全？在傳染病大流行時如何減少雙手接觸門把等配件以降低風險？在意識型態以外這些都是需要思考的現實問題。

評介：顧燕翎（本書主編）。

51.

從女廁來談跨性別運動

吳芷儀

　　吳芷儀是台灣性別不明關懷協會創辦人，她在另篇文章中指出，父權社會有既定的「性別框架」，跨性別者並不想挑戰性別界限，而是希望扮演好自己選擇的「性別角色」，藉由不斷學習與社會互動，融入社會，被大家接受。一旦「性別框架」被打破，跨性別者就會無所適從，感到惶恐，所以她們會守護著社會制訂的「性別框架」，不容許有人打破。至於手術與法律性別承認是否應脫鉤，是跨性別社群裡長久存在的矛盾與衝突，她鼓勵跨女與社會增加對話，讓彼此了解。她並不主張另外設立性別友善公廁，跨女需要進入女廁，肯定自己的性別身分。（顧燕翎◎撰文）

　　最近我在演講場合，有女性提問：「我們女生因從小受到的教育關係，已經很習慣女廁只有女生了，如果有男人冒充跨性別女人進來，我們會很害怕，該怎麼解決？」這問題類似於日前

美國德州休士頓選民以公投廢除了反歧視的《休士頓平權法》（*Houston Equal Rights Ordinance, Hero*）。反對派將 Hero 稱為「浴廁法令」（bathroom ordinance），認為這為任何聲稱自己為女性的男人，敞開了女性公共廁所等女性空間的大門，其中可能也包括「身著女裝」的性犯罪者。

　　這問題即使我從事性別運動多年，還是覺得不好回答。最近議題很熱的性別友善廁所也無法解除這些女人的恐懼，雖然性別友善廁所是指對任何人都友善的廁所，包括順性別女人。然而性別友善廁所必須包含所有性別（All Gender Restroom），包括順性別男人。如果是已經很習慣女廁空間的女人，的確會很難適應有順性別男人存在的性別友善廁所。

　　我想請問讀者，覺得上女廁要有什麼條件？第一，你要長得像女人，符合女性刻板印象。第二，你要認同自己是女人。第三，你不能讓其他人知道你是跨性別女人。第三個條件說明了跨性別女人是不想曝光的，會造成不必要的困擾。

跨性別女人也是女人

　　我們常聽到「生理性別是男性，心理性別是女性」這樣的描述來形容跨性別女人，這其實是非常簡化的說法，也容易被誤會攻擊，認為只要說：「我心理性別是女性，大家就得承認我是女人。」我想請讀者思考，什麼叫心理性別是女性？

　　波娃有句名言：「女人不是先天生成的，而是後天形成的。」女人之所以為女人是經過社會化女人的過程，跨性別女人會被社會承認為女人也是經過社會化女人的過程。跨性別女人與順性別男人在生理性別（Sex）或許有類似的部分，但可以確定的是，是兩種完全不同的性別（Gender）。

跨性別之所以有「跨」，是因為在父權社會下，男女各有一套「性別框架」，尤其強調「性別差異」與「性別分工」。跨性別者會去學習想要的「性別框架」，以此性別表現（Gender Expression）來融入性別角色（Gender Role）與社會互動。跨性別者藉由不斷地學習與社會互動，在過程中，個人逐漸產生出性別認同（Gender Identity），而性別認同也會強化性別表現。跨性別者並不是要挑戰性別的界限，而是希望扮演好自己選擇的「性別角色」，融入社會。女性會認同自己是女人，也是自己在與社會互動過程中，逐漸產生性別認同，這時才認同自己是女人，而不是剛學會走路說話就能認同自己是女人。

跨性別女人上女廁是肯定

　　公部門官方可能會以為把跨性別女人丟到性別友善廁所是最佳解。殊不知，這在跨性別社群容易引起反彈，認為這是在隔離跨性別女人，貼標籤，是歧視。「為什麼要強迫我們上性別友善廁所？」即使有了性別友善廁所，順性別女人還是繼續上女廁，不會上性別友善廁所，反而是跨性別女人被邊緣化，加深對立。

　　對社會化已久的跨性別女人上女廁是再自然不過的事情，是認同、肯定與被承認為女人。一般人認為只要順性別男人穿上女裝，戴上假髮，說自己是心理女就能假冒跨性別女人。但我認為要假冒跨性別女人非常不容易，如前所說的，跨性別女人也是經過社會化女人過程，兩者所呈現出的性別氣質與表現，相差甚遠。但是會有一種狀況例外，就是剛轉換（transition）的跨性別女人，才剛學習如何當一個女人，社會化女人的程度還太少。這種狀況如果去上女廁，就如同性別表現不符合女性刻板印象的女人，很容易受到「性別檢查」等異樣眼光，這也是女廁空間被批

評不友善而後來發展出性別友善廁所的其中一個脈絡。

性暴力是社會控制

性暴力是男人支配女人主要的力量,少數男人藉由性暴力的罪行,為多數男人謀取利益。利用女人對性暴力的恐懼,將女人打為性暴力下可能的受害者,男人這時就可以名正言順保護女人,同時女人對男人的需求也因此被強化。在這樣的社會氛圍下,跨性別女人常常被蒙上「性犯罪」等莫名冤屈,替順性別男人背黑鍋。

要免除性暴力對女性的控制,該做的是防治性暴力而不是隔離跨性別女人。父權社會利用性暴力控制順性別女人,也控制了跨性別女人,分化兩種女人,製造對立。這也是為什麼我一直積極認為跨性別運動應該朝向婦運化,跨性別女性經過社會化女人過程在社會裡生存,也面臨了許多與順性別女人相同的處境,不管是從經濟、社會、文化及政治權利等,均有類似的情況,我們期待在這些議題上與志同道合的婦女團體合作,共同改善女性地位,促進性別平等。

作者:吳芷儀(獨立性別研究者)。
本文原刊於 2016 年 1 月 1 日風傳媒。

附錄

參考讀物

家庭、私有財產和國家的起源

Der Ursprung der Familie, des Privateigenthums und des Staats, 1884

恩格斯（Friedrich Engels, 1820~1895）

　　德國社會主義者恩格斯與馬克斯共同奠定社會主義理論基礎。所撰《家庭、私有制和國家的起源》出版於 1884 年，從唯物觀點解釋女人受壓迫的起源，探討私有財產制與男主女從意識型態的關聯，成為社會主義論述婦女問題的扎根巨著，影響力至今不衰。

一夫一妻制家庭

　　一夫一妻制家庭是野蠻時代中級階段和高級階段交替時期，從對偶家庭中產生；是文明時代開始的標誌之一。它是以男人居最高統治地位為基礎，目的是生育確切無疑出自某一父親的子女，因為子女將要以親生的繼承人資格繼承他們父親的財產。一夫一妻制家庭不同於對偶婚即在婚姻關係更堅固，婚姻關係不再能由雙方任意解除。而這時通例是只有丈夫可以解除婚姻關係，離棄妻子，習俗仍讓男人保有任意破壞夫妻忠誠的權利（《拿破崙法典》明確規定丈夫享有這種權利，只要他不把姘婦帶進家

裡），且隨著社會發展，丈夫的權利使用得愈來愈多；但如果妻子想起舊時的性生活且要恢復，她會受到從未有過的嚴厲處罰。

……由於有年輕貌美完全從屬於男人的女奴出現，這種奴隸制度與一夫一妻制並存的情形，使一夫一妻制自始就是只針對婦女，不對男人，這種特性至今仍保……

我們追溯考察古代最文明、發達的民族發現，一夫一妻制的起源絕不是個人性愛結果，它和個人性愛毫無關係；婚姻和過去一樣，是權衡利害考量的婚姻。一夫一妻制是以經濟條件而非自然條件為基礎，是私有財產制勝過自然形成的公有制的第一個家庭形式。希臘人坦白陳述，一夫一妻家庭制的唯一目的是使男人在家中居最高地位，且生育他自己的子女，以繼承他的財產；除此之外，婚姻是一種負擔，是一個人對神、國家和祖先應盡的責任義務。在雅典，法律不僅規定男人必須結婚，且必須履行最低限度的所謂夫妻義務。

因此，一夫一妻婚姻在歷史中出現時，並不是男女和好的形式，更不是這種和好的最高形式。恰好相反，一夫一妻婚姻是以一性臣屬於另一性的形式呈現；它顯示了一種在史前時代從未有過的兩性衝突。在馬克思和我寫於 1846 年的一份未發表的手稿中，有這段文字：「最初的分工是為繁衍子女而產生的男女分工。」現在我可以再補充：歷史上最早的階級對立，正和一夫一妻制婚姻中男女對立的發展同時，而最早的階級壓迫即男性對女性的壓迫。一夫一妻婚姻是歷史性偉大的進步；然而伴隨奴隸制和私有財產，卻開啟了一個持續至今的時代，在這個時代裡，任何進步也是相對的一種退步，某些人的幸福和發展，是透過另一些人的痛苦和受壓迫獲得。一夫一妻制婚姻如同文明社會的份子，我們可以藉此研究文明社會內部活躍的對立和矛盾本質……

……當財產不均的現象發生時，即早在野蠻時代高級階段，就有零散的薪資勞動和奴隸勞動並存，自然地也出現職業賣淫的妓女，和強制獻身男性的女奴並存。因此，群婚制留給文明時代的遺產有兩面特性，正如文明時代的一切都是兩面的、雙重說法、自相矛盾般：它的一面是一夫一妻制，另一面則是雜婚制及其最極端的賣淫形式。雜婚制就像所有社會制度般，也是一種社會制度；它為男人的利益延續舊時的性自由。不僅被容忍且特別是統治階級樂於實行的雜婚制，實際上是受到口頭非難的。但在現實中被非難的從不是做這些事的男人，而只是針對女人；女人被排除在外，以便再一次宣示，男性對女性絕對至高的統治是社會的根本法則……

　　當然，法學專家發現，進步的立法使婦女再沒有理由申訴抱怨。現代文明國家的立法愈來愈體認兩方面，第一，合法有效的婚姻必須是雙方自願締結的契約；第二，婚姻期間，雙方皆有平等的權利和義務。法學家表示，如果這兩項要求都實現，女人就有了她們所能希望的一切。

　　這種純法律的論點，和激進的共和派資產階級用來安撫無產階級的論點完全一致。勞動契約彷彿是由雙方自願締結，但這種契約締結被認為出於自願，只是因為法律在紙面上規定雙方處於平等地位而已。至於因階級不同，即經濟地位使一方有權壓迫另一方，則與法律毫不相干。在勞動契約有效期間，只要沒有任何一方明白表示拋棄自己的權利，雙方皆被認為有平等權利。而若因經濟關係，迫使工人放棄甚至是最後一點表面上的平等權利，那也和法律無關。

　　在婚姻關係上，即使是最進步的法律，只要當事人在形式上證明是自願，就令人滿意了，至於法律背後的現實生活如何，這

種自願如何造成，法律和法學家都可以置之不問。然而，只要簡單地比較各國法制，即可告訴這些法學家，這種自願究竟是怎麼一回事。在德國，或採法國法制的各國及其他一些國家，法律保障子女繼承父母財產應得部分，且不能剝奪他們的繼承權，則子女婚事必須得到父母同意。在採用英國法制的各國，法律不要求結婚要得到父母的同意，則父母傳授遺產時有完全自由，可任意剝奪子女的繼承權。明顯地，正因如此，在英國和美國有財產可繼承的階級，他們並不比在法國和德國更有結婚的自由。

關於丈夫和妻子在婚姻中的法律平等，情形並不會更好。承繼自過去的社會情境而來的兩性的法律不平等，不是婦女在經濟上受壓迫的原因，而是它的結果。古代的共產制家庭，由許多夫妻和他們的子女組成，婦女受委託料理家務的勞動，和男人生產食物一樣，都是一種公共的、社會必要的勞動。隨著父權家庭，尤其是一夫一妻制家庭產生，情況就改變了。料理家務不再有公共特性，不再和社會有關。它成了一種私人的事務；妻子成為主要的家庭女僕，被排斥在社會生產之外。直到現代的大規模工業來臨，才又給婦女開闢一條參加社會生產的途徑，但只是給無產階級婦女。而參與的情形是這樣的：如果她們仍負擔家庭私人事務的責任，她們一樣被排除在公共生產之外，不能有什麼收入；如果她們願意參加公共勞動，獨立賺錢營生，那就無法履行家庭義務。不論在工廠中、在各行各業，乃至醫療界、法律界，妻子的處境都是一樣的。現代的個別家庭或明或暗地建立在妻子的家庭奴隸制上，而社會是以這種個別家庭為份子組成的整體。

現今大多數情形下，至少在有產階級中，丈夫必須有收入，贍養家庭。這使丈夫毋須有特別的法律特權即居統治地位。在家庭中，丈夫是資產階級，妻子則相當於無產階級。在工業領域，

無產階級所受的經濟壓迫的獨特性，只有當廢除資產階級在法律上的特權，使兩個階級在法律上確定完全平等後，才會最清晰地顯露出。民主國家無法消除階級壓迫；相反地，它提供一個清楚的鬥爭場域，解決這種對立。同樣地，現代家庭中，丈夫對妻子的統治特性，和確立雙方真正平等的必要性和方法，只有在雙方法律上完全平等時，才會明顯看出。因此我們看到的是，妻子解放的第一個條件有女性重回公共勞動，但要達到這一點，又要使一夫一妻家庭不再是社會的經濟單位。

刪修：范情（媒體素養／婦女與性別教育工作者、淡水社區大學副主任、台灣女性影像學會顧問）。

性體系的發展階段

Drei Abhandlungen zur Sexualtheorie, 1905

希格蒙‧佛洛依德（Sigmund Freud, 1856~1939）

　　佛洛依德是精神分析學派創始人，奧地利內科及神經科醫師。他探討潛意識，描述幼年性活動、伊底帕斯情結、閹割情結等，對性與性別研究啟迪良多。本文出自其 1905 年出版的《性學三論》。本譯文轉譯自英譯本：A. A. Brill trans., *Three Contributions to the Sexual Theory*, New York. 並參考 James Strachey trans. (1962), *Three Essays on the Theory of Sexuality*. New York: Basic Books.

原慾理論（Libido Theory）

　　這種性興奮擁有化學基礎的理論，與我們為理解性生活之精神表現而建構的一種輔助概念十分吻合，我們所提出的原慾概念，是一種多寡不定的力量，可以用來丈量性興奮領域內諸過程（process）及其轉型（transformation）。我們認為原慾也依其究竟源自何處，裁歸何種精神歷程而有別，所以它不僅有量的區別，也有質的差異。我們從其他的精神能之中區分出原慾的能量來，意在表達這樣的假設：機體的性過程是經由特殊的化學變

化過程（chemism）得之於營養歷程的，性興奮不僅來自所謂的性部位，更且來自全身各器官。如此我們為自己提供了一種原慾量子（libidoquantum）的概念，我們稱其精神表現為自我原慾（ego-libido）；這種自我原慾的產生、增加、分配和轉移，將為我們所能觀察到的「心－性」現象帶來可觀的解釋。

　　但是只有當「精神能」用來投注（cathexis）於性對象上面，亦即成為對象原慾（object-libido）時，精神分析的研究才能窺知這種自我原慾的情形。那時我們看到的是它的聚集、固置於對象上，或者它的離開那些對象而跨向別的對象，它就這樣子地指引了個人的性活動；原慾也因而暫時地、部分地消失了。轉移型心理症（transference neuroses，歇斯底里和強迫性心理症）的精神分析，可以在這方面給我們可靠的睿見。

　　至於對象原慾的結局，我們也指出，它會再從對象撤回，一時飄浮於一種特殊的緊張狀態，終於收回於自我之中，再度變成了自我原慾。與對象原慾相較之下，我們也可以把自我原慾稱作自戀原慾（narcissistic libido）。在精神分析裡這是一條難以跨越的鴻溝；我們唯有在界限的這一邊探望自戀原慾的活動，而構想這兩者之間的關係。自戀或自我原慾在我們看來是一個很大的儲倉，投資（investment）、投注（cathexis）用的能源從這裡出發，又回到這裡；而自戀原慾對自我的投資，在我們看來，則是自孩提時代便早已存在的原始狀態，後來由於原慾的放散不已，此一現象遂被掩蔽而積存於底層。

　　對於心理症及精神病的病態狀況，構想出這一套原慾理論的用意，在於使用簡潔的原慾一詞表達所有可見的現象和可知的歷程。你不難了解，自我原慾的必然動向（destinies）是更具重要性的，它尤其可以用來解釋更深、更嚴重的精神病態。但是這時

就發生了一個困難的問題：我用以研究的工具——精神分析法，迄今只能在對象原慾的轉型方面供給我們確切的資料，目前仍不能由自我之中一片渾沌的能源裡，把自我原慾分離出來。所以我們現在還是只有靠推想來締造原慾理論。如果誰跟從了楊格（C. G. Jung）的方法，試圖精簡原慾的概念，想使之與精神本能之整體完全吻合，則所有得自精神分析觀察的成果，都將敗壞無遺。

方才我們已討論過，性功能有其特殊的化學基礎，這一點很能支持我們把性本能的興奮從其他的精神歷程分開，而使原慾的觀念能夠依然保持住前述較狹窄的意義。

男女之間的分化

眾所周知，男女性徵的截然分化始自青春期，而這種分化的結果，對後來的人格發展，比別的因素還有決定性的影響。事實上，男女的天性甚至在嬰兒期便不難看出；比如性抑制（害羞、嫌惡、同情等等）在小女孩身上比在小男孩身上來得更早，也更不受阻礙。她們的性潛抑傾向來得更大，性的部分衝動也多出之以被動之型式。但是快感區的自體享樂活動在兩性裡卻是並無區別，也就是為了這一個相同之處，我們不能說在青春期之前，孩提時代，便有著性之分化存在。關於自體享樂的或自慰的性表現，我們大可主張，小女孩的性活動純然是男性風格的。其實，如果你仔細推敲「男性的」與「女性的」這兩個詞句的確切含義的話，你會得到這樣的結論，認為不管在男人或女人身上，原慾總必然是男性的；而其對象，則可以是男人或女人。

這個因素對雙性理論的理解，有決定性的貢獻，而我認為，若不時時思及雙性的因素，我們便很難了解實際出現在男人和女人身上的種種性表現。

男人與女人的首要區：除此之外我只能再加上下面這一點
——女性的主要快感區在陰蒂（citoris）上面，它和男性的陽具
相類。所有我所曾觀察過的小女孩的自慰行為，全與陰蒂有關，
而和其他那些對後來的性功能而言十分重要的外生殖器全然無
涉。除了罕見的例外，我十分懷疑，女孩除了陰蒂手淫之外還能
被誘導去做什麼。小女孩身上偶發的性興奮，常表現而為陰蒂之
痙攣，它的經常勃起使女孩們即使不經教導也能正確地理解異性
的性表現；她們只要以自己的性過程的感受來揣度男孩便成了。

　　如果你想了解小女孩如何變成女人的話，你就得先探究這種
陰蒂激動的來龍去脈。使男孩的原慾更向前跨進一大步的青春
期，在女孩身上卻帶來潛抑的新潮，關於陰蒂性活動方面尤其如
此。在她身上男性性生活的部分逐漸沉陷於潛抑作用裡。青春期
的潛抑作用在女人身上所加強的性抑制，對男人的原慾而言乃是
一種刺激，增加其能量；原慾高漲之際，對「性」便不免過分高
估，而女人愈是拒絕，愈是否認其性慾，對方對她的估價便愈來
愈高了。如是經過一番追逐，如果性行為終於開始，陰蒂最先被
激動，它的職責在於傳達這種激動於鄰近的女性性器上面，就好
像一小堆細松木被用來導引硬木的燃燒那樣。但是這樣轉移常需
一段時間，而在其間，年輕的新娘全無感應。如果陰蒂區拒絕放
棄其可激動性的話，這種麻木不仁的現象可能持續至久遠，這常
是嬰兒期性活動過度的結果。我們都知道女性性冷感常是表面
的、局部的。她們的陰道雖麻木，然而陰蒂或甚至其他快感區卻
絕非不能激動。性冷感除了這些生理的因素外，還有著精神的因
素，同樣也受著潛抑作用的影響。

　　如果性感的激動性能夠成功地從陰蒂轉移到陰道上面，此後
女人性活動的首要區就完全改觀；另一方面男人則從小到大無須

變換。女人之所以較易罹患心理症，尤其歇斯底里症，其諸種宿因想必植根於首要區的轉換以及青春期的潛抑作用上。所以這些宿因原和女性的性質有十分密切的關係。

對象尋找

生殖區的首要性經青春期歷程而得建立，此後男人勃起的陽具迫切地指向新的性目的，亦即，期求穿刺那個能激動其生殖區的空洞；另一方面，對象尋找，自從孩提時代便已開始其準備工作，至此也在精神方面逐步完成。當最初性滿足仍與營養的攝取相連結時，性本能擁有一個存在於嬰孩體外的性對象，那便是母親的乳房。後來大概就在小孩能認清那個使他滿足的器官屬於一個確切的人體時，其本能也就失去了對象。性本能於是變成了自體享樂的，直到潛伏期過去，原來的關係才再重建。所以就難怪，吮乳的小孩會被當作一切愛戀關係的原型了。所有對象的尋找，根本上原只是一種重新發現而已。

嬰兒期的性對象：但是甚至在性活動與營養之攝取脫離關係之後，性關係之中，這種最原始最具威力者仍然存在，幫忙對象選擇，重建失去的快樂。整個潛伏期裡孩童學習如何去愛那些扶助他們於無望之中、滿足他們需求的人，這純然是以吸吮母乳時之感受為模式的一種延續而已。把小孩對照顧者的眷戀和敬愛比擬於性愛的想法，可能有人會十分不情願。然而我想，更進一步的精神分析總是能證實此一事實。孩童和任何照顧者之間的交往，帶給他泉湧不絕的性激動以及快感區的滿足。既然照顧他的人通常總是他的母親，對待他的感情也源自她本身的性生活，情況就尤然如此了：她拍撫他、吻他、搖晃他，十分明顯地把他當作一個完整的性對象之替代品看待，如果母親發現她所有的愛之

痕跡勢將激惹孩子的性本能，提升其日後的強度，她恐怕會嚇得面色如土。她認為她的作為都與性無涉，是「純潔」的愛，因為，無論如何，她除了本分上不可免的情況之外，總刻意地避免去刺激小孩的性器。然而，我們知道，性本能不是只有在生殖區受直接刺激時才被激起的。我們當作是情愛的「無害動作」有朝一日也必將在生殖區上表現其影響。尤有甚者，如果母親更了解性本能在整個心智生活上面 —— 包括所有道德和精神的成就 —— 表現的高度重要性的話，她的這種明察秋毫也就不會使她責備自己了。她只不過執行了她的天職，教導小孩如何去愛罷了。無論如何，小孩必須成長為一個性慾旺盛的健康男人，在其一生裡體現一切激惹著他的衝動。誠然父母親過分的溺愛，會造成性的早熟，而帶來害處，被寵壞的小孩長大以後，會受不了愛情的暫時失去或減少。小孩永不滿足地要求父母親的愛，乃是他將來會變成心理症患者的最清晰的跡象。另一方面，心理病態的父母親，一般而言也更容易表現出過分的情愛，常就由於這種病態的舐犢情深，致使小孩沾染了心理症的傾向。由此我們可以發現，患心理症的父母把他們的疾病傳遞到子女身上，原有比遺傳更簡捷易明的途徑。

幼兒不安：孩童本身從小就表現得好像知道他們對照顧者的依賴有著性愛的氣息。孩童不安的起源，完完全全表現著他們恐懼失去他們所愛的人。就因為這個緣故，他們才害怕每一個陌生人。他們害怕獨處於黑暗之中，因為這時他們看不見他們所愛的人；但如果能握著親人的手，他們也就無懼於黑暗了。指責保母，說她們用妖怪和吸血鬼的故事嚇壞了孩子，無疑高估這些故事的功效。事實上卻是，有膽小傾向的小孩，才會被故事所嚇著，其他的小孩根本無動於衷，而只有承受過多撫愛，性本能過

分、過早發達永難饜足的小孩，才變得膽小。在這一點上，小孩和成人相似，當其原慾不能滿足時，便把它化為焦慮。從另一個觀點看來，當一個成人因其原慾不能滿足而焦慮時，也表現得像個孩子：當他獨處時，他開始害怕，這也就是說他一旦離開他所愛的人，他便失去了安全感，而試圖以最孩子氣的方式來緩解這種恐懼。

亂倫的欄柵：如是我們明瞭，雙親對孩童的情愛可能過早地喚醒其性本能（也就是說，在青春期的生理狀況尚未出現之前），致使心智的激盪泛溢而呈現於生殖系統裡。如果他有幸能躲過這一關，則在孩童成年之後，他的柔情將能指引他如何去選擇性的對象。孩童選擇其性對象的捷徑無疑在於以其童年期間具體而微的原慾所愛戀的對象為其對象。但是由於性成熟的後延，孩童乃有充分的時間，足以建塑其防制亂倫的欄柵，以及其他的性抑制現象，由是而得到血親不可通姦的道德印象，在其對象選擇裡，排除了他童年所愛戀之人。對這個欄柵的敬重，根本上是社會所立的一種文化要求。社會不願意使家庭的關係過分強大，以至於阻礙了更高級社會單位的形成；職是之故，對於每一個人，特別是青春期的男孩，它總是竭盡所能，疏鬆他和家庭之間的關係——這種關係，在他們的孩提時代，原是獨一無二，不可或缺的。

然而，起初的對象選擇只出現於想像裡；而青年人的性生活也差不多只能圍限在縱情的幻想之中，這些想像絕不至於實現。在這些幻想裡，幼兒期的那些傾向總會一再呈現，但是這一次已有肉慾的成分參與其中了。這些傾向之中最重要的總是孩子對其父母親的性衝動，他們已經依性別的分化而僅受異性父母的吸引了——兒子喜愛母親，而女兒親近父親。就在克服和棄絕這顯然

亂倫的幻想之時，青春期裡最重要，但也最痛苦的精神成就也跟著完成：脫離父母的轄制。這個歷程對文明的進展而言十分重要，因為唯有如此，上下兩代之間的對立才可能出現。在人類必須經歷的每一發展過程裡，總有一部分人會阻滯不前；所以有些人總擺不脫父母親的轄制，只能很不完全地從他們那裡撤回情愛，或者全然辦不到。女兒尤易如此，她們到了青春期之後，卻還保留了所有孩童式的愛，使其父母大為欣慰。很發人深思的是，正是這些女孩，在她們結婚之後，不能夠盡其為妻的本分：她們是冷淡的妻子，房事時無動於衷。由此可見，性愛和所謂對父母親的純淨之愛，原來自同一根源；後者可以說只是原慾的幼兒期固置。

你愈深入病態的心－性發展，你也就愈發現亂倫對象選擇的重要性。由於性棄絕的結果，心理症患者大部分或全部用於「對象尋找」的「心－性」活動只能存留於潛意識裡。過分渴望情愛，卻又同樣過分地恐懼性生活之真正需求的女孩，一方面止不住要在其生活中實現所謂非性（asexual）的愛情理念，另一方面則把她們的原慾隱藏在一種無須自責的情愛之後，將自己的生命緊緊依附在幼兒期的愛戀上，這種對父母或兄姊的愛戀大體復甦於青春期。精神分析輕而易舉地就可以告訴這種人，說他們毫無疑問地，正在跟他們的血親戀愛；因為，透過他們的症狀及他們疾病的其他表現，精神分析能夠追蹤其潛意識思想，而把它們翻譯到意識上面來。同樣地，當一個健康的人因失戀而罹病，他之所以生病，也是因為他的原慾退縮到他幼年期所依戀的對象上面去了。

幼兒對象選擇的後遺影響：即使你幸能逃脫原慾的亂倫固置，你也不可能全然擺脫它的影響。我們常看到，年輕男人的初

戀是對一個成熟婦人的款款深情；女孩也常易愛上一個有權有勢的老人家。這顯然是我們方才討論過的那一期發展的餘音回響，因為這些人物原都是他們的母親或父親的生動身影。雖然較不明顯，無疑地每一次的對象選擇，都脫不開這種原型。尤其男人，總在尋找一個能替代其母親形象的女人，因為這個形象從他最稚嫩的年代開始，早已統轄著他的心靈；因而，如果他的母親依然健在，她很可能會對她這個翻版十分不滿，充滿敵意。由於孩童與其父母間之關係在決定他後來的性對象選擇上十分重要，我們也就不難理解這種關係的任何干擾，都將為他成年的性生活帶來極其嚴重的影響。情人的嫉妒心理必然根源於其幼年情況，或至少也受幼年經驗的強化。如果雙親之間爭執時起，或者他們的婚姻不愉快，他們的兒子便很有可能傾向於性發展的擾亂或心理症的形成。

孩童對於其雙親的情愛無疑是最重要的幼兒心痕，經青春期而復甦，指引著他選擇對象的方向，然而這不必是唯一的力量。其他同樣源遠流長的素質，同樣源自他的童年，使他發展了不止一個的性方向，使其對象選擇的宿因更趨繁複多端。

性倒錯的預防：對象必不可缺的一點是，它必須趨向異性。我們知道，這是必須經過一段蹣跚，才能達成的。青春期後的初次衝動常不免迷失方向，通常不會造成嚴重後果。笛索（Dessoir）於 1894 年正確地指出，青春期的男孩與女孩常和同性締結傷感的伴侶。無疑抵制此種性對象之永久倒錯的最強大力量來自異性性徵相互間的吸引力。此處的討論不想致力闡明這件事。然而，這個因素本身並不足以消除性倒錯；無疑地還有其他的因素在作用。其中最主要的還是社會的權威性禁制。在性倒錯不被當作犯法的事來看待的地方，總會有相當的人表現出此種傾

向。此外，我們還可設想，在男人身上，當他們還小的時候，母親以及其他照顧他們的女性對他們的情愛，日後出現在記憶裡，也是一份重大的力量，指引他們去趨向女人；另一方面他們早年的性活動為父親所阻，以及他們與他的競爭關係，更使他寧願遠離同性。這兩個因素也都適用於女孩，她們的性活動尤其受著母親亦步亦趨的監視。她們因而對其同性發展了敵對的關係，決定性地影響了她們的對象選擇，使之走向正常的方向。受男人教育的男孩（比如在古代，老師總是由奴隸充當）似乎易於趨向同性戀。今日出身貴族者之所以常罹性倒錯，也許可以用他們的使用男僕以及母親對其孩子的疏於個人照顧這兩點來解釋。在某些歇斯底里患者裡我們發現，或因死亡，或因離婚、分居，而過早失去父母親之一方的孩子，其全部愛情皆被剩下的一個所吸收，因而決定了日後這孩子選擇性對象時所期望的性別，終於造成了永久性的性倒錯。

翻譯：林克明（洛杉磯加州大學〔University of California, Los Angeles, UCLA〕榮譽教授，美國精神醫學會〔American Psychiatric Association, APA〕傑出終生資深會員）。
本譯文出自《性學三論》，志文出版社，2011 年重排版。

伊底帕斯情結與中國的孝道

王友琴

本文作者王友琴畢業於北京大學，現任教美國芝加哥大學東亞語言文明系，1984 年開始發表關於婦女研究的文章，曾參與編輯《女性人》。

中國傳統文學中伊底帕斯故事的缺席

綜觀中國傳統文學，我發現母子亂倫觀念不僅在中國的猥褻罵人用語中缺席（absence），也在中國的傳統文學中（包括神話、傳奇、小說戲劇等）缺席。即使在歷史著述中，我們也難以找到任何涉及親子亂倫關係的證據。換言之，我在中國傳統文學中沒有發現任何與伊底帕斯故事相似的東西。

眾所周知，在希臘神話中，忒拜國王伊底帕斯在不明真相的情況下犯了弒父娶母的大罪。當真相大白之後，伊底帕斯的母親自縊而死。根據荷馬的記述，在他母親自殺後伊底帕斯繼續統治忒拜城至死。索福克勒斯的戲劇《伊底帕斯王》和《伊底帕斯在科洛奴斯》中的伊底帕斯故事與荷馬的記述在重點和細節上都有相異之處。最大的差異之一是，在索福克勒斯的悲劇裡，當真相大白時伊底帕斯刺瞎了自己的雙眼並且放逐了自己。……

佛洛依德將伊底帕斯的名聲推上了新的高峰，他用伊底帕斯的名字命名了一個心理學上的「情結」。佛洛依德相信伊底帕斯的情形，或者說伊底帕斯的「家庭傳奇」，是一種普遍的現象，他認為它是在每種文化中都能發現的亂倫禁忌的來源。而後，佛洛依德的「伊底帕斯情結」理論——一種關於把異性父母作為性對象以及隨之而來的把同性父母作為性競爭對手的慾望的理論——反過來又影響了文學。與這種心理學理論相呼應，有些作家描寫並強調其筆下人物潛意識中的亂倫慾望，儘管並不是此故事的每一種古代形式都認為它是伊底帕斯行為的內在動機與根源。佛洛依德的理論可能使伊底帕斯故事在二十世紀文學中產生了特殊的吸引力。

……

伊底帕斯故事揭示了親代與子代關係中不光彩的方面，並且顯然對這種不正當行為進行了譴責。伊底帕斯弒父娶母後，他的國家陷入了瘟疫的襲擊之中；神祇們懲罰了伊底帕斯；他刺瞎了自己的雙眼等等；伊底帕斯故事對亂倫有警醒作用，並使聽眾對亂倫行為或慾望產生愧疚感，故事所具有的這一意義層面非常強大，我們或許並不引以為奇，因為亂倫禁忌已經潛移默化地深入到了我們的內心之中，是佛洛依德揭示了這個古老故事的新的意義層面。奇怪的是，佛洛依德的「伊底帕斯情結」理論也許與以神話、悲劇和喜劇形式表現出來的伊底帕斯故事具有同樣的效果。這個大多數大學生都熟知的心理學理論向那些不再相信神靈懲戒的人們重新宣示了亂倫禁忌。儘管事實上心理學理論、古代悲劇、現代喜劇，以及上面提到過的日常生活中猥褻罵人話的使用具有迥然不同的表現形式，但從亂倫控制這個功能的角度而言，它們都是通過對亂倫行為進行懲處，從而使人們對亂倫行為

或想法感到羞愧。所有這一切都能激起或者強化人們對亂倫的愧疚感。

佛洛依德把對伊底帕斯情結的抵制視為人類頭腦所擁有的最重要的社會控制機制。中國文化在幾千年的歷史發展中也同樣擁有這種社會制約機制。那麼我們不禁要問：為什麼中國人沒有看到構造一個與伊底帕斯故事相類似的故事的必要性？為什麼中國人沒有描寫這類故事？揭示亂倫行為是必要的嗎？除了法律制裁外，中國人運用了什麼別的手段防止亂倫行為的發生？中國人是怎樣描述或想像親子關係呢？東西方兩種文化在這一方面果真具有顯著差異嗎？

……

在本文中，我在嘗試著使用一種也許可以被稱為是「互遞」的詮釋方法。孝子故事被視為伊底帕斯故事在中國的對應物。一種文化中不存在的東西使對另一文化中存在的東西的詮釋成為可能；反之亦然。我想揭示兩種類型的故事所具有的某些相同的功能，它們在某種程度上可以相互替代；它們被用來處理一個共同的禁忌，儘管各自使用的方法迥然有別。

孝子故事在中國的流傳

自後漢（25～220）開始，中國人就不斷編輯「孝子傳」之類的書……在伊底帕斯故事裡，神懲罰了伊底帕斯，因為他犯了亂倫禁忌。然而，在孝子故事裡，孝子卻因其甘願犧牲自己而向父母盡孝的誠心而得到了神靈之助。孝子們在不可能用任何其他方式為父母弄到魚或竹筍時，被神奇地賜予了這些東西。故事的重心不在父母，而在那些具有高尚道德情操的兒子們身上。伊底帕斯故事所傳達的信息是否定性的：不要做伊底帕斯所做的事！

不要弒父或亂倫！而那些中國孝子故事所傳達的信息則是肯定性的：以孝子們為榜樣！做個孝子！

……

舜的孝行在不同的版本中不盡相同。《二十四孝》關於舜的故事的本文只有幾十個字。以「變文」形式出現，被稱為《舜之變》的故事是所有舜故事版本中最長、最詳盡的。主要情節如下：堯想替他的帝業找一位繼承者，年僅二十歲的舜因其盡孝的美名而得到舉薦。舜三十歲時，堯把他的兩個女兒嫁給他，並欲以此觀察他的行為。舜治家非常有方，然而舜心地夕毒的繼母卻在她雙目失明的丈夫跟前大進讒言，慫恿他殺了舜。兩人於是設置了一個圈套。他們叫舜去修倉庫，然後當舜仍留在屋頂上時放火燒倉庫。但是舜事先預備了兩頂竹編的帽子，藉此安全地跳落到地面上。此計不成，他們又叫舜去打井，當舜仍留在井底時，他們用石塊將井填了起來。舜再次脫險，這次是憑藉一條祕密通道。舜回來時發現他的兄弟已經霸占了他的房子，正在那裡彈琴。看到舜回來，他的兄弟於是謊稱他正在悲悼他的死。舜一點也沒發怒，反而感謝他兄弟對他的好心。自始至終，舜對其父母兄弟都保持著應有的孝敬。……

按照《舜之變》的說法，在舜遇難時是佛助了他一臂之力。當舜被父親埋在井底時，佛化為一條黃龍掘了一條祕密隧道，使舜得以平安逃脫出來。顯然，這種情節結構除了使故事更為曲折、更激動人心外，同時也更好地與講故事的寺廟的環境氣氛相適應。當然，佛教之流傳中國遠在孟子和司馬遷之後，更不用說傳說中舜所生活的遠古時代了。然而，我確信，在舜的傳說的早期形式中，已經有某些神性因素存在。雖然憑藉兩頂竹帽，像乘降落傘那樣從屋頂上安全跳達地面是可能的，但如果沒有神靈的

介入，舜絕不可能立即從深井中掘條隧道逃出來……

從表面上看，除了二者的主人公都是最高統治者，二者都既包含歷史因素又包含民間傳說因素之外，舜的故事與伊底帕斯故事完全不同。伊底帕斯殺死了他父親，舜卻對他父親極好。伊底帕斯刺瞎了自己的雙眼，舜卻治好了他父親的眼睛。伊底帕斯不管如何努力都無法逃脫他的悲劇命運，舜卻憑藉神靈之助，接受並克服了他所遇到的一切困難，並且，作為回報，得到了名聲與王位。伊底帕斯給他的國家帶來了瘟疫，舜卻給他的國家帶來了和平與繁榮。伊底帕斯的名字被借用來指一種弒父與亂倫的潛意識欲望，舜的名字則被用作十全十美的孝子的代名詞。

然而，如果我們的注意力轉向引導索福克勒斯及其觀眾的感覺的未曾明言的規則，我們就會在其中發現一些與其中國對應物相同的地方。

其一，兩個故事都暗示了我們該遵守的支配親子關係的某些規則。比如，當伊底帕斯從神諭中得知他命中注定要犯弒父娶母之罪時，他決定離開他所居住的地方，永遠不再回到他養父母的國土，因為他錯誤地以為他的養父母就是他的生身父母：這一切都是為了避免那個「可怕的神諭」的實現。伊底帕斯對這一點的深深恐懼，以及故事的悲劇性結局讓人強烈地感覺到弒父娶母行為是一種嚴重而可怕的罪惡。在《舜之變》中，這種行為或者甚至是這種感覺都從未提及。相反地，是父親試圖謀殺兒子，兒子卻並未因此而施以報復。舜尊重他的雙親，儘管他們那麼樣地對待他。簡言之，兩個故事都強調親子關係是一種先天已定的等級關係，在任何困難的環境中都應嚴格遵守這種關係。在兩個故事裡，無論是伊底帕斯還是舜都從未對支配親子關係的準則提出質疑。對他們而言，這些規則是不可改變的，即使為了遵守這些規

則有時不得不付出巨大代價。

　　兩個故事都無所不用其極。伊底帕斯的行為完全無辜，而舜的父親則是謀殺兒子的凶手。這些故事否定了子女的無辜或父母的無行可以違反支配親子關係的規則的看法。實際上，小孩們從來沒有被公開告知過弒父娶母行為是錯誤的；這個觀念是他們從這些故事中間接推斷出來的。

　　其二，兩個故事都不僅涉及到親子關係、弒父與亂倫，而且涉及到意識與道德的形成過程。伊底帕斯刺瞎雙眼後，他與歌隊間有一大段對話。伊底帕斯哭喊道：「我有何面目去見我的臣民？」顯然，儘管他事先並不明白真相，伊底帕斯並不因此而認為自己無罪。對舜來說，他的行為並非源於他對虐待他的父親所具有的尊敬，而是源於對道德原則的遵從。兩人都通過反思他們對待父母的方式來判斷自己的道德意識。這樣，人類的美德與惡行就顯然與親子關係聯繫在一起。在這種關係中，舜和伊底帕斯都顯示了高貴的人性的力量……

正例與反例所可能具有的作用

　　在中國傳統的許多方面，都能感覺到「孝」這一觀念的影響。它被用作政治的工具，被視為討論倫理問題的基礎，甚至被用作激發文學靈感的源泉。本文並非想對「孝」進行全面的考察，而是從一個相當狹窄的角度對之進行探討。

　　首先，大量的孝子故事可能是伊底帕斯故事在中國缺席的部分原因。孝子故事中的神靈之助、奇蹟，以及大團圓的結局都把親子關係提升到一個迷人而聖潔的地位。對待親子關係的這種必恭必敬的語調瀰漫在包括詩歌在內的整個中國傳統文學之中，而詩在中國被認為是最完美最精緻的表達形式。唐代詩人孟

郊（751～814）寫過一首著名的詩：「慈母手中線，遊子身上衣。臨行密密縫，意恐遲遲歸。誰言寸草心，報得三春暉？」母與子，春暉綠草，一幅多麼祥和美麗的畫卷！太陽與春草的意象遂成為一種表示母子關係的隱喻，千百年來一直深入人心。許多中國人會背這首詩。由於這種類型的隱喻和孝子原型在中國文學中占壓倒性主導地位，由於親子關係通過這些孝子故事而得到神聖化與傳奇化，在中國沒有心靈空間去容納伊底帕斯型故事就不足為奇了。

其次，這些故事在作為一條紐帶將家庭成員聯結起來的同時，又在某種程度上在親代與子代之間拉開了一定的距離。難以準確判斷這些故事的編輯者們是否相信故事中所描述的奇蹟與獻身的歷史真實性。但毋庸置疑，這些故事增強了其讀者對自己父母的孝敬之心。孝子盡孝的極端例子同時也提醒讀者注意到長幼尊卑的等級秩序，明白各人在家庭中有各自不同的角色、不同的作用。「孝」一詞的非對稱性使用——它僅用於描寫子女對父母的孝敬而不能反過來用——強烈地認同了父母與子女之間的分層關係。在傳統的男子成人加冠儀式上，男孩被要求在母親面前表演一種非常嚴肅、恭敬而複雜的儀式舞蹈。這種儀式的嚴肅性質象徵著母親與她已經成人的兒子之間新型關係的嚴肅性質。所有這些因素都用來在兩代人中間劃一清晰的界線，使父母與子女都明白他們在親子關係中各自的地位，從而給家庭成員灌輸一種必須保持適當距離和秩序的觀念。儘管你可以批評傳統的中國家庭缺乏親密感，批評它嚴格的等級制度，但你同樣必須認識到，可能正是這種等級結構預防了「伊底帕斯現象」在中國發生。

根據佛洛依德的理論，潛伏期的兒童（6～11歲）為了獲得外部發展，伊底帕斯情結被暫時遺忘。然後會在青春期突然復

甦，通常在青春期之後問題會得到正式解決。在中國的孝子故事中，一個六歲的孩子把最好的果子留給母親，一個九歲的孩子在冬天用自己的身體去暖和父母的床。許多孝子故事的主人公都是很小的孩子。當他們長大後，按照這些書中的說法，大多數孝子都當了官，對皇帝盡忠盡職，光宗耀祖。根據《孝經》的記載，盡孝的第一步是侍奉父母，第二步是侍奉皇帝並且建立自己的事業。這兩個步驟的年齡與佛洛依德理論的兩個年齡階段相吻合。跨文化的巧合現象必然很有趣。至少，我們應當考慮這些故事中所表現出來的兩個步驟是如何影響兒童的心理發展的。

正面的例子會起到激發觀眾的作用，使其因而對自己的原慾進行控制。同樣，反面的例子會起警醒觀眾的作用，使其因而把那些原始衝動壓抑下去。伊底帕斯故事作為一種反例所可能具有作用，而作為正例的孝子故事可能具有同樣的功能。

孔子確認沒確認親子關係中不光彩的方面？我想答案是肯定的。作為孔子精神以及學術繼承者的孟子曾說過：「世衰道微，邪說暴行有作。臣弒其君者有之，子弒其父者有之。孔子懼，作《春秋》。」但孔子與孟子對此不正常的關係都沒有進行具體的描述和分析。直至今日，儘管判斷主人公的標準變了，許多中國人依舊繼續把人物清晰地劃分為「好人」與「壞人」。作者習慣於製造一個十全十美的「好人」，而不是去描寫所有的人，去表達形形色色的人性弱點與詐偽之處⋯⋯

版權說明

全書 51 篇文章已盡力取得授權人同意授權，少數無法取得版權者已改寫處理。部分因年份久遠，無法在出版前聯繫之授權人，若於出版後獲知本書訊息，請與貓頭鷹出版社聯繫。

外文授權

bell hooks, "Choosing the Margin as a Space of Radical Openness", *Yearning: race, gender, and cultural politics*, South End Press, 1990. 授權自：Taylor & Francis Group, LLC。

bell hooks, "Feminist Focus on Men: A Comment", *Talking Back: Thinking Feminist, Thinking Black*, South End Press, Boston, 1989. 授權自：Taylor & Francis Group, LLC。

Carole Pateman, *The Sexual Contract*, Polity Press, 1988. 授權自：POLITY PRESS LTD。

Christine Delphy, "French Feminism: An Imperialist Invention", *Radically Speaking: Feminism Reclaimed*, 1996. 授權自：Spinifex Press。

Gloria Steinem, *Revolution from Within-A Book of Self-Esteem*, Little Brown & Co, 1992. 授權自：East Toledo Productions, Inc。

Janice G. Raymond, "Connecting Reproductive and Sexual Liberalism", *Radically Speaking: Feminism Reclaimed*, 1996. 授權自：Spinifex Press。

Jo Freeman, "The Tyranny of Structurelessness", 1970. 授權自：Jo Freeman。

Kathleen Barry, "Deconstructing Deconstructionism (or, Whatever Happened to Feminist Studies?)", 1991, *Radically Speaking: Feminism Reclaimed*, 1996. 授權自：Spinifex Press。

Kathleen Barry, "Pornography and Global Sexual Exploitation of Women", 1996, *Radically Speaking: Feminism Reclaimed*, 1996. 授權自：Spinifex Press。

中文授權

王友琴，〈伊底帕斯情結與中國的孝道〉。

吳芷儀，〈從女廁來談跨性別運動〉，原刊登於 2016 年 1 月 1 日風傳媒。

邱瑞鑾，〈自《第二性》以後，女人，你的名字是自由〉，《第二性》，貓頭鷹出版 2013 年 10 月。

苗延威，〈纏足、解纏足與身體政治〉，《台灣社會研究季刊》2013 年 6 月 91 期。

范情，〈社會主義女性主義經典《馬克思主義和女性主義不快樂的婚姻 —— 尋求更進步的結合》〉。

崔紹忠，〈女性主義經濟學研究的新進展 —— 全球化與照護勞動、以自由和歸屬看待發展以及氣候變化〉，北京《婦女研究論叢》2011 年第 1 期。

郭劼，〈承認與消解：朱迪斯・巴特勒的《消解性別》〉，北京《婦女研究論叢》2010 年 11 月。

葉璐，〈一個女權主義者對強姦的解讀〉，北京《婦女研究論叢》2013 年 7 月。

賴淑娟，〈從西方凝視「之下」到「之內」〉。

魏開瓊，〈女性主義對新自由主義的批判與反思〉，2015。

顧燕翎，〈如何挽救人類的病態〉。

顧燕翎，評介〈女廁政治：女性主義者對去性別化女性空間的回應〉。

譯稿授權、轉讓，感謝以下譯者及出版社

王志弘、王瑞香、范情、張娟芬、孫瑞穗、許維真、劉毓秀、鄭至慧、鄭美里、蘇芊玲、嚴韻、顧燕翎、志文出版社。

索引

7 畫

8 畫

貓頭鷹書房 66
女性主義經典選讀（重要著作選譯與評介 51 編）

主　　　編　顧燕翎
責任編輯　張瑞芳
編輯協力　林昌榮
專業校對　林昌榮
版面構成　張靜怡
封面設計　児日設計
行銷統籌　張瑞芳
行銷專員　段人涵
總　編　輯　謝宜英
出 版 者　貓頭鷹出版

發 行 人　涂玉雲
發　　　行　英屬蓋曼群島商家庭傳媒股份有限公司城邦分公司
　　　　　　104 台北市中山區民生東路二段 141 號 11 樓
　　　　　　劃撥帳號：19863813；戶名：書虫股份有限公司
城邦讀書花園：www.cite.com.tw　購書服務信箱：service@readingclub.com.tw
購書服務專線：02-2500-7718~9（周一至周五上午 09:30-12:00；下午 13:30-17:00）
24 小時傳真專線：02-2500-1990~1
香港發行所　城邦（香港）出版集團／電話：852-2877-8606／傳真：852-2578-9337
馬新發行所　城邦（馬新）出版集團／電話：603-9056-3833／傳真：603-9057-6622
印 製 廠　中原造像股份有限公司
初　　　版　2022 年 3 月
定　　　價　新台幣 630 元／港幣 210 元（紙本平裝）
　　　　　　新台幣 441（電子書）
Ｉ Ｓ Ｂ Ｎ　978-986-262-535-4（紙本平裝）
　　　　　　978-986-262-537-8（電子書 EPUB）

讀者意見信箱　owl@cph.com.tw
投稿信箱　owl.book@gmail.com
貓頭鷹臉書　facebook.com/owlpublishing

【大量採購，請洽專線】(02) 2500-1919

城邦讀書花園
www.cite.com.tw

國家圖書館出版品預行編目資料

女性主義經典選讀（重要經典著作摘譯與
　解讀 50 編）／顧燕翎著 . -- 初版 . -- 臺
北市：貓頭鷹出版：英屬蓋曼群島商家
庭傳媒股份有限公司城邦分公司發行，
2022.03
　面；　　公分 . --（貓頭鷹書房；66）
　ISBN 978-986-262-535-4（平裝）

1. CST: 女性主義　2. CST: 文集

544.5207　　　　　　　　　111000188